Administração por Competências

Administração por Competências

2020

Organizador: Edmir Kuazaqui

ADMINISTRAÇÃO POR COMPETÊNCIAS
© Almedina, 2020

ORGANIZADOR: Edmir Kuazaqui
EDITOR DE AQUISIÇÃO: Marco Pace
REVISÃO: Nilce Xavier
DIAGRAMAÇÃO: Almedina
DESIGN DE CAPA: Roberta Bassanetto
ISBN: 9788562937330

Dados Internacionais de Catalogação na Publicação (CIP)
(Câmara Brasileira do Livro, SP, Brasil)

Administração por competências / organizador Edmir
Kuazaqui. -- São Paulo : Almedina, 2020.
Vários autores.

Bibliografia.
ISBN 978-85-62937-33-0

1. Administração de empresas 2. Administração de
projetos 3. Governança corporativa 4. Finanças -
Administração 5. Marketing 6. Planejamento
estratégico I. Kuazaqui, Edmir.

20-33067 CDD-658

Índices para catálogo sistemático:

1. Administração de empresas 658

Cibele Maria Dias – Bibliotecária – CRB-8/9427

Este livro segue as regras do novo Acordo Ortográfico da Língua Portuguesa (1990).

Todos os direitos reservados. Nenhuma parte deste livro, protegido por copyright, pode ser reproduzida, armazenada ou transmitida de alguma forma ou por algum meio, seja eletrônico ou mecânico, inclusive fotocópia, gravação ou qualquer sistema de armazenagem de informações, sem a permissão expressa e por escrito da editora.

Março, 2020

EDITORA: Almedina Brasil
Rua José Maria Lisboa, 860, Conj.131 e 132, Jardim Paulista | 01423-001 São Paulo | Brasil
editora@almedina.com.br
www.almedina.com.br

Apresentação

> "A implantação de políticas, processos e procedimentos abrangentes a todos os setores da administração representa, portanto, o próximo grande desafio para as empresas. E já há indicações de uma concordância dos executivos e gestores na urgência de acelerar a construção de programas sólidos e consistentes de governança e *compliance*".
>
> Correa Jr. e Cruz (2016; p. 29).[1]

Apresentamos este livro como uma contribuição para todos os responsáveis pela criação, desenvolvimento e gestão de um negócio ou empresa. Esses responsáveis investem progressivamente na formação acadêmica e obtenção de conhecimentos com o intuito de criar um alicerce para sustentar seu ingresso na vida social e profissional; por meio de suas experiências iniciais no mercado, desenvolvem suas capacidades, atitudes e conhecimentos para se destacarem no ambiente empresarial, bem como na busca constante de sucesso profissional e inserção social; o caminho trilhado é resultado de

---

[1] CORREA Jr., Carlos Barbosa; CRUZ, Ricardo Chagas. Sua empresa está em conformidade com o futuro? *Revista da ESPM.* Ano 22, edição 103, n. 3, maio/junho de 2016, pp. 26 a 29.

seus esforços, competências individuais e de grupo, de erros e acertos, de seu relacionamento e convívio com a comunidade onde vive.

A ciência da Administração tem se desenvolvido a partir da própria evolução de suas carências e desafios, permitindo afirmar, num primeiro momento, que ela é o reflexo da própria sociedade. Pensando de outra forma, a Administração pode ser vista como um agente de transformação, na medida em que contribui para o desenvolvimento de novas formas de pensar e agir, gerar trabalho, impostos, empregos e democratização de oportunidades e benefícios sociais.

Foi nesse contexto que um grupo de profissionais e professores resolveu escrever um livro que aliasse a experiência acadêmica com a empresarial, conectando o que é necessário para que um profissional possa atuar de forma completa e participativa no desenvolvimento de negócios, empresas, produtos, serviços e, principalmente, soluções para os problemas empresariais.

O livro está estruturado em quatro partes que visam integrar de maneira multifuncional as áreas de conhecimento das Ciências Sociais, focando posteriormente nas áreas de Administração, o que possibilita a aplicação dos conteúdos em cursos de nível superior, seja de graduação ou pós-graduação, bem como a aplicação prática em empresas de qualquer categoria.

A primeira parte, categorizada como **Geral**, é dividida em três capítulos, nos quais se propõe a discussão dos desafios e das oportunidades da Administração em cenários globais, mas com destaque para a realidade brasileira, ressaltando a importância acadêmica bem como a necessidade de construir competências pessoais e profissionais. Outros pontos fundamentais é o conhecimento das Ciências Humanas e da pesquisa qualitativa e quantitativa para entender melhor o mercado, as pessoas e as empresas.

A segunda parte aborda de forma contemporânea a área de **Marketing** contextualizada com o planejamento e a gestão de produtos e serviços de uma empresa. Atender às necessidades e aos desejos do mercado consumidor é o objetivo principal de toda empresa; como consequência, ela obtém o lucro e a sustentabilidade necessários para a longevidade de seus negócios. O principal desafio é o modo como a empresa identifica, obtém e interpreta o mercado e sobretudo a forma como procura atender suas carências e necessidades.

A terceira parte traz conteúdos relevantes sobre **Estratégias**, discutindo a importância da avaliação macroeconômica em consonância com o processo decisório e a execução estratégica. O fio condutor é a gestão de projetos como necessidade para as empresas planejarem suas atividades.

Finalmente, a quarta parte visa discutir a importância das **Finanças** corporativas como forma de criação de valor, contextualizando com a realidade dos negócios digitais e a governança corporativa. Embora a análise financeira seja apresentada na parte conclusiva do livro, o pensamento sistêmico e voltado para resultados deve fazer parte do início de qualquer negócio, em conjunto com o Marketing.

Essa estrutura matricial de evolução de conhecimentos relacionada às competências e sustentabilidade é um dos grandes diferenciais deste livro, que procura atender às necessidades de conteúdos da graduação em Administração. Cada capítulo, a partir da parte de Marketing, procura apresentar e discutir os conhecimentos e as competências humanas e profissionais necessárias do administrador, focando na sua área de excelência. Entendemos que todos os conhecimentos e práticas são multi e interfuncionais; entretanto, para desenvolver o foco e conquistar resultados, determinadas competências são mais relevantes, pois obtém melhores resultados, e o conjunto destas devidamente aplicadas é o que diferencia e posiciona um profissional em relação ao outro.

Por outro lado, a empresa deve concentrar seus esforços no objetivo de ampliar a sua longevidade e saúde financeira, para que possa cumprir seus objetivos sociais. Da mesma forma que as empresas devem gerenciar as competências essenciais para o seu negócio, a sustentabilidade estabelece um padrão de comportamento com base no cumprimento de determinadas responsabilidades relacionadas às variáveis sociais, ambientais e econômicas, trilhando um caminho que trará visibilidade para a empresa.

Concluindo, a principal contribuição deste livro é mostrar a Administração e seus respectivos conhecimentos de forma diferente, distinta, contextualizada com os conteúdos didático-pedagógicos necessários para a realização prática de resultados empresariais.

Carlos Barbosa Correa Júnior

Prefácio

Mauro Kreuz
Presidente do Conselho Federal de Administração (CFA)

Receber o convite para prefaciar um livro é sempre uma honra e, também, um enorme desafio. Mas quando este chamado vem de um amigo como o administrador Ednir Kuazaqui, a missão é ainda mais grandiosa. Afinal, estou imbuído de abrir a obra de um dos principais autores brasileiros da área da Administração da atualidade.

O currículo do professor Kuazaqui é admirável. Não satisfeito em se graduar em Administração, ele foi lá e fez mestrado e doutorado na mesma área. A sua vida foi – e ainda é – dedicada a estudar a ciência da Administração.

Ele é incansável: quanto mais explora esse vasto oceano de conhecimento, mais fundo ele vai. Essa curiosidade perpétua é o que impulsiona Kuazaqui. Aliás, o professor lembra-me muito aqueles maratonistas que estão sempre em busca do melhor tempo e rendimento nas corridas e, quando alcançam o propósito, eles vão lá e se propõem a novos desafios.

Compartilhar essa gama de conhecimento é, sem dúvida, o compromisso mais desafiador assumido por Kuazaqui. Ele é autor de vários livros, com destaque para "Marketing Internacional" e "Marketing Cinematográfico e de Games". Agora, somos presenteados com mais uma obra organizada por ele.

Administração por competências é um livro produzido a várias mãos: além de Kuazaqui, outros tantos autores compartilham conosco as novidades sobre este tema relativamente novo para a ciência da administração.

Com um mundo em constante transformação política, econômica e social, as organizações precisam se reinventar com frequência. Surge, assim, a necessidade de aperfeiçoar e inserir novas práticas de gestão.

Nesse processo de mudanças, as organizações necessitam – e querem – de pessoas com objetivos alinhados aos seus. O crescimento profissional de um será, inevitavelmente, o crescimento do outro. Ambos atuam em conjunto, em parceria rumo a excelência. Parece simples, mas até atingir esse nível de maturidade a organização e o gestor precisam percorrer um caminho de estudo, planejamento e redefinição de metas e objetivos.

O livro organizado pelo administrador Edmir Kuazaqui tem esse propósito. Entretanto, ao contrário de outras publicações, a obra não é rasa ao abordar o tema. Pelo contrário: por meio dela, o leitor aprofundará em temas como marketing, estratégias, gerações comportamentais, economia e finanças, gestão de projetos, negócios digitais, governança corporativa, entre outros.

Para deixar a leitura dinâmica, os autores organizaram o livro por assunto de forma a permitir que o leitor possa consultar a obrar de forma não linear. Além disso, adotaram uma narrativa didática e fluída, porém sem fugir do estilo acadêmico.

Somos beneficiados com tamanha riqueza de conteúdo. A obra nos convida a conhecer novas formas de enxergar o mundo, em especial o mundo corporativo e suas diferentes formas de gestão e administração.

Compartilhar conhecimento é um dom para poucos e o professor, administrador e doutor Kuazaqui e o time de autores desta obra conseguem fazer isso com muita sensibilidade e cuidado. A eles, minha gratidão por dividir com toda a comunidade da Administração um pouco do que aprenderam ao longo de suas vidas de estudo e pesquisa.

A você, leitor, desejo sucesso com a leitura. Aproveite cada página desta obra, deguste-a, pois, como disse Leonardo da Vinci, "aprender é a única coisa de que a mente nunca se cansa, nunca tem medo e nunca se arrepende."

Prefácio

Roberto Carvalho Cardoso
Presidente do Conselho Regional de Administração (CRA/SP)

A administração por competências está no foco dos pesquisadores e autores há algum tempo, contudo, neste conturbado ambiente de mudanças estruturais na economia e valores da sociedade, ela alcançou um nível bem mais elevado de investigação.

O próprio conceito de competência é multifacetado, sendo utilizado na área judiciária, política e como sinônimo de relevância ou concorrência, mas possivelmente a maioria dos que já o estudaram, ou ainda estão estudando em administração, explicam e conceituam competência pelo acrônimo CHA, método mnemônico bastante utilizado em salas de aula e que sintetiza que competência é a junção de (c)onhecimentos, (h)abilidades e (a)titudes.

Temos de saber o que precisa ser feito. Ter conhecimento técnico e conceitual sobre como solucionar um problema ou aproveitar uma oportunidade. Sem o saber como base, não podemos construir algo adequado.

A habilidade está ligada ao know-how, ao saber fazer, ao conhecer a operação, a prática aliada ao conhecimento para permitir que além de saber o que deve ser feito, saber como fazê-lo.

A atitude é que vai fazer a diferença. A forma como encaramos nossos desafios e obstáculos. Tornando bem atual a frase de Henry Ford, "Se você pensa que pode ou se pensa que não pode, de qualquer forma você está certo".

Essa característica é que vai dosar o quanto e quais conhecimentos devemos utilizar e que técnicas e ferramentas são adequadas. Como disse, em 1966, Abraham Maslow, "para quem só tem um martelo, todo problema é um prego".

Em toda e qualquer área da administração somos requeridos a identificar que ferramenta, que modelo melhor se adapta, e quando não existe um modelo, como inovar.

A cultura instalada nos últimos anos da gestão empresarial baseia-as no modelo de *startup* e, dentre outros preceitos, aconselha que se siga o conselho de Tom Peters "teste rápido, falhe rápido e ajuste rápido". Isso demanda que os administradores desenvolvam um conjunto de competências para lidar com um cenário de grandes e profundas mudanças em um ritmo sem paralelo em nossa história.

Esta obra, organizada pelo Prof. Edmir Kuazaqui, membro do Grupo de Excelência em Gestão de Instituições de Ensino Superior (GEGIES), mantido pelo Conselho Regional de Administração de São Paulo (CRA--SP), traz em cada uma de suas página, diversas abordagens sobre este tema. Como aplicar a administração por competências nas áreas de governança corporativa, finanças, processo decisório, gestão de projetos e marketing.

É mais um resultado de um grupo de excelentes professores e pesquisadores que genuinamente preocupam-se com o desenvolvimento nacional e a construção de uma teoria gerencial administrativa brasileira, que, mesmo mantendo o foco no cenário exterior, busca identificar e adaptar os novos conhecimentos em administração à nossa realidade local.

O livro é dividido em 12 capítulos, apropriado ao trabalho hercúleo que se propõe. Por ter essa divisão bem planejada, pode ser utilizado em sala de aula por professores e alunos de cursos de bacharelado e superiores em tecnologia de administração ou mesmo por profissionais que entendem que o constante aprendizado é essencial.

Prefácio

Professor Marcelo Rocha e Silva Zorovich

Coordenador dos cursos de graduação em Administração e Relações Internacionais da ESPM-SP

Atentos às dinâmicas exigidas por um mercado em rápidas transformações e às competências requeridas para a formação do administrador (ver quadro a seguir), os autores do livro inovam. Com base nas principais áreas de conhecimento - Economia, Finanças, Métodos Quantitativos, Marketing, Gestão e Ciências Humanas – e estrutura de pensamento fundamentada em diversas experiências com metodologias de ensino e aprendizagem ativas, os autores trazem à tona discussões que já nos levam ao novo perfil do administrador, incorporando cada vez mais a transformação digital e a tecnologia, orientando-se para a gestão de marketing e negócios, finanças e geração de valor, inovação, criatividade e uma mentalidade empreendedora de maneira integrada e equilibrada com os tão requeridos *soft skills*. Renomadas instituições como MIT, Babson, Harvard, Standford, University of Pensilvanya, Northwestern University (Kellogg), Berkeley (Haas Business School), entre outras, conjugam em seus programas de negócios a combinação entre estes fatores. Esta abordagem se traduz também nos resultados práticos fomentados pela Incubadora de Negócios e que se desenvolverão nos projetos do novo Centro de Gestão e Transformação de Negócios da ESPM-SP.

Tais tendências são observadas por Klaus Schwab. "Aplicando os conceitos da Quarta Revolução Industrial" (2018), o autor lança luz às tendências oriundas da tecnologia, em uma nova fase de mudanças disruptivas que não apenas contribuem para novos modelos de negócio e gestão, mas que também

Competências requeridas para a formação do administrador

Propor e incorporar soluções inovadoras, viáveis e eficazes, na resolução de problemas e ativação de oportunidades em contextos sociais e organizacionais (**produtivos, administrativos, mercadológicos, tecnológicos, econômico-financeiros e humanos**), tanto no âmbito nacional como internacional.
Criar, comunicar e entregar valor para clientes, buscando soluções **estratégicas e inovadoras** que beneficiem organizações e seus principais *stakeholders*.
Possuir **visão integrada e estratégica sobre organizações**, produtos/serviços, recursos, **capacidades e competências**, considerando suas interfaces com o meio externo (mercado e concorrentes).
Realizar análises fundamentadas para apoio ao processo decisório, sabendo **modelar e interpretar problemas e situações organizacionais**, compreendendo e lidando com a complexidade do problema e da organização/ambiente.
Implantar ações mercadológicas, operacionais e econômico-financeiras que maximizem resultados, engajando-se em procedimentos voltados à **qualidade, à produtividade, à lucratividade e à sustentabilidade das organizações**.
Conduzir ações respeitando princípios e valores de todos os envolvidos com a organização, comprometendo-se com uma **gestão socioambiental responsável**.
Comprometer-se e buscar o envolvimento do grupo, comunicando-se de forma efetiva e profissional, **gerenciando conflitos e negociando *trade-offs* organizacionais**, tanto na **dimensão interpessoal como intergrupal**.

Fonte: Diretriz Nacional Curricular, MEC

provocam inúmeras transformações sociais, ampliando e combinando o novo *set* de competências. No binômio "Inovação e Espírito Empreendedor", Drucker (2016) enaltece o fato de que os empresários bem-sucedidos têm um compromisso com a prática sistêmica de inovação, enfatizando a composição contínua entre planejamento e criatividade como condições de competitividade. O debate também encontra eco nos estudos de Baron e Shane (2017) acerca do empreendedorismo. Sugerem que haverá mais indivíduos empreendedores que se lançarão no mercado por sua conta e risco, inovando principalmente em nichos bem específicos. Por outro lado, crescerá nas empresas a importância do espírito empreendedor, por meio do que se pode denominar de intra-empreendedorismo, enaltecendo fundamentos e processos ligados às condições econômicas, tecnológicas e sociais a partir das quais as oportunidades empresariais emergem ou fracassam. Kotler, Kartajaya e Setiawan (2017) transitam entre o "tradicional e o digital", e argumentam que diante da complexidade do ambiente de negócios, haverá mudanças significativas nas estruturas das empresas, exigindo um equilíbrio entre *hard skills* e *soft skills*.

Os autores deste novo livro sugerem que a combinação entre a transformação digital e a governança corporativa atuam com uma bússola para o crescimento sustentável. A gestão de marketing e o planejamento estratégico assumem assim um papel cada vez mais fundamental na sólida análise da jornada do consumidor, sobrevivência de produtos e serviços bem como na prosperidade financeira fundamentada na execução estratégica e processos complexos de análise e tomadas de decisões nas organizações. Exige-se aí um profissional altamente analítico. Neste novo ambiente mais orientado para a tecnologia e a transformação digital, tem-se enfaticamente discutido o "letramento digital". A definição pode ser entendida como a capacidade de dominar minimamente as ferramentas digitais hoje disponíveis, as quais transformam a forma como a gestão de negócios é realizada nos mais diversos setores. De fato, esse letramento é relevante, mas insuficiente para as funções, necessidades e atividades que já estão em curso e serão exigidas de um administrador nas próximas décadas. O que o tornará ainda mais capacitado será a "fluência digital", traduzida em um *set* de habilidades mais ligadas à capacidade de desenvolver soluções digitais para os desafios das empresas em um ambiente de inovação constante, do que simplesmente de utilizar as ferramentas hoje disponíveis. Esse conjunto de habilidades envolve conhecimentos específicos que moldam o ambiente de negócios e de atuação do administrador. Destacam-se assim:

- a construção de *algoritmos*, denominados como estruturas lógicas computacionais para solução de problemas;
- a *modelagem de dados* para construção de estruturas eficientes para armazenamento, extração e tratamento de dados para a gestão de marketing e negócios;
- o desenvolvimento de uma *user experience* que atenda às novas necessidades dos consumidores, baseadas em seus comportamentos digitais;
- o domínio da complexidade de *sistemas informacionais* e suas relações com o gerenciamento de negócios nesse novo ambiente;
- a capacidade de construir aplicações de forma eficiente e que equipes de desenvolvimento consigam facilmente compreender e implementar, o que se denomina como *engenharia de software*;
- a capacidade de extrair, analisar e tomar decisões, por meio de uma eficiente *visualização de dados*;

– a construção de um *mindset* que consiga visualizar soluções e oportunidades de negócios por meio do conhecimento das *inovações tecnológicas* disponíveis no mercado.

Com esse *set* de habilidades acima mencionadas, os novos administradores serão mais competitivos para os desafios de gestão em curso e que eventualmente surgirão. Para colocar em prática toda esta convergência, como exemplo de caso, a estrutura pedagógica da ESPM conta com Projetos Integrados (figura 1), os quais assumem papel estratégico na interlocução entre áreas. Capacitam os estudantes com conhecimentos e competências que transitam a partir da interdisciplinaridade. Privilegiam experiências laboratoriais e empresariais, visitas técnicas para o desenvolvimento de projetos e utilização de estúdios e recursos de áudio e vídeo. Ademais, proporcionam análise sofisticada de bases de dados e oferecem certificações correspondentes às exigências do mercado. Simultaneamente, os projetos integrados favorecem o ambiente para o caráter reflexivo e o pensamento crítico também debatido pelas Ciências Humanas.

Tanto no que diz respeito às relações internas das organizações (gestão de pessoas), quanto nas relações externas, o conhecimento sobre o relacionamento humano faz a diferença. Em pesquisa realizada junto às empresas contratantes e aos egressos da ESPM, além das habilidades técnicas, os processos seletivos e contratações valorizam a identificação de competências pessoais e relacionais. Desenvoltura pessoal, interculturalidade, capacidade de argumentação, expressão e linguagem, assim como equilíbrio sócio emocional ganham destaque, aspectos corroborados pelos estudos da Harvard Business Review (2018). A dimensão humana, em tempos da Revolução 4.0, não é um empecilho a ser extraído dos processos administrativos. Antes disto, ela é a condição e o ambiente dentro do qual operamos. Devem se destacar os profissionais que entregarem o que as máquinas não conseguem, ou seja, questionamentos e análise. É o perfil analítico, criativo, inovador, tecnológico, empreendedor e reflexivo que privilegiam os atores deste novo livro.

Sumário

Apresentação 5
Prefácio por Mauro Kreuz 9
Prefácio por Roberto Carvalho Cardoso. 11
Prefácio por Professor Marcelo Rocha e Silva Zorovich. 13

PARTE 1
GERAL

Capítulo 1. Quem Faz, Transforma: Competências, Desafios e Oportunidades da Administração (Edmir Kuazaqui) 29

1.1. Introdução. 31
1.2. A Administração na Realidade Brasileira e Global. 33
1.3. Perfil e Competências do Administrador. 37
1.4. Os Desafios da Administração Contemporânea 45
Questões para Reflexão 47
Estudo de Caso 48
Referências 50

Capítulo 2. A Administração e as Ciências Humanas: O Campo de um Encontro (Pedro de Santi) 53

2.1. Introdução. 56
2.2. O Homem como Sujeito e Objeto da Ciência 57
2.3. Sujeito, Meros Indivíduos e Pessoas 61
2.4. As Ciências Humanas e o que Antecede e Sobra do Projeto
Moderno 64
2.5. A Administração como Ciência Humana: O Valor dos Dois
Paradigmas 68

2.6. O Homem da Companhia e as Imagens da Organização 70
Considerações Finais 76
Questões para Reflexão 77
Referências 78

Capítulo 3. O Papel da Pesquisa e da Natureza das Variáveis Dentro das Ciências Sociais Aplicadas [Cléber da Costa Figueiredo] 81

3.1. A Natureza da Escala de Medida. 83
3.2. Relação entre Variáveis e Construção de Questões Coerentes
com as Hipóteses de Pesquisa 95
    3.2.1. Estudo da Viabilidade de Abertura de um Serviço
de Entrega de Marmita Noturna. 97
3.3. Uso da Ferramenta Tabela Dinâmica para Organização
Resumo de Dados 100
    3.3.1. Passos para a Inserção de uma Tabela Dinâmica
no Microsoft Excel 2016$^{(R)}$. 102
3.4. A Pesquisa Qualitativa 106
3.5. As Competências Trabalhadas no Capítulo 108
3.6. Responsabilidade Social e Sustentabilidade 109
Estudos de Caso. 110
Referências 116

PARTE 2
MARKETING

Capítulo 4. Marketing dos Novos Tempos [Edmir Kuazaqui] 121

4.1. Introdução. 124
4.2. Quais São os Objetivos de Marketing? 125
4.3. Resolver os Problemas dos Clientes com o Objetivo de Criar
Oportunidades de Negócios. 126
4.4. Dialogar com o Mercado é Essencial para o Processo Decisório
e o Crescimento Empresarial Sustentado. 130
4.5. A Consolidação da Previsão de Demanda para as Vendas
Efetivas e Competências dos Vendedores de um Produto
ou Serviço. 133

4.6. Gerações Comportamentais 135
    4.6.1. Os Baby Boomers e a Geração X 136
    4.6.2. Geração Y 137
    4.6.3. Geração Z 139
    4.6.4. Diferenças Comportamentais e Aplicações
        em Marketing 140
4.7. Marketing e as Tendências do Mercado: Desafios
    e Oportunidades 143
    4.7.1. A Tecnologia a Serviço das Empresas e Principalmente
        do Consumidor 143
4.8. Competências do Profissional de Marketing 149
4.9. Gestão de Marketing 151
4.10. Considerações Finais 155
Questões para Reflexão 157
Estudo de caso 158
Questões 161
Referências 161

Capítulo 5. Planejamento e Gestão de Marketing (Cláudio Sunao Saito) 165
5.1. Introdução 167
5.2. Planejamento de Marketing 168
5.3. Definição das Estratégias de Marketing 170
5.4. Desenvolvimento do Composto de Produtos 174
5.5. Decisões e Estratégias de Preços 181
5.6. Posicionamento do Preço vs. Qualidade 182
5.7. Objetivos de Preço 184
5.8. Definição do Preço 185
5.9. Adequação do Preço 186
5.10. Decisões Relativas aos Canais de Distribuição 188
5.11. Definição das Ferramentas de Comunicação 191
    5.11.1. Propaganda 192
    5.11.2. Promoções 193
    5.11.3. Eventos, Feiras, Assessoria de Imprensa e Relações
        Públicas 194
5.12. Equipe de Vendas 195
5.13. Marketing Direto 196

5.14. Considerações Finais 202
Questões para Reflexão 203
Estudo de Caso 204
Questões 205
Referências 206

PARTE 3
ESTRATÉGIAS

**Capítulo 6. Interpretação de Cenários Macroeconômicos para
o Processo de Tomada de Decisão Empresarial** (Orlando Assunção
Fernandes) 211
6.1. Introdução 213
6.2. Indicadores de Atividade Econômica 215
    6.2.1. Ótica da Oferta (Divisão por Setores) 216
    6.2.2. Ótica da Demanda (Componentes da Demanda
        Agregada) 217
    6.2.3. Outras Proxies Frequentemente Utilizadas 220
6.3. Índices de Preços 221
6.4. Política Monetária 225
    6.4.1. Base Monetária (BM) 226
    6.4.2. Meios de Pagamento (M1) 226
    6.4.3. Taxa Básica de Juros (Selic) 228
6.5. Setor Público 229
    6.5.1. Necessidades de Financiamento do Setor Público –
        NFSP (variáveis de fluxo) 230
    6.5.2. Endividamento Público (variáveis de estoque) 231
6.6. Setor Externo 232
    6.6.1. Taxa de Câmbio e Taxa de Câmbio Efetiva 232
    6.6.2. Balanço de Pagamentos 233
    6.6.3. Reservas Internacionais 236
    6.6.4. Dívida Externa 236
    6.6.5. Risco-País 237
    6.6.6. Rating 237
6.7. Considerações Finais 243

Questões para Reflexão 243
Exercícios 244
Estudo de Caso 247
Questões 248
Referências 248

Capítulo 7. Processos Decisórios Complexos [Fabiano Rodrigues
e Roberto Camanho]. 251
7.1. Introdução: Decisões e Decisores 253
7.2. Humanos: Decisores Racionais ou Intuitivos? 255
7.3. Decisões no Contexto Empresarial: complexidades e incertezas 258
7.4. Efetividade do Processo Decisório: Fatores-Chaves 263
7.5. Processo Decisório: Estruturas para Atacar Problemas
       e Oportunidades 266
7.6. Qualidade nas Decisões: Requisitos, Modelos e Ferramentas . . 272
       Requisito 1: Framing Adequado 273
       Requisito 2: Alternativas Criativas e Viáveis 275
       Requisito 3: informações relevantes e confiáveis 276
       Requisito 4 e 5: Valores, Trade-offs e Raciocínio Lógico 278
       Requisito 6: Compromisso para a Ação 280
7.7. Considerações Finais 288
Questões para Reflexão 289
Estudo de Caso 290
Referências 292

Capítulo 8. Execução de Estratégias [Reinaldo Belickas Manzini] 295
8.1. Introdução. 297
8.2. A Noção de Execução de Estratégias. 300
8.3. Antecedentes da Execução de Estratégias 301
       8.3.1. Pessoas, Capacidades e Estrutura. 302
       8.3.2. Promoção de uma Boa Execução de Estratégias 303
       8.3.3. Liderança e Cultura Organizacional 305
8.4. Principais «Modelos de Execução de Estratégias». 306
       8.4.1. Modelo Execution Premium Process^{TM} (XPP) 306
       8.4.2. Modelo de Execução da Estratégia de Hrebiniak. 308
8.5. Gestão do Desempenho 311

8.6. Breve Resgate Conceitual 312
    8.6.1. Dos primórdios até a década de 1980 312
    8.6.2. A Década de 1990 314
    8.6.3. Os Anos 2000 317
8.7. Gestão do Desempenho e Aprendizado.................. 320
8.8. Considerações Finais 327
Questões para Reflexão 328
Estudo de Caso 329
Referências 330

Capítulo 9. Gestão de Projetos (Fábio Câmara Araújo de Carvalho e Luis Antonio Volpato) 337

9.1. Introdução e Breve Histórico Sobre o Gerenciamento
    de Projetos. 339
9.2. O que é o PMI? O PMBOK? E o Ciclo de Vida
    do Projeto? 340
9.3. As Áreas de Conhecimento do PMBOK. 343
    9.3.1. O Gerenciamento da Integração (1.ª Área de
        Conhecimento) 343
    9.3.2. O Gerenciamento do Escopo (2.ª Área de
        Conhecimento) 344
    9.3.3. O Gerenciamento do Tempo (3.ª Área de
        Conhecimento) 346
    9.3.4. O Gerenciamento dos Custos (4.ª Área de
        Conhecimento) 351
    9.3.5. O Gerenciamento da Qualidade (5.ª Área de
        Conhecimento) 352
    9.3.6. O Gerenciamento dos Recursos Humanos (6.ª Área
        de Conhecimento) 355
    9.3.7. O Gerenciamento das Comunicações e das Partes
        Interessadas (7.ª e 10.ª Área de Conhecimento). 358
    9.3.8. O Gerenciamento dos Riscos (8.ª Área de
        Conhecimento) 360
    9.3.9. O Gerenciamento das Aquisições (9.ª Área de
        Conhecimento) 365
9.4. Considerações Finais 373

SUMÁRIO

Estudo de Caso 373
Questões para Reflexão 377
Referências 377

Capítulo 10. Finanças Corporativas: A criação de valor (Oswaldo
Pelaes Filho) 379
10.1. Introdução 381
10.2. A Evolução das Atividades de Finanças 383
10.3. As Principais Metodologias de Aprendizagem no Ensino
de Finanças 384
10.4. Os Modelos de Avaliação de Empresas 388
10.4.1. O Modelo Contábil 388
10.4.2. O Modelo de Comparação por Múltiplos 394
10.4.3. Índice Preço de Mercado/Valor Contábil 394
10.4.4. Índice Preço de Mercado/Vendas 395
10.4.5. Valor Empresarial/EBITDA 395
10.5. O Modelo de DCF 396
10.6. Estimativa do CMPC 399
10.7. Custo do Capital Próprio 400
10.8. Custo do Capital de Terceiros 400
10.9. As Competências do Administrador Financeiro 401
10.10. Finanças Corporativas, Criação de Valor e a
Sustentabilidade 402
10.11. Considerações Finais 405
Questões para Reflexão 406
Estudo de Caso 407
Referências 409

Capítulo 11. Impacto dos Negócios Digitais no Resultado
Financeiro (Claudio Oliveira) 411
11.1. Introdução 413
11.2. A Importância dos Negócios Digitais para a Competitividade
das Empresas 414
11.3. Impacto da Presença Digital no Resultado Financeiro 417
11.4. Big Data e Digital Analytics 421
11.5. A Construção de um Índice de Maturidade Digital (IMD) .. 423

11.5.1. Passo 1 – Montagem do Mapa Estratégico da Presença Digital da Empresa 424
11.5.2. Passo 2 – Definição dos Indicadores que Fazem Parte do IMD 425
11.5.3. Passo 3 – Cálculo do IMD Considerando o Peso e o Desempenho das Variáveis 426
11.5.4. Passo 4 – Desenvolvimento de um Painel de Controle 427
11.6. Aplicação do IMD num Negócio 427
11.7. Competências Profissionais Relacionadas aos Negócios Digitais 433
11.8. Novas Tecnologias, Negócios Digitais e a Sustentabilidade .. 434
11.9. Considerações Finais 435
Questões para Reflexão 435
Estudo de Caso 436
Referências 441

Capítulo 12. A Governança Corporativa: Bússola Para o Crescimento Sustentável (Ricardo C. Cruz) 445
12.1. A Governança Corporativa: Uma Forma de Aprimorar a Gestão 447
12.2. O Surgimento da Governança Corporativa 449
12.3. As Forças de Controle no Mundo Corporativo 451
12.4. A Identidade da Governança Corporativa no Ambiente Empresarial 452
12.5. A Abordagem IBGC – Instituto Brasileiro de Governança Corporativa 455
12.6. A Governança Corporativa e o Mercado Hoje 456
12.7. O Código Brasileiro de Governança Corporativa das Companhias Abertas. 457
12.8. Aplique ou Explique no Código Brasileiro 460
12.9. Os Grandes Pilares do Código de Governança Corporativa das Companhias Abertas – 2016 461
12.10. Os Aspectos Mais Importantes da Tríade: Princípios, Fundamentos e Práticas 464

12.10.1. Os acionistas e o Código Brasileiro de Governança
Corporativa das Cias. Abertas 464

12.10.2. O Conselho de Administração no Código Brasileiro
de Governança 466

12.10.3. A Diretoria no Código Brasileiro de Governança . . 468

12.10.4. Órgãos de Controle e Fiscalização no Código
Brasileiro de Governança 469

12.10.5. Ética e Conflito de Interesses no Código Brasileiro
de Governança 471

12.11. Considerações Finais 477

12.11.1. A Permeabilidade da Governança Corporativa 478

Questões para Reflexão 479

Estudo de Caso 480

Referências 482

Sobre os Autores 485

PARTE 1

GERAL

Capítulo 1

Quem Faz, Transforma: Competências, Desafios e Oportunidades da Administração

Edmir Kuazaqui

"Não devemos simplesmente extrapolar a partir de tendências passadas. Precisamos, acima de tudo, ponderar sobre o tipo de mundo em que nós e nossos filhos gostaríamos de viver..."

Peter Dicken

Objetivos:
- Contextualizar a importância da Administração e discuti-la nos dias atuais.
- Contextualizar com a realidade global e a brasileira.
- Discutir as principais competências a serem desenvolvidas pelos profissionais de Administração.
- Discutir os principais desafios e as oportunidades da Administração.
- Refletir se a Administração é Ciência ou Arte... ou ambas.

1.1. Introdução

A ciência da Administração evolui de acordo com o ambiente externo às empresas, bem como frente aos desafios e oportunidades propostas pelos e aos seus colaboradores internos. A ciência pode ser representada pela empresa, que é um elemento econômico e social. Como elemento econômico, é fato que as empresas devem procurar aprimorar e otimizar seus recursos na busca constante de rentabilidade para garantir a sua sustentabilidade financeira.

Oliveira (2015; p. 9) define que essa empresa é:

> estruturada e sustentada, estabelece os resultados a serem alcançados e elabora todas as estratégias, projetos e processos para o otimizado alcance – ou superação – daqueles resultados, inclusive consolidando adequado aprendizado com esse procedimento.

Vale discutir que toda empresa que busca resultados deve procurar o máximo de produtividade e o melhor desempenho. A produtividade é a relação entre o que foi produzido, devidamente aceito pelo consumidor, e o volume de fatores de produção consumidos. Esses fatores de produção não estão somente relacionados à matéria-prima e aos bens de capital, mas também a outros insumos, fatores e recursos, como o capital humano e a tecnologia. Já o desempenho corresponde ao grau de desenvoltura de um profissional sobre a execução e o desenvolvimento de seu trabalho, de acordo com as políticas e os resultados estabelecidos pela empresa.

Oliveira (b) (2008; p. 3) afirma que o poder de influência de muitas empresas é medido no nível local, nacional e global, nas esferas onde suas ações têm impactos econômicos, sociais, ambientais e políticos. Compreender essas influências envolve o pleno entendimento da ideia da importância da empresa como meio de desenvolvimento e fomento da sociedade e de suas complexas relações entre os diferentes *stakeholders* que compõem o ecossistema empresarial.

Para a obtenção de resultados concretos, a empresa deve estabelecer um planejamento estratégico que possibilite nortear suas ações, viabilizando a criação e execução estratégica. A implementação de estratégias não envolve somente dados estatísticos, que sustentam o processo decisório, mas também inferências particulares a cada indivíduo, que permitem uma certa *"liberdade poética"*, ou seja, o planejamento estratégico possibilita delinear o caminho, mas como ele será percorrido depende exclusivamente de como o profissional – pessoa – interpreta e analisa a conjuntura e desenvolve seus "meios" de se locomover em caminhos nem sempre lineares e por vezes tortuosos e disruptivos.

Conforme Ireland, Hoskisson e Hitt (2015; p.5), "obtêm-se a competitividade estratégica quando uma empresa consegue formular e implementar com sucesso uma estratégia de criação valor". Esse valor deve ser real e percebido pelos consumidores, bem como por seus colaboradores internos e externos. Para que a empresa atinja seus objetivos estratégicos, também é necessário que essa percepção de valor seja percebida pelos diferentes *stakeholders* que estão intimamente ligados aos negócios da empresa, obtendo a cumplicidade e colaboração necessária.

Assim, este capítulo procurará discutir essa relação, permeada de várias teorias, experiências e desafios, que servirão como base para a reflexão dos capítulos seguintes e principalmente para o incremento da longevidade da empresa, de seus negócios e, por que não afirmar, da própria qualidade de vida dos talentos humanos e da sociedade em geral.

1.2. A Administração na Realidade Brasileira e Global

Com suas dimensões continentais, o país não consegue utilizar de forma satisfatória seus recursos, estabelecendo bens de origem primária, relacionados à agricultura e pecuária, como *core competences* predominantes. A principal característica é uma economia intersetorial, na qual os diversos *clusters* não se intercomunicam, diferentemente da economia norte-americana, em que a indústria automobilística e o setor bancário são fortes e interconectados, impulsionando outros setores da economia. Dessa forma, oportunidades de negócios surgem de acordo com o comportamento da economia e as práticas de cada governo, possivelmente sem uma continuidade estratégica necessária que possibilite o desenvolvimento efetivo.

A ciência da Administração e seu principal protagonista, o administrador, são personagens relativamente novos no Brasil. Comemora-se no dia 09 de setembro o Dia Nacional do Administrador, originado como homenagem à Lei n.º 4.769 de 1965, que regulamenta a profissão no país. Conforme pesquisa do Conselho Federal de Administração – CFA (2016), despontam para os próximos cinco anos oportunidades de negócios e empregos em nove setores específicos, como demonstrado no Quadro I:

Quadro 1.1

Setores da economia mais promissores para o administrador por região do Brasil (em %)

Setores	Brasil	NO	NE	CO	SE	Sul
Consultoria empresarial	34,15	31,30	37,33	33,03	33,60	34,96
Administração pública direta	30,49	37,79	32,22	38,42	27,88	30,77
Administração pública indireta	27,04	32,08	30,19	30,80	25,64	25,25
Instituições financeiras	22,77	17,32	18,29	19,39	25,51	21,01
Administração hospitalar/Serviços de saúde	16,67	14,68	16,55	16,22	17,22	15,83
Logística	15,79	15,22	16,54	15,89	16,04	14,44
Agronegócio	13,90	13,75	9,31	19,86	12,94	17,46
Industrial	12,86	12,87	10,96	11,78	13,54	15,38
Terceiro setor	12,77	10,82	12,23	7,44	13,71	11,25

(RM) Respostas múltiplas, com escolha ilimitada. Fonte: Adaptado de Mello, Krauz e Mattar (2016; p. 40).

Além disso, a estrutura econômica emergente traduz que o país tem possibilidades de crescimento econômico no médio e longo prazo, migrando de uma economia sustentada pela agricultura e pecuária para outra, evoluindo para uma sociedade mais industrializada e de serviços. O Brasil é reconhecidamente voltado para bens primários, carecendo de planejamento de investimentos em outros níveis, como o industrial e os de tecnologia. Nesse caso, as oportunidades de negócios e empregos residirão na necessidade de capacitação e aprimoramento de mão de obra para atender a essa realidade. O grande desafio é conseguir com que o processo de migração para um nível econômico melhor ocorra de forma sustentada, equilibrando a intensidade econômica com a qualidade de profissionais.

Quadro 1.2

Identidade do administrador, empresário e empregador

Identidades	Administrador (%)	Empresário/ Empregador (%)
Formar, liderar e motivar equipes de trabalho	55	53
Articular e coordenar as diversas áreas da Organização	42	36
Visão holística e sistêmica	33	22
Otimizar a utilização de recursos	31	31
Foco em resultados	26	30

Fonte: Adaptado de Mello, Krauz e Mattar (2016; p. 29).

Conforme pesquisa do CFA (2016), a maioria dos profissionais que exercem a profissão de administrador, em especial gestores e analistas, está na faixa etária entre 31 e 35 anos, 82% são egressos de instituições particulares de ensino superior e possuem especialização. Atuam especificamente em planejamento e gestão estratégica e áreas correlatas com remuneração média de 9,2 salários mínimos. Por outro lado, as estimativas do IBGE (2013) projetam um aumento gradual da participação de pessoas com mais de 25 anos no total da população brasileira, bem como um aumento da expectativa de vida, superando os 75 anos de idade. Portanto, um dos grandes desafios é o recrudescimento das empresas brasileiras, oferecendo mais postos de trabalho e oportunidades de empregos para os graduados em Administração.

Considerando que a maioria dos egressos das instituições de ensino superior (IES) tenham concluído o seu curso de graduação em Administração, é interessante notar a faixa etária dos gestores, de onde se pode concluir a necessidade de uma maturação de conhecimentos e competências no mercado de trabalho. A necessidade de integração das IES com o mercado e os ambientes profissional e social torna-se cada vez mais urgente para a consolidação das empresas no seu respectivo ambiente de negócios.

Quadro 1.3

Conhecimentos específicos do administrador, empresário e empregador

Conhecimentos específicos	Administrador [%]	Empresário/ Empregador [%]
Administração de pessoas	70	48
Administração financeira e orçamentária	66	56
Administração estratégica	65	55
Administração de vendas e marketing	46	44
Administração sistêmica do conjunto de áreas de conhecimento em Administração	44	22

Fonte: Adaptado de Mello, Krauz e Mattar (2016; p. 30).

O Quadro III nos mostra os principais conhecimentos elencados pelos entrevistados, ressaltando a necessidade de uma formação mais ampla, considerando que ela deve contemplar a formação do ser humano como elemento transformador da sociedade. Dessa forma, para obtenção do sucesso pessoal e profissional, as empresas devem estar atentas à qualidade do seu capital humano, derivando daí a necessidade da gestão de pessoas e, em especial, a de competências.

Conforme pesquisa complementar realizada pelo autor, outros conhecimentos específicos foram elencados como relevantes para o sucesso e relacionamento com o mercado e *stakeholders*, como a gestão de processos, a gestão de projetos, sistemas de informação, métodos quantitativos, tecnologia (no sentido lato), comunicação, legislação e Psicologia. Percebe-se que grande parte dos conhecimentos se referem à gestão dos negócios, bem como da própria empresa.

Conhecimentos em Psicologia ajudam a empresa a entender as características e os perfis necessários para identificar, selecionar, manter e compor a consistência necessária de seu público interno, bem como estabelecer os vínculos e relacionamentos estratégicos, principalmente aqueles relativos ao comprometimento e à motivação.

O administrador é influenciado pela tecnologia, que provoca profundas transformações no âmbito das organizações e seu meio ambiente, exigindo grande capacidade de adaptabilidade do profissional, sobretudo em tempos de mudanças constantes e radicais, inclusive as relacionadas à mobilidade e emigração internacional.

A expansão internacional das empresas possibilitou um incremento de negócios além do aprofundamento de conhecimentos e competências de Administração. O próprio movimento de deslocamento físico de negócios de um país para outro já se constitui num verdadeiro exercício de planejamento e gestão, decorrentes das responsabilidades do processo de internacionalização e da troca de experiências e tecnologias com o país destino. Segundo pesquisa complementar do autor, empresas que participam de processos de internacionalização ampliam a sua visão de mundo, melhoram seus processos internos e conseguem realizar a gestão de seus recursos de maneira mais eficiente. Essas empresas aprimoram o processo decisório e conquistam mais autonomia em seus negócios, sustentando a sua posição competitiva.

1.3. Perfil e Competências do Administrador

Um advogado deve ter formação acadêmica específica para que seja capaz de ler, interpretar, analisar e aplicar as leis, de forma a garantir que a justiça seja feita; um médico deve ter formação acadêmica específica para que saiba efetuar o diagnóstico, receitar e realizar procedimentos médicos de forma a garantir a saúde dos pacientes; já o administrador, mesmo que tenha formação acadêmica específica e adequada, depara-se com um conjunto de conhecimentos e situações diversos e inerentes ao setor econômico e à categoria de empresas onde deseja atuar profissionalmente – como em produção, marketing, recursos humanos, contabilidade, finanças, entre outros.

Esse paradigma pode conduzir a afinidades e contradições. Um hospital ou mesmo uma clínica oferece serviços específicos de saúde para a população, mas necessita de planejamento e gestão que permita que seus serviços sejam oferecidos com a qualidade necessária; um advogado, mesmo tendo um desempenho exemplar, necessita que seu escritório seja bem administrado. A Administração e consequentemente o administrador devem adequar seus conhecimentos, habilidades e competências de forma a atender pontualmente as diferentes demandas e particularidades do mercado. Dessa forma, é utópico indicar que perfil e quais competências são mais adequadas para cada profissional e respectivo setor econômico. **Deve-se estabelecer um foco para iniciar a discussão sobre as competências e esse foco é a busca pela excelência.**

A evolução das empresas é pautada pela busca constante da excelência, seja ela qual for. Essa excelência é adquirida pela formação acadêmica e experiência de vida de seus profissionais, mas somente apreendida e conquistada por aqueles que realmente desejam incorporar em seu perfil as habilidades e, principalmente, as competências pessoais e profissionais que os diferenciem dos demais.

Leboyer (1997) define como "competências" a soma de comportamentos e capacitações distintas que algumas pessoas ou empresas possuem de melhor, diferenciando-se dos concorrentes. Já Parry (1996) e Éboli (2004) afirmam que a competência deve ser contextualizada com a prática. Essa prática está relacionada aos Conhecimentos, Habilidades e Atitudes (CHA) que tanto as IES, as empresas e as pessoas devem procurar. Em outras palavras, formação e informação devem estar mescladas com as experiências individuais e empresariais em um contexto de comportamentos assertivos e vontade de fazer.

Conforme pesquisa do CFA (2016), as cinco principais competências identificadas pelos entrevistados estão elencadas no Quadro IV:

Quadro 1.4

Competências do administrador

Competências	Administrador (%)	Empresário/ Empregador (%)
Identificar problemas, formular e implantar soluções	78	73
Desenvolver raciocínio lógico, crítico e analítico sobre a realidade organizacional	64	52
Assumir o processo decisório das ações de planejamento, organização, direção e controle	63	52
Ser capaz de negociar, mediar e arbitrar conflitos	58	55
Elaborar e interpretar cenários	56	41

Fonte: Adaptado de Mello, Krauz e Mattar (2016; p. 31)

O ambiente universitário e o de trabalho contribuem para a modelagem do perfil do profissional necessário para superar os diferentes desafios da economia nacional e global. As IES desempenham um importante papel

Figura 1.1

Processo sistêmico de ensino e aprendizagem

Kuazaqui (2015; p. 289)

ao formar pessoas de acordo com as demandas da sociedade, bem como ao atender às necessidades regionais das empresas. As empresas desempenham outro importante papel nesse processo, convergindo os interesses econômicos com os de sucesso profissional de seus colaboradores internos. Esse processo sistêmico entre IES, empresas e sociedade pode ser evidenciado na Figura 1.

Quinn, Faerman, Thompson & McGrath (2004; pgs. 24-25) afirmam que

> Uma competência implica a detenção tanto de um conhecimento quanto da capacidade comportamental de agir de maneira adequada. Para desenvolver determinadas competências é preciso não só ser apresentado ao conhecimento teórico como ter a oportunidade de praticá-las.

Esse processo deve ser bem planejado e gerenciado, de forma a construir o melhor portfólio de competências, reflexo do ambiente de negócios onde a empresa está inserida. Outras competências, além daquelas citadas pelo CFA são relevantes e complementares ao bom desempenho profissional e à inserção na sociedade. Além das competências referenciadas no Quadro IV, outras também têm destaque conforme pesquisa realizada pelo autor. No contexto das tendências globais, um bom administrador deve possuir conhecimentos e competências para gerir aspectos ou dimensões que tratem de diversidade cultural, meio ambiente, mercado financeiro; economia e política em termos nacional e global, destacando:

— **Busca sistemática por atualização e ampliação de conhecimentos:** essa competência está relacionada à capacidade do indivíduo de buscar e aprimorar os conhecimentos necessários para garantir a sua evolução pessoal e profissional. Por parte da empresa, reside no fato de ela conseguir promover e apreender todo o conhecimento por parte de seu capital intelectual interno e garantir a sua sustentabilidade e posição competitiva. Já se foi o tempo em que as empresas procuravam prover seus "funcionários" com cursos e treinamentos, tomando para si a responsabilidade de mantê-los capacitados e atuantes para o bom desempenho de suas funções. Empresas ainda mantêm programas de atualização e capacitação, porém, hoje em dia, cada parte – público interno e empresa – deve assumir a responsabilidade de seu próprio desenvolvimento. Daí nomenclaturas como "colaboradores internos" ou mesmo "talentos humanos" para se referir à força de representação humana, bem como "empresas que aprendem". Para garantir esse processo, as empresas devem resguardar sua memória competitiva, de forma a usufruir de uma plataforma de conhecimentos que a empresa já adquiriu e das experiências que obteve. Por vezes, falta de planejamento, controle, *turn-over* elevado ou mesmo experiência em gestão interferem no processo, dificultando o registro e a análise dessa memória competitiva.

– **Criatividade:** conforme Predebon (2013; p. 12),

> O comportamento criativo é produto de uma visão de vida, de um estado permanente de espírito, de uma verdadeira opção pessoal de como desempenhar um papel no mundo. Essa base mobiliza no indivíduo seu potencial imaginativo e desenvolve suas competências além da média, nos campos dependentes da criatividade".

Trata-se de uma competência endógena, cujo "processo" criativo talvez não possa ser enquadrado dentro de parâmetros específicos, posto que é uma característica particular do indivíduo. Em Administração, pode envolver meios de atuar de forma diferente e de maneira mais rápida, resolvendo um problema da empresa e do consumidor. A empresa deve criar ambientes propícios ao desenvolvimento natural do processo criativo para obter as melhores soluções.

– **Empreendedorismo:** trata-se de uma competência endógena, que incita o indivíduo a empreender, a desenvolver ações que geralmente estão relacionadas à abertura de um novo negócio, ou mesmo a novas formas de visualizar uma atividade. O empreendedor geralmente tem como características principais as motivações endógenas que o levam a desenvolver novos negócios e atividades. Já o empresário tem como características principais a posição de assumir riscos e responsabilidades por suas ações junto à empresa bem como daqueles que dependem dela. Conforme Cecconello e Ajzental (2008; p. 10) "no caso de um empreendedor, de um empresário ou de um dirigente de empresa, oportunidades de negócios surgem muitas vezes por meio da dualidade comportamento previsto × práticas observadas", ou seja, a partir da identificação de necessidades de mercado não atendidas por meio de novos produtos e serviços, bem como de suas melhorias e aperfeiçoamentos. E, nesse caso, consolida-se um bom casamento entre o empresário e o espírito empreendedor.

— **Inovação:** essa competência diz respeito ao modo como um indivíduo e uma empresa podem quebrar paradigmas e evoluir de forma a se distanciar de seus concorrentes, estabelecendo uma posição única no mercado. Zogbi (2008; p. 36) afirma que a inovação pode ser fruto de melhoria contínua ou ocorrer por ruptura e disrupção. Na melhoria contínua, a empresa está orientada para dentro, melhorando suas competências internas para tornar seus produtos e serviços mais atrativos para o mercado, conforme comentários do Capítulo 7 deste livro. Na inovação por ruptura, existe um lançamento inédito de algum produto, serviço ou até mesmo tecnologia, orientada por uma demanda não atendida pelo mercado e sem precedentes dentro da empresa; ou seja, a disrupção trata de uma brusca alteração no ambiente de negócios, onde a empresa procurará novas ideias e soluções. Boterf (2000; p. 20) evidencia que "em um contexto de incerteza e de inovação permanentes, o empregador compra menos uma força de trabalho do que competências ou do que um potencial de competências".

— **Diversidade cultural:** consiste na facilidade e resiliência do indivíduo em se locomover e se relacionar com todos aqueles que sejam necessários para a consecução de compromissos pessoais e profissionais assumidos. Essa competência, conforme descreve o autor (2006), envolve fatores operacionais, técnicos e comerciais, de forma que o indivíduo possa concretizar em resultados o esperado em seu planejamento estratégico. Além disso, o grau de adaptabilidade é bastante importante para garantir a perfeita transição do profissional para a realização do negócio. Segundo a Fundação Dom Cabral (2008; p. 28), essa adaptabilidade deve dialogar com outro conjunto de competências específicas, como as relacionadas aos processos (para prover o ajuste e a integração entre os processos da empresa com as particularidades de cada país-destino e empresa); à posição (que consiste na integração orgânica de empresa, mercado e *stakeholders*);

à orientação (que está relacionada à capacidade de adaptação de estratégias e recursos); e à multiculturalidade (que reside na capacidade de adaptabilidade do estilo de gestão, respeitado às diversidades, ambiguidades e resiliência.

– **Ética:** a competência ética está devidamente relacionada à sociedade, ao público e à empresa. Ela pode ser definida como o conjunto de valores de um grupo de pessoas que pode se tornar orientações e limitadores de atitudes, posturas e ações. Srour (2003; p. 50) afirma que "as posturas empresariais não são inócuas, anódinas ou isentas de consequências: carregam um enorme poder de irradiação pelos efeitos que provocam". Em outras palavras, ações e práticas guiadas por valores aceitos pelo ambiente de negócios podem fortalecer a credibilidade e inserir a empresa junto aos diferentes públicos de interesses, tais como consumidores, público interno e consumidores, este último a razão principal da empresa.

Competências pessoais e corporativas devem ser devidamente estimuladas e gerenciadas, de forma que se tornem diferenciais competitivos reais. Luiz. F. Nasser-Carvalho e Flávio C. Vasconcelos, (2005; p. 4) afirmam que "o comportamento inteligente é resultado de um processamento mental cujo ponto inicial está nos estímulos ambientais. Ou seja, o ambiente é repleto de estímulos e nossa mente os capta, processa-os e compreende o que se passa lá fora". Complementam, ainda, que a cognição humana pode se dar a partir de "estruturas de conhecimento pré--estabelecidas que direcionam a atenção e ajudam a perceber e explicar melhor objetos e situações. Nesse sentido, a mente humana pode visualizar diferentes prismas de uma mesma situação, ao invés de "enxergar" somente o que reconhece ou que está previamente preparada para ver. Afirmam ainda os autores (2005) que "mapas cognitivos/causais" podem representar a forma como os executivos compreendem o setor industrial como um "mecanismo de direcionamento e delimitação da atenção gerencial e como um eficiente mecanismo de criação de sentido para o fluxo da experiência".

Também deve se levar em consideração as dimensões continentais do país, que acentua as diferenças regionais, tanto no perfil de seus habitantes quanto nas características de empresa e consumo. Nesse caso, as IES devem identificar que perfis são os mais necessários e como preparar os alunos para ingressar no mercado de trabalho e fazer a diferença. De acordo com Volpato e Kuazaqui (2013; p. 71), a construção do perfil profissional ocorre a partir do perfil do aluno e depende diretamente da bagagem de conteúdo deste último; as suas habilidades e capacidades podem se tornar um indicativo de qual será o seu nível salarial e as suas atitudes na relação de vínculos de relacionamento; de modo que as suas competências influenciarão diretamente a sua remuneração. Esse modelo de pensamento para definir remuneração está diretamente relacionado ao tipo de competência, sua intensidade, à complexidade e às responsabilidades associadas à função no trabalho.

Outras demandas também surgem para desafiar a Administração. Além da necessidade empresarial de adaptar as estratégias aos ambientes disruptivos, a acirrada concorrência nacional e internacional e questões éticas e morais, outras como voltadas para a sustentabilidade se tornam pontos importantes de convergência entre empresas e sociedade. Cada vez mais, as empresas devem identificar as carências latentes da sociedade e atender, e até superar, as necessidades da sociedade como forma de se diferenciarem no mercado.

Outro ponto significativo é que a gestão de competências deve ser de responsabilidade tanto do profissional quanto da empresa. Gramigna (2007, p. 14) afirma que "um dos indicadores de desempenho organizacional, talvez o mais importante no atual contexto do mercado, é sua capacidade de atrair, desenvolver e reter pessoas talentosas". Em outras palavras, todos são importantes – colaboradores internos e empresas –, dentro do contexto de negócios de uma organização.

Por outro lado, Boterfi (2000; p. 229) analisa a necessidade da empresa na construção de competências coletivas, nas quais "o valor do capital depende não tanto de seus elementos constitutivos, mas da qualidade da combinação ou da articulação entre esses elementos". A empresa pode ser definida como um composto orgânico que interage com o ambiente onde está inserida para atender demandas e necessidades específicas de mercado. Essas competências devem fazer parte do profissional e da empresa; entretanto, **os resultados das ações devem ser percebidos claramente por aqueles que fazem parte do processo de negócios, inclusive o consumidor.**

Quadro 1.5

Mudança do local das competências essenciais

	Empresa	Família/rede de empresas	Rede avançada
Unidade de análise	Empresa	Empresa ampliada, incluindo fornecedores e parceiros	Todo o sistema, incluindo a empresa, os fornecedores, os parceiros e os clientes
Recursos	O que disponível dentro empresa	Acesso à competência e aos investimentos de outras empresas	Acesso aos investimentos e às competências de outras empresas e aos investimentos e competências dos clientes.
Base de acesso à competência	Processo interno, específico da empresa.	Acesso privilegiado às empresas que fazem parte da rede.	Infraestrutura para manter um diálogo ativo e constante com os diversos clientes das empresas.
Valor agregado aos dirigentes	Fomenta e cria competências.	Gerencia parcerias de colaboração.	Aproveitar a competência dos clientes, gerenciar experiências personalizadas e orientar as expectativas dos clientes.
Criação valor.	Autônoma.	Em colaboração com as empresas parceiras.	Em colaboração com as empresas parceiras e com clientes ativos.
Fontes de tensão empresarial.	Autonomia das unidades de negócios *versus* alavancagem das competências essenciais.	Parceiro é criador de valor e também concorrente.	Parceiro é criador de valor e também concorrente.

Fonte: Prahalad & Ramaswamy (2000; p.49):

Pela análise do Quadro V, percebe-se a importância das competências e, principalmente, a amplitude e o alcance que a empresa deve atingir ao identificar suas competências essenciais. Também que as competências são apreendidas em diferentes locais e situações. Conforme Amatucci (2000; p. 26):

> O conjunto de competências é um grupo de atributos que a empresa deseja que seus funcionários (em particular os executivos de nível superior, mas não só estes), possuam em diferentes graus. Esta lista é derivada das necessidades que a empresa tem, tendo em vista as suas próprias competências empresariais, que necessitam de suporte humano. Portanto, varia de empresa para empresa, sendo, entretanto a mesma para os funcionários da mesma empresa, a menos do grau em que são exigidos. Também é

implementada através da avaliação de desempenho, visando o desenvolvimento do funcionário. Portanto, tanto o *job description* quanto o conjunto de competências estão na empresa, constituindo expectativas de comportamento que a organização tem em relação aos funcionários que ali chegam para trabalhar.

Então, evidenciando que a empresa deve ter consciência das competências que são necessárias para a sua longevidade, essas são moldadas de acordo com o mercado onde ela atua, fato evidenciado na Figura 1. Dessa forma, podemos entender que gestores e colaboradores internos podem se basear em competências já existentes e amplamente estudadas e aplicadas para incorporar ao planejamento e gestão de seus negócios. Entretanto, compreender que cada empresa é um ser individual, com objetivos e metas distintos, conduz à **reflexão de que a procura constante e sistemática de conhecimentos, habilidades, atitudes, conhecimentos e competências é necessária para que a empresa tenha uma identidade única, valiosa, percebida e respeitada por todos, inclusive seu público interno e, principalmente, o consumidor final**. Feito isto, todo o restante é consequência.

1.4. Os Desafios da Administração Contemporânea

Mudanças e transformações no cenário econômico e político mundial decorrentes principalmente da evasão de países da União Europeia, as profundas mudanças na política norte-americana e a imigração maciça de refugiados são alguns exemplos do cenário macroeconômico e político que irá influenciar os mercados consumidores e, consequentemente, as estratégias das empresas nos próximos anos. Além disso, a evolução exponencial da tecnologia com impactos em produtos, serviços, consumo, processos, pessoas e custos recomendam que as empresas devem repensar seus paradigmas no sentido de construir e desenvolver novas ideias e soluções inovadoras. Implementar novos modelos de gestão diante dos desafios apresentados se torna um fator preponderante para a longevidade das empresas e dos negócios. Evidencia-se de que desafios podem se tornar importantes oportunidades para aqueles que conseguem "enxergar" além de seus horizontes competitivos.

Considerando a necessidade de se diferenciar perante os mais variados desafios, as empresas não devem se focar somente na gestão de competências como elemento operacional e burocrático a ser atendido com base em formulários e práticas de avaliações tradicionais. Albrecht (2006; p. 5) desenvolve a ideia da *Inteligência Social*, afirmando "que a capacidade de agir habilmente numa vasta gama de situações sociais [...] repousa em algo mais do que no mero conhecimento de um conjunto de técnicas ou procedimentos específicos". Dessa forma, após a identificação do perfil necessário, bem como das habilidades e competências, as empresas devem entender que o processo de interação com o mercado depende do grau de conhecimento dos talentos humanos bem como de seus *stakeholders*. Esse conhecimento não deve se restringir somente aos aspectos já conhecidos e convencionais, mas também abarcar a cultura e o aprendizado contínuo dessas relações.

A atuação do administrador é bastante complexa, considerando que a sua aplicação é bastante heterogênea em virtude da quantidade de setores e empresas de diferentes portes. Entretanto, é notório que uma empresa terá mais dificuldades para sobreviver se não conhecer os preceitos básicos de Administração, bem como seus desdobramentos técnicos que devem ser adaptados a cada empresa ou situação.

A prática administrativa não deve se limitar ao que foi aprendido, deve ser moldada de acordo com o olhar particular de cada pessoa e conforme a visão diferenciada de cada empresa. Tanto este novo olhar quanto a visão devem ser analisados sob o ponto de vista técnico da Ciência, mas permeados com uma certa interferência artesanal de cada profissional.

Desse ponto de vista derivam variações nas intensidades estratégicas, que podem conduzir ao equilíbrio, sucesso ou fracasso de uma empresa. Afinal, a Administração pode ser considerada como Ciência ou Arte? Se tratada somente como Ciência, o que explicaria os resultados de empreendedores que tanto contribuíram para o desenvolvimento empresarial, em muitos casos sem a devida formação acadêmica? O processo de Administração envolve não somente a técnica, mas também outras características, aptidões e conhecimentos que podem contribuir para os resultados de uma empresa.

A diferença entre o que é Ciência e Arte reside em questões objetivas e subjetivas. Enquanto a Ciência busca explicar as leis que regem a matéria e todos os seus complexos derivados, procurando uma métrica e parametrização, a Arte não pretende explicar nem quantificar, mas sobretudo instigar, provocar e permitir que novas visões e concepções sejam descobertas e novas realidades criadas. Nesse contexto, a Administração transita tanto pela Ciência quanto pela arte, dependendo das capacidades e competências de cada pessoa ou organização.

Devem ser consideradas a amplitude das disciplinas necessárias para a formação de um administrador, que o capacitam (com conhecimentos, métodos e ferramentas) a efetuar o diagnóstico sob as mais diversas perspectivas; a planejar e implementar ações e gerenciamento de resultados voltados para o crescimento e a sustentabilidade do negócio. Outras profissões geralmente possuem caráter mais específico decorrente da "divisão do trabalho" e do foco. Já a Administração permeia todas as áreas do conhecimento humano.

Por outro lado, se todos pensassem da mesma forma, com certeza teríamos as mesmas estratégias e os mesmos comportamentos estratégicos, alcançando sempre os mesmos resultados de negócios. O que diferencia um profissional ou mesmo uma empresa de outro(a) é a capacidade de apreensão, interpretação, negociação, além da capacidade de alterar a cadeia de eventos ao interferir nos processos para torná-los melhores e modificar o ambiente onde a empresa está inserida. Os verdadeiros administradores não devem simplesmente responder às perguntas, mas tentar formular outras que desafiem seus gestores, colaboradores internos e, por que não?, o mercado e a sociedade.

Em outras palavras, quem faz, transforma!

Questões para Reflexão

1. Explique como a Administração pode ser aplicada em empresas de pequeno, médio e grande porte? Existem diferenças significativas em sua aplicação e nos resultados?
2. O que diferencia, na prática, um empresário e um empreendedor? É possível que um profissional consiga equilibrar esses dois de perfis? Indique exemplos.
3. Quais são as semelhanças entre a Administração e a Arte? O que as diferencia de fato? Dê exemplos.

4. O que pode garantir o sucesso de uma empresa? O que pode conduzir uma empresa ao fracasso?
5. De que forma um administrador pode conciliar os diferentes conhecimentos específicos – como marketing, produção, serviços, vendas, entre outros – para garantir que a Administração seja praticada de forma equilibrada dentro da empresa?
6. Em que sentido a globalização de mercados e de empresas pode influenciar os negócios de uma empresa? Como a Administração pode ajudar no processo que conduza a empresa ao sucesso, levando em consideração o fenômeno da globalização?
7. Como uma empresa pode identificar e selecionar as competências necessárias para os seus colaboradores internos com o objetivo de garantir o crescimento nos negócios?
8. Como a concorrência direta e indireta pode interferir no processo de gestão de negócios de uma empresa?
9. Que pontos fortes e fracos a sua empresa identifica como significativos para a atual situação? Como ela está se preparando para lidar com ela?
10. Que desafios e oportunidades a sua empresa terá pela frente nos próximos anos? Como ela está se preparando para o futuro?

Estudo de Caso

É necessário e natural que as empresas revejam suas metas de crescimento e busquem adequar suas estratégias de expansão. Porém, não será diminuindo os investimentos que sobreviverão aos períodos de incertezas. Além da otimização de recursos produtivos e humanos, elas devem se lançar no mercado com novas propostas de negócios, produtos e serviços. Tome-se como exemplo hipotético uma região isolada e em crescimento vegetativo, cujas únicas fontes de recursos sejam um lago cheio de peixes, a agricultura e a pecuária rudimentares. Muitos podem tentar dividir racionalmente a quantidade de água e de peixes do lago, o que levaria a um consumo controlado e, provavelmente, finito. Outros podem entender que existem técnicas reais que fazem com que as águas do rio produzam mais peixes e irriguem as terras, propiciando um cultivo maior e a ampliação da criação de animais. A água da chuva pode ser armazenada, bem como outros mananciais talvez possam ser encontrados. Dessa forma, a região poderá, dentro de um crescimento vegetativo controlado, obter ganhos de escala que se traduzirão na melhoria da qualidade de vida da população.

Outro exemplo, neste caso real, foi o de produtores japoneses, no período de economia pós-Segunda Guerra Mundial, que perceberam que também poderiam também criar peixes nas áreas inundadas onde plantavam arroz. Com os mesmos recursos limitados, obtiveram carboidrato e proteína, melhorando sua condição econômica e social. Esse tipo de racionalização pode ser uma postura a ser adotada pelas empresas para minimizar os efeitos da crise internacional.

Além disso, os governos poderiam desenvolver e investir em planos de expansão e infraestrutura – até porque alguns ativos e recursos estão mais baratos –, gerando aquecimento da economia interna. Conforme Thomas e Callan (2010, p. 17):

> Pelo fato de matéria e energia não poderem ser destruídas, pode parecer que dessa maneira o fluxo de materiais acontece indefinidamente. Mas a segunda lei da termodinâmica enuncia que a capacidade da natureza para converter matéria e energia não é ilimitada. Durante a conversão de energia, parte dela se torna inutilizável. Ela ainda existe, mas não está mais disponível para utilização em outros processos. Por consequência, o processo fundamental do qual a atividade econômica depende é finito.

Pensando de forma sistêmica, a água, além de satisfazer a necessidade humana básica, pode ser utilizada na geração de energia. Essa energia, se bem canalizada e utilizada, pode gerar um melhor aproveitamento desse insumo e democratizá-lo para aquelas empresas que a ele não têm acesso. Em outras palavras, a energia pode ser utilizada de forma planejada pelas empresas, possibilitando, por exemplo, sua canalização para outros destinos de forma mais assertiva.

Questões

1. Que lições podem ser depreendidas do exemplo da criação de peixes na economia japonesa no cenário pós-Segunda Guerra Mundial? Como essas lições poderiam ser utilizadas nos dias atuais?

2. O pensamento voltado para criatividade, empreendedorismo e inovação geralmente está relacionadas às empresas. Em se tratando do governo, é possível estender esse pensamento e principalmente suas aplicações em empresas públicas? Que benefícios a sociedade teria?
3. Como o governo e as empresas privadas podem propiciar, em conjunto, iniciativas contextualizadas com as três competências listadas na questão anterior?
4. Que recomendações podem ser feitas sobre o problema da água no cenário nacional?
5. Analisando o texto do estudo de caso, que teorias e aplicações em administração podem ser identificadas e aplicadas?

Referências

ALBRECHT, K. *Inteligência Social*. A Nova Ciência do Sucesso. São Paulo: M. Books, 2006.

AMATUCCI, M. *Perfil do Administrador Brasileiro para o Século XXI*: Um Enfoque Metodológico. São Paulo: Universidade de São Paulo. Faculdade de Economia, Administração e Contabilidade. Departamento de Administração, 2000.

BOTERF, G. de. *Desenvolvendo a Competência dos Profissionais*. Porto Alegre: Artmed, 2000.

CECCONELLO, A. R.; AJZENTAL, A. *A Construção do Plano de Negócios*. São Paulo: Saraiva, 2008.

DICKEN, P. *Mudança Global*. Mapeando as Novas Fronteiras da Economia Mundial, 5 ed. Porto Alegre: Bookman, 2010.

ÉBOLI, M. *Educação corporativa no Brasil*: Mitos e Verdades. São Paulo: Gente, 2004.

Fundação Dom Cabral. *Ranking das Empresas Multinacionais Brasileiras FDC 2015*. A Capacidade de Adaptação Cultural das Empresas Brasileiras no Mundo. Disponível em: <https://www.fdc.org.br/blogespacodialogo/Documents/2015/ranking_fdc_multinacionai s_brasileiras2015.pdf>. Acesso em: 03 jan. 2017.

GRAMIGNA, M. R. *Modelo de Competências e Gestão dos Talentos*, 2 ed. São Paulo: Prentice-Hall, 2007.

IBGE. *População*. Disponível em: <http://www.ibge.gov.br/apps/populacao/projecao/>. Acesso em: 11 mar. 2019.

IRELAND, R. D.; HOSKISSON, R. E.; HITT, M. A. *Administração Estratégica*. São Paulo: Cengage, 2015.

KUAZAQUI, E. (Organizador). *Administração Empreendedora*. Gestão e Marketing Criativos e Inovadores. São Paulo: Évora, 2015.

————. *Marketing Internacional*: Desenvolvendo Conhecimentos e Competências em Cenários Globais. São Paulo: M. Books, 2007.

————. (Organizador). *Liderança e Criatividade em Negócios*. São Paulo: Cengage, 2006.

LEBOYER, C. L. *Géstion de las Competencias*. Barcelona: Acciones Géstion, 2000, 1997.

MELLO, S. L. de; KREUZ, M.; MATTAR, F. N. Pesquisa Nacional. Sistema CFA/CRAs 2015. Perfil, Formação, Atuação e Oportunidades de Trabalho do Administrador, 6ª ed. Brasília: Conselho Federal de Administração: ANGRAD, 2016.

NASSER-CARVALHO, L. F.; VASCONCELOS, F. C. *Cognição em Organizações*: complexidade cognitiva e seus impactos no desempenho organizacional. Paper publicado no 4.ª Congresso da Iberoamerican Academy of Management, 2005 (Lisboa) e no 29º Encontro Brasileiro dos Programas de Pós-Graduação em Administração (Enanpad), 2005, Brasília.

OLIVEIRA, D. P. R. de. *A Empresa Inovadora e Direcionada para Resultados*. São Paulo: Atlas, 2015.

OLIVEIRA (b), J. A. P. de. *Empresas na Sociedade*. Sustentabilidade e Responsabilidade Social. Rio de Janeiro: Elsevier, 2008.

PARRY, S. B. *The quest for competences. Training*, 1996.

PRAHALAD, C. K.; RAMASWAMY, V. Como Incorporar as Competências do Cliente. *Revista HSM Management*. n. 20, Ano 4, maio/ jun. de 2000. pp. 42- 52.

PREDEBON, J. Criatividade. *Abrindo o Lado Inovador da Mente*, 8 ed. São Paulo: Pearson, 2013.

QUINN, R. E.; FAERMAN, S. R.; THOMPSON, M. P.; MCGRATH, M. *Competências Gerenciais*. Princípios e Aplicações. São Paulo: Elsevier, 2004.

SROUR, R. H. *Ética Empresarial. A Gestão da Reputação*. Posturas Responsáveis nos Negócios, na Política e nas Relações Pessoais, 2 ed. Rio de Janeiro: Elsevier, 2003.

THOMAS, J. M.; CALLAN, S. J. *Economia ambiental*. Aplicações, políticas e aplicações. São Paulo: Cengage, 2010.

VOLPATO, L. A.; KUAZAQUI, E. Empregabilidade, Empreendedorismo e Estágio Supervisionado. *RECAPE – Revista de Carreiras e Pessoas*. São Paulo: PUC; vol. 3, n.1, jan./ fev./ mar./ abr., 2013.

Zogbi, E. *Competitividade Através da Gestão da Inovação*. São Paulo: Atlas, 2008.

Capítulo 2

A Administração e as Ciências Humanas: O Campo de um Encontro

Pedro de Santi

"Se abandonar a ingenuidade e os preconceitos do senso comum for útil; se não se deixar guiar pela submissão às ideias dominantes e aos poderes estabelecidos for útil; se buscar compreender a significação do mundo, da cultura, da história for útil; se conhecer o sentido das criações humanas nas artes, nas ciências e na política for útil; se dar a cada um de nós e à nossa sociedade os meios para serem conscientes de si e de suas ações numa prática que deseja a liberdade e a felicidade para todos for útil, então podemos dizer que a Filosofia é o mais útil de todos os saberes de que os seres humanos são capazes."

Marilena Chauí (2000, p. 17)

Objetivos:

- Analisar o campo das Ciências Humanas e seus impasses.
- Compreender as Ciências Humanas no campo da ética das relações humanas.
- Analisar como a relação entre as Ciências Humanas e a Administração se altera em função da forma como se concebe cada uma.
- Acompanhar alterações na concepção da Administração ao longo de sua história.
- Propor que, no mundo contemporâneo, as duas áreas são mais próximas do que nunca.

2.1. Introdução[2]

De alguma forma, parece que as Ciências Humanas precisam sempre comprovar sua legitimidade ante outras áreas, reconhecidas como ciências "mais fortes" em termos metodológicos e de produção de técnicas. A epígrafe deste capítulo – relativa à mãe das Ciências Humanas, a Filosofia – passa da posição de justificar seu valor à postulação de sua superioridade entre as formas de saber. Inferior ou superior?

A área de Administração é, por sua vez, caracteristicamente orientada às organizações, a resultados nos campos do mercado e do trabalho. A matriz de disciplinas nos cursos de graduação costuma dar um lugar privilegiado a temas como finanças ou cálculo. E é comum que administradores de alto nível em empresas sejam egressos de cursos de engenharia. Mesmo diante desse quadro que a aproxima das Ciências Exatas, os cursos de Administração costumam ser categorizados entre as Ciências Humanas (ou, mais especificamente, Ciências Sociais Aplicadas). Há sentido nisso, para além de um hábito cultural?

Quando se pensa na relação entre as Ciências Humanas e a Administração, o mais comum é que se faça uma relação imediata com a área de Recursos Humanos. Aqui, encontram-se temas clássicos, como: seleção e treinamento, dinâmica de grupos, motivação e liderança, por exemplo. *Performance*, produtividade e entrega de resultados são o foco desse campo. Mas esse foco técnico não impede que se perceba o interesse na compreensão das relações pessoais e sociais dentro e fora das empresas.

Neste capítulo, no entanto, pretendo abordar uma dimensão anterior à relação entre a Administração e as Ciências Humanas. Para responder à questão que propus acima, ao invés de tomarmos o "humano" como a área da administração que o encara como um "recurso" a ser gerido, iremos tomá-lo como "condição". Em outros termos, em vez de perguntar qual é o lugar ou a utilidade das Ciências Humanas na Administração, nossa

---

[2] Agradeço ao grupo de estudos *Eu e o outro na cidade*, composto por professores da ESPM, pela interlocução ao longo da escrita deste texto, nomeadamente: Carlos Frederico Lucio, Christiane Coutheux Trindade, Clarissa Sanfelice Rahmeier, Gilberto Gidra (*in memoriam*), Guilherme Mirage Umeda, Paulo Niccoli Ramirez, Vanessa Clarizia Marchesin e Walfredo Ribeiro de Campos.

questão será: Qual é o sentido de classificar Administração entre as Ciências Humanas?

Para este percurso, começaremos apresentando certas características das Ciências Humanas que geram um problema relativo à sua própria definição: sua história e sua relação com outros modelos de se produzir Ciência. Previno e peço desculpas ao leitor mais habituado a textos específicos da área de Administração pela viagem filosófica e metodológica.

Com este pano de fundo, iremos examinar mais detalhadamente as questões acerca da relação entre as Ciências Humanas e a Administração. Destaco que a perspectiva desse texto é aquela típica das Ciências Humanas.

2.2. O Homem como Sujeito e Objeto da Ciência

As Ciências Humanas nasceram na virada do século XIX para o XX. Sua posição entre outras formas de saber e produzir conhecimento não é simples. Ora a Sociologia, a Psicologia ou a Antropologia, assim como toda Ciência, entrega seus resultados práticos de pesquisa e conhecimento acumulado; ora se colocam numa posição de discutir abstrações, alheia à solução dos problemas concretos que a vida do trabalho demanda, o que as tornaria obsoletas. Esta questão tem se colocado nos últimos anos, como num artigo de 2014, de Samuel Weber, chamado *El futuro de las Humanidades: Experimentando*, em que ele pergunta: "¿Tienen las Humanidades futuro? ¿Hay lugar para el estudio de la literatura, el arte, el lenguaje y la filosofía en un mundo cada vez más dominado por una lógica económica de pérdida y ganancia?" (p. 14).

O duplo foco das Ciências Humanas gera, com frequência, certo desconcerto e confusão. Isto, que pode parecer inconsistência ou sugerir sua irrelevância para a solução de problemas práticos, revela, na verdade, duas posições concomitantes daquele campo de saber: se o homem pode ser e é *objeto* de conhecimento, ele é ao mesmo tempo o *sujeito* dele. O conhecimento científico é uma atividade humana, sustentada em pressupostos relativos à sua racionalidade e capacidade de objetividade.

Tocamos aqui em problemas centrais das condições de produção de conhecimento e da psicologia humana.

O filósofo francês Michel Foucault (1926-1984) dedicou uma de suas obras à realização do que chamou de arqueologia das Ciências Humanas: *As palavras e as coisas* (1966). A obra é extremamente complexa e seu escopo completo excederia em muito nosso projeto, mas algumas de suas análises serão nossos fios condutores e contribuirão para nossa compreensão do que são as Ciências Humanas e qual é o motivo do estatuto ambivalente que costuma ser atribuído a elas.

Foucault observa, como fizemos antes, a condição bifocal das Ciências Humanas: ora elas aparecem como ciências propriamente ditas, ainda que olhadas com certo desdém por seus pares; ora se apresentam com a pretensão de serem superiores e anteriores às demais formas de conhecimento, ao considerar como algo menor a "aplicação" que lhe é solicitada.

Nas palavras de Foucault, tal situação ambígua se deve ao fato de o Homem ocupar dois lugares na cadeia da produção de conhecimento:

> O modo de ser do homem, tal como se constituiu no pensamento moderno, permitiu-lhe desempenhar dois papéis: está, ao mesmo tempo, no fundamento de todas as positividades, e presente, de uma forma que não se pode sequer dizer privilegiada, no elemento das coisas empíricas (p. 361)

Ele é fundamento de todas as positividades na medida em que a Ciência é uma atividade humana e depende de sua capacidade de observação, objetividade e racionalidade. Embora isso seja frequentemente esquecido, as condições de percepção, representação e entendimento do Homem definem as condições e os limites da Ciência. As Ciências "fortes" dependem de que o ser humano seja considerado como alguém racional e capaz de ser objetivo e impessoal com relação ao seu objeto de conhecimento. É uma tarefa importante do procedimento científico procurar afastar completamente as dimensões subjetivas ou de interesses pessoais que levariam a uma distorção no processo de produção e nos resultados obtidos. Há condições de reprodutibilidade experimental e busca por amostras significativas que procuram superar essas condições.

Mas as Ciências Humanas, ao se debruçarem sobre o Homem como seu objeto de estudo, revelam o quanto ele é determinado por diversas ordens que escapam ao seu controle e, de fato, uma compreensão profunda de sua mente e comportamento não pode ser isolada de sua inserção social e política. Ele é atravessado por ordens sociais, econômicas, biológicas, psicológicas, entre outras; e isso aponta para uma condição humana na qual a vontade consciente e a autodeterminação não têm todo o poder que o Humanismo moderno presume. Liberdade e racionalidade humanas absolutas são ilusões. *Aquilo que parecia indicar que as Ciências Humanas eram fracas seria, de fato, derivado de sua atitude crítica ante os limites da própria Ciência.*

O conhecimento produzido nos padrões científicos é reconhecido como sério e bem fundamentado, e costuma mesmo ser. Entretanto, ele é sempre provisório, uma vez que nunca teve acesso à totalidade dos fenômenos que estuda e sempre pode avançar, mas, para o senso comum, dizer que algo foi descoberto pela Ciência equivale a dizer que aquilo é verdadeiro e inquestionável.

Há uma aura que cerca expressões como "resultado de pesquisa" ou "novas descobertas da ciência": tais expressões transmitem confiabilidade imediatamente, como se se tratasse de algo absoluto. Em geral, a condição provisória do conhecimento produzido é esquecida e, além disso, nem sequer se abre a possibilidade de questionar a fonte ou o procedimento de tal pesquisa. Neste texto, vamos nos deter na questão de base sobre as condições de produção de conhecimento, sem entrar no mérito ainda mais grave de quando os experimentos são simplesmente mal feitos ou ostensivamente manipulados.

A confusão entre a Ciência e a "verdade" é perturbada justamente pelas Ciências Humanas em vários aspectos: em primeiro lugar, elas lembram que a Ciência não é absoluta, pois sempre avança, tem história e pertence a uma tradição filosófica e social específicas; em segundo, elas questionam o próprio fundamento da Ciência ao colocar em xeque a estabilidade do sujeito do conhecimento. Se o Homem não é capaz de assumir uma condição de sujeito neutro de conhecimento, o projeto científico não tem a consistência que a ele se costuma atribuir.

De toda maneira, o conhecimento científico experimental aspira a se afirmar com base nos índices de objetividade que produz. Diz Weber:

> "La validez del conocimiento adquirido experimentalmente era, por lo tanto, de un tipo radicalmente diferente de aquel que reclamaban las Humanidades (...) El poder y el prestigio del conocimiento científico se

> basaban en gran medida en su capacidad de establecer secuencias repro-
> ducibles de procedimientos bajo condiciones cuidadosamente controla-
> das (...) Desde luego, dada la naturaleza local y limitada del experimento
> científico, dicho avance siempre implicaba más un acercamiento que un
> logro consolidado. La ciencia se adaptó, entonces, a un sentido del mundo
> como abierto, con infinitas posibilidades. Pero al mismo tiempo la ciencia
> ofrecía el método experimental como un modelo según el cual el futuro
> podía ser progresivamente dominado y sus incertidumbres gradualmente
> reducidas, si no eliminadas" (p. 26).

Assim, o cientista *crê* que pode permanecer alienado da base humana que sustenta a própria atividade experimental. Destaquei o termo "crê" justamente para evidenciar que lá onde se apresenta um discurso que se pretende verdadeiro e objetivo reside um posicionamento social e subjetivo.

Olhando por esse prisma, as Ciências Humanas não são "ciências fracas", mas ciências que se mantêm autoconscientes das fraquezas envolvidas em toda produção de conhecimento; elas possuem as mesmas fraquezas de todas as outras ciências, afinal são produções humanas. Elas habitam dois paradigmas distintos de conhecimento.

Em 1962, Thomas Khun publicou uma obra clássica na área da filosofia da Ciência: *A estrutura das revoluções científicas*, na qual aborda justamente a ideia de que as formas de produção de conhecimento não funcionam, ao contrário do que pode pensar o senso comum, de modo linear e progressivo sobre fatos.

Na realidade, operam dentro de paradigmas que se definem como o compartilhamento de regras e padrões da prática científica. Um paradigma configura uma perspectiva a partir da qual se define o próprio campo dos fenômenos. Assim, não haveria fatos absolutos ou condição de objetividade absoluta. Enquanto um paradigma está em vigência, ele pode ser tomado como única forma correta de se produzir conhecimento e pode, inclusive, nem se dar conta de que é um paradigma entre outros, determinado por seu contexto social. Diz Khun:

> Quando um cientista pode considerar um paradigma como certo,
> não tem mais necessidade, nos seus trabalhos mais importantes, de tentar

construir seu campo de estudos começando pelos primeiros princípios e justificando o uso de cada conceito introduzido (p. 40).

Nesse sentido, são esquecidas tanto as molduras do paradigma quanto o fato de que ele opera a partir de uma perspectiva. Ao estudar como se dão as revoluções que produzem mudanças de paradigma, Khun evidencia a mesma operação que apontamos acima. Ironicamente, ele recorre aos conhecimentos de uma psicologia científica – a Psicologia da Gestalt – para questionar os limites da ciência. Nossa percepção e nosso pensamento operam de forma ativa, de modo que os fenômenos que presenciamos não são as coisas em si, mas o resultado de uma configuração anterior, dada inclusive pelo paradigma de conhecimento vigente.

Por um caminho bastante distinto e que se estende à totalidade da produção de conhecimento científico, estão aqui evidenciadas as duas posições do Homem na produção de conhecimento, tal como vínhamos tratando com base em Foucault.

Para Khun, o cientista não se alça à impessoalidade pretendida pelo paradigma cartesiano: "Na medida em que seu único acesso a esse mundo dá-se através do que veem e fazem, poderemos ser tentados a dizer que, após uma revolução, os cientistas reagem a um mundo diferente" (p. 148).

O que muitos chamam de "Ciência" hoje, liga-se, em geral, a um paradigma cartesiano de razão transcendente, que ignora a própria autocrítica da razão, como em Kant ou Khun, por exemplo.

2.3. Sujeito, Meros Indivíduos e Pessoas

Para deixarmos mais clara a ideia de que o Homem é o sujeito da Ciência, vou recorrer à distinção entre os termos "sujeito", "pessoas" e "meros indivíduos", tal como descritos por Figueiredo (1995).

O projeto da Modernidade ocidental, construído entre os séculos XVI e XVII, ocorreu mediante determinada concepção do Homem. O conhecimento do mundo deixou de ser buscado em oráculos divinos ou baseado em tradições antigas e passou a se escorar na capacidade racional do ser humano. Criou-se então a distinção entre o Homem, tomado como sujeito racional, e tudo o mais, tomado dali em diante como objeto; objeto e estudo, matéria-prima, mercadoria, o próprio corpo. Nas palavras de Figueiredo: "O sujeito – verdadeiro *sub-jectum*, no sentido próprio do que subjaz – deve constituir-se como fundamento para que o mundo da modernidade se torne um mundo habitável e, principalmente, administrável, controlável, previsível" (p. 32).

Esse processo depende da crença na capacidade do sujeito de alçar a sua racionalidade acima das dimensões pessoais. Um cientista deve ser impessoal, capaz de propor uma observação objetiva e neutra sobre seu objeto de estudo, não interferindo nos resultados do experimento. Um sujeito deve ser causa de suas ações, livre e autônomo. Reside nisso, então, o pressuposto de que a razão e o observador devam ser transcendentes ao mundo. Essa impessoalidade deve ser de tal ordem que se garanta que qualquer outra pessoa, usando os mesmos recursos, chegue ao mesmo resultado. É por isso que Figueiredo se refere a "sujeito" no singular, diferentemente do plural usado para se referir às pessoas e aos meros indivíduos. A rigor, o processo alçaria cada cientista a uma mesma e única racionalidade pura, distanciada da singularidade mundana de cada pessoa.

O Homem deve tomar a si mesmo como projeto de controle e se tornar autônomo. A este processo, Figueiredo chama de "assujeitamento". Aos demais, ao menos àqueles que não passam pelo mesmo processo, cabe o lugar de meros indivíduos, que:

> (...) ficam reduzidos à condição de objeto de uso alheio e submetidos a formas autoritárias de controle: por exemplo, a de uma lei impessoal que os transcende, que deles não emanou, na qual não se reconhecem e se concretiza apenas na presença de uma autoridade responsável pela efetuação dos procedimentos disciplinares que os constituíram e os mantêm na sua desamparada e dócil individualidade. (p. 38).

Esta é uma cisão fundamental do projeto moderno: de um lado, um sujeito soberano; de outro, objetos de conhecimento ou consumo. Num regime de trabalho, isso fica bem distinto na figura de liderança – o sujeito dos projetos e das decisões – e na dos meros funcionários, concebidos como executores não pensantes:

Assujeitamento é o termo que me parece mais apropriado para designar o modo moderno de subjetivação. Aqui, o mero indivíduo se constitui como sujeito autosubsistente e auto-sustentado (...) enquanto autonomia racional diante de um mundo de objetos plenamente "objetivos" (p. 39).

"Ser líder" ou "como ser líder" são temas importantes do que se produz na área de Recursos Humanos, como bem sabemos. É um anseio do Homem moderno alçar-se à condição de sujeito para abandonar a massa dos meros indivíduos.

O regime moderno da relação sujeito/objeto configura um paradigma que substituiu, ainda que de forma incompleta, o regime anterior de relação com as pessoas:

Pessoas (*personae*, máscaras) apresentam-se como uma modalidade pré-moderna de subjetivação e vivem gostosamente sob o império da heteronomia, encarnados e mundanos. Poderosos ou débeis, senhores, vassalos ou servos, têm suas vidas reguladas pelas tradições e pelos costumes, pelas necessidades e pelos desejos (p. 37).

Distante da necessidade de controle que caracteriza o projeto moderno, o campo da pessoalidade reserva certo grau de liberdade. Não no sentido de autodeterminação ou autonomia, mas no de que está "livre" no mundo, sem monitoramento. Mas vale ressaltar que o modelo "sujeito/meros indivíduos e pessoas" não opera de forma absoluta ou homogênea. Eles podem coexistir em cada pessoa ou grupo social. É possível que haja gradações ou campos de experiência onde predominem aspectos de cada posição. Onde o projeto moderno predomina, sobressaem os discursos de controle e monitoramento, técnica e eficiência, produtividade e *performance*. Mas tamanha impessoalidade desumanizou as relações e fez do Homem moderno um predador da natureza e de outros homens em sua busca de lucro e proveito imediato. Onde o regime das "pessoas" tem força, imperam as relações pessoais, amigáveis e afetivas, mas sujeitas às preferências e aos favorecimentos de cada um, assim como às trocas de favores; um bom exemplo disso é o que chamamos de "jeitinho brasileiro".

O projeto moderno gostaria de erradicar a pessoalidade e ser regido exclusivamente pelo profissionalismo e pelo cálculo. Mas tudo o que não cabe nesta cisão, como seu resto ou ruído, acaba por vazar. Foucault inicia seu livro referindo-se justamente à ambição moderna de classificar e ordenar tudo. Esses procedimentos são condições para o pensar e para a possibilidade de generalizar o conhecimento. A inclusão de todo e qualquer elemento em categorias custa, no entanto, o preço de apagar os traços singulares e qualitativos dos objetos, o que leva ao risco de uma generalização que já não se refere às coisas ou que apaga o que elas têm de mais característico. Só que as dimensões que concernem as pessoas estão por todo o lado: no ambiente em que se vive, na produção de conhecimento e tecnologia, naqueles que são o alvo de nossas intervenções profissionais.

2.4. As Ciências Humanas e o que Antecede e Sobra do Projeto Moderno

Voltando a Foucault, ele observa que, desde suas origens, as Ciências Humanas estão atentas ao que foi deixado de lado, ao que não cabe na cisão sujeito/objeto do projeto moderno. Assim que se formula o Homem como objeto de conhecimento, desenha-se algo impensado, o outro.

E, quando se estabelece uma categorização, que desconsidera as singularidades envolvidas, no mesmo ato constitui-se o campo das especificidades que escapam das categorias. Foucault propõe que este ruído à estrutura da cisão sujeito/objeto que se revela sob o pensamento moderno é precisamente o que configura o interesse das Ciências Humanas: elas se voltam para o "outro".

Elas lidam com aquilo que escapa à apreensão: como na ideia de alienação, de Marx; de estruturas de parentesco da Antropologia; na estrutura da linguagem da Semiótica; ou na ideia de inconsciente da Psicanálise. E o projeto das Ciências Humanas é trazer à luz este impensado, evidenciar as estruturas invisíveis que organizam o campo dos fenômenos; uma dimensão simbólica que escapa aos objetos apropriados à produção de conhecimento.

Assim, é recusada a possibilidade de tratar o Homem empírico tornado objeto isolado (isolável) de seu contexto relacional e cultural. Diz Foucault: "(...) pode-se dizer que o conhecimento do Homem, diferentemente das ciências da natureza, está sempre ligado, mesmo sob a forma mais indecisa, a éticas ou a políticas" (p. 344).

Voltamos ao que dissemos desde o início: as Ciências Humanas habitam dois paradigmas. Elas podem oferecer estudos sobre motivação, liderança, dinâmica de grupo, comportamento do consumidor, técnicas de *coaching*, pesquisa etnográfica, etc., mas quando entram nesse registro, acabam parecendo ciências fracas, pois não conseguem oferecer o mesmo grau de operacionalidade que as Ciências Exatas ou Biológicas. No entanto, quando oferecem sua condição de discurso crítico, parecem estar se esquivando de entregar resultados.

Recentemente, tem ressurgido uma modalidade de instrumentalização que nos remete ao século XIX, antes mesmo do nascimento das Ciências Humanas: busca-se uma base mais sólida, biológica, para a compreensão do comportamento humano. Os importantes avanços mais recentes das neurociências tomam o lugar das Ciências Humanas (em especial, da Psicologia) e ocupam cada vez mais espaço na literatura, que, frequentemente expõe esse conteúdo de forma simplificada e em formato de autoajuda. Apoiado na crença da liberdade do sujeito soberano, no projeto moderno de prever e controlar os objetos de estudo, a chamada psicologia científica desemboca automaticamente na proposição de técnicas de controle e autocontrole.

Além disso, muitas de suas descobertas só parecem requentar conhecimento da tradição filosófica ou psicanalítica, apenas traduzindo-o para uma linguagem mais aceita hoje em dia. E o curioso é que tais estudos parecem simplesmente ignorar todo o conhecimento prévio sobre o Homem e a mente, sem demonstrar interesse por ele ou dar-lhe crédito. Isso acontece inclusive com o argumento de que só este conhecimento atual, por ser científico, é válido e importante, desqualificando toda a cultura anterior. Trata-se, como vimos quando nos referimos a Thomas Khun, do retorno a um paradigma anterior àquele no qual as Ciências Humanas se originaram.

Para quem observa tal movimento do ponto de vista das Ciências Humanas, há uma percepção ambivalente: de um lado, parece que elas se tornam supérfluas e perdem o interesse; de outro, há certo desprezo pela ingenuidade e ignorância que se revelam a cada uma das "novas descobertas científicas".

As Ciências Humanas, em seu melhor exercício, talvez sofram de seu mérito: não poder se esquecer dos limites e das condições da Ciência, o que as inclui. Sua melhor entrega provavelmente não é o de uma "tecnologia do comportamento" – para controlar o consumidor, o funcionário ou a si mesmo –, mas sim se sustentar como pensamento crítico e questionamento ético. Isso cria uma tensão ante a demanda imediata do mercado por entrega de resultados. Voltando à reflexão de Foucault, ele considera que a Psicanálise e a História, entre as Ciências Humanas, seriam paradigmáticas:

> Desvelando o inconsciente como seu objeto fundamental, as ciências humanas mostravam que havia sempre o que pensar ainda no que já era pensado ao nível manifesto; descobrindo a lei do tempo como limite externo das ciências humanas, a história mostra que tudo o que é pensado o será ainda por um pensamento que ainda não veio à luz (...) a figura do homem: uma finitude sem infinito é, sem dúvida, uma finitude que jamais tem fim, que está sempre em recuo com relação a si mesma, à qual resta ainda alguma coisa para pensar no instante mesmo em que ela pensa, à qual resta sempre tempo para pensar de novo o que ela pensou (p. 389).

O homem é a um só tempo um ser agente e aquele que se auto-observa, reflexivamente. É inevitável que, nesse processo reflexivo, ele se transforme enquanto agente e modifique suas ações, o que provoca nova reflexão e transformação, ao infinito. O Homem seria um objeto fugidio para si mesmo por definição e o conhecimento produzido sobre ele estaria sempre defasado e por se cumprir (SANTI, 2003).

Qualquer tentativa de se definir a natureza ou a verdade sobre o homem irá sempre esbarrar nesta impossibilidade. As Ciências Humanas têm como uma de suas funções fundamentais "lembrar-nos" da insuficiência de qualquer categorização ou definição, incluindo a delas próprias.

Tendo Derrida como referência, Samuel Weber concebe que as Ciências Humanas têm seu lugar no futuro na medida em que marquem esta posição:

> El desafío a las Humanidades, desde esta perspectiva, consiste, entonces, en repensar lo "humano'" (...) como un efecto que es necesariamente múltiple, dividido, y nunca reducible a una esencia única, idéntica. De este

modo, la tarea de las Humanidades pasaría a ser, nada más ni nada menos, que repensar lo singular, que es algo muy diferente a subsumir lo individual en lo general o lo particular en el todo. (p. 26).

Atentar para as singularidades é uma estratégia que se coloca num paradigma distinto daquele do conhecimento objetivo em busca da produção de técnicas de controle. Foucault considera até mesmo cabível a pergunta que questiona se o termo "ciência" é adequado na expressão "Ciências Humanas". Talvez, considerando aquilo que elas têm de mais característico, realmente não o seja; as "Humanidades" seriam, então, formas de saber mais próximas da Filosofia. Não a Filosofia como conjunto de sistemas de pensamento formulado por inúmeros autores ao longo de 2500 anos; mas sim a Filosofia como interrogação constante sobre o mundo e sobre si mesmo.

O desenvolvimento anterior aproxima as Ciências Humanas de sua origem, na Filosofia. Mas isso quer dizer que este autor considera que todo cientista ou administrador é um filósofo? Num certo sentido, sim. Não há interesse em que ele seja um especialista nos sistemas filosóficos de Platão, Descartes ou Walter Benjamin, entre tantos outros, mas, sim, em que ele se aproprie do método que fundamenta a atividade de filosofar: a reflexão, o questionamento, o pensamento crítico.

A expressão "a filosofia como modo de viver" é o título de um livro do filósofo francês Pierre Hadot e procura resgatar um dos sentidos mais primitivos da reflexão filosófica, que foi relativamente abandonado na Modernidade: a concepção de que ela é um exercício reflexivo, ético e implicado na própria vida e não um conjunto enciclopédico de sistemas de pensamento.

A forma antiga de lidar com o pensamento filosófico, ou com o pensamento de uma forma geral, era a de que o pensamento era vivo, ativo, com a implicação pessoal do pensador e em coerência com o modo como conduz sua vida.

Portanto, a Filosofia era originalmente compreendida como um estilo de vida, um exercício de pensamento e da vontade, compreendendo a totalidade da vida da pessoa, cuja meta era atingir um estado praticamente inacessível à humanidade: a sabedoria. Sabedoria é algo que está bem acima do conhecimento, e infinitamente acima do acesso à informação. Distingue-se, assim, a atitude filosófica e crítica de uma atitude técnica.

2.5. A Administração como Ciência Humana: O Valor dos Dois Paradigmas

Como retornar do percurso que desenvolvemos para nossa questão inicial? Partimos da ideia de que as Ciências Humanas ocupam dois lugares em sua relação com a Administração: elas devem fornecer conhecimento sobre seus objetos, de forma a compor os instrumentos de gestão do administrador; ao lado disso, propusemos que a Administração seja pensada ela própria como Ciência Humana, adotando uma concepção mais complexa e abrangente do Homem, que imponha uma reflexão contínua sobre seus princípios e objetos. Essa concepção se dá conta de que o Homem – ou de forma mais circunscrita, seu comportamento – não pode ser abordado com consistência se for recortado de seu contexto social e histórico. Os dois focos das Ciências Humanas estão implicados na atividade do administrador.

Mas talvez a própria Administração possa pertencer a ou ser concebida por mais de um paradigma. Para expor como pensa a relação entre o mundo técnico e o humano, Petriglieri (2015) se refere à importância das viagens de trem pela Europa em sua juventude:

> What made them such, was not the efficiency of railways' engineering or the success of one pricing strategy. It was the freedom and connections they afforded us. Interrailling expanded who you were and where you belonged. It turned people unlike you into people like you. Grasping those trains significance, in other words, requires looking at them through both instrumental and humanistic lenses - picturing their geographical and cultural destinations, contemplating what they did and what they meant to us.
>
> Those two lenses are necessary to grasp the significance of any technology. These days, unfortunately, we privilege the instrumental one" (p. 4).

Ao focar só na lente instrumental, as Ciências Humanas ocuparão aquele lugar de alteridade e crítica do que é excluído; onde o foco for humanista, elas estarão num mesmo paradigma com a Administração. Aqui, abre-se então a possibilidade de compreender o quanto as Ciências Humanas têm sua inserção específica nas dimensões pessoais e de uma concepção menos predadora e mais sustentável das relações de trabalho.

A expressão "Recursos Humanos" parece se alinhar a uma concepção predominantemente instrumental, na qual o humano é um objeto a ser manipulado e controlado; "gestão de pessoas" já soa como um termo híbrido, a dimensão de gerenciamento está atenta às pessoas num sentido humano mais abrangente, não apenas como meros funcionários. Curiosamente, quando criada, a expressão "Recursos humanos" buscava superar a concepção de que, numa empresa, o humano comparecia exclusivamente como custo (Sampson, 2000).

Num artigo chamado "Administrar comportamento humano em contextos organizacionais", podemos acompanhar essa transformação na concepção de recursos humanos, característica do século XXI. As autoras Kienen e Wolff partem do que era o modelo mais convencional de recursos humanos, baseado numa concepção científica convencional nos últimos três séculos: "o conhecimento psicológico produzido passou a ser visto como formador da visão do 'homem-robô'".

No que chamam de "visão sistêmica", as autoras se mantêm no horizonte do controle de comportamento no contexto organizacional, mas entendem que não é possível abordar o comportamento isolado de seu contexto, de seu "antes e depois". Assim é descrita essa transformação:

> (...) o conceito de gestão de pessoas começa a substituir o conceito de recursos humanos. As funções dos departamentos de recursos humanos sofreram alterações significativas, à medida em que deixaram de se voltar para questões técnicas e administrativas a fim de buscarem compreender o ser humano no trabalho e desenvolver a educação corporativa (p. 29).

Conforme abordamos anteriormente ao falar da cisão sujeito/meros indivíduos e pessoas, não se trata de uma opção definida por um modelo ou outro, mas do convívio tenso e conflituoso entre os dois. As autoras seguem:

> (...) as empresas enfrentam um paradoxo, pois ao mesmo tempo em que estão buscando mais do que nunca as habilidades essencialmente humanas, como conhecimento, criatividade, intuição, sensibilidade, elas inibem a utilização desse tipo de habilidades quando expõem seus funcionários a situações de competição acirrada, de intensificação do ritmo de trabalho, estabelecimentos rígidos de padrões de desempenho e de conduta (p. 31).

Reafirmamos a noção de que o administrador deve recorrer aos conhecimentos gerados pelas Ciências Humanas em seu trabalho interno nas organizações para compreender o público para o qual trabalha. Assim aplicadas, as Ciências Humanas têm uma dimensão instrumental e produtiva: a dimensão humana comparece como recurso ou fator numa equação. Mas acrescentamos a esta dimensão a possibilidade de que o administrador tenha uma compreensão mais abrangente do contexto e do sentido das relações humanas que estabelece em seu trabalho, pois assim seria capaz de desenvolver um pensamento crítico sobre sua realidade, ultrapassando o uso instrumental do conhecimento e, de fato, começando a produzi-lo.

O conhecimento produzido e consolidado é relativamente atrasado e, inevitavelmente, inespecífico para as condições singulares de qualquer contexto de trabalho. Só um profissional com capacidade crítica e uma compreensão abrangente do humano poderá ser um agente transformador e não exclusivamente operacional. Com um conhecimento amplo sobre o contexto humano, ele estará qualificado para desenvolver soluções inovadoras, bem como situar a dimensão ética de seu trabalho, assim como seus impactos sócio-ambientais.

2.6. O Homem da Companhia e as Imagens da Organização

Neste subcapítulo, trabalharei duas obras que me parecem valiosas para nosso desenvolvimento. Elas pertencem ao campo da Administração e aprofundam a análise que propusemos acima, além de reservar um lugar especial para a dimensão humana.

Em 1995, o jornalista Anthony Sampson lançou um livro excepcional. Em *O Homem da companhia,* ele faz um levantamento extensivo da história das organizações e das relações tecidas entre elas e as pessoas. São centenas de registros de administradores, historiadores e escritores que apresentam a cultura das organizações e suas transformações.

Segundo Sampson, a própria origem do termo "companhia" remeteria ao comércio voltado ao exterior desde as Cruzadas. Firmas marítimas italianas passaram a se denominar "*compagnie*", no sentido literal de serem aquelas que "compartilhavam o pão" (*cum panis*). Mas é claro que foi no contexto da Revolução Industrial que elas adquiriram suas características atuais. Ao longo do século xix, as ferrovias norte-americanas firmaram, com sua necessidade organizacional de alcance nacional, as bases da estrutura das companhias e muitas das grandes marcas que conhecemos hoje surgiram no mesmo período. As organizações estabeleceram novos paradigmas na relação do indivíduo com a sociedade, com sua autonomia de gerenciamento. Em *Frontiers of mangement* (1986), Peter Drucker diz o seguinte sobre as companhias: "Foi a primeira instituição nova em centenas de anos, a primeira a criar um centro de poder que estava dentro da sociedade, mas era independente do governo central do Estado nacional" (Apud. Sandler, 2000, p. 40).

Concomitantemente à emergência deste poder da companhia, surgiu a preocupação com ele, posto que constituía uma ameaça ao individualismo. O gerente e sua submissão à empresa foi a figura crescente e impessoal a habitar aquele ambiente. Nas palavras de Woodrow Wilson em *The new Freedom* (1913), ainda antes de ser presidente dos EUA:

> Você sabe o que acontece quando é empregado de uma empresa. Você não tem nenhuma instância de acesso aos homens que estão realmente decidindo as diretrizes da empresa. (...) Sua individualidade é engolida pela individualidade e pelos objetos de uma grande organização... (Apud. Sandler, 2000, p. 54)

O ponto que mais nos interessa é a análise que Sandler faz das tendências de condução das empresas nos últimos 150 anos. As primeiras grandes empresas eram predominantemente submetidas a um regime autocrático, com um fundador longevo que comandava de forma centralizada os processos. De fato, com a morte de alguns deles, muitas empresas amargavam uma forte decadência. Em meados do século xx, imperou uma visão técnica (tecnocrática) e impessoal. Foi então que o modelo sujeito/meros indivíduos (tal como vimos anteriormente) procurou se impor. Veio a tendência da criação de uma cultura gerencial e do desenvolvimento de gerentes.

Mas essa visão também teria sido superada por dois caminhos: de um lado com a entrada do modelo de negócios da informática, a partir dos anos 1970, liderado por *nerds* universitários do Vale do Silício, que impuseram uma alta informalidade ao ambiente e regime de trabalho numa aparente adolescência eterna; de outro lado com a abertura dos mercados internacionais, sobretudo a partir dos anos 1980, quando se começou a falar em Globalização se impôs uma visão mais abrangente, cultural e humana dos negócios. Um gerente restrito apenas às dimensões técnicas e internas da empresa já não poderia acompanhar a direção dos negócios:

> As chaves para o sucesso de longo prazo – até mesmo a sobrevivência – nos negócios são as mesmas de sempre: investir, inovar, liderar, criar valor onde não havia antes. Esta determinação, esse empenho em se superar exige líderes – não apenas supervisores, analistas de mercado, e gerentes de portfolio. (Hayes e Abernathy, 1980, "Administrando nosso caminho para o declínio econômico". (Apud. Sandler, 2000, p. 243).

O sonho do século xx de passar toda a vida trabalhando numa mesma empresa foi se esfacelando a partir os anos 1970. A lealdade mútua deixou de ser um valor. Todo o ambiente tornou-se volátil, com menos segurança de emprego e a criação e destruição de marcas poderosas numa velocidade inédita. O próprio emblema das empresas, representado pelo escritório formal, começou a ser paulatinamente deixado para trás em favor do trabalho em trânsito ou em casa. Em muitos lugares, os escritórios passaram a ter um ambiente caseiro, e muitas casas se transformaram em *home-offices*. E, como sabemos, com o advento dos *smartphones*, o limite entre estar dentro e fora do trabalho também desapareceu ou diminuiu muito.

Curiosamente, segundo Sandler, o modelo que passou a dominar no final do século passado seria derivado do japonês, com características que procuram combinar a responsabilidade para com a comunidade e a convivência com maior flexibilidade.

Num caminho que podemos tomar como complementar ao de Sampson, Jaime Júnior e Serva (2002) acompanham a já longa história da relação entre a Antropologia e a Administração. Em pleno período de domínio do paradigma da administração científica, teria surgido uma nova escola de pensamento na Administração no início do século xx: a escola das relações humanas. Uma vez mais, podemos reconhecer mais de um paradigma operando: trata-se ao mesmo tempo de estar atento às dimensões pessoais no trabalho e ao interesse no estudo do comportamento organizacional. Sobre esse campo, dizem os autores:

> (...) autores como Kurt Lewin, Abraham Maslow, Frederick Herzberg, Douglas McGregor, Rensis Likert e Chris Argyris desenvolveram uma espécie de psicologia organizacional, trabalhando temas como tomada de decisão, liderança, motivação e dinâmica de grupo. O ponto de identidade que podemos encontrar em suas abordagens (...) refere-se à preocupação em harmonizar as necessidades individuais com as necessidades organiza-cionais, encontrando um equilíbrio, que se pretendia possível, entre indi-víduos e organização (p. 707).

Este é o campo no qual a Psicologia contribui como tecnologia para a Administração. Desde os anos 1980, estudos relativos à cultura organiza-cional também teriam selado definitivamente um vínculo entre a Admi-nistração e a Antropologia. Para que se faça justiça, deve-se dizer que o interesse nessa aproximação partiu prioritariamente dos administradores.

Nessa dimensão, uma vez mais podemos considerar que a própria Admi-nistração teria buscado operar segundo um paradigma distinto daquele exclusivamente instrumental.

Tomemos agora outro trabalho importante para pensarmos as possibili-dades de convivência dos dois paradigmas com os quais temos trabalhado. Em *As imagens da organização* (1998), Gareth Morgan faz um trabalho de levantamento das principais metáforas utilizadas para se referir às organi-zações. Nelas, mais do que um imaginário, Morgan encontra um modo de pensar e agir. É como se fossem profecias autorrealizadas. As imagens da organização seriam uma dimensão tangível de um paradigma e, ao mesmo tempo, um modo de impor uma *gestalt*, uma configuração mental. Cada capítulo é amplamente ilustrado com exemplos retirados da literatura, da História e de empresas atuais. A primeira metáfora trabalhada na obra é, não por acaso, aquela que pensa a organização como uma máquina. Trata-se da metáfora mais comum e difundida, derivada das origens da organização no modelo de um exército coeso, passando pela moderni-dade cartesiana e sociedades burocráticas, chegando ao taylorismo do iní-cio do século xx. Ainda hoje, a concepção da organização como uma máquina que funciona com o ajuste, controle e monitoramento de cada parte considerada como peça – o que inclui os trabalhadores – é o paradigma da ordem, eficiência e desumanização das relações. Além de operar internamente como uma máquina, a organização assim concebida modela as sociedades em que se encontra, instituindo como valores a disciplina, o sucesso, o enriquecimento, a transformação de todas as relações em relação de consumo utilitário. Diz Morgan:

> As organizações planejadas e operadas como se fossem máquinas são comumente chamadas de burocracias. (...) Fala-se de organizações como se fossem máquinas e, consequentemente, existe uma tendência em esperar que operem como máquinas: de maneira rotinizada, eficiente, confiável e previsível (p. 24).

Com facilidade reencontramos aqui a lógica sujeito/meros indivíduos conforme vimos no início do capítulo. O Homem entraria aqui como objeto, despido de sua individualidade e submetido a mecanismos universais de controle de comportamento.

Essa perspectiva sempre configurou uma ameaça ao indivíduo e até mesmo à democracia, uma vez que a mentalidade da organização burocrática pode ser revertida numa relação de poder propícia à subordinação das massas. Morgan evoca o quanto, para Max Weber, a burocracia se transforma facilmente numa prisão, e a mentalidade instrumental seria uma realização plena na ética protestante. O custo dessa concepção é evidente. Adiante, ele diz:

> Toda a crença básica da teoria da administração clássica e a sua aplicação moderna é sugerir que as organizações podem ou devem ser sistemas racionais que operam de maneira tão eficiente quanto possível. Enquanto muitos endossaram isso como um ideal, é mais fácil dizer do que fazer, pois estamos lidando com pessoas e não engrenagens e rodas inanimadas. A esse respeito, torna-se significativo que os teóricos clássicos tenham dado relativamente pouca atenção aos aspectos humanos da organização (p. 40).

O termo "pessoa" comparece justamente no sentido que trabalhamos anteriormente, naquilo que não se reduz a um mero indivíduo. Como representante da ideia de eficiência e resultados tangíveis, o paradigma da máquina também é reforçado em situações de crise. O risco de perda do negócio parece impor uma estratégia de sobrevivência, com resultados imediatos. Embora tal justificativa seja comum, não é difícil perceber seu limite: o modelo da máquina é autocentrado e enrijecido pela burocracia, o que parece especificamente ruim ante situações que demandam análise conjuntural, flexibilidade e mudança.

Outras metáforas são apresentadas na obra de Morgan, como a que olha para as organizações como um organismo – até pela raiz em comum dos termos, *organon*, "instrumento", em grego; a que as comparam a um cérebro, a uma entidade política, que as encaram como modo de dominação, etc. Mas outra que vem ao encontro de nossa discussão é aquela que pensa a organização como uma cultura.

Morgan deriva a percepção de que a produtividade e os processos de uma empresa são parte de uma cultura comparando as empresas ocidentais com as orientais. Como vimos também na obra de Sampson, o contato com a cultura empresarial japonesa foi de grande valia na capacidade de reflexão das empresas ocidentais. A diferença entre ambas teria evidenciado algo que não se reduzia às peças da empresa, mas sim ao ambiente de trabalho, à cultura organizacional. Como exemplo da presença da cultura na produção, Morgan define assim o modelo norte-americano:

> (...) a ética do individualismo competitivo é provavelmente aquela que se afigura com maior clareza. Muitas corporações americanas e os seus empregados estão preocupados com o desejo de serem "vencedores", bem como com a necessidade de recompensar e punir comportamentos bem e mal sucedidos (p. 123).

A reação a esta descoberta pôde ainda assim ser dada com base em paradigmas distintos. Da perspectiva da administração científica e do controle, passou-se a buscar controle sobre a cultura corporativa, usando estratégias de recursos humanos. Mas também houve quem visse naquela descoberta uma forma mais complexa de conceber as relações de trabalho, assim como as relações da organização com o contexto cultural e social mais amplo.

Depois de apresentar diversas metáforas, Morgan desenvolve uma tese forte: não se trata de escolher qual seria a metáfora mais adequada para representar e configurar as organizações, mas de perceber que elas são multifacetadas. Isso implica a necessidade de pensar sempre de perspectivas diversas, é preciso explorar várias metáforas em busca do que cada uma delas, e sua soma, trariam à luz.

O projeto de Morgan tem a intenção de constituir-se como uma metodologia para o desenvolvimento de planos de diagnóstico e ação para as empresas e também nos dá subsídios para pensarmos naquela posição dupla das Ciências Humanas que temos trabalhado. Da mesma forma, como já dissemos, não se trata de optar entre o modelo instrumental ou o reflexivo: ambos são verdadeiros, significativos e necessários em sua relação com o campo da Administração.

Após esse percurso pela história do Homem da companhia e pelas metáforas das organizações, podemos retomar em outros termos o lugar das Ciências Humanas para a Administração. No ambiente contemporâneo, é preciso saber mais do que administrar, é imprescindível ser capaz de analisar e compreender de forma múltipla o complexo universo das empresas: o que envolve pessoas, ambiente cultural e político internacional, relações com governos e legislações diferentes do mundo todo. Uma vez mais, não se trata de dominar conhecimentos consolidados, mas de ser capaz de refletir, analisar, criar e propor direcionamentos.

Se já havíamos dado ênfase ao lugar da Filosofia e mesmo da Psicologia na primeira parte, agora evidencia-se aqui a importância das Ciências Sociais e do Direito. Alguém formado sem essas competências estará preparado para ser um executor, mas não um executivo.

Possivelmente, nunca antes a Administração e as Ciências Humanas tenham se mostrado tão intrinsecamente ligadas uma à outra.

Considerações Finais

Para finalizar este capítulo, essa concepção de Administração apoiada na gestão de pessoas traz uma importante questão contemporânea: a sustentabilidade. Ao contrário do que pensa o senso comum, sustentabilidade não se restringe à preocupação essencial com o meio ambiente. A dinâmica socioambiental tem uma perspectiva mais abrangente que também contempla a qualidade das relações humanas, inclusive no trabalho. As relações de trabalho atuais precisam se colocar esta questão, embora nem sempre isso aconteça. Segundo Nakagawa (2014):

Muitas vezes os empreendedores não associam que o cuidar bem da equipe, dar o que a lei exige e mais um pouco, educar o funcionário, entre outras ações são também assuntos de sustentabilidade, ligados obviamente ao pilar social.

Nessa direção, o Instituto Ethos (2015/2016) define o que é um negócio sustentável:

> É a atividade econômica orientada para a geração de valor econômico--financeiro, ético, social e ambiental, cujos resultados são compartilhados com os públicos afetados. Sua produção e comercialização são organizadas de modo a reduzir continuamente o consumo de bens naturais e de serviços ecossistêmicos, a conferir competitividade e continuidade à própria atividade e a promover e manter o desenvolvimento sustentável da sociedade.

Tudo leva a crer que uma concepção contemporânea de negócio precise incluir essas questões; não por bondade ou cuidado com a imagem da empresa, mas em busca de uma existência consistente. Num recente debate sobre negócios na ESPM, um palestrante disse haver um impasse na relação entre obtenção de lucro e preocupação com a sustentabilidade. A isto, o coordenador do curso de Administração contestou prontamente: *não há lucro sem sustentabilidade*. Essa mentalidade implica certas concepções complexas sobre o trabalho – a relação com o mercado e o ambiente, os trabalhadores como pessoas – que vão muito além da busca por uma mera solução técnica ou imediata. Há aqui uma compreensão que se posiciona temporalmente com uma perspectiva duradoura e consistente, assim como na ética do convívio humano e como ambiente. É justamente esta a perspectiva dentro da qual, mais do que usar as Ciências Humanas como ferramenta, a Administração pode ser entendida ela mesma como Ciência Humana.

Questões para Reflexão

1. A Administração costuma ser classificada como uma Ciência Social aplicada, mas sua formação é fortemente voltada à área de Ciência Exatas. Como compreender essa contradição?

2. Por que as Ciências Humanas não são consideradas tão consistentes quanto as demais ciências?
3. Qual é a importância, para um administrador, do estudo de disciplinas como Filosofia, História, Ciências Sociais ou Psicologia?
4. É possível evitar que haja a interferência de fatores pessoais e subjetivos no exercício profissional do administrador? Isso seria desejável?
5. A área de Recursos Humanos é uma psicologia aplicada à administração?
6. Qual é a diferença entre as expressões "Recursos Humanos" e "Gestão de pessoas"?
7. É importante gerir uma empresa (incluindo seus recursos humanos) como se ela fosse uma máquina?
8. Em que medida é importante que um administrador esteja atualizado sobre política nacional ou internacional?
9. Em seu exercício profissional, é imprescindível ao administrador estar atento ao impacto social e ético de seu trabalho, assim como o das empresas para a qual trabalha?
10. Os cursos de graduação em Administração proporcionam a base de formação necessária a um administrador contemporâneo?

Referências

CHAUÍ, M. *Convite à Filosofia*. São Paulo: Ática, 2000.

FIGUEIREDO, L. C. *Modos de Subjetivação no Brasil e Outros Escritos*. São Paulo: Escuta/EDUC, 1995.

FOUCAULT, M. *As Palavras e as Coisas*. São Paulo: Martins Fontes, [1966] 1990.

HADOT, P. *O que é a Filosofia Antiga*. São Paulo: Edições Loyola, 1999.

————. *A Filosofia como Maneira de Viver*. São Paulo: É Realizações, 2016.

Indicadores Ethos para Negócios Sustentáveis e Responsáveis. Ciclo 2015/2016. Disponível em: <https://www.ethos.org.br/conteudo/indicadores/#.XOqT-JqfOqF0>. Acesso em 05 de junho de 2019.

JAIME JÚNIOR, P.; SERVA, M. Itinerários Teóricos e Práticas Profissionais numa Fronteira Interdisciplinar. *Revista de Administração Pública*, Rio de Janeiro: 36(5):699-721, Set./Out. 2002.

KHUN, T. *A Estrutura das Revoluções Científicas*. São Paulo, Perspectiva, [1962] 2011.

KIENEN, N.; WOLFF, S. Administrar Comportamento Humano em Contextos Organizacionais. *Rev. Psi: Org e Trab R. Eletr. Psico.*, ISSN 1984-6657, Brasília, Brasil. v. 2, n. 2 (2002).

MORGAN, G. *As Imagens da Organização*. São Paulo: Editora Atlas, [1998] 2006.

NAKAGAWA, M. Sustentabilidade e Recursos Humanos na PME. *Site Cotia todo dia*. Disponível em: <http://www.oestadoce.com.br/cadernos/oev/opiniao-sustentabilidade-e-recursos-humanos-na-pme/>, Acesso em: 05 de junho de 2019.

PETRIGLIERI, G. Thecnology is not Threatening our Humanity – We Are. In: *Harvard Business Review*. Disponível em: < https://hbr.org/2015/10/technology-is-not-threatening-our-humanity-we-are>. Acesso em: 11 mar. 2019.

SAMPSON, A. *O Homem da Companhia*. São Paulo: Cia das Letras, 2000.

SANTI, P. L. R. de. *A crítica ao Eu na Modernidade (Em Montaigne e Freud)*. São Paulo: Casa do Psicólogo, 2003.

WEBER, S. El Futuro de las Humanidades: experimentando. 2014. *Co-herencia*. v. 11. pp. 13-38. Disponível em: <http://publicaciones.eafit.edu.co/index.php/co-herencia/article/view/2445>. Acesso em: 11 mar. 2019.

Capítulo 3

O Papel da Pesquisa e da Natureza das Variáveis Dentro das Ciências Sociais Aplicadas

Cléber da Costa Figueiredo

"A capacidade de tomar decisões e fazer avaliações sábias diante da incerteza é uma habilidade rara. Porém, como qualquer habilidade, pode ser aperfeiçoada com a experiência."

Leonard Mlodinow

Objetivos:
- Identificar e distinguir as diferentes escalas de medida.
- Estabelecer relações entre as variáveis de diferentes escalas.
- Definir hipóteses de pesquisa, relacionando as variáveis coletadas.
- Distinguir a pesquisa qualitativa da pesquisa quantitativa.
- Comparar, organizar e criticar as informações de pesquisa.
- Sintetizar e avaliar os resultados obtidos, a fim de tomar decisões futuras que beneficiem a empresa.

3.1. A Natureza da Escala de Medida

Com o advento de uma série de métodos de pesquisa *on-line*, tais como os Formulários do Google (*Google Forms*) ou da Microsoft (*Microsoft Forms*), bem como as já conhecidas ferramentas orientadas à pesquisa de mercado, como a da *SurveyMonkey* ou da também conhecida *Qualtrics*, para citar apenas algumas, o aprendizado das ferramentas básicas de estatística descritiva tornou-se menos relevante. O pesquisador não entende por que motivo precisa saber construir um diagrama ou por que precisa entender o funcionamento dele, uma vez que as ferramentas de pesquisa disponíveis no mercado já trazem tudo isso pronto. Basta um clique. Na área de administração não é diferente, pois há uma grande dificuldade em se trabalhar com a coleta de dados primários, ainda entre os acadêmicos, e esse déficit acaba sendo transferido ao corpo discente.

Não obstante, o diferencial da Ciência da Administração é a pesquisa. É ela que torna essa Ciência uma Ciência Social aplicada, diferente da Filosofia, História, Direito, Artes, Sociologia ou Letras. A Administração, por meio da pesquisa, integra-se ao conjunto das Ciências Sociais aplicadas. O conhecimento dos métodos quantitativos, que vão desde a noção do cálculo diferencial e integral, passando pelas inúmeras ferramentas estatísticas até chegar aos métodos matemáticos de tomada de decisão, é o que faz da Administração uma Ciência que está em constante atualização e aplicação.

Os próprios departamentos de pesquisa e desenvolvimento das empresas lançam mão de todo esse ferramental, em busca de inovação. Aliás, nesses departamentos são estudadas inúmeras formas de se alongar o ciclo de vida de um produto ou de um serviço, de modo a aumentar a lucratividade das empresas.

Independentemente de toda essa relevância, a pouca importância dada às ferramentas estatísticas na área de administração de empresas, por exemplo, pode estar atrelada a algum déficit na formação do corpo docente que também passou por isso, haja vista que a grande maioria desse corpo docente foi constituída antes do *boom* da informática. Esses acadêmicos viram nessas ferramentas de pesquisa *on-line* uma forma de driblar a dificuldade de se trabalhar com a coleta e organização de dados primários. Há, contudo, alguns ambientes acadêmicos, ainda mais tradicionais, que insistem que as ferramentas de métodos quantitativos se condensem em um conjunto de fórmulas de difícil memorização e pouco relacionadas à prática.

Neste capítulo, a grande crítica tecida ao uso dessas ferramentas *on-line* é que elas primam por certa padronização, tanto na coleta dos dados (*input*), quanto na forma de extração dos resultados (*output*), já que foram criadas dentro de uma determinada lógica que possui critérios diferentes dos critérios da teoria da medida e da probabilidade (JAMES, 2002). Assim, a proposta aqui é esclarecer aspectos básicos da organização de banco de dados, a fim de identificar se a coleta de dados está apropriada àquilo que se quer medir desde o início.

No livro *O andar do bêbado*, de Leonard Mlodinow (2011), há vários exemplos de insucessos quando se subestima o efeito da aleatoriedade. Boa parte das projeções financeiras e dos estudos de viabilidade de abertura de um negócio, por exemplo, estão alicerçados na crença de que a conjuntura econômica do cenário de estudo será mantida *ad infinitum*.

Por outro lado, os modelos econométricos e as previsões utilizadas por essa área da Ciência, que acaba incorporando a aleatoriedade presente nos fenômenos, são ferramentas não tão eficazes na detecção de mudanças estruturais do cenário econômico. Por exemplo, uma queda no crescimento do produto interno bruto de um país, após um longo período de ascensão, é dificilmente detectada pelos modelos econométricos.

Mais do que isso, Giannetti (2002), no livro *Felicidade: diálogos sobre o bem-estar na civilização*, discute a prática da mensuração de conceitos abstratos, como, por exemplo, a felicidade. Em seu texto, Eduardo Giannetti deixa claro que, quando o objetivo é a mensuração de considerações intangíveis, é preciso ter em mente que tais opiniões podem atingir um patamar e permanecer nele, independentemente do cenário econômico se tornar cada vez mais perfeito. Para ilustrar o que diz, Giannetti descreve o cenário econômico e de riqueza *per capita* norte-americano dos anos 1950, que foi se tornando cada vez mais imponente nas décadas subsequentes, embora os índices de felicidade tenham permanecido estáveis.

A intenção dessa discussão preliminar é exemplificar que, nem sempre que um gestor encontrar uma relação de causa e efeito entre duas variáveis, tal relação permanecerá bem determinada e se comportando sempre da mesma forma ao longo do tempo. Como no caso da medição da felicidade ou no caso das situações de incerteza provocadas por um cenário econômico ruim, é necessário estar sempre alerta para a readequação e atualização das técnicas de previsão da possível relação de causa e efeito. Para os gestores que já tiveram o estalo de que isso é preciso, a solução é estar sempre atento às projeções de curto prazo e, quando preciso, readequá-las.

Para iniciar, é preciso deixar claro que vamos nos ater aos dados que foram registrados de forma estruturada em uma planilha eletrônica, do Microsoft Excel, por exemplo. Chamamos de informação não estruturada aquela que é do tipo aberta e livre, por exemplo toda informação que recebemos via Facebook, Twitter, jornais escritos ou outras mídias.

Para organizar e resumir a informação estruturada, recorremos à estatística descritiva, que na maioria das vezes tem como elemento final um gráfico ou uma tabela. Além desses dois recursos, existem outras medidas ou estatísticas de cálculo simples que acabam norteando 80% de todo o trabalho de análise exploratória, descritiva, correlacional ou causal. Técnicas mais sofisticadas só são utilizadas quando se possui o domínio da organização e o resumo de dados com as técnicas mais primitivas. Por esse motivo, esse texto tentará ser o mais simples possível e utilizará ferramentas do Microsoft Excel.

Assim, o passo inicial consiste em identificar a natureza de uma característica que foi registrada em um banco de dados estruturado. A essa característica atribui-se o nome de *variável*. Há duas naturezas básicas: a *qualitativa* e a *quantitativa*. No campo qualitativo estão os registros de observações que podem ser descritas por um *rótulo*. Às vezes esse rótulo possui uma ordem natural, outras vezes não. Contudo, em algumas ocasiões, o rótulo acaba sendo substituído por um número, sem que a intenção do número seja a de medir, mas sim classificar as diferentes categorias da característica em observação.

Figura 3.1

Condição de moradia do respondente

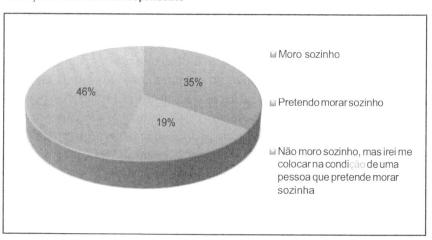

Fonte: Miguel, Venturini e Wanderley (2014)

Tome-se como exemplo uma pesquisa que foi realizada para identificar o apartamento ideal para pessoas que moram sozinhas na cidade de São Paulo (MIGUEL; VENTURINI; WANDERLEY, 2014). Nessa pesquisa, uma das questões versava a respeito da condição do respondente em relação ao seu intuito de moradia atual. As possiblidades de respostas eram: a) se já morava sozinho; b) se pretendia morar sozinho; e c) caso não morasse sozinho, respondesse o questionário como uma pessoa que se colocaria na condição de estar em busca de uma moradia para morar sozinho.

Observe que se trata de uma variável de natureza qualitativa. A melhor representação dessa variável está apresentada na Figura 3.1. O diagrama de setor, também conhecido como "de pizza", é a melhor representação gráfica para variáveis de cunho qualitativo, desde que a ordem das categorias não seja relevante e o número delas não seja tão elevado, o que dificultaria a visualização.

Quando o número de categorias é elevado, ou quando a natureza qualitativa possui uma ordem que precisa ser identificada no diagrama, então o diagrama de barras ou colunas é a melhor representação. Na primeira situação, o gráfico de pizza fica tão fragmentado que dificulta sua leitura. Já na segunda situação, quando há alguma ordem natural entre as categorias, o diagrama de pizza acaba atrapalhando o entendimento dessa ordem. O leitor não consegue saber se a ordem natural aparece no sentido horário ou anti-horário do diagrama. Isso é muito comum nos *outputs* das ferramentas *on-line*, porque elas desconhecem a ordem natural da variável e apresentam a solução, em geral, em ordem alfabética, dentro de uma lógica que pode não ser a mais adequada ou a que o pesquisador gostaria que fosse apresentada.

Assim, as variáveis qualitativas podem ser consideradas *nominais* ou *ordinais*. Quando nominais, a melhor representação é o diagrama de pizza. Quando ordinais, serão mais bem representadas por barras ou colunas.

A Figura 3.2 apresenta uma construção gráfica que melhor representa a situação de uma variável qualitativa nominal com elevado número de categorias. Nessa questão, o respondente podia escolher mais de um item que julgasse essencial para decidir pela compra ou locação de um imóvel. Trata-se de uma questão com a possibilidade de múltiplas respostas.

Em geral, a variável qualitativa nominal permite a aplicação do princípio de Pareto, segundo o qual um número pequeno de itens, no caso do

Figura 3.2

Itens mínimos necessários para que o imóvel seja escolhido

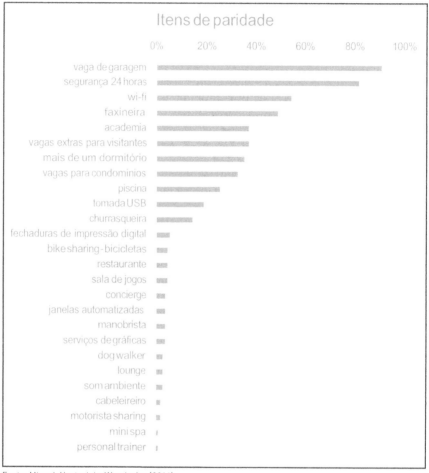

Fonte: Miguel, Venturini e Wanderley (2014)

exemplo descrito na Figura 3.2, será responsável pela maioria das escolhas. Literalmente, o princípio afirma que 80% das consequências são geradas por 20% das causas. Assim, ao se aplicar esse princípio a uma variável de origem nominal o que importa é a frequência dos itens. Quanto mais frequente, mais relevante. O ponto-chave é entender quais são os itens que mais foram citados e ordená-los por ordem de frequência.

A Figura 3.3 apresenta o diagrama de Pareto. Nela, é possível perceber que se o imóvel possuir vagas para carros e facilidade para utilizar o transporte público, então o novo produto atenderia à maioria dos interessados. A ogiva que aparece no gráfico é criada com as frequências acumuladas. Seu objetivo é facilitar a visualização do momento em que 80% das causas é alcançado. Independentemente de existir ou não a ogiva das frequências acumuladas, sempre é possível organizar uma variável nominal por ordem de frequência.

Figura 3.3

Como você se locomove em São Paulo

Fonte: Miguel, Venturini e Wanderley (2014)

Por um lado, a utilização de uma ferramenta *on-line* traria um resultado diferente do apresentado na Figura 3.3, uma vez que a solução, provavelmente, apresentaria as categorias em ordem alfabética, o que não seria útil como resultado final. Seria preciso a intervenção do usuário para que a solução por ordem de frequência fosse realizada. Por outro lado, esta última observação deixa claro que se a variável possuir alguma ordem natural, então o princípio de Pareto não pode ser aplicado, porque a ordem das categorias deve ser aquela expressa pela própria natureza da característica e não pela ordem de frequência das escolhas. Não obstante, nos dois casos, a ordem não é dada pela natureza alfabética das categorias.

A variável de escala ordinal é um tipo de variável qualitativa bastante singular em Ciências Sociais. Sua singularidade reside no fato de que geralmente ela pode ser discretizada.[3] É o caso das escalas de Likert. Embora controversa, a escala de Likert é um exemplo de escala ordinal que acaba sendo discretizada e ganha um cunho quantitativo intervalar, ou discreto, ao final.

Por que uma escala de Likert, quando discretizada pode ser considerada quantitativa? Isso se explica porque a natureza quantitativa é expressa por um número que tem, necessariamente, a intenção de medir. Dessa forma, o objetivo final de uma escala de Likert é mensurar o grau de concordância, de importância ou, ainda, a frequência de uma característica. Nesses contextos, não há dúvida de que sua natureza não pode ser apenas ordinal.

A Figura 3.4 mostra o grau de concordância dos respondentes da pesquisa de imóveis destinados a pessoas que moram sozinhas ao serem questionados se consideravam atrativo investir nesse tipo de produto. Foi escrita em uma escala de Likert de cinco pontos, em que os valores de 1 a 5 indicam o grau de concordância, sendo 1 o valor que representa total discordância e 5 o valor que representa total concordância.

Alguns exemplos de variáveis ordinais que não podem ser discretizadas são: o grau de escolaridade (fundamental, médio, superior etc.), turno de estudo (manhã, tarde, noite ou combinações entre eles), ou ainda o *dress code* da empresa (casual, semiformal ou formal). Observe que nos três exemplos foi necessário descrever as opções de resposta. Vamos entender por que isso é necessário.

Suponhamos que em um instrumento de pesquisa exista a questão: *Você toma bebida alcoólica?* À primeira vista, parece que essa variável é de natureza nominal, porque somos induzidos a imaginar que as respostas possíveis são: sim ou não. No entanto, o instrumento pode ter sido construído com as seguintes opções de resposta: nunca; algumas vezes; com frequência e,

---

[3] O processo de discretização da variável ordinal ocorre quando a escala ordinal é transformada em números inteiros. Por exemplo, uma questão que admite como resposta as opções "nunca, algumas vezes, boa parte das vezes, com bastante frequência e sempre" passa a ser representada pelos valores 1, 2, 3, 4 e 5, respectivamente.

nesse caso, a natureza da variável passa a ser ordinal. Mais do que isso, essa questão pode fazer parte de um conjunto de itens que forma um construto chamado "vida boêmia" e as possibilidades de resposta são constituídas por uma escala Likert de sete pontos na qual apenas os extremos são indicados ("discordo totalmente" e "concordo totalmente", como no caso dos formulários do Google). Nesse último caso, as possibilidades de respostas estão discretizadas. Ou seja, a natureza da variável não é detectada apenas com o conhecimento da questão de uma pesquisa, mas com o conhecimento do conjunto: questão e possibilidades de respostas.

De tal modo, se for utilizada uma ferramenta *on-line*, a apresentação correta é aquela que exibe as categorias da menor concordância à maior, de outro modo a apresentação gráfica estará equivocada.

Figura 3.4

Considero atrativo o investimento nesse tipo de produto

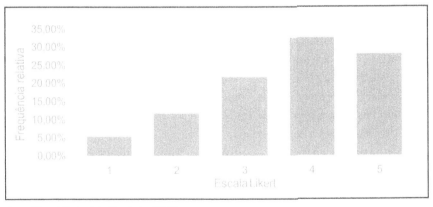

Fonte: Miguel, Venturini e Wanderley (2014)

Dessa discussão, já é possível dar uma definição às variáveis de natureza quantitativa, pois são aquelas que têm como função mensurar uma determinada característica. Elas são classificadas em escalas de natureza *intervalar* ou *discreta*, quando representadas por alguma unidade de medida fixa, ou de natureza *contínua* ou *razão*, quando os valores podem ser expressos por um número real qualquer e a ideia de infinitesimal estiver embutida na medida.

Contudo, uma definição mais simples para a variável intervalar é pensá-la como fruto de uma contagem, por exemplo, ou de um grau de concordância medido em unidade inteira, como no caso das escalas de Likert discretizadas. Por outro lado, alguns autores descrevem a variável contínua como aquela em que os quocientes de quaisquer respostas sejam válidos dentro do conceito da variável ou, ainda, quando a ideia de zero absoluto fizer sentido para a variável, bem como outros cálculos tais como o dobro, ou a subtração de duas respostas, por exemplo, quando o mais simples seria defini-la como uma escala que admite subdivisões cada vez menores. É o mesmo que afirmar que a ideia de infinitesimal está contida na escala. Contudo, não se trata de imaginar que o infinitesimal seja possível, é preciso deixar claro que os dados permitem uma resposta com casas decimais.

Essa confusão aparecerá sempre que se quiser registrar algo relacionado com o tempo. Por exemplo, a idade de uma pessoa, em anos completos, é uma variável discreta; no entanto, o tempo que um nadador leva para atravessar uma piscina de 200 metros, em nado borboleta, é uma variável contínua. No primeiro exemplo, o tempo será registrado na planilha com um número "inteiro" e, no segundo exemplo, com um número que pode admitir casas decimais, que são os chamados números "reais".

Outra confusão comum é a nomenclatura diferente utilizada para a variável discreta, que ora é chamada de "discreta", ora é chamada de "intervalar". O problema aparece porque se confunde o conceito de intervalo de classes do processo de categorização de uma variável com o conceito de ser uma variável intervalar.

Assim, para acabar com a confusão, é importante ter em mente que, quando uma variável de cunho quantitativo é agrupada em categorias, comumente chamadas de intervalos de classes, isso não as transforma em variáveis discretas (ou intervalares) no sentido que foi definido neste texto.

Como exemplo, vamos utilizar as classes de renda familiar definidas pelo IBGE. Para um indivíduo ser considerado da classe E, sua renda familiar deve ser de no máximo dois salários mínimos; será da classe D se sua renda familiar estiver entre dois e quatro salários mínimos; da classe C, se sua família acumular entre quatro e dez salários mínimos; da B, se o montante familiar estiver entre dez e 20 salários mínimos e, por fim, da classe A, quando a família acumular mais de 20 salários mínimos mensais. Quando a renda é medida em salários mínimos, ela é uma variável intervalar (discreta) não porque foram construídos intervalos, mas porque a unidade "salário mínimo" é inteira. Contudo, se as faixas salariais forem descritas por valores transformados em reais, em que a ideia dos centavos esteja presente, essa variável então assume a natureza contínua. Tudo depende de como for realizado o registro na planilha eletrônica do Microsoft Excel.

Para estender a discussão, vamos pensar em um exemplo em que queremos estimar as faixas de renda com base no Critério Brasil (ABEP, 2016). Primeiro, é preciso deixar claro que o Critério Brasil estima as faixas econômicas com base na posse de bens de consumo. Depois, com base nas classes econômicas, é possível estimar as faixas de renda. Contudo, a pontuação obtida da contagem e das ponderações do critério é uma variável discreta, mas que não nos interessa. O que nos interessa é, ao final, possuir uma solução que identifique cada respondente como pertencente às categorias socioeconômicas A, B1, B2, C, D-E, conforme as descrições do critério. Essa solução final é ordinal. Não é discreta, muito menos contínua.

Toda essa discussão é relevante, porque não importa o que imaginamos da variável, o que importa é seu registro final na planilha eletrônica.

Finalizada essa discussão e retornando às melhores formas de representação das variáveis, tanto a ordinal quanto a discreta, que possuir um leque baixo de possibilidades de resposta, como, por exemplo, o número de automóveis na residência, a quantidade de banheiros ou, ainda, a quantidade de computadores, são mais bem representadas por um diagrama de barras ou de colunas, que apresentam a frequência relativa das opções de resposta.

A variável discreta que permitir uma grande quantidade de opções de resposta, tal como a variável "idade medida em anos completos" é representada de forma mais eficiente com um diagrama de caixa (mais conhecido como *boxplot*), que apenas ordena todas as respostas e depende somente de medidas de posição como o menor valor, os quartis, a mediana e o maior valor.

Já para uma variável de origem contínua, a melhor representação é aquela em que as barras ou colunas estão todas justapostas como ocorre em um histograma.

No campo quantitativo, as soluções *on-line* deixam mais a desejar. Vale ressaltar que todas as soluções descritas no parágrafo anterior ainda não estão implementadas nas ferramentas *on-line* de pesquisa, ou seja, é preciso

Figura 3.5

Histograma da questão: qual é o tamanho ideal de apartamento

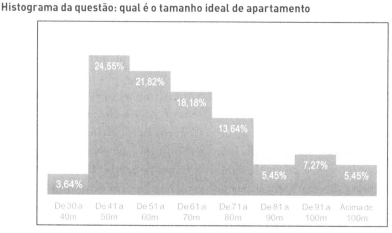

Fonte: Miguel, Venturini e Wanderley (2014)

intervenção do usuário para que a representação correta seja realizada e apresentada para o cliente final.

Em um histograma, os retângulos são todos justapostos para que a ideia de continuidade esteja explícita no diagrama, como mostra a Figura 3.5. Contudo, os estatísticos definem que um gráfico só deve ser chamado de histograma quando a área de cada retângulo for exatamente igual à frequência relativa da classe representada.

Neste texto, não será utilizado tal rigor, embora saibamos que, de acordo com essa definição, a forma representada pela Figura 3.5 não será alterada se for aplicada a definição dos estatísticos, porque todas as classes têm a mesma amplitude. É importante destacar que a última categoria "Acima de 100 m" foi truncada em 110 m para que essa proposição utilizada no texto fosse verdadeira.

Outro ponto importante a se destacar é que a variável utilizada na construção do gráfico da Figura 3.5 já apareceu categorizada (agrupada) no próprio questionário, o que é muito comum em pesquisa de mercado.

Isso de modo algum faz com que essa variável seja intervalar como muitos podem pensar, já que a metragem de um apartamento pode ser representada por qualquer número que não precisa ser inteiro.

Aqui, o ponto-chave é que os respondentes não podem digitar o valor que acreditam ser o ideal; eles precisam escolher, dentro de um intervalo, aquele que contém a metragem que julgam ser a ideal.

Por outro lado, se os respondentes pudessem digitar o valor da metragem que acham ideal para o apartamento, precisaríamos definir se seria digitado apenas em metros quadrados (discretizando a informação) ou se permitiríamos frações (permitindo a continuidade).

Em virtude da idiossincrasia presente nesse tipo de medição é que se criam os intervalos de classe antes da representação gráfica, com o intuito de evitar erros de digitação e invalidar as respostas.

A ideia de categorização (agrupamento) de variáveis de cunho quantitativo faz com que boa parte das técnicas utilizadas para variáveis de natureza qualitativa também seja aplicável a esse tipo de variável.

Vale ressaltar ainda que toda variável qualitativa também é uma variável categorizada, no entanto nem toda variável categorizada é de origem qualitativa e o contraexemplo aparece na Figura 4.5.

3.2. Relação entre Variáveis e Construção de Questões Coerentes com as Hipóteses de Pesquisa

Por que foi necessária tão exaustiva discussão a respeito da natureza das variáveis? Porque são elas que nortearão o processo de análise de dados. De acordo com a natureza da variável é que se emprega uma ou outra técnica de análise.

O primeiro passo, ao se realizar alguma pesquisa em Administração, é ter um problema de pesquisa em mente. Uma vez que o problema de pesquisa foi definido, passa-se para a formulação dos objetivos da pesquisa e da apresentação de uma justificativa para o estudo. Nessa etapa, é fundamental que o pesquisador entenda que a pesquisa precisa ser viável e verossímil.

A viabilidade consiste em assegurar-se de que o tempo e os recursos necessários ao estudo estarão disponíveis. A verossimilhança consiste em pesquisar algo que faça sentido para o mercado e que seja aplicável à vida real. Mesmo que seja uma pesquisa teórica, não faz nenhum sentido tentar desvendar o impossível.

O segundo passo é revisitar a literatura. Embora pareça um termo um tanto acadêmico, a pesquisa de mercado também busca suas fontes de revisão do passado, para descobrir o que já foi feito e o que poderá ser chamado de inovação. Dados secundários e pesquisa documental de fontes como DIEESE, IBGE, Nielsen, Ibope entre outras fontes podem ser usados para definir um marco teórico, mesmo que o enfoque seja diferente de tudo que já foi feito.

O principal objetivo dessa revisão é evitar erros cometidos em outras pesquisas, orientando a forma mais eficaz de condução do estudo, além de ser o melhor método para o estabelecimento de hipóteses, embora a formulação delas não seja necessária em pesquisas de caráter exploratório, por exemplo. Em um estudo exploratório, muitas vezes, a intenção é apenas delinear um problema e entender as suas possibilidades. A pesquisa passa a ter a mesma função da revisão da literatura e pode, inclusive, ser adjuvante dela. Por exemplo, uma pesquisa que quer apenas identificar o que as pessoas comem à noite, seus hábitos noturnos e suas preferências, definindo como público-alvo aqueles que trabalham nesse horário, tem caráter exploratório. Não cabem hipóteses nesse tipo de estudo.

Contudo, se a pesquisa for descrever algo detectado na revisão da literatura, então passará a ter caráter descritivo. Por exemplo, se alguma fonte afirmar que 70% dos trabalhadores noturnos não levam marmita para o serviço, é possível realizar uma pesquisa para confirmar se esse fato continua válido. Nesse contexto, já é possível estabelecer alguma hipótese dita descritiva.

Além disso, os estudos também podem ser correlacionais, assim como as hipóteses formuladas. Isso quer dizer que não há precedência de uma variável sobre a outra. Tanto faz a ordem delas. Numa hipótese correlacional, trocar a ordem das variáveis não afeta o resultado. Por exemplo, numa pesquisa que estuda o aumento da audiência de programas que mostram a preparação de uma alimentação saudável, também pode ser estudado o aumento dos hábitos de alimentação saudável dessa audiência em suas casas, ou vice-versa. Por outro lado, nos estudos causais faz diferença saber se o ovo veio antes da galinha ou não, pois isso quer dizer que uma variável tem o poder de predizer a outra, ou até de modificá-la.

A seguir, vamos dar três exemplos da construção de hipóteses causais dentro de um exemplo de viabilidade de abertura de um serviço de entrega de comida noturna e mostrar como o conhecimento da natureza das variáveis é fundamental no processo de análise. Para um entendimento mais aprofundado da gama de possibilidades de formulação de hipóteses, vide Sampieri, Collado e Lucio (2006).

3.2.1. Estudo da Viabilidade de Abertura de um Serviço de Entrega de Marmita Noturna

Neste exemplo, o problema de pesquisa levantado é "será que há demanda para um serviço de marmitas noturnas?". Note que um problema de pesquisa pode surgir da rotina diária do administrador ou, ainda, em um estudo de viabilidade de abertura de um novo negócio, dentro de um contexto empreendedor.

Nesse contexto, foram listadas algumas hipóteses:

H1: Há relação entre o sexo do indivíduo e o tipo de comida servida em um serviço de marmita noturna.

H2: Os respondentes que não fazem o jantar em casa estão insatisfeitos com as refeições noturnas que realizam.

H3: Os respondentes que possuem baixa renda familiar mensal estariam dispostos a pagar o mínimo possível por uma refeição noturna entregue em casa. Os que possuem renda familiar mais alta também consideram o preço como um fator importante, porém estariam dispostos a pagar um pouco a mais.

Suponhamos que a proposta desse estudo seja explorar um nicho de mercado pouco lembrado na cidade de São Paulo: o serviço de entrega de refeições no período noturno.

Para análise do potencial de mercado dos interessados em marmitas noturnas, é necessário entender se realmente há demanda na cidade. Para tanto, antes da realização da pesquisa mercadológica e análise do comportamento e das características do público-alvo, é preciso saber o que se quer saber. Ou seja, é preciso construir o instrumento de pesquisa.

Observe que a primeira hipótese se refere a uma possível relação entre os sexos dos respondentes e a opção de comida que será servida nesse serviço. Logo, uma questão acerca do sexo se faz necessária.

A outra precisa descrever algumas categorias de cozinha (árabe, japonesa, italiana, contemporânea, francesa etc.), ou de tipo de alimento (frango, peixe, carne vermelha, legumes, verduras, massas etc.), a fim de elucidar se existe a relação hipotética.

Vale ressaltar que se o serviço for direcionado para um público de renda mais baixa, é provável que a questão "tipo de alimento" seja mais bem recebida do que a questão "tipo de cozinha", portanto o público-alvo também precisa ser delimitado.

Independentemente da questão escolhida para medir essa possível relação, temos que a variável que tem o poder de definir o tipo de comida ou de cozinha que será escolhida é o sexo, desde que haja relação entre ambas. Logo, a variável sexo é chamada de variável causal e o tipo de comida ou cozinha é chamado de efeito.

Observe que se trata do estudo da relação entre duas variáveis de natureza nominal. Sendo assim, a melhor forma de descrever a possível relação será utilizando o recurso da tabela dinâmica do Microsoft Excel, cruzando as duas variáveis.

Na linguagem estatística, a construção de uma tabela desse tipo é obtida em textos que tratam de tabelas de dupla entrada ou de contingência. Uma vez realizado o cruzamento, para contestar a existência da relação é utilizado o teste de independência qui-quadrado (SWEENEY; WILLIAMS; ANDERSON, 2013).

Vamos agora discutir a segunda hipótese, que se refere à insatisfação das pessoas que não comem em casa. Para tanto, uma questão de natureza nominal precisa ser formulada para descobrir em que lugar esses indivíduos realizam suas refeições. Por exemplo, a questão "onde você costuma jantar?" poderia ser formulada com o intuito de investigar as possibilidades de local.

É preciso lembrar, contudo, que existem pessoas que alternam o local em que realizam as refeições. Assim, poderia ser uma pergunta de múltipla escolha, do tipo: (a) em casa; (b) em restaurantes; (c) peço comida em casa; (d) compro comida e levo para casa; (e) não janto; (f) na empresa.

Todavia, para a ideia que iremos propor, é necessário que apenas um dos itens acima seja o escolhido. E se as pessoas costumam jantar em mais de uma das opções? Então, é preciso fechar essa questão e não permitir a resposta múltipla. Nessa nova situação a questão que deveria ser realizada é "onde você costuma jantar, prioritariamente?". Com a inserção do modal "prioritariamente", a situação de possíveis respostas múltiplas deixou de existir e a questão passa a ter um único item como resposta.

Já para medir a satisfação, poderia ser proposta uma questão em escala Likert de cinco pontos em que o respondente assinalaria seu grau de contentamento com a alimentação noturna que realiza. Por exemplo, o respondente assinalaria uma dentre cinco opções que iriam de "nada satisfeito" a "muito satisfeito".

Da forma como as duas questões foram criadas, temos uma variável de escala nominal indicando as possibilidades de local de refeição noturna e uma medida de satisfação.

Assim, podemos concluir que o local seria a possível causa da insatisfação. Para testarmos essa segunda hipótese, o mais adequado seria aplicar um teste de médias, em que compararíamos as notas médias de satisfação com o local de refeição noturna. Estatisticamente, para medir as diferentes avaliações de satisfação média em cada um dos grupos de respondentes que realiza suas refeições prioritariamente em um dos locais possíveis, é empregada uma técnica chamada análise de variância, mais conhecida como Anova (SWEENEY; WILLIAMS; ANDERSON, 2013).

A grosso modo, a última hipótese investiga se existe alguma relação entre o nível de renda e a disposição em pagar a mais pelo serviço. Portanto, uma questão referente à renda familiar deveria ser formulada bem como outra do tipo "quanto você estaria disposto a pagar por uma refeição noturna entregue em sua casa?".

As opções poderiam ser, por exemplo: (a) até R$ 20,00; (b) de R$ 21,00 a R$ 30,00; (c) de R$ 31,00 a R$ 40,00, (d) de R$ 41,00 a R$ 50,00; e (e) acima de R$ 51,00. Note que se a variável renda fosse categorizada com os valores, em reais, dos salários mínimos vigentes à época da pesquisa, então teríamos a possível relação entre duas variáveis quantitativas contínuas.

Um estudo de correlação e regressão poderia ser realizado, com a "renda" como possível variável causal e a "disposição em pagar a mais" como possível variável efeito; contudo, como as duas variáveis foram apresentadas em categorias, a ideia de se realizar um teste qui-quadrado também pode ser aplicada, sob as frequências registradas em cada um dos cruzamentos (SWEENEY; WILLIAMS; ANDERSON, 2013).

Conclui-se, então, que é preciso avaliar a natureza das variáveis envolvidas nas medições antes de criar um questionário, pois assim é possível rascunhar qual será a técnica de análise estatística mais adequada antes de se realizar a pesquisa. Portanto, a escolha do procedimento de análise é uma tarefa anterior à coleta de dados e não posterior, como muitos acreditam.

3.3. Uso da Ferramenta Tabela Dinâmica para Organização Resumo de Dados

Imagine que sua empresa quer diminuir o absenteísmo ou mesmo o *turnover* e busca meios para aumentar a comunicação social entre os setores e sensibilizar os colaboradores para um estilo de vida mais saudável e responsável.

Há muito tempo, os profissionais de RH sabem que os benefícios oferecidos se tornaram a principal moeda das empresas na disputa por mão de obra qualificada (CHUEKE; FIGUEIREDO; GONDIM, 2016). Telefone celular, notebook, estacionamento e automóvel estão entre os itens à disposição dos funcionários em boa parte das companhias.

Contudo, aumentar a qualidade de vida no trabalho também é fundamental nesse processo e, pensando nisso, sua empresa realizou uma pesquisa sobre esporte e qualidade de vida com os funcionários.

O propósito é implantar um benefício chamado *Gym in Company*. O funcionário que aderir ao programa poderá utilizar até três horas da jornada semanal para frequentar uma academia que será instalada na empresa. Como tabular as diferentes variáveis para resumi-las em tabelas?

Tabela 3.1

Dados do esporte e qualidade de vida

Sexo	Saúde	Idade	Altura	Peso
Feminino	Muito boa	31	1,70	64,5
Feminino	Muito boa	33	1,69	61
Masculino	Muito boa	28	1,84	85
Feminino	Ruim	35	1,68	56
Feminino	Boa	69	1,68	60
Feminino	Boa	29	1,67	62
[...]	[...]	[...]	[...]	[...]

A Tabela 3.1 mostra um fragmento dos dados obtidos na pesquisa e que será analisado pelo departamento de recursos humanos da empresa. Nele, há a indicação do sexo do funcionário (Feminino; Masculino); da avaliação que o funcionário fez de sua saúde (Excelente; Muito boa; Boa; Ruim); dos anos completos de idade; da altura (em metros) e do peso (em quilogramas) dos funcionários.

Com esse banco de dados, podem ser feitos alguns cruzamentos entre as variáveis de modo a tentar entender se existem relações entre elas. É evidente que nem sempre os cruzamentos serão relevantes, mas, por meio deles, é possível obter análises aprofundadas e responder a questões que, talvez, nem estivessem previstas.

No problema de pesquisa em questão, pode ser avaliada a existência das possíveis relações:

a) Entre as variáveis sexo e saúde, verificar se as mulheres avaliam de maneira mais negativa a saúde delas, uma vez que podem possuir dupla jornada.

b) Entre as variáveis sexo e peso, verificar se há predominância de homens acima do peso, devido ao sedentarismo e acomodação;

c) Entre as variáveis altura e peso, verificar a altura influencia no peso, ou se existem outras causas que explicam o excesso de peso.

Tais relações podem ser analisadas com o uso de uma tabela dinâmica que serve para facilitar a descrição e o resumo de dados complicados, organizando-os e evidenciando seus detalhes. Observe também que as hipóteses (a) e (b) trazem variáveis que não foram controladas, tais como: "possui dupla jornada?" ou "você se considera sedentário?". O ideal é que essas duas questões fossem inseridas na pesquisa.

Contudo, tomemos como exemplo a relação (a) supracitada. Antes de inserirmos uma tabela dinâmica que resuma essas duas variáveis, é preciso identificar se uma das variáveis pode assumir a função de causa e a outra de efeito na possível relação entre elas.

A resposta mais plausível é que, se houver essa relação, a variável que desempenha a possível função de causa seja a variável "sexo" e a variável que desempenha a possível função de efeito só pode ser a variável "saúde". Nem sempre é fácil identificar uma relação de causa e efeito. Inclusive, há alguns analistas que veem relações de causa e efeito em tudo, e outros que analisam a relação de causa e efeito de forma mais cética, tentando indagar se existe, de fato, a ideia de precedência de uma variável X sobre a Y, da Y sobre a X ou nos dois sentidos.

No entanto, a situação apresentada acima é de fácil resolução e não poderia ser diferente, já que a avalição de saúde não tem o poder de modificar o sexo do funcionário. Entretanto, no caso de uma mulher que possui dupla jornada, o esgotamento físico seria inevitável e sua avaliação de saúde, negativa, ou seja, a autoavaliação de saúde pode ser modificada de acordo com o sexo do funcionário ou de acordo com a jornada de trabalho.

3.3.1. Passos para a Inserção de uma Tabela Dinâmica no Microsoft Excel 2016®

Selecione o nome da primeira variável do seu banco de dados com o *mouse* ("Sexo" para este exemplo do Esporte e Qualidade de Vida que foi apresentado na seção anterior) e, então, na aba INSERIR selecione TABELA DINÂMICA. Com isso, o Excel selecionará automaticamente todas as colunas ao lado da célula selecionada e todas as linhas abaixo dela (vide Figura 3.6).

Figura 3.6

Entrada dos dados

Fonte: Microsoft Excel 2016®

Caso isso não aconteça, entre com o intervalo de dados, selecionando o primeiro rótulo do banco de dados e, com as teclas CTRL e SHIFT seguradas simultaneamente, aperte a tecla que corresponde à seta para a direita e para baixo, sucessivamente. É uma forma de selecionar os dados sem a utilização do *mouse*. Clique em ENTER ou selecione OK.

A tabela pode ser inserida em uma planilha nova ou na existente, indicando o local em que você gostaria que aparecesse o resultado.

Figura 3.7

Layout clássico da tabela dinâmica

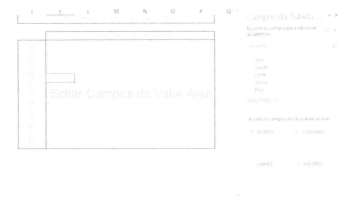

Fonte: Microsoft Excel 2016®

Algumas vezes, a tabela dinâmica não aparece em seu *layout* clássico mostrado na Figura 3.7. Quando isso acontecer, basta selecionar a tabela com o botão direito do *mouse* e escolher OPÇÕES DA TABELA DINÂMICA. Será aberta a janela do assistente e, na aba EXIBIÇÃO, marque LAYOUT CLÁSSICO DE TABELA DINÂMICA que é um *layout* que permite que as variáveis sejam arrastadas para os campos na grade.

É claro que se a tabela não aparecer em seu *layout* clássico, ainda assim é possível trabalhar com ela, desde que as variáveis sejam arrastadas para os campos que aparecem na parte inferior da lista de campos da tabela dinâmica. Se, por um descuido, essa lista de campos for fechada, para reativá-la é preciso selecionar a tabela dinâmica com o botão direito do *mouse* e escolher a opção MOSTRAR LISTA DE CAMPOS.

Coloque a possível variável causa em "campos de linha" e a possível variável efeito em "campos de coluna". Isso poderia ser diferente? Claro, mas, por convenção, este texto sempre utilizará essa estratégia.

No meio da tabela, em "campos de valor", coloque uma variável que não foi utilizada. O padrão da tabela é sempre SOMAR uma variável que possui o registro numérico e que foi colocada em "campos de valor". Se a variável inserida nele fosse textual, então o padrão da tabela seria sempre o de CONTAGEM dos valores.

Lembre-se de que uma variável é dita quantitativa quando é fruto de uma mensuração. Normalmente, utilizam-se números reais ou apenas os inteiros em seus registros.

No caso da variável qualitativa, sua natureza não é a mensuração e ela pode ser proveniente de uma categorização ou de um agrupamento que serve apenas para distinguir os elementos segundo alguma característica comum.

Algumas vezes, no entanto, o registro da variável qualitativa pode ser numérico e, nesses casos, é preciso ter cuidado para que não sejam realizados cálculos fictícios com esses números que, na verdade, não representam uma quantidade, mas uma ou outra categoria.

Por exemplo, a variável saúde que aparece na Tabela 3.1. Se ao invés dos rótulos "excelente", "muito boa", "boa" ou "ruim" aparecessem os valores 1, 2, 3 e 4 para cada avaliação, respectivamente, então esses números não teriam a intenção de medir e, portanto, não poderiam ser utilizados em cálculos.

Se mesmo assim fosse essa a situação, ao se supor que a variável inserida no campo de valores tenha sido a variável saúde, então, bastaria trocar o padrão de SOMAR para o de CONTAGEM.

Figura 3.8

Contagem dos funcionários por sexo e saúde

Contagem de Saúde	Saúde				
Sexo	Boa	Excelente	Muito boa	Ruim	Total Geral
Feminino	8	1	9	2	20
Masculino	8	1	6	1	16
Total Geral	**16**	**2**	**15**	**3**	**36**

Fonte: Microsoft Excel 2016®

O Papel da Pesquisa

A Figura 3.8 ainda é insuficiente para detectar algum padrão de comportamento entre as variáveis. Note que a própria ferramenta de Tabela Dinâmica funciona como uma caixa preta para o usuário. Ela não entende que a variável saúde é ordinal e apresenta as categorias em ordem alfabética, como mostra a Figura 3.8.

Assim, em primeiro lugar, é preciso ordenar manualmente as categorias na ordem natural da variável antes de prosseguir. Além disso, os valores absolutos das avaliações de saúde podem mascarar as avalições por sexo. O ideal é analisar os valores relativos das avaliações. Um valor é considerado relativo quando é obtido de algum total em forma de porcentagem.

Para encontrar algum tipo de comportamento diferenciado de contratação, basta selecionar com o botão direito do *mouse* a região central da Tabela Dinâmica e escolher no menu MOSTRAR VALORES COMO e a opção % DO TOTAL DE LINHAS. Essa modificação mostrará as porcentagens de mulheres e de homens de acordo com as autoavaliações de saúde.

A Figura 3.9 apresenta as porcentagens pelas linhas e as correções que precisaram ser realizadas para que a ordem natural das autoavaliações aparecesse na tabela.

Figura 3.9

Porcentagens pelas linhas

Contagem de Saúde	Saúde				
Sexo	Ruim	Boa	Muito boa	Excelente	Total Geral
Feminino	10,00%	40,00%	45,00%	5,00%	100,00%
Masculino	6,25%	50,00%	37,50%	6,25%	100,00%
Total Geral	**8,33%**	**44,44%**	**41,67%**	**5,56%**	**100,00%**

Fonte: Microsoft Excel 2016®

A Figura 3.9 serve para identificar algum possível padrão no comportamento das autoavaliações. A última linha da tabela serve como referência de comparação, pois mostra as porcentagens de funcionários que avaliaram suas situações de saúde independentemente do sexo.

Observe que, para haver o predomínio de alguma avaliação, as porcentagens das linhas superiores à linha do total geral deveriam ser porcentagens bastante diferentes das porcentagens que aparecem na linha do total geral.

A Figura 3.9 mostra, por exemplo, que 45% das mulheres acreditam que seu estado de saúde é muito bom; em contrapartida, 37,50% dos homens têm essa mesma crença. Esses valores devem ser comparados com os 41,67% de funcionários que independentemente do sexo acreditam que sua situação de saúde era muito boa no momento da avaliação. A simples análise dos valores levantaria a questão de que não parece haver relação entre a autoavaliação do estado de saúde dos funcionários e o sexo.

Exatamente aqui surge o questionamento: a partir de que valor as diferenças entre as linhas são consideradas relevantes? Não há como saber a olho nu. O que se deve fazer é obter o valor-p dessa diferença por meio do teste qui-quadrado.

Quanto mais distante as porcentagens das linhas superiores estiverem das porcentagens do total geral, menor será o valor-p do teste qui-quadrado, ou seja, pequenos valores-p indicam que a diferença observada na tabela é relevante e deve ser levada em consideração.

Por enquanto, a refutação da hipótese é meramente descritiva, portanto a certeza da refutação só será efetiva se o valor-p for obtido e comparado com algum nível de significância, porém esse assunto já é tema para um próximo texto.

3.4. A Pesquisa Qualitativa

Ao contrário da maioria dos textos, procuramos discutir a pesquisa qualitativa agora no final. Boa parte dos autores acredita que a pesquisa qualitativa deva ser realizada antes da pesquisa quantitativa, o que não deixa de ser válido em boa parte dos casos.

No entanto, embora não seja conclusiva ou inferencial, a pesquisa qualitativa pode ser utilizada como "prova dos noves" após a realização de uma pesquisa quantitativa. Sampieri, Collado e Lucio (2006) enfatizam que a pesquisa qualitativa deve ser uma ferramenta de validação dentro dos contextos de pesquisas correlacionais ou causais. Vamos deixar isso mais claro.

Segundo Malhotra (2006), a principal função da pesquisa qualitativa é proporcionar uma visão mais abrangente do contexto de um problema. Por esse motivo, ela é amplamente utilizada em pesquisa de mercado e em boa parte das pesquisas da área de Ciências Sociais aplicadas.

Ela pode ser utilizada para descrever comportamentos do consumidor, atitudes psicológicas ou para entender a leitura que as pessoas fazem de uma marca, da necessidade de um produto ou da utilização de um serviço. Seus principais expoentes são as entrevistas, os grupos focais, as observações, as técnicas projetivas e o método Delphi, apenas para citar os mais relevantes.

Por isso, muitos autores acreditam que "uma visão maior do contexto de um problema" só pode ser aplicada bem no início de uma pesquisa, quando seu caráter é ainda exploratório ou descritivo.

Como exemplo, vamos retornar à Subseção 3.2.1. Nela, o objetivo era estudar a viabilidade da abertura de um serviço de marmita noturna. Dentre as hipóteses causais formuladas, uma delas dizia respeito à influência do sexo do indivíduo no tipo de comida servida (H1).

Se tivesse sido realizado um grupo focal com trabalhadores do horário noturno antes da formulação dessa hipótese, e tivesse ficado claro durante a discussão do grupo que homens e mulheres divergem em relação ao conteúdo da marmita, então diríamos que a utilização do grupo focal teve o caráter exploratório. A seguir, a hipótese 1 seria formulada e testada quantitativamente.

Nesse contexto, a pesquisa qualitativa teve a mesma função da revisão da literatura e serviu para aumentar o conhecimento do pesquisador e delinear os próximos passos da pesquisa quantitativa. Claro que não existe a necessidade de se realizar uma pesquisa quantitativa após a qualitativa exploratória. Sua realização apenas incorporaria robustez ao conhecimento.

Um exemplo de pesquisa qualitativa descritiva é o de utilizá-la para comprovar um fato antes da realização de uma pesquisa quantitativa, ou com próprio fim em si mesma. Van Ittersum e Wansink (2012) realizaram um estudo e descobriram que bife malpassado ou bem-passado, hambúrguer e pimenta com carne são as preferências do público masculino, enquanto chocolate, pêssego e sushi são preferências do público feminino.

Embora pareça uma tremenda bobagem, para o negócio da marmita noturna não é. Uma técnica projetiva de associação poderia ser utilizada. Bastaria que o pesquisador utilizasse algumas fotografias de homens e mulheres de sucesso da mídia e pedisse que os entrevistados associassem as figuras dos alimentos descritos acima com as personalidades. O resultado da pesquisa indicaria se o fato descrito por Van Ittersum e Wansink (2012) é válido ou não. Note que a pesquisa qualitativa poderia terminar aqui. Contudo, a hipótese 1 poderia ser formulada na sequência e testada quantitativamente.

Nesses dois primeiros casos, a pesquisa qualitativa tem um fim em si mesma. Não há a formulação de hipóteses e o pesquisador é livre para realizar, posteriormente, uma pesquisa quantitativa ou não. Além disso, todas as questões inferenciais relacionadas às pesquisas quantitativas, como confiança, margem de erro e tamanho de amostra não existem na etapa qualitativa. Porém, quando a pesquisa qualitativa exploratória ou descritiva for aplicada em conjunto com a pesquisa quantitativa, deverá ser realizada antes dela.

Por outro lado, se a pesquisa qualitativa for realizada após uma pesquisa quantitativa correlacional ou causal, as hipóteses podem ser formuladas. Os testes projetivos de associação de figuras ou palavras ou a técnica da terceira pessoa podem ser utilizados para validar os resultados da pesquisa quantitativa, bem como a técnica Delphi. A pesquisa qualitativa adquire caráter correlacional ou causal, dependendo do enfoque dado à primeira etapa.

Por fim, alguns autores definem a formulação de hipóteses apenas para o enfoque quantitativo e alegam que as afirmações testadas pela pesquisa qualitativa, quando realizada de forma isolada, tratam-se de proposições que não podem ser generalizadas para a população, ou seja, independentemente do enfoque da pesquisa qualitativa, seus resultados nunca serão inferenciais. Assim, não há um tamanho de amostra necessário. Métodos, como o da saturação, podem ser utilizados para determinar quando a seleção de mais um elemento à amostra não agregará mais informação ao problema estudado.

3.5. As Competências Trabalhadas no Capítulo

Na medida do possível, este capítulo procurou trabalhar a competência "do pensar criticamente". À medida que o leitor percebe que realizar uma pesquisa é uma tarefa que não está baseada no senso comum, pensar criticamente acaba sendo inevitável. Como definiu Perrenoud (1999), uma competência se adquire quando se sabe e se faz. Para ele, competência é o *savoir y faire*. É o que foi levantado no início do capítulo: de que adianta utilizar ferramentas *on-line* cegamente? Além disso, McGlynn (2007) descreve que a atividade de pesquisa é uma atividade que fatalmente irá mostrar ao indivíduo a necessidade de distinguir o fato da opinião e da inferência.

No livro *Dez novas competências para ensinar*, Perrenoud (2000) também propõe que o envolvimento dos estudantes em atividades de pesquisa seria uma competência fundamental para os universitários, bem como o uso de novas tecnologias.

O texto deste capítulo não pretendeu, em momento algum, anular a utilização das ferramentas *on-line*; na verdade, procurou mostrar que elas podem facilitar o trabalho do administrador quando bem empregadas. Tanto é que a seção anterior utiliza o conhecimento de um recurso do Excel, como facilitador da tomada de decisão.

Outro recurso explorado no texto é o de resolução de problemas, outra competência trabalhada no capítulo. Para Anastasiou e Alves (2003) esse recurso abrange desde operações de identificação, coleta e organização de dados até elaboração de hipóteses, interpretação e tomada de decisão que são operações comuns no dia a dia do administrador.

Portanto, o levantamento de questões dentro de um problema de natureza prática tem como objetivo desenvolver o pensamento crítico. A natureza qualitativa ou quantitativa da pesquisa encravará na mente do aluno o assunto estudado. Os conteúdos, quando não significativos, serão naturalmente esquecidos. É preciso formular hipóteses claras e precisas, avaliar a informação que é relevante, a fim de se chegar a conclusões que foram testadas dentro de critérios e padrões científicos (McGlynn, 2007). Os problemas apresentados no capítulo são exemplos que, devido à natureza prática, acabam constituindo um conjunto de significado que vai além do conteúdo.

3.6. Responsabilidade Social e Sustentabilidade

Por fim, as questões de responsabilidade social e sustentabilidade deste capítulo apareceram de forma muito sutil. Em relação à responsabilidade social, no exemplo da implementação do *Gym in Company* há uma pequena deixa para uma discussão mais aprofundada a respeito de absenteísmo, ou mesmo da sensibilização dos colaboradores para um estilo de vida mais saudável e responsável.

Já a questão de sustentabilidade será abordada na Questão 2 da seção de Estudos de Caso. Nela, são apresentados os resultados de uma pesquisa realizada pela MTV e que busca segmentar os jovens em cinco grupos em relação ao seu conhecimento acerca do tema da sustentabilidade. Claramente, é possível levantar uma discussão com base nos resultados da pesquisa.

Estudos de Caso

Marketing sensorial e cores nas marcas[4]

Uma pesquisa sobre a influência das cores nas marcas de serviços investigou a preferência de cores "mais ou menos" vibrantes em diferentes classes socioeconômicas quando essas cores eram utilizadas na construção do logo de uma marca.

As perguntas do questionário foram elaboradas usando imagens coloridas, na maioria com contrastes, de modo a ilustrar logos de formato "neutro" e desconhecidos dos sujeitos, para evitar interferência dos seus repertórios anteriores de conhecimento de determinadas marcas. Os logos foram colorizados em duas opções: mais ou menos vibrantes.

O arquivo cores nas marcas apresenta uma série de informações que foram coletadas na pesquisa, tais como o sexo, idade, classe econômica, bem como as diferentes escolhas que os respondentes fizeram para cada um dos nove logos que foram criados (3 funcionais – empresa de seguros, cartão de crédito e banco, 3 sensoriais – agência de viagens, barzinho ou supermercado e 3 sociais – dois tipos de ONGs e uma escola).

Veja a seguir um exemplo das questões utilizadas:

---

[4] Este problema é um fragmento da pesquisa "A influência das cores na escolha das marcas de serviços" de autoria de Csillag e D'Emídio (2013).

O Papel da Pesquisa

Entre os logos abaixo, qual deles você prefere para uma
AGÊNCIA DE VIAGENS?

LOGO A   LOGO B

Um dos objetivos da pesquisa era verificar se é possível afirmar que a classe econômica influencia a escolha do logo para a classe de marca SENSORIAL "agência de viagens".

Questões

Teça uma solução completa para isso seguindo o roteiro abaixo:

1. Descreva quais são as hipóteses dessa pesquisa.
2. Qual é a possível variável "causa" e qual é a possível variável efeito?
3. Os dados abaixo resumem o cruzamento das duas variáveis. Encontre as porcentagens pelas linhas e realize uma descrição das preferências dos entrevistados.

Classe econômica	Logo A	Logo B	Total Geral
A	9	3	12
B	125	10	135
C	83	32	115
D	46	10	56
Total Geral	263	55	318

4. Outro objetivo da pesquisa era verificar se é possível afirmar que a classe econômica influencia a escolha do logo para a classe de marca SENSORIAL "supermercado". Nesse novo contexto, descreva quais são as hipóteses associadas a esse objetivo.

Entre os logos abaixo, qual deles você prefere para um
SUPERMERCADO?

LOGO A   LOGO B

5. Qual é a possível variável "causa" e qual é a possível variável efeito?
6. Os dados abaixo resumem o cruzamento das duas variáveis. Encontre as porcentagens pelas linhas e realize uma descrição das preferências dos entrevistados para o logo referente à marca de supermercado.
7. Descreva como uma pesquisa qualitativa exploratória poderia ser utilizada antes da realização da técnica quantitativa descrita nesta questão.

Classe econômica	Logo A	Logo B	Total Geral
A	7	5	12
B	110	25	135
C	74	41	115
D	48	8	56
Total Geral	239	79	318

Geração Y e a sustentabilidade – um estudo de segmentação psicográfica[5]

A MTV realiza uma pesquisa intitulada Dossiê Universo Jovem. Em 2008, sustentabilidade foi o tema pesquisado em 2.579 entrevistas em 9 cidades brasileiras com jovens de 12 a 30 anos, das classes A, B e C, que representam um universo de 49 milhões de pessoas no Brasil, e índice de potencial de consumo de 92%. A pesquisa permitiu identificar cinco perfis quanto ao nível de conhecimento e engajamento no tema. O grupo dos *comprometidos* é de 17%, eles conhecem e valorizam as causas ambientais. O grupo dos *teóricos* é de 26%, eles têm um conhecimento teórico, são idealistas com a causa ambiental, porém não possuem uma atuação enfática no dia a dia como os comprometidos. O grupo dos *refratários*, que representa 20% da amostra, é o que menos valoriza a causa ambiental e reconhece que não faz nada a respeito. Os *intuitivos* são 21%, eles não possuem formação nem conscientização ecológica, mas são mais participativos que os refratários. Por último, o grupo dos *ecos-alienados* é de 16%, possuem o menor conhecimento, menos ações ecologicamente corretas e menor legado ecológico.

Uma pesquisa semelhante procurou revisitar a pesquisa Dossiê Universo Jovem. O questionário abordou questões como:

- I. Grau de escolaridade
- II. Sexo
- III. Quantas horas por dia você navega na internet?
- IV. Tipo de perfil frente ao tema de sustentabilidade
- V. Idade

Questões

1. Descreva como uma pesquisa qualitativa descritiva poderia ser aplicada para validar os resultados da pesquisa Dossiê Universo Jovem.
2. Qual é a natureza das variáveis sexo e grau de escolaridade?

---

[5] Refere-se a um recorte do trabalho de conclusão de curso *Geração Y e o Consumo Sustentável* de autoria de Minami, Waideman e Iamauti (2011).

3. É possível definir a natureza da variável "quantas horas por dia você navega na internet" sem verificar como os dados foram registrados no banco de dados? Explique o porquê.
4. Se for cruzada a variável sexo com os perfis frente ao tema sustentabilidade (comprometidos, teóricos, refratários, intuitivos e ecos-alienados), qual é a possível variável causa e a possível variável efeito?
5. Qual é a técnica apropriada para se testar uma possível relação entre as variáveis do item anterior?
6. Qual é a técnica apropriada para se testar a possível relação entre as variáveis "grau de escolaridade" e "horas que navega na internet"?
7. Qual é a técnica apropriada para se testar a possível relação entre idade e "horas que navega na internet"?
8. Qual é a possível variável causa e a possível variável efeito nos itens (e) e (f)?

Brand awareness e gestão de marcas globais[6]

Whey Protein é a proteína do soro do leite, obtida durante a fabricação do queijo, também conhecida apenas como *whey*. É uma das proteínas mais nutritivas, pois contém inúmeros aminoácidos essenciais e também altos teores de cálcio e de peptídeos bioativos do soro. Pesquisas comprovam a aplicabilidade do consumo de *whey protein* para o aumento do desempenho de esportistas e atletas, atuando principalmente sobre a síntese proteica muscular esquelética, perda de gordura corporal, modulação da adiposidade e melhora do desempenho físico.

As principais questões versaram sobre o entendimento de como o envolvimento dos consumidores com o produto, a qualidade percebida do *whey protein* e sua sensibilidade ao preço influenciavam a intenção de compra. Todas foram medidas em escala Likert de cinco pontos, sendo 1 = discordo totalmente, ..., 5 = concordo totalmente.

---

[6] Estes dados foram extraídos do trabalho de conclusão de curso Análise de Envolvimento, Intenção de Compra, Qualidade Percebida e Influência do País de Origem no Mercado de *Whey Protein*: um Estudo com Consumidores na Grande São Paulo, de autoria de Sapia, Kuba e Satto (2014).

O Papel da Pesquisa

Observe a tabela abaixo:

Sexo	Brand Awareness		Total Geral
	Nenhuma	Ambas	
(F) feminino	40	4	44
(M) masculino	26	52	78
Total Geral	66	56	122

Questões

1. Nessa tabela, aparecem duas variáveis relacionadas: o sexo do respondente e o conhecimento (*brand awareness*) de duas marcas de suplementos alimentares (*Optimum Nutrition* e *Probiótica*). Qual é a natureza das variáveis envolvidas?
2. Uma das questões era a seguinte "o uso de *whey* não é benéfico" e os respondentes concordavam ou não com ela, por meio da escala Likert. Qual é a natureza dessa variável?
3. Se com a mesma questão do item anterior fosse aferida a opinião entre homens e mulheres em relação aos benefícios do suplemento em questão. Qual seria a possível variável causa e o possível efeito?
4. Uma propaganda referente ao uso do *whey* foi apresentada e a mudança de opinião quanto à suplementação com uso contínuo de *whey* é mostrada nas linhas na tabela abaixo em porcentagens. Descreva as preferências das mudanças de opinião.

Sexo	Opinião			Total geral
	Positiva	Indiferente	Negativa	
Feminino	66,47%	23,70%	9,83%	100,00%
Masculino	48,21%	32,14%	19,64%	100,00%
Total geral	59,30%	27,02%	13,68%	100,00%

Referências

ANASTASIOU, L. G. C.; ALVES, L. P. *Processos de Ensinagem na Universidade*: Pressupostos para as Estratégias de Trabalho em Aula. Joinville: Univille, 2003.

Associação Brasileira de Empresas de Pesquisa. *Critério de Classificação Econômica Brasil*. São Paulo: 2016. Disponível em: <http://www.abep.org/criterio-brasil>. Acesso em: 11 mar. 2019.

CHUEKE, G. V.; FIGUEIREDO, C. C.; GONDIM, I. J. C. *Guia Salarial Hays 2016*: Olhando para o Futuro do Trabalho no Brasil. Disponível em: <https://www.hays.com.br/cs/groups/hays_common/@br/@content/documents/digitalasset/hays_1623197.pdf>. Acesso em: 11 mar. 2019.

CSILLAG, P.; D'EMÍDIO, M. A Influência das Cores na Escolha das Marcas de Serviços. *Revista da ESPM*, v. 5, p. 172-177, 2013.

GIANNETTI, E. *Felicidade*: Diálogos sobre o Bem-Estar na Civilização. São Paulo: Companhia das Letras, 2002.

JAMES, B. R. *Probabilidade*: Um Curso em Nível Intermediário. 4 ed. Rio de Janeiro: IMPA, 2002.

MALHOTRA, N. K. *Pesquisa de Mercado*: Uma Orientação Aplicada. 4 ed. Porto Alegre: Bookman, 2006.

McGLYNN, A. P. *Teaching Today's College Students*: Widening the Circle of Success. Madison: Atwood Publishing, 2007.

MLODINOW, L. *O Andar do Bêbado*. Como o Acaso Determina as Nossas Vidas. Rio de Janeiro: Zahar, 2011.

MIGUEL, A. C. R.; VENTURINI, L.; WANDERLEY, M. D. *Foco nas Famílias Unipessoais:* uma Análise do Mercado Imobiliário sob a Perspectiva de Consumidores e Corretores. 2014. 126 p. Trabalho de Conclusão de Curso (Graduação em Administração) – Escola Superior de Propaganda e Marketing, São Paulo.

MINAMI, C.y; WAIDEMAN, D.; IAMAUTI, R. *Geração Y e o Consumo Sustentável*. 2011. Trabalho de Conclusão de Curso (Graduação em Administração) – Escola Superior de Propaganda e Marketing, São Paulo.

PERRENOUD, P. *Construir as Competências desde a Escola*. Porto Alegre: Artes Médicas Sul, 1999.

PERRENOUD, P. *Dez Novas Competências para Ensinar*. Porto Alegre: Artes Médicas Sul, 2000.

SAPIA, B. T.; KUBA, J. K.; SATTO, R. F. L. *Análise de Envolvimento, Intenção de Compra, Qualidade Percebida e Influência do País de Origem no Mercado de Whey Protein*: um estudo com consumidores na Grande São Paulo. 2014. 91 p.

Trabalho de Conclusão de Curso (Graduação em Administração) – Escola Superior de Propaganda e Marketing, São Paulo, 2014.

SAMPIERI, R. H.; COLLADO, C. F.; LUCIO, P. B. *Metodologia de Pesquisa*. 3 ed. São Paulo: McGraw-Hill, 2006.

SWEENEY, D. J.; WILLIAMS, T. A.; ANDERSON, D. R. *Estatística Aplicada à Administração e Economia*. 3 ed. São Paulo: Cengage-Learning, 2013.

VAN ITTERSUM, K.; WANSINK, B. Plate Size and Color Suggestibility: The Delboeuf Illusion's Bias on Serving and Eating Behavior. *Journal of Consumer Research*, v. 39, p. 215-228, 2012.

PARTE 2

MARKETING

Capítulo 4
Marketing dos Novos Tempos

Edmir Kuazaqui

"By the recognition that effective marketing requires a consumer orientation instead of a product orientation, marketing has taken a new lease on life and tied its economic activity to a higher social purpose."

Kotler e Levy

Objetivos:

- Contextualizar a Administração com o Marketing.
- Compreender que os objetivos de Marketing são mais amplos e complexos do que simplesmente atender às necessidades e aos desejos do mercado.
- Discutir a importância de compreender o consumidor, identificando e solucionando problemas pessoais e empresariais.
- Discutir a necessidade de os profissionais analisarem e acompanharem as tendências de mercado.
- Compreender a importância de conhecer e interpretar as gerações comportamentais.
- Discutir a segmentação, em especial o Marketing de nichos.
- Apresentar as competências do profissional, bem como contextualizar com a sustentabilidade.

4.1. Introdução

A evolução econômica mundial proporcionou às empresas o desenvolvimento de seus negócios e, consequentemente, novas propostas e estratégias que propiciassem seu crescimento sustentado.

Com o advento da globalização e a realidade dos mercados abertos internacionais, as empresas brasileiras tiveram acesso a novas formas de pensar e agir, a novas tecnologias, a novas estratégias – evidenciando a necessidade de enfrentamento da concorrência interna e internacional, bem como a necessidade de repensar seus paradigmas.

Essa movimentação gerou uma série de ações e experiências, e bom arcabouço teórico, que foi aplicado a todas as áreas do conhecimento, em especial à Administração e ao Marketing.

Se antes o Marketing era considerado um simples departamento das empresas, muitas vezes encarado apenas sob o ponto de vista operacional, voltado essencialmente para o objetivo (de curto prazo) de vender, a concorrência crescente, a evolução progressiva de conhecimentos e as experiências resultaram em outra realidade no pensamento de Marketing, cuja importância está diretamente relacionada à sobrevivência e ao crescimento dos negócios da empresa e do bem-estar social.

No Brasil, o Conselho Nacional de Desenvolvimento Científico e Tecnológico (CNPq, 2017) apresenta a área de Ciências Sociais Aplicadas como um grupo de conhecimentos humanos, no qual se destaca a Administração. Essa subárea é constituída por Administração de Empresas, Administração da Produção, Administração Financeira, Mercadologia, Negócios Internacionais e Administração de Recursos Humanos – o que sugere ênfase na interdisciplinaridade e multidisciplinaridade de conteúdos e ações.

Como este capítulo trata do Marketing contextualizado com a Administração – e, posteriormente, há mais dois capítulos envolvendo diretamente Planejamento e Gestão –, procurou-se respeitar e discutir essa relação com as outras subáreas de conhecimento.

Por meio de discussões aprofundadas com profissionais da área, com executivos, profissionais de ensino e da análise de referencial bibliográfico e documental, foram levantados os principais pontos convergentes da aplicação do Marketing em cenários contemporâneos e futuros, para evidenciar a importância de entender melhor o consumidor, contextualizado no ambiente de negócios no qual a empresa está inserida.

Com esse intuito, este capítulo discutirá o que há de mais atual e inovador em relação ao Marketing, seus desdobramentos e suas tendências na área da Administração Estratégica.

4.2. Quais São os Objetivos de Marketing?

Para muitos, Marketing é um processo gerencial e sistêmico empresarial que deve satisfazer as necessidades dos clientes de uma companhia e, como consequência, gerar lucro para os proprietários e acionistas.

Essa definição deve ser mais bem analisada e discutida, uma vez que a empresa (e seus clientes) não deve ser considerada de forma isolada. Numa visão mais ampla e integrada, é possível compreender a real importância do Marketing, considerando todo o ambiente de negócios em que a empresa está inserida.

As empresas, além do objetivo de atender às necessidades de mercado, devem cumprir seu papel econômico e social – gerar demanda por produtos e serviços, empregos, impostos e, de certa forma, democratização de riqueza por meio da geração de oportunidades empresariais. Conforme afirma Puppim (2008), as áreas de influência das empresas não se restringem somente à produção, mas a todo o sistema e à cadeia de valores, envolvendo a acessibilidade dos produtos aos consumidores, o desenvolvimento regionalizado e nacional, a democratização e evolução social de um país.

Cabe ao poder público identificar as necessidades da sociedade, arrecadar impostos e aplicá-los de maneira responsável, bem como adotar políticas públicas que garantam o atendimento das necessidades básicas da população – alimentação, saúde, educação e segurança –, para garantir a cidadania e funcionamento como o sustentáculo básico para que as empresas atuem com o intuito de alimentar esse sistema.

É de responsabilidade da iniciativa privada a manutenção, o desenvolvimento e a sustentabilidade de seus negócios de forma empreendedora, criativa e inovadora – termos esses sempre lembrados em épocas de crise, mas nem sempre praticados sistematicamente pelas empresas no seu dia a dia. E nem sempre o governo cumpre o seu papel de direito, abrindo oportunidade para a iniciativa privada atender às demandas sociais. De forma sistêmica, o *Ambiente de Negócios* (MCDANIEL; GITMAN, 2011) da empresa envolve diferentes *stakeholders*, como fornecedores de matéria-prima e serviços; distribuidores que englobam atacadistas e varejistas; concorrentes diretos e indiretos; e também o público interno e os colaboradores.

Das atividades mercadológicas das empresas resultam produtos e serviços que visam atender necessidades e desejos dos consumidores. O atendimento dessas necessidades se traduz em resultados financeiros e econômicos – que refletem na sociedade sob a forma de trabalho, emprego e impostos.

Na gestão de um negócio, o administrador também deve levar em consideração os *stakeholders*, no sentido da criação de valor para os acionistas, investidores e proprietários, dentro da visão da Governança Corporativa, para garantir a sustentabilidade da empresa e o direito à propriedade. Tanto a criação de valor pelas Finanças Corporativas como a Governança Corporativa com a finalidade de salvaguardar a imagem institucional e mercadológica da empresa serão analisadas em capítulos posteriores.

Assim, quanto melhor for o posicionamento da empresa, melhores serão os reflexos positivos em toda a sociedade. Esta é constituída por empresas, instituições, normas e regras, e, principalmente, por nossa maior preocupação: o consumidor. Um dos pontos fundamentais não é simplesmente tentar atender às necessidades básicas do consumidor, mas compreender quais são as propostas de solução que a empresa pode oferecer ao mercado.

4.3. Resolver os Problemas dos Clientes com o Objetivo de Criar Oportunidades de Negócios

Como ponto central de todo negócio, temos o consumidor. Kotler, Kartajaya e Setian (2010; p. 4) afirmam que "cada vez mais os consumidores estão em busca de soluções para satisfazer o seu anseio de transformar o mundo globalizado num mundo melhor". Não é mais apelo substancial do Marketing afirmar que uma empresa da área de alimentos ou farmacêutica produza produtos de qualidade – pelo fato de já estar incorporado a ela todo o processo de desenvolvimento, fabricação, comercialização e consumo.

Como diferencial competitivo, o apelo junto ao mercado deve envolver outras questões, por vezes qualitativas e lúdicas, de maneira a ampliar a percepção e a vontade de adquirir o produto da empresa. Por outro lado, para que a empresa trabalhe dessa forma, é necessário que os objetivos estratégicos de Marketing estejam devidamente alinhados com o seu planejamento, sua visão e missão.

As empresas podem direcionar as ações de acordo com suas características, seus propósitos e setor. Essa orientação pode estar direcionada para a produção, vendas e/ou para o Marketing como o conhecemos. Churchill e Peter (2012; p. 11) acrescentam o Marketing orientado para o valor. Segundo esses autores, trata-se de uma extensão da orientação de Marketing, na qual a empresa procura alcançar objetivos, desenvolvendo valor superior e levando em consideração os vínculos de relacionamentos mais duradouros com sua carteira de clientes.

Nem sempre o consumidor consegue perceber com clareza aquilo que necessita, e cabe à empresa a identificação e a satisfação da oportunidade de negócios. Essa situação está diretamente relacionada à percepção desse consumidor em relação ao ambiente no qual está inserido, bem como sua visão de mundo. A empresa tem de ter a sensibilidade de entender seu consumidor.

Uma instituição de ensino superior (IES) não deve oferecer somente conteúdos didático-pedagógicos que propiciem o ensino aos seus alunos, também deve propiciar toda a estrutura adequada ao processo de ensino e aprendizagem para a construção da educação do seu corpo discente, para que todos estejam integrados como cidadãos e para que lhe seja garantido o nível de empregabilidade necessária.

Nesse sentido, a IES deve, além dos conteúdos obrigatórios, identificar outros conteúdos que contribuam para o processo de aprendizagem, além de interagir pontualmente com o mercado de trabalho por meio de programas específicos de estágio supervisionado, eventos e práticas de laboratório, por exemplo.

Qualquer tipo de relacionamento com o cliente está vinculado intimamente com o nível de qualidade de solução de um problema que a empresa está oferecendo ao seu consumidor. O conceito de Marketing está centrado no atendimento das necessidades e dos desejos do consumidor por parte da empresa; estas, porém, devem procurar se destacar de seus concorrentes, apresentando diferenciais, vantagens competitivas, além de agregar valor aos seus relacionamentos estratégicos.

Figura 4.1

Fatores relacionados ao consumidor

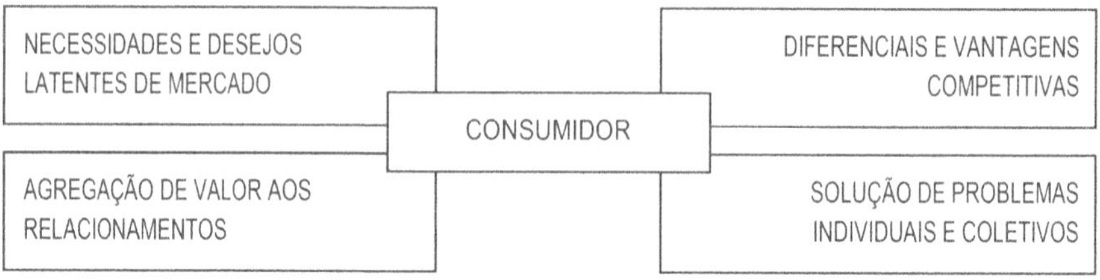

NECESSIDADES E DESEJOS LATENTES DE MERCADO		DIFERENCIAIS E VANTAGENS COMPETITIVAS
	CONSUMIDOR	
AGREGAÇÃO DE VALOR AOS RELACIONAMENTOS		SOLUÇÃO DE PROBLEMAS INDIVIDUAIS E COLETIVOS

Fonte: Elaborada pelo autor.

Maslow (1970) afirma que as pessoas têm hierarquias de necessidades de acordo com as suas características – das mais básicas para as mais complexas –, que as motivam e devem ser atendidas com diferentes produtos e serviços de acordo com a classe econômica e social de cada uma. Esse é um dos pontos de referência para a concepção do que a empresa pode oferecer ao mercado, tendo necessidade de superar as expectativas e criar novas demandas. A água, por exemplo, é um produto essencial, mas pelas suas características é ofertada a um preço relativamente baixo; o desafio do Marketing é inserir elementos que a tornem mais valorizada, transformando o produto essencial em mais sofisticado, como é o caso da água mineral "Perrier" e, no mais extremo, a "Aurum 79", considerada a água mineral mais cara do mundo, segundo a Luxury Launches (2012).

Os diferenciais competitivos se referem aos aspectos adicionais que a empresa incorpora ao seu portfólio de produtos e serviços para se diferenciar de seus concorrentes. Por vezes, em mercados de forte concorrência, os consumidores não conseguem distinguir produtos e serviços oferecidos, e as empresas devem procurar atributos valorizados pelo mercado para incorporá-los às ferramentas de Marketing (*marketing mix*).

Esses atributos valorizados podem, dependendo da forma, ser aproveitados, mas serão copiados posteriormente pelos concorrentes. O esforço da empresa consiste em identificar atributos ainda não identificados pelos concorrentes e aumentar o seu tempo de exposição. Um bom exemplo são as bebidas engarrafadas em latinhas de cerveja, que ocasionalmente podem contaminar os conteúdos por causa da exposição da parte externa e do lacre. Uma determinada empresa brasileira de cerveja criou e patenteou um atributo: um selo, que é colado na parte superior da latinha, protegendo a parte externa superior e o lacre. A vantagem competitiva, por sua vez, é alcançada a partir da obtenção de algum recurso que a empresa utiliza, que a diferencia e a posiciona no mercado e perante seus concorrentes. A agregação de valor está relacionada à oferta de atributos que os consumidores valorizam de forma única. Por vezes, uma nova tecnologia descoberta ou algum recurso, como é o caso da concentração de ótimos roteiristas em alguns estúdios cinematográficos e emissoras de televisão, posicionam a empresa à frente de mercados altamente competitivos, por exemplo.

Por fim, mas não menos importante, a empresa deve oferecer um portfólio ao mercado que atenda aos itens anteriores – mas que solucione um problema de fato do consumidor B2C ou B2B. Por exemplo, as *vending machines* de alimentação saudável são pontos de venda que atendem às necessidades básicas de alimentação e, por oferecem produtos saudáveis, diferenciam-se de suas concorrentes; por outro lado, podem ter fornecedores ou tecnologias específicas, que serão traduzidas em vantagens competitivas; em síntese, resolvem os problemas de consumidores específicos que desejam ter uma vida mais saudável e longeva com uma alimentação mais equilibrada.

Outro exemplo é o Grupo Martins, atacadista brasileiro que nem sempre é lembrado pelo consumidor final, mas que atua em todo o território brasileiro e oferece produtos e serviços ao varejo. Além disso, o grupo utiliza o Sistema Integrado Martins (SIM), possibilitando que pequenos varejistas possam receber pagamentos por cartão de crédito, por exemplo, a partir do sinal de satélite do grupo. Em outras palavras, o Grupo Martins oferece serviços logísticos, mas atua de forma parceira com seus clientes BtoB.

Essa solução de problemas é um processo complexo, derivando da Teoria do Comportamento do Consumidor até a Teoria do Comportamento do Vendedor, passando pelas capacidades e competências profissionais e organizacionais. Vender é um processo difícil; compreender o consumidor e dialogar comercialmente com ele é mais complexo. A venda é consequência de um bom marketing e a empresa deve ter perspicácia e maturidade para o diagnóstico e a identificação dos problemas dos clientes. Por exemplo, muitos hospitais oferecem serviços destinados para a medicina curativa, o que pressupõe uma certa estrutura, maquinários e equipamentos; outros, além disso, concentram seus esforços na medicina preventiva, o que aumenta a longevidade de seus clientes, atuando essencialmente em serviços.

Assim, o marketing não deve estar limitado à definição clássica baseada na simples troca de produtos e serviços da empresa por um valor monetário. Esse processo deve envolver a contribuição de valor que a empresa deve perceber e o consumidor disposto a investir mais e melhor, mantendo o seu relacionamento comercial com determinada empresa.

Esses quesitos devem ser baseados na premissa de que o consumidor sabe o que quer. Se não souber, é a empresa que deve descobrir e estabelecer estratégias que convençam e seduzam esse consumidor. Por outro lado, Ramaswamy e Ozcan (2014; p. 1) definem a cocriação como a situação na qual as:

> pessoas tentam romper limites institucionais, até então impermeáveis, para expressar suas diferentes demandas e expectativas. Em outras palavras, indivíduos, como partes interessadas, querem um envolvimento mais intenso na criação de valor, como nunca antes visto.

O fenômeno da cocriação só é possível com o avanço da tecnologia e da comunicação global, que permite cada vez mais interatividade e integração entre e empresa e seu consumidor.

4.4. Dialogar com o Mercado é Essencial para o Processo Decisório e o Crescimento Empresarial Sustentado

O planejamento estratégico deve ser uma prática constante da empresa, na qual as técnicas, metodologias e ações devem ser analisadas e aplicadas para serem alcançadas as metas e objetivos propostos. Como regra geral, esse planejamento é formulado a partir de diagnóstico consistente, por meio do qual as oportunidades, ameaças, pontos fortes e fracos são identificados e analisados para que a empresa consiga garantir a sua posição competitiva e sustentabilidade. Nesse sentido, a gestão de um negócio pode se tornar extremamente complexa, e qualquer interpretação errônea pode resultar em prejuízos para a empresa.

Um bom exemplo se encontra numa determinada empresa norte-americana que recomendou que seus executivos de alto escalão saíssem de seus redutos e realizassem visitas programadas a determinados mercados e clientes. Numa dessas visitas a diversos açougues, num final de semana, identificou-se que moradores de uma favela utilizavam maionese (um dos produtos do portfólio da empresa) como tempero em seus churrascos; essa descoberta conduziu à ideia de utilizar o mesmo apelo em propaganda veiculada em televisão.

Outro exemplo, dessa vez sob o ponto de vista negativo, foi a alteração proposital de uma rede hoteleira de seus relatórios diários, inclusive sobre a taxa de ocupação, para que expressassem números errados. A leitura, análise e ações corretivas de acordo com os resultados do dia anterior deveria ser praticada, fato que não estava ocorrendo, pois os funcionários estavam mais preocupados em atender às suas demandas e responsabilidades diárias do que efetuar a gestão de suas atividades a partir de resultados. O planejamento e a gestão de marketing serão discutidos nos dois capítulos posteriores para tornar mais claro o que foi exposto.

Desses dois exemplos dicotômicos, considera-se que a empresa tenha um sistema de informação que realmente cumpre o seu papel, ou seja: identificar, quantificar e qualificar situações significativas que podem contribuir para a mudança e a transformação, tanto da empresa, de suas práticas, como também do mercado. A empresa deve ter a capacidade e os recursos necessários para sustentar o funcionamento dos sistemas de informação, mesclando entre os dados secundários, a pesquisa de campo e os sistemas de inteligência de mercado. Trata-se de um investimento que nem sempre reflete ganhos diretos, mas sua ausência pode aumentar a probabilidade de risco e menores resultados para a empresa.

Segundo Wanke e Julianelli (2006), diversas empresas estão incorporando os processos integrados de planejamento, utilizando diferentes fontes de informação, **mesclando o que é possível obter com interpretações e análises subjetivas**. Sob esse aspecto, o processo de identificação e análise da demanda inicia o planejamento estratégico da empresa sob o ponto de vista do mercado, utilizando três técnicas distintas que a apoiam: técnicas de previsão, sistemas de suporte à decisão e o respectivo gerenciamento das previsões e ações.

Sob o ponto de vista da pesquisa quantitativa, um dos pontos a se considerar é que a previsibilidade depende de fatos históricos, sejam da própria historicidade da empresa e negócios, sejam de seus concorrentes diretos.

A análise qualitativa oferece uma série de informações essenciais referentes ao perfil do consumidor e do consumo, como hábitos de compra, como se efetua o processo da venda, hábitos de mídia, entre outros, que ajudam a construir como a comunicação dirigida será realizada. Nem sempre, porém, são de fácil acesso os dados históricos ou mesmo outros que façam diferença na consecução das estratégias sobre a demanda de um produto ou serviço – principalmente se este for novo no mercado.

Além disso, previsões baseadas somente em dados históricos, sem uma abordagem *top-down* ou *botton-up* mais aprofundadas, podem influenciar o processo de avaliação da demanda. **Se a empresa foi ineficiente no passado, provavelmente vai estender essa ineficiência para o presente e o futuro**. Daí a importância da sinergia entre os processos de avaliação quantitativa e qualitativa da demanda, em que parte da métrica é originada a partir de fontes fidedignas de dados secundários e primários; e as fontes qualitativas, como a técnica Delphi, opiniões de executivos, marketing e equipe de vendas, uma vez que estes estão mais próximos da criação e desenvolvimento das estratégias. É importante entender que as modelagens para a tomada de decisão não se restringem somente a métodos matemáticos, mas a modelos compartilhados que levem a uma decisão mais assertiva.

Erros na previsão da demanda acarretam prejuízos para as empresas. O superdimensionamento ocasiona custos adicionais na manutenção de estoques, relacionado ao capital investido e perdas devidas à sua perecibilidade; por outro lado, o subdimensionamento está relacionado à perda da margem unitária dos produtos não comercializados e suas respectivas despesas operacionais.

Um exemplo interessante se refere a um fabricante de pão de queijo que tinha dificuldade em mensurar a produção diária, incorrendo no risco de faltar (e ter menos receita) e de sobrar (e ter prejuízo pelo descarte). Uma solução inteligente foi aumentar a demanda do portfólio incorporando mais um item na linha, o *panini*, que é um pão de queijo recheado no *grill*, e que pode ser feito inclusive com a possível sobra do pão de queijo.

A empresa resolveu criativamente seu problema logístico e criou um novo item na sua linha de produtos.

Por meio da mensuração da demanda é possível que a empresa identifique quais serão suas necessidades de recursos, processos e estrutura orgânica – e tudo dependerá do volume de recursos financeiros que o mercado trará; de outra maneira, a habilidade empresarial consistirá na forma e na eficácia de como fará a gestão de toda a empresa.

4.5. A Consolidação da Previsão de Demanda para as Vendas Efetivas e Competências dos Vendedores de um Produto ou Serviço

Como todo mercado tem um potencial de negócios e esse número é finito, deve-se estimar qual parcela dessa demanda a empresa deseja conquistar em determinado período, e quais as formas de melhor abordá-la, com o intuito de aumentar a taxa de conversão de vendas. Vai depender da capacidade da empresa de criar situações de consumo e atendimento de sua carteira de clientes.

O aumento da taxa de conversão depende de vários fatores e um dos principais é a equipe de vendas. Dentro do composto de Marketing, temos a Promoção de Vendas e a Venda Pessoal como os estímulos que devem ajudar na consolidação da venda de um produto ou serviço. Em síntese, a equipe ideal deve seguir os seguintes preceitos, ressaltando que a melhor equipe de vendas é aquela que realmente venda e que mantenha o relacionamento com o mercado. Sobre a equipe de vendas, considera-se que tenha:

- *Empowerment*. Deve ter uma estrutura orgânica que possibilite uma linha de comando verticalizada, o que não significa dizer que haverá rígida hierarquia burocrática, mas, sim, um referencial de responsabilidades a serem assumidas. Além de verticalizada, essa estrutura deve ser matricial e orgânica para que os vendedores possam trabalhar individualmente, mas também com a perspectiva de alocação de grupos que agreguem valor aos relacionamentos. A estrutura matricial se refere tanto à equipe de vendedores como também às outras áreas da empresa, o que facilita o processo de negociação entre empresa-mercado.

- *Employeeship*. Às vezes, a consolidação da venda ocorre no contato pessoal, efetivo, a partir de uma negociação que conduza a uma argumentação de compra e venda. O vendedor não pode deixar para depois o ato do fechamento formal da venda, por falta de alguma informação ou mesmo poder de barganha. Nesse caso, a empresa deve criar condições para que a sua equipe de vendas possa negociar dentro de parâmetros e critérios previamente definidos, procurando facilitar e flexibilizar a negociação entre as partes. Em bancos, o gerente de contas possui um limite de concessão de empréstimos, dependendo do seu cargo e responsabilidades, e é monitorado por meio das operações realizadas. O gerente é responsável direto pela carteira de clientes com características distintas.
- **Conhecimentos em finanças**. Algumas vendas podem ser classificadas como operações especiais que devem levar em consideração outros fatores além da manutenção da margem de lucro. Esses fatores, internos, podem estar relacionados ao volume e aos custos de estoques, problemas com capital de giro, gastos e despesas emergenciais que afetam o fluxo de caixa de uma empresa, podem influenciar a saúde financeira da empresa e abalar sua posição no mercado. Dessa forma, a equipe de vendas deve estar devidamente alinhada com a empresa e com suas necessidades e carências.
- **Necessidades conjunturais e estruturais**. Fatores externos à empresa, muitas vezes relacionados ao macroambiente em que a empresa está inserida, podem influenciar o retorno dos investimentos, fazendo com que a empresa possa diminuir resultados esperados. Podem existir flutuações no cenário econômico, por exemplo, que interfiram de maneira mais contundente, bem como outras de origem demográfica, como o envelhecimento da população brasileira e a diminuição de trabalhadores mais jovens para os próximos anos.
- **Motivações extrínsecas e intrínsecas**. A equipe de vendas deve estar devidamente comprometida e engajada com seus objetivos pessoais e profissionais e fazer as coisas acontecerem. As motivações podem ser exógenas ou endógenas, dependendo de cada vendedor e situação. As endógenas fazem parte de um pacote de benefícios e premiações que podem ser do tipo monetário ou não. A bem da verdade, premiações em dinheiro para quem atingir ou superar metas

sempre incentivam os vendedores, e sua ausência com certeza os desmotiva. Entretanto, é preciso analisar e avaliar que tipo de premiação será concedida, por diversas razões. Uma delas é que premiações em dinheiro estão diretamente relacionadas ao fluxo de caixa de uma empresa, e devem estar dimensionadas dentro do *budget*. Por outro lado, esforços dos vendedores podem ser reais, ainda que nem sempre as metas sejam alcançadas ou superadas, o que depende de variáveis externas como a economia, por exemplo. O importante é identificar o que realmente motiva a equipe de vendas e criar ações diferenciadas e personalizadas para cada vendedor e situação.

– **Trabalhar em equipe requer colaboradores distintos**. Diferentes colaboradores vão se agregando à equipe, de acordo com as flutuações de *turnover*, e a formação da equipe de vendas nem sempre ocorre de forma planejada. . Assim, nem sempre os estilos sociais são sinérgicos o bastante para que a equipe colabore com os negócios de uma empresa. Em empresas de Tecnologia da Informação (TI), por exemplo, é normal a competência técnica sobre o que é desenvolvido, mas nem sempre esse nível de excelência será compatível com o desenvolvimento do relacionamento de clientes – o que demanda interação de papéis dentro de cada projeto.

Toda estratégia está relacionada ao mercado consumidor, e o planejamento estratégico às suas mudanças e transformações. Como o ponto central de todo negócio é o consumidor, o comportamento do mercado deve ser devidamente analisado e monitorado. Nesse sentido, um dos pontos em evidência diz respeito às categorias de gerações comportamentais.

4.6. Gerações Comportamentais

Os mercados consumidores, como se sabe, estão em constante mudança e transformações. Os fatores comportamentais das gerações de acordo com a época de nascimento são uma das formas de entender esse processo, pois estão intimamente relacionados aos indicadores de potencial de mercado, que são divididos em indicadores quantitativos e qualitativos. Os indicadores quantitativos estão relacionados ao tamanho do mercado, volumes praticados, entre outros. Como indicadores qualitativos, esses fatores modelam as estratégias de Marketing para gerar vínculos mais fortes de relacionamento, e o entendimento do comportamento dessas gerações pode gerar produtos e serviços mais atrativos e inovadores.

4.6.1. Os Baby Boomers e a Geração X

No período pós-Segunda Guerra Mundial, as economias, em especial a norte-americana, foram reabastecidas pelo retorno de recursos econômicos e financeiros e de impostos, anteriormente direcionados para o esforço de guerra, o que influenciou o crescimento vegetativo expressivo denominado *baby boom,* nascidos após 1945 – que gerou grande quantidade de novos consumidores. As empresas, então, adequaram seus parques produtivos e suas estratégias para atender a demandas e criar novos produtos e serviços.

De forma complementar, como havia demanda reprimida por novos produtos e serviços, os profissionais de empresas tiveram a oportunidade de criar e desenvolver novas ideias e aplicá-las a novos produtos.

Para Hirsch (*Folha de S. Paulo*, 1996), da Universidade de Northwestern, a diferença entre essa geração e as anteriores está na capacidade de experimentação, de analisar e entender o seu papel na sociedade e de se responsabilizar por suas escolhas. Brad Edmonson (na mesma reportagem), da American Demographics, concorda e justifica esse perfil, afirmando que tal geração nasceu e cresceu num período de progresso econômico e prosperidade nos EUA, em contraste com o período anterior, marcado pelas grandes duas guerras mundiais.

Os filhos da geração *baby boomers*, denominados geração X, nasceram, por sua vez, em outra realidade, dentro de um ambiente econômico recessivo, repleto de processos que visavam adequar-se ao momento – como a reengenharia, por exemplo. O termo "geração X" foi criado pelo fotógrafo Robert Capa no início dos anos de 1950, ao perceber mudanças comportamentais dominantes na época. As demandas ou estavam estabilizadas ou em retração, obrigando as empresas a deixarem de lado seus planos de crescimento, o que gerava um desemprego estrutural. Outro problema era que, para manter suas posições competitivas, as empresas procuraram a internacionalização para aumentar as vendas.

4.6.2. Geração Y

Parte dos talentos *baby boomers* já deixaram seus postos de trabalho, transferindo a responsabilidade para os geração X, Y e Z – estas duas últimas nasceram num contexto ainda mais diverso que o das gerações anteriores. A geração Y é caracterizada por indivíduos que cresceram mergulhados na tecnologia em evolução e, muitas vezes, não possuem senso de hierarquia; não raro têm visão de curto prazo em decorrência da facilidade de acesso às informações; e realizam várias atividades ao mesmo tempo.

Para conhecer melhor o perfil dessa geração, foi realizada uma pesquisa qualitativa, por meio de entrevistas com empresários, consultores e professores. Com amostra não probabilística por acesso geográfico na cidade de São Paulo, a pesquisa se valeu das seguintes perguntas abertas: a) Que características você identifica nos candidatos da geração Y?; b) Quais diferenças identifica entre os contratados da geração Y e as demais (X e *baby boomers*)?; c) Como classificaria a produtividade da geração Y em comparação com a das demais gerações?; d) Como classificaria a confiabilidade da geração Y perante as demais?; e) Que tipos de benefícios você agregaria para manter os atuais contratados na empresa?; f) Existem diferenças comportamentais e de atitude entre as partes?. Os dados da pesquisa são mostrados no quadro a seguir.

Os *baby boomers* e a geração X, que atualmente exercem atividades de liderança nas organizações, são capazes de atingir resultados por meio de uma relação orgânica com a empresa, em processos e normas preestabelecidas, colocando muito de sua experiência profissional e de vida. Em contrapartida, a geração Y traz dinamismo e criatividade, muitas vezes com respostas mais rápidas. Algumas das grandes polêmicas que gera, todavia, são a condução orgânica, a quebra de paradigmas dentro do processo decisório e a forma de condução dos negócios.

Segundo o jornal *O Estado de São Paulo* (2016), a Pew Research Center realizou pesquisa cujos dados apontaram que na geração Y o *turnover* é mais elevado. Na época da pesquisa, 10% dos entrevistados da geração Y estavam desempregados, em detrimento de 6% da geração anterior. As diferenças entre as gerações, em especial entre X e Y, aparecem de forma mais pontual nas relações de trabalho e ensino, gerando dificuldades e conflitos entre elas, dadas as diferenças apresentadas no Quadro 4.1. Se, por um

Quadro 4.1

Expectativas de empresas e da geração Y

O que as empresas esperam	Expectativas da geração Y
Experiência. A moeda de troca entre o colaborador e a empresa é a experiência — e a aplicação desta no processo decisório. O tempo de permanência na empresa deve ser grande.	**Vontade de crescer rapidamente.** A moeda de troca é a formação acadêmica, vivência em diferentes países e culturas. O tempo de trabalho em empresas é menor do que o das gerações anteriores.
Fidelidade. Os colaboradores devem aspirar a relacionamentos de longo prazo com a mesma empresa. Identificam valores e atitudes a partir da missão e visão da empresa.	**Sem fidelidade.** Necessita de crescimento rápido e posição de destaque, além de alta remuneração, sem ser necessariamente na mesma empresa.
Longo prazo. O crescimento profissional deve ser horizontal e vertical, com o galgar de postos por promoção, a partir de habilidades e competências adquiridas.	**Curto prazo.** Objetiva a evolução vertical via promoção, a partir de resultados a serem atingidos.
Pensamento sistêmico. Orientação linear e submetida a ferramentas de gestão e planejamento.	**Pensamento fragmentado.** Orientação policrômica.
Trabalho em grupo. As atividades em grupo devem gerar sinergia com a equipe.	**Individual.** Embora haja influência da empresa em atividades em grupo, por vezes existe a intenção da prova de resultados individuais.
Retorno no curto prazo. Os colaboradores desejam o *feedback* de suas ações e resultados o mais breve possível, dentro de um cronograma.	**Retorno imediato.** Os colaboradores desejam o *feedback* em prazo ainda menor.
Hierarquia. Existe um organograma a ser seguido e hierarquização de responsabilidades.	**Não há hierarquia.** Mesmo com organograma definido não há a percepção da necessidade de atender à hierarquização de forma rígida.
Foco. Existe a postura de um foco nas ações e atividades.	**Multifoco.** Os colaboradores conseguem desenvolver várias atividades ao mesmo tempo, mas sem o foco necessário.
Eclético. A despeito do foco, a formação pode ser variada, com ecletismo maior.	**Técnico.** Os colaboradores apregoam o nível técnico que possuem.

Fonte: Elaborado pelo autor.

lado, a área de gestão de pessoas tenta refletir sobre o assunto e busca soluções, o mesmo não se pode afirmar da mão de obra interna e da entrante, que deixa sob a responsabilidade da empresa e respectiva área de gestão a identificação e a manutenção institucional por meio de ferramentas e instrumentos específicos.

Um bom exemplo dessa situação está na área de comércio exterior brasileiro, que tem um histórico recente de pouco mais de duas décadas na área de Negócios Internacionais. A área possui profissionais com grande experiência, que passaram por diferentes vivências, as quais moldaram seu perfil de forma operacional, técnica e comercial.

Entretanto, o ambiente atual das operações internacionais está na área tecnológica, na qual houve uma tentativa de padronização e massificação. Se, por um lado, as empresas devem ter em seu quadro de colaboradores profissionais mais maduros e responsáveis, por outro lado o setor vive hoje certo conflito, pois os novos entrantes não têm a experiência vivencial, profissional, qualificação técnica e comercial necessária nem o pensamento de longo prazo, exigência para quem atua no mercado externo, que requer compromissos e relacionamentos longos.

Oliveira (2010; p. 95) afirma que "o novo papel desempenhado pelas empresas hoje envolve decisões relativas aos usos de recursos, sejam materiais, naturais, humanos, sociais ou ainda de capital", sob uma ótica mais orgânica e sustentada de uma empresa. Dessa forma, tirando o foco dos recursos materiais, de produção e financeiros, os recursos intangíveis trazem para uma empresa uma nova perspectiva, positiva ou negativa, dependendo do tipo de recurso que obtém no mercado no qual desenvolve suas operações. Em síntese, são consumidores exigentes e informados. São imediatistas, trocam de emprego com muita frequência, ou seja, impacientes.

É a geração da internet. Por essa razão, acreditamos que as estratégias de marketing devem estar focadas nas redes sociais e eventos que unem música à tecnologia. Como trocam muita informação entre si, por meio de vários grupos, a opinião e a referência dos amigos e de grupos têm um peso significativo na decisão de compra.

4.6.3. Geração Z

Já a geração Z (também conhecida como *Gen Z, Generation Plurais* ou *Centennials*) nasceu no período de 1990 até 2010, em ambiente totalmente informatizado, por isso sua percepção de mundo difere bastante da X, por ter um pensamento mais sistêmico de médio e longo prazo. Para muitos, corresponde ao fortalecimento da WWW (*World Wide Web*), e são conhecidos como nativos digitais ou "geração D", que incorre na capacidade e flexibilidade de migração para diferentes meios de comunicação.

Contextualizando, porém, com os estudos de Rifkin (1995), a economia mundial não tem evoluído de forma plena para propiciar melhores condições econômicas a todos, e isso, como se sabe, tem acarretado desigualdades econômicas e sociais, o que influencia no grau de insatisfação das gerações Y e principalmente a Z.

Uma das principais características da geração Z é denominada *multitasking* ou multitarefa. Em virtude da faixa etária e do hábito de consultar diferentes plataformas de comunicação, nem sempre seus contemporâneos têm a visão do todo e do contexto histórico, tampouco das dificuldades empresariais e da sociedade, pois não passaram por diferentes experiências a partir de recessão econômica mundial, dos efeitos de uma guerra ou de estarem desempregados. Têm uma visão de curto prazo, não tendo grande preocupação antecipada com o futuro.

Pela intimidade com o ambiente tecnológico, acessam muito as redes sociais e, segundo Castro (2015), leem e escrevem muito nessas redes, em detrimento da leitura de meios impressos – o que conduz algumas empresas a direcionarem seus esforços de comunicação integrada a terem *fans pages* e colaboradores internos que monitoram o número de curtidas, por exemplo, bem como a tabulação e a análise de termos e palavras relacionadas a empresa e negócios. Mas como todas as gerações anteriores, possuem comportamentos e hábitos de consumo que podem ser agregados e referenciados como bases para as estratégias de marketing.

Essa geração está *on-line*, lida com a hierarquia de forma diferente, não pelo cargo, mas pelo nível de conhecimento. Essa geração parece ser mais bem resolvida. A maioria não pensa em trabalhar em uma multinacional, mas, sim, criar o seu próprio aplicativo, criar uma *startup*, ou seja, esses jovens não nasceram para ser empregados, mas empreendedores. Assim, as estratégias de Marketing devem seguir as da geração Y, mas devem ter um apelo mais multirracial, envolvendo causas sociais, preservação ambiental e transformação do mundo.

4.6.4. Diferenças Comportamentais e Aplicações em Marketing

Em síntese, para facilitar a aplicação das estratégias de Marketing, a segmentação condicionada ao período de nascimento e desenvolvimento do consumidor é uma das premissas básicas para a estruturação do planejamento empresarial, levando em consideração outras bases de segmentação para se adaptarem e adequarem às estratégias de Marketing.

Quadro 4.2

Diferenças entre as gerações comportamentais

	Tradicionais	Baby boomers	Geração X	Geração Y	Geração Z
Período de nascimento	Até 1950	1951-1964	1965-1983	1984-1990	1990-2010
Perspectiva	Prática	Otimista	Cética	Esperançosa	Insatisfação
Ética profissional	Dedicados	Focados	Equilibrados	Decididos	Indiferentes
Postura diante de autoridade	Respeito	Amor/ódio	Desinteresse	Cortesia	Indiferença
Liderança por	Hierarquia	Consenso	Competência	Coletivismo	Estruturas menos rígidas
Espírito de	Sacrifício	Automotivação	Anticompromisso	Inclusão	Individualismo

Fonte: adaptado de *HSM Management Update* (2008).

Outro ponto a ser considerado é que as pessoas podem ser classificadas conforme suas percepções, de acordo com o meio. Não se pode afirmar categoricamente que as características de percepção sensorial podem ser simplesmente agrupadas por gerações comportamentais – até em razão de pessoas serem classificadas individualmente. Entretanto, pode-se afirmar que as gerações anteriores podem ser mais auditivas e apegadas à razão, enquanto as gerações posteriores são mais responsivas a aspectos visuais.

A identificação de **canais de representação** serve para entender como absorvemos os dados, informações e conhecimentos, bem como para estabelecer relações de comunicação. Entendido esse processo é possível realizar campanhas de comunicação eficazes que maximizem os resultados de Marketing. Esses canais representacionais são as maneiras como ocorrem o processo de codificação mental da mensagem, levando em consideração os sistemas sensoriais de cada um, inclusive do emissor da mensagem. Podem ser categorizados como visuais, auditivos e/ou inestésicos, devidamente estudados pela Programação Neurolinguística (PNL).

Sob esse aspecto, a utilização correta dos meios impressos, eletrônicos e interativos afeta diretamente o nível de influência de uma mensagem. Por exemplo, o filme *A Origem* (2010), de Christopher Nolan, sob pesquisa e análise desse autor, tem como conteúdo elementos racionais aliados a um roteiro inteligente, e boa parte de seus expectadores tem boa formação acadêmica e cultural. Por outro lado, gêneros de filmes relacionados a personagens de histórias em quadrinhos, como os das empresas Marvel e D.C., têm forte apelo com espectadores mais jovens – que, essencialmente, são mais visuais e intimamente relacionados a movimentos e efeitos especiais.

O importante é identificar os sistemas dominantes intimamente relacionados ao posicionamento do produto e da empresa; e posteriormente identificar quais canais de comunicação serão utilizados para que a mensagem seja plenamente absorvida.

Em linhas gerais, a verbalização auxilia a construção sequencial de ideias, complementando ou ressaltando a parte escrita. Para ampliar a influência da comunicação, ações de movimentos e possível interação complementam o conteúdo da mensagem. Assim, a mídia impressa pode ser um meio que sustente a divulgação da mídia virtual. Esta, por sua vez, necessita de um consumidor interagindo, acessando e recebendo estímulos, como e-mails marketing, interações de tela etc.

A geração Z tem afinidades que representam o seu reflexo comportamental (como a Apple e outras), social (como a Natura) e algumas *startups,* por exemplo, Uber, Nubank e Waze. Para as gerações Y e Z, um dos melhores caminhos é envolvê-los no desenvolvimento dos produtos e nas campanhas de Marketing, como *quizzes* e games, que podem interagir com o produto principal, como se faz em lançamentos de filmes. Estratégias relacionadas à economia compartilhada, bem como outras, destinadas às campanhas sociais, possibilitam o engajamento dessas gerações, criando percepções com melhor aceitação.

As gerações comportamentais não afetam somente os consumidores de uma empresa, mas também os seus colaboradores internos. A globalização acelerou o processo de expansão das empresas, ocorrendo, assim, a necessidade de aumento também de mão de obra mais qualificada. Como observou Dickens (2007; p. 589), houve a necessidade de se "ser sensível à imensa diversidade existente, ao mundo como um mosaico de pessoas que merecem, igualmente, uma vida boa".

4.7. Marketing e as Tendências do Mercado: Desafios e Oportunidades

A empresa deve representar perante seus consumidores como a voz do mercado. Essa voz objetiva atender às demandas de mercado, bem como propor novas soluções e reflexões. Esse pensamento conduz a conceitos interessantes relacionados a como identificar oportunidades latentes e futuras para adequá-las para os diferentes consumidores.

4.7.1. A Tecnologia a Serviço das Empresas e Principalmente do Consumidor

Uma das grandes revoluções mundiais foi o aparecimento da internet, por facilitar a comunicação e relações de troca. Pode-se afirmar que a internet passou por três gerações distintas, conforme mostra a Figura 4.2.

Figura 4.2

Evolução da internet

1.ª geração: no princípio, uma das grandes utilizações da internet foi a possibilidade de transmissão de dados e informações a serem armazenados em grandes redes de computadores. Na época, havia restrições de uso e baixa qualidade de conexão, pois nem todos possuíam computadores ou utilizavam a rede.

2.ª geração: com a sua popularização, a partir do aumento de uso pelas empresas, a internet começou a ter desdobramentos interessantes quanto às suas utilizações, tornando possível a ampliação da comunicação global e acesso mais fácil a uma série de dados. Em certo sentido, aproximou mais as pessoas.

3.ª geração: com a globalização, a ideia, depois da integração mundial, passa a ser a integração do indivíduo com o seu meio. Dessa forma, a grande mudança está no fato de que a internet pode ser o meio de comunicação e interatividade com aparelhos, objetos e sistemas que fazem parte da rotina dos consumidores de qualquer lugar.

Fonte: Elaborada pelo autor.

A tecnologia pode ser uma variável incontrolável, que, por isso, influencia positiva ou negativamente uma empresa ou pessoa. Do ponto de vista positivo, a tecnologia pode otimizar os processos e seu controle, a produtividade e a comunicação. Como aspecto negativo, temos a dependência exagerada da variável, como forma única de executar tarefas e funções ou quando deixa de agregar valores e segregar por modelos pré-concebidos, ou ao tirar o foco do trabalho, e principalmente quando o indivíduo deixa de pensar para simplesmente executar. Entretanto, é inegável a sua importância dentro do contexto empresarial.

A Internet das Coisas (*Internet of Things – IoT*) é o que pode ser definido como tendência e futuro da internet. Trata-se de tecnologias que interagem com sistemas por meio de sensores e que podem contribuir para a comodidade de consumidores. São exemplos: o pagamento automático de pedágio; uma chave para a fechadura de seu apartamento a partir de um *smartphone*, que emite inclusive um aviso no momento em que a porta é destrancada; conectar a geladeira ou conteúdos e prazos de validade aos fornecedores de produtos; ou até uma máscara inteligente que monitora e interage com os movimentos faciais e olhos enquanto a pessoa dorme.

Mais que o consumidor, as empresas terão de se adaptar ao sistema e modificar toda sua cadeia de valores para atender a essa tendência de mercado. Empresas da área de agricultura, por exemplo, poderão dispor de dispositivos que monitorem a umidade do solo e as condições climáticas, para garantir quantidade e qualidade da colheita de legumes e verduras, para além do controle de doenças. Essa situação fará com que grande parte dos produtos a serem ofertados tenha incorporado em sua parte física componentes e acessórios que possibilitem essa interconexão com o ambiente virtual, nivelando num novo patamar a parte física do produto, bem como a necessidade de descobrir novas comodidades ao mercado consumidor.

Um ponto a ser considerado é a segurança, em decorrência da quantidade de dados e informações que irão circular pela internet, e de que forma as empresas irão gerenciar esse fluxo para garantir a confidencialidade de dados de seus clientes, além de propor novas soluções para o seu negócio.

Com a revolução da Internet das Coisas, um produto ou equipamento deixa de ser algo a ser oferecido a um mercado, e torna-se parte de um sistema maior. Segundo pesquisas da Boston Consulting Group – BCG (2016), os investimentos anuais das multinacionais, somente na área de agronegócios, giram em torno de 25 bilhões de dólares no mundo, o que comprova a relevância de tal tendência.

O Big Data é o conjunto de grandes conjuntos de dados e informações de clientes, postagens nas redes sociais, conexões de celulares, dados comerciais etc. A partir da interpretação e análise, podem surgir oportunidades de novos negócios, bem como a reformulação de gestão e estratégias. Nesse panorama, surge o cientista de dados, profissional que propõe novas soluções para empresas e consumidores. Empresas de telefonia móvel, por exemplo, podem utilizar seu vasto banco de dados para conhecer melhor seu consumidor, adequando, assim, seus serviços de acordo com o comportamento e a frequência de uso.

Analisando de forma mais direta a questão da tecnologia, o Marketing Digital é uma realidade da qual as empresas não podem se afastar, pois se trata, por vezes, de um novo modelo de negócios presente no mercado. Mais que um simples *site* institucional, o Marketing Digital possibilita, além de possível redução de custos e logística, o estreitamento de relações comerciais interessantes, como os que se veem em grupos comportamentais, em especial os das novas gerações. Um dos cuidados que a empresa deve tomar é sempre relacionar a presença digital às ferramentas de Marketing. Pensando dessa forma:

- Produto: a empresa pode oferecer os mesmos produtos e outros decorrentes desse meio, utilizando os conceitos de amplitude e profundidade de linha. Uma editora pode comercializar seus livros físicos, bem como *e-books* e serviços de *download* de materiais para seus leitores.
- Praça: item no qual existem necessidades relacionadas à boa gestão logística, para evitar atrasos na entrega e eventuais problemas decorrentes do processo de comercialização de produtos físicos. Um dos pontos-chave é entender que, diferentemente de uma loja física, na loja virtual existe uma interconectividade de processos e pessoas sem a presença física.
- Preço: deve haver facilidades nos meios de pagamento, bem como a adequação de outras pertencentes ao ambiente virtual, como a utilização de *e-bit*, por exemplo.

- Promoção: o meio virtual depende, em muitos casos, do apoio de outros meios como o impresso e o eletrônico. O próprio site já é uma forma de comunicação, e a empresa pode utilizar *links* patrocinados, estar presente em redes sociais e utilizar ações de e-mail marketing, por exemplo, com o intuito de estar sempre na cabeça dos consumidores.

O avanço da tecnologia e seus desdobramentos têm influenciado as estratégias e o comportamento do consumidor. Kotler, Kartajaya e Setian (2010) afirmam que, com o avanço da tecnologia e das mídias sociais, cada vez mais consumidores irão influenciar outros consumidores. Atentos a essa realidade, empresas mantêm suas páginas corporativas nas redes sociais (como o Facebook), com o intuito de ter mais visibilidade. Por outro lado, essas mesmas empresas monitoram o ambiente virtual social para acompanhar em tempo real sua exposição, aproveitando oportunidades e diminuindo possíveis problemas – por meio de pesquisas específicas.

Com a crescente participação das gerações comportamentais mais jovens, empresas devem se adequar ao ambiente virtual, pois esses novos consumidores são muito mais influenciados por imagens e movimentos. É assim que as redes sociais, em especial o YouTube, participam da dinâmica de negócios de empresas.

Cada vez mais empresas e *youtubers* produzem seus vídeos e os depositam na plataforma, gerando maior interesse. Estar presente nas redes sociais aumenta o poder de expansão da comunicação, principalmente se a viralidade for bem gerenciada. Um bom exemplo está no *Facebook*, no qual, a partir de compartilhamento, pode-se expandir a exposição de uma notícia e, pelo número de curtidas, seu grau de exposição. A Nielsen (2013) apresentou os resultados de sua pesquisa por meio do *Global Online Consumer Survey*, oferecendo dados e informações importantes sobre as percepções dos consumidores nas redes sociais. De certo modo, esses consumidores atestam maior credibilidade e confiança em relação aos *posts* e inserções de empresas nas redes sociais. Tal fato se deve não exclusivamente ao meio, mas ao fato de a rede fazer parte do cotidiano de grande parte da população mundial.

Dan Tapscott (2007) defende a importância da colaboração digital como forma diferenciada de fazer negócios. Esse conceito está relacionado ao *Wikinomics*. Um dos exemplos mais conhecidos é a *Wikipedia*, cujos conteúdos são inseridos e atualizados por voluntários de várias partes do mundo.

A economia compartilhada passou por diferentes negócios, principalmente relacionados a bens culturais, como é o caso do *crowdfunding*, na produção de bens televisivos e cinematográficos, bem como em casos mais reduzidos como livros e similares.

Em síntese, o ambiente virtual deve agregar valor aos negócios de uma empresa e fazer com que o consumidor perceba esse diferencial. Estar no ambiente digital é uma boa oportunidade para a empresa praticar os preceitos da Comunicação Integrada de Marketing (CIM) – pois o desafio é a utilização assertiva dos diferentes meios disponíveis. Lembrando uma máxima de mercado, na época em que a internet foi introduzida no Brasil, deve-se considerar que a internet é mais um meio de se fazer negócios e não a solução para empresas com má gestão e marketing mix deficientes.

Um conceito interessante é o do Oceano Azul, defendido por Kim e Mauborgne (2005), no qual os autores discutem que existem mercados que podem ser categorizados como "oceano vermelho", em que já existem empresas instaladas e em plena competição, e outro denominado "oceano azul", que vem a ser representado por mercados ainda inexplorados e com potencial de crescimento. Dessa forma, a empresa diminui os esforços decorrentes da competição, focando-se mais nos seus consumidores e nas suas próprias competências profissionais.

Como exemplo, pode-se citar a Apple, quando lançou o iTunes e o iPod, que atingiu um segmento de consumidores de música ainda inexplorado, inclusive pela concorrência. Por isso, conseguiu solidificar-se numa posição única de mercado. Outro exemplo refere-se às Casas Bahia, que, com o empreendedor Samuel Klein, solidificou suas bases no segmento de baixa renda – na época quase não explorado.

Outra teoria importante é a da "cauda longa", defendida por Anderson (2006). Produtos e serviços são oferecidos a partir da disponibilidade de oportunidades de comercialização e espaços comerciais. Sob essa situação, muitos produtos, considerados de nicho, não conseguem espaços disponíveis para exposição e venda. Justifica-se que muitas empresas de varejo, por exemplo, devem efetuar a gestão por categorias, disponibilizando produtos de acordo com os resultados de vendas e custos de estoque. Com o advento da comercialização virtual, empresas podem optar por aumentar a profundidade de sua linha de produtos, de forma a obter maiores oportunidades de vendas e ganhos financeiros.

A automatização e a informatização de processos ocasionam redução de custos e economia de escala, o que pode ser um fator preponderante para a inserção de novos itens a se comercializar. Como exemplo, pode-se comparar uma livraria física, onde se tem a limitação de espaços e, por isso, a empresa deve disponibilizar um número restrito de títulos, ou seja, aqueles com maior possibilidade de venda. Já a Amazon, por ser um ambiente virtual, consegue disponibilizar milhões de títulos, mesclando entre aqueles com maior poder comercial, outros títulos estritamente segmentados.

A tecnologia possibilitou novas formas de atender o mercado. A Airbnb é uma rede social colaborativa norte-americana que oferece serviços na área de hospedagem. O setor de turismo é um dos grandes propulsores de várias economias, como a da Espanha, que movimenta também o segmento de hospitalidade. Uma das alternativas sempre foi a utilização de agências de turismo para se fechar um pacote turístico ou contato direto com o meio de hospedagem. Essa situação concentrava grande parte das alternativas nas redes e meios de hospedagem mais usuais, diminuindo o leque de opções por parte do usuário e maior poder de barganha para o empresário.

Por meio da Airbnb é possível o contato entre quem quer encontrar um meio de hospedagem em um destino turístico, seja uma casa, um apartamento avulso, enfim, todo tipo de meio que pode acomodar pessoas, e quem oferece esse serviço. Uma das principais vantagens, além do aumento de opções para o consumidor e maior fechamento de negócios por parte das empresas, reflete-se em melhores preços a ser praticados, bem como a possibilidade de vivenciar experiências com as diversas pessoas que aceitaram compartilhar o meio de hospedagem.

A plataforma permite uma pesquisa na qual o consumidor pode selecionar a região, faixa de preços e tipo de acomodação, por exemplo, além de conseguir visualizar, na maioria dos casos, o lugar onde se hospedar. A plataforma permite ao usuário checar a reputação do interessado, por meio de avaliações de outros usuários. O pagamento não é realizado diretamente entre as partes, sendo intermediado pela plataforma, mediante taxa de serviço.

Negócios dessa natureza traduzem não só a influência da tecnologia, mas também a necessidade das empresas ampliarem seu campo de visão estratégico, para garantir a sustentabilidade de seus negócios. As agências de turismo e outros meios tradicionais de hospedagem tiveram a concorrência ampliada e, consequentemente, passaram a rever seus conceitos.

O Uber, por sua vez, é uma *startup* que criou um aplicativo de contato entre passageiros e condutores. Assim como a Airbnb, está presente em várias partes do mundo e tem como ponto fundamental a substituição do sistema tradicional de solicitação de táxis para outro, informatizado, a partir do qual quem pede o carro pode verificar com antecedência quem será o motorista e o preço a ser praticado. Como consequência, a prática de pagamento por meio de cartão de crédito diminuiu o manuseio de dinheiro e as possibilidades de roubos. Também disponibiliza outras modalidades de serviços, como o uso compartilhado com outros usuários, estranhos ou da família ou amigos; é possível, por exemplo, solicitar um carro com cadeira de criança.

Portanto, as empresas devem entender que estão inseridas dentro de um ambiente globalizado e, por isso, influenciadas por diferentes variáveis. O ambiente internacional tem propiciado um ambiente bastante desafiador às empresas, pois requer profissionais com conhecimentos, experiências e competências mais amplas, com o propósito de superar as possíveis barreiras que podem surgir em ambientes economicamente e culturalmente diferentes. Empresas que participam do processo de internacionalização possuem uma estrutura organizacional e orgânica diferente. Sem desmerecer o ambiente interno, empresas internacionais possuem experiências e conhecimentos distintos para atender amplamente às diversas exigências do mercado.

4.8. Competências do Profissional de Marketing

Conforme Prahalad & Ramaswamy (2000; p. 43):

> O conceito de competência como fonte de vantagem competitiva teve origem em estudos sobre diversificação que começaram a conceber as organizações como uma série de competências e não mais como uma carteira de diferentes negócios. Isso levou a uma identificação de novas oportunidades de negócios e a formas inovadoras de utilizar os ativos intelectuais da empresa.

Esse profissional deve ter a competência de busca sistêmica de informação, interpretação e análise para alicerçar o processo decisório. Mais do que isso, deve ter a capacidade de transformar os resultados de pesquisas e seus conhecimentos em *insights* que sirvam para atender ao seu mercado, servindo também como proposição de novas soluções para problemas existentes.

Os autores ampliam o conceito inicial para todos os *stakeholders*, focando finalmente o consumidor como fonte de competências da empresa a serem cultivadas.

O Marketing, quanto à sua aplicação, pode estar direcionado para o ambiente corporativo e para as agências de propaganda e publicidade, mas ambos convergem para que haja a plena consolidação da comunicação de negócios. Para que o processo de Marketing e vendas se consolide, é necessário que a empresa conheça bem o seu mercado, seus consumidores e todas as influências do ambiente no qual a empresa está inserida.

Assim, os profissionais devem conhecer os fundamentos e aplicações de Marketing, porém com a necessária percepção de que paradigmas conceituais podem ser quebrados e limites, ultrapassados.

Essas novas soluções devem estar relacionadas ao mercado e à sociedade dentro de padrões morais, éticos e atitudinais. A empresa deve atender bem o seu cliente externo, interno e demais públicos de interesse. A gestão de Marketing tem de ser compatível com todas as outras áreas da empresa,

Figura 4.3

Empreendedorismo, criatividade e inovação

incluindo a gestão de pessoas, a fim de integrar de forma mais consistente a empresa com o mercado.

Assim, o conhecimento do profissional dessa área deve ser mais amplo, ultrapassando o das Ciências Sociais Aplicadas, e abranger outras áreas, como a Tecnologia da Informação e Finanças – cuja interação faz o profissional compreender melhor a dinâmica da empresa e do negócio.

Existem muitas competências associadas a essa realidade, mas as principais se referem ao **empreendedorismo**, à **criatividade** e à **inovação**, que estão intimamente relacionadas com o Marketing empresarial e com as agências de publicidade e propaganda.

4.9. Gestão de Marketing

O empreendedorismo trata da busca constante de novas ações que podem originar-se de fatores endógenos e exógenos, ou seja, ele parte de iniciativas e vontades do indivíduo, para quem a empresa deve propiciar um ambiente adequado que vise desafiar seu talento interno e sustentar as ações para que o processo se consolide – para atender a suas necessidades e às do seu mercado.

A criatividade ocorre, quanto à sua origem, onde ela não pode ser domada ou controlada, para que o processo se desenvolva sem limitações que possam inibir o processo criativo. Geralmente esse processo é relacionado ao desenvolvimento dos conteúdos e peças de campanhas. Entretanto, a criatividade está intimamente relacionada a todo o processo de marketing e à maneira como o profissional realiza a interpretação e a análise de ações de marketing assertivas.

Tanto o empreendedorismo quanto a criatividade são competências que as empresas amplamente procuram explorar. No entanto, poucas conseguem resultados relacionados à inovação, responsável por transformar o *status quo* da empresa e os negócios. Em outras palavras, conforme apresentado na Figura 3, se a empresa conseguir conciliar e integrar as três competências iniciais poderá propiciar um crescimento incremental em seus negócios e mercados.

Albrecht (2006; p. 3) define a inteligência social como "a habilidade de se relacionar bem com as outras pessoas e conseguir que elas cooperem com você". O conjunto de competências consideradas neste capítulo (bem como as outras discutidas em capítulos anteriores) devem funcionar em equilíbrio, de forma a ter a consistência necessária para atender e satisfazer o consumidor final, bem como daquelas competências profissionais relacionados aos negócios da empresa.

Sustentabilidade Empresarial e o Marketing nos Novos Tempos
por Marcus Nakagawa

As questões de sustentabilidade estão totalmente em linha com os temas colocados no conceito de Marketing 3.0 de Kotler, Kartajaya e Setian (2010). Segundo esse novo modelo, o Marketing está ligado à identidade, integridade e imagem. Quando os autores colocam a integridade como principal conceito, estão indo além das questões de aparência ou simples comunicação; estão se relacionando a um Marketing incorporado à missão, visão e aos valores da empresa. Esse novo formato deseja elevar ainda mais a posição do Marketing no desenvolvimento do futuro estratégico da empresa. Como os próprios autores colocam: "O Marketing não deve ser mais considerado apenas sinônimo de vendas e/ou de uma ferramenta para gerar demanda" (Klotler, Kartajaya, Setian, 2010; p. 51).

Não se pode mais pensar sobre as ferramentas de marketing somente pelo lado comercial, esse é um conceito que exige a mudança necessária nesses novos tempos. Kotler, Kartajaya e Setian (2010) colocam ainda que, no Marketing 3.0, abordar os desafios da sociedade não deve ser apenas uma ferramenta de relações públicas ou meio de difundir críticas sobre algum impacto negativo provocado pela empresa. As empresas, dizem os autores, devem agir como "bons cidadãos corporativos" e devem lidar com os problemas sociais no cerne dos seus modelos de negócios. Ou seja, as empresas devem colocar temas de impacto social e ambiental **dentro** do processo da modelagem de negócios.

Usando esse movimento do desenvolvimento sustentável, os 193 Estados-membros da ONU chegaram, em 2015, a um acordo para colocar 17 objetivos do desenvolvimento sustentável para 2030 (ONUBR, 2017). Dentre esses objetivos estão a erradicação da pobreza, o trabalho decente e o crescimento econômico. Como já se disse anteriormente, Kotler, Kartajaya e Setian (2010, p. 4) afirmam que "cada vez mais os consumidores estão em busca de soluções para satisfazer o seu anseio de transformar o mundo globalizado num mundo melhor". As empresas precisam entender esse conceito como uma **demanda mercadológica**.

Dentro desse "mundo melhor", Kotler e Lee (2010) afirmam que a aplicação do Marketing estratégico é a metodologia comprovada como solução de problemas no setor comercial e no social, como ajudar pessoas a parar de fumar, alimentar-se de forma saudável, evitar doenças sexuais e gravidez indesejada e mudar de comportamento.

As empresas também têm responsabilidades para cada produto e serviço oferecido. Nos próprios indicadores Ethos para Negócios Sustentáveis e Responsáveis (Ethos, 2017), uma referência para as empresas brasileiras quanto às questões de sustentabilidade mostra em seu indicador 10 a necessidade de uma comunicação com responsabilidade social, seguindo inicialmente a legislação e os códigos do setor, alinhando seus princípios de sustentabilidade à comunicação, chegando até o ponto que Kotler e Lee questionam: a empresa usa sua comunicação para estimular mudanças de comportamento? E, se faz isso, o faz com todos os seus públicos de relacionamento (*stakeholders*)?

Kotler e Lee (2010) afirmam que quanto à questão da pobreza, por exemplo, a necessidade mais premente e fundamental é a esperança. Concluem que a esperança se torna realidade quando o segmento-alvo (p.ex., pessoas na linha da pobreza extrema) acredita que o prestador de serviço as escutou, entendeu suas necessidades e tem um programa de implementação planejado, o qual estará disponível para concluir a tarefa. Os autores reforçam que no Marketing para a pobreza extrema tudo também começa com o cliente: de baixo para cima e não de cima para baixo.

O Marketing social é ferramenta muito utilizada para todos os públicos. Conceitua-se o Marketing social como o uso de princípios e técnicas de Marketing para influenciar o público-alvo a voluntariamente aceitar, rejeitar, modificar ou abandonar uma crença ou comportamento, para absorver benefícios individuais, de grupo ou da sociedade como um todo (Kotler, Roberto e Lee, 2002).

Esse Marketing deve ser utilizado por empresas, ONGs, governo e a própria sociedade civil. Um bom exemplo está na campanha de vacinação no Brasil, que começou nos anos de 1970 e 1980 – quebrando o paradigma de criar anticorpos a partir de bactérias e vírus mais fracos injetados nas pessoas. Essa campanha – que não compreende só a ação de vacinar, mas quer mobilizar e comunicar – já erradicou com isso diversas doenças no país. Muitas empresas estão aderindo e aproveitando tal cunho social para agregar valor à sua marca.

Muitas vezes as empresas realizam parcerias com ONGs famosas, a fim de realizar uma venda "casada": ou seja, parte da renda é doada para a entidade social que ajuda em algum problema social ou ambiental; esse é o Marketing para Causas Sociais (PRINGLE; THOMPSON, 2000), definido pelos autores como "uma ferramenta estratégica de marketing e de posicionamento que associa uma empresa ou marca a uma questão ou causa social relevante, sempre em benefício mútuo". Outro exemplo: alguns cartões de crédito, em vez de acumular pontos ou milhas de viagens, têm valores doados para alguma instituição social de credibilidade, como é o caso da parceria entre o Itaucard e o Instituto Ayrton Senna (IAS, 2017).

Fonte:< www.institutoayrtonsenna.org.br>

Além do social, existe também o marketing verde, que segundo Ottman (2012) é uma das suas sete estratégias vencedoras: a empresa deve compreender as profundas crenças ambientais, sociais e os valores de seus consumidores, e outros *stakeholders*; por isso, deve desenvolver um plano de longo prazo para se alinhar com eles. O autor complementa que muitas empresas inteligentes já acordaram para esse novo paradigma do marketing verde – que reflete a mudança do consumidor, principalmente das novas gerações, para as questões ambientais e sociais.

Em síntese, a sustentabilidade e a responsabilidade social estão cada vez mais incorporadas nos planos, ações e controles desse **novo marketing nos novos tempos**. Entende-se cada vez mais o consumidor como um ser completo e não somente como o detentor do capital para o consumo, e se compreende, principalmente, que as empresas possuem desafios sociais e ambientais, e que podem utilizar esses desafios para gerar novos produtos e serviços, e ainda buscar uma melhora no planeta.

4.10. Considerações Finais

No contexto macroambiental, as empresas devem direcionar seus esforços em adaptar seu composto de Marketing à geração Y, em especial: produto, ponto de distribuição e promoção. Em relação ao Marketing internacional, as estratégias devem ser adaptadas a essa nova realidade, como, por exemplo, criando produtos e serviços multifuncionais e com alto valor agregado, a um preço competitivo, com comunicação mais direta e criativa – além de distribuição diversificada, que põe em evidência os meios eletrônicos. Essas mesmas empresas deverão ter colaboradores pertencentes aos três segmentos analisados – lembrando que, nos anos vindouros, haverá a gradativa substituição das duas primeiras gerações pela Y. Assim, o grande desafio será a maneira como as empresas irão identificar, selecionar e fidelizar esse público. Por meio das diferentes ferramentas e indicadores de gestão, por exemplo, as empresas poderão monitorar o desempenho de seus colaboradores internos, para melhor moldar e atender a expectativas e necessidades de consumidores externos.

Um grande conselho para a geração Y é que não leve apenas seu perfil de curto prazo às ações da empresa, mas que aproveite a oportunidade de mesclar suas qualidades com as das gerações anteriores. As empresas, por sua vez, devem aproveitar a oportunidade para equilibrar resultados financeiros de curto prazo com a prosperidade de longo prazo – com a possibilidade de utilização de seu mais valioso recurso intangível.

As técnicas de mensuração da demanda têm se tornado cada vez mais sofisticadas e pontuais para obter os melhores resultados em ambientes cada vez mais competitivos e turbulentos. Discute-se a importância da opinião dos gestores e profissionais dentro desse processo, os quais podem contribuir de maneira significativa para uma métrica, que, mesmo que não totalmente ajustada estatisticamente (mas com as devidas ponderações qualitativas) pode conduzir à construção, implementação e controle de ações que façam a diferença para os negócios da empresa.

A tomada de decisão deve ser balizada sob dados e informações concretas, mas interpretação, análise e construção de estratégias assertivas devem levar em consideração práticas empreendedoras, criativas e inovadoras dos profissionais que fazem parte do ambiente e dos processos de negócios da empresa.

A empresa deve ter a capacidade e as competências necessárias para entender o mercado e dialogar com ele, de forma a satisfazer um problema significativo do consumidor. O fato é que a empresa precisa ter uma estrutura dentro da qual cada componente colabore e que não seja necessariamente mero instrumento de controle e suporte.

Empresas devem entender que as crises não são eternas, mas pontuais – e devem ser tratadas de forma efetiva, sem rodeios. As estratégias não devem ser resultado da conclusão direta das pesquisas, mas focadas numa interpretação estratégica mais assertiva. Sabemos que períodos de incertezas podem trazer importantes contribuições para as empresas e a sociedade. Conforme Thimer (apud OLIVEIRA, 2015, p. xxi), "na incerteza, os indivíduos criam instintos inovadores. Na rotina, criam padrões repetitivos".

Pensando assim, este capítulo procurou discutir a importância de a empresa sair do lugar comum, conversar com o mercado e praticar pesquisa e gestão. Sem fórmulas milagrosas.

Questões para Reflexão

1. Qual é a principal preocupação de um empreendedor ao abrir o seu negócio? Atender ao mercado ou ter resultado financeiro? Discuta essa tênue relação entre o marketing e as finanças, considerando um novo negócio.
2. O Marketing pode criar necessidades ou simplesmente desejos? Justifique a sua resposta contextualizando com cinco produtos do seu dia a dia.
3. Nem sempre o consumidor sabe o que quer. Essa afirmação circula muito entre os consultores profissionais de pesquisa e, segundo estes, cabe a eles convencer o cliente do que deve ser realizado. Explique como identificar o problema com clareza e como se pode argumentar com o cliente que o problema da empresa é outro e não aquele que ela havia imaginado.
4. Como as gerações comportamentais interferem nas estratégias de Marketing das empresas? Indique três exemplos que evidenciem diferenças nas ações estratégicas.
5. Como as empresas podem evoluir nos negócios, considerando que elas estão inseridas em ambientes de rápidas mudanças e transformações?
6. A evolução tecnológica tem influenciado cada vez mais os consumidores, assim como a oferta de produtos e serviços e as estratégias das empresas. Discuta de que forma a tecnologia influencia a área de negócios na empresa onde você trabalha e como as empresas com menores recursos podem atender às necessidades tecnológicas.
7. Como a empresa pode incorporar as competências na rotina e ações de seus profissionais?
8. Como as áreas de Recursos Humanos e Finanças Corporativas podem contribuir para as estratégias de uma empresa?
9. Qual é a relação entre o Marketing e a Governança Corporativa?
10. Levando em consideração o paradigma do segundo capítulo deste livro (no qual se discute até onde a Administração pode ser considerada como Ciência ou Arte), o que pode ser concluído com o Marketing? Quais os limites entre descritivos e qualitativos na elaboração de suas estratégias?

Estudo de caso

Nespresso: *What else?*

A evolução da sociedade avança de acordo com o progresso da alimentação. Carneiro (2003) explica que a economia e a agronomia estudaram a alimentação no mundo, evocando os aspectos econômicos e sociais na população. Mais do que uma necessidade fisiológica, a alimentação contribuiu para o desenvolvimento econômico e consequentemente para os hábitos e costumes de cada país. Com o advento das grandes viagens marítimas, o café se internacionalizou, principalmente o oriundo das Américas para a Europa, com uma participação cultural relevante: "[...] promotor de vigília e da atenção e sua reputação de desembriagador fez do café um símbolo de cultura racionalista da época" (CARNEIRO, 2003; p. 93).

Valorizadas as suas propriedades, o café se tornou então um produto popular no mundo todo, incorporado ao café da manhã, como estimulante natural ao longo do dia, ou matéria-prima de outros produtos, e até como elemento de convívio social, ao tomar parte de reuniões, eventos e como bebida final das refeições.

Segundo a Organização Internacional do Café (2016), o consumo de café *in natura* no mundo ultrapassa a marca de 150 milhões de sacas de 60 quilos, com um crescimento de 2,5% ao ano. Os Estados Unidos da América são os maiores consumidores, com 24 milhões de sacas, seguidos pelas 20,5 milhões de sacas do mercado brasileiro.

Segundo a Embrapa (2015), em 2014, o café estava presente em 98,2% dos lares brasileiros, com um consumo médio de 10,3 kg por ano por pessoa, com uma frequência de compra a cada 21 dias. O mercado de café em pó e solúvel no Brasil está distribuído em café em pó (86,4%), café solúvel (9,3%), cappuccino (2,3%), café com leite (0,4%) e cápsulas (1,7%). Embora pareça pouco expressivo, o mercado de cápsulas tem crescido muito acima da média de mercado, havendo um aumento de 55,5% em relação a 2013. O consumo do café no lar representa 67% contra 33% fora dele. Destaca-se que o consumo fora do lar está segmentado em homens de 16 a 29 anos (28%) e 30 a 39 anos (32%), sem dados de consumo individual para o consumo no lar. Por outro lado, dos 474 mil lares (com uma média de 3 a 4 pessoas, casais que moram sozinhos ou *single*), e que consomem cápsulas,

91% estão situados nas classes A e B, costumam realizar compras frequentes pela internet, lideram tendências e apreciam inovações.

Pelo seu largo consumo no mundo, o café é considerado como *commodity*, sempre produzido em larga escala, comercializado para a transformação em bebida, diferenciando-se ora pela origem (arábica, *conilon*, especial, *blended* ou *gourmet*), ora por excentricidades como o *Kopi Luwak* da Indonésia.

Os fabricantes de café dispõem de múltiplos canais de distribuição e comercialização, e cada um procura se diferenciar de seus concorrentes seja pelas categorias de qualidade do produto, seja pelos serviços agregados, como o caso da rede norte-americana Starbucks, ou a Kopenhagen ou o Fran's Café, no Brasil.

Embora haja produtos e serviços agregados, a preocupação principal sempre reside sobre o produto, ou seja, o café. É nesse aspecto que a Nespresso se destaca pela diferenciação nesse segmento de negócios. É subsidiária da Nestlé e reposicionou as máquinas de café do mercado BtoB para BtoC.

Antes, as máquinas eram quase exclusivas de varejos, como bares e restaurantes, que comercializavam a bebida. A partir de pesquisa, identificou-se um substancial mercado *premium* de luxo da bebida e abriram-se pontos como butiques de café, na França e Suíça, com os famosos cafés *Grand Crus*, exclusivos dessas boutiques, com forte apoio do *e-commerce* e códigos do mercado de luxo.

Das ferramentas de Marketing, destaca-se o *design* das máquinas de café, aliado à sua funcionalidade, e uma forte campanha de comunicação, fortalecendo o novo posicionamento estratégico da empresa. A evolução do mercado de "monodoses" favoreceu o crescimento do segmento de mercado, geralmente associado também ao mercado de café espresso.

Utilizando o modelo Canvas (2011), e a partir da solicitação de *brainstorming* com dez profissionais de marketing, pode-se destacar como pontos principais: o **segmento de clientes** é formado por pessoas que gostam de consumir a bebida em casa ou no escritório, o que deixa de ser uma atividade rotineira para ter uma perspectiva lúdica de prazer sensorial, na qual a elaboração da bebida passa a ser de domínio e controle do consumidor; a **proposta de valor** está relacionada ao fato de as pessoas poderem desfrutar dessa comodidade, praticidade, sofisticação, indulgência e, principalmente, prazer em seu domicílio ou local de trabalho, em vez de se deslocar até algum ponto, como uma cafeteria (embora o conceito do negócio também seja sustentado pelos seus pontos de venda, como as lojas Nespresso). Além disso, o preparo domiciliar e fácil de uma bebida de qualidade é um grande atrativo para o consumidor. Esse atrativo pode trazer prazer individual ou importante oportunidade de socialização.

O **relacionamento com os clientes** é realizado de diversas formas, como o *Nespresso Club*, com centenas de milhares de pessoas associadas mundo afora; há o *callcenter* e o site, por exemplo; os *canais* podem ser representados pelo Nespresso.com, as lojas Nespresso, telefone, e-mail, bem como uma rede de varejo diversificada e revenda das máquinas.

As **atividades e parcerias-chave**, por sua vez, estão relacionadas à fabricação das máquinas e das cápsulas, como também com os fornecedores de café, derivados e exclusivos, inclusive em virtude de a empresa fazer parte do grupo Nestlé. Os **recursos-chave** estão relacionados às fábricas e aos canais de distribuição, patentes e, claro, à própria matéria-prima, o café.

Um ponto relevante é a tecnologia de fabricação das cápsulas, que permite que elas sejam hermeticamente fechadas, o que preserva a qualidade, o aroma e o sabor característicos de uma bebida forte, sendo as cápsulas totalmente recicláveis. A **estrutura de custos** está baseada na fabricação, nos canais de distribuição BtoC e no marketing. Finalmente, as **fontes de receita** estão diretamente relacionadas à venda da máquina com baixa margem de rentabilidade e das cápsulas e acessórios com alta margem de rentabilidade.

O **design** das máquinas fortalece a marca, que detém uma associação clara e direta com luxo, elegância, precisão e funcionalidade, além dos atributos tecnológicos percebidos pelos seus consumidores.

A campanha de marketing e comunicação envolveu a valorização da diferenciação a partir de "experiência única", e boa parte das mensagens é veiculada por formadores de opinião, como é o caso do ator George Clooney, garoto-propaganda da marca. Sua famosa frase *"What else?"* associa a marca a um estilo de vida sofisticado e de posicionamento único.

A proposta de valor é acentuada racionalmente com o atendimento, pós-venda, assistência técnica, garantia e condições de pagamento. Pode--se considerar que a Nespresso é **mais do que** um simples café. Com um sistema e cadeia de valores bem definidos, estruturados, integrados e gerenciados, permite que se ofereça uma máquina de espresso perfeito para ser consumido no seu lar ou escritório.

A estratégia de negócios deriva longinquamente de fatores externos distintos: a própria evolução de como a economia tratou um segmento de agronegócios para outro mais amplo, como o de agribusiness; depois, as mudanças e necessidades dos diferentes mercados consumidores, que necessitam cada vez mais de quebra de paradigmas e novos usos dos produtos; finalmente, a necessidade de criar, empreender e inovar – para obter novas soluções para velhos problemas de seus consumidores.

Questões

1. Que atributos valorizados pelo consumidor você identifica além daqueles expressos no estudo de caso?
2. Quais são as variáveis macroambientais que influenciam diretamente no segmento de negócios da Nespresso?
3. A qual grupo estratégico o produto e/ou a marca estão inseridos?
4. Quais são as principais razões do sucesso da Nespresso?
5. Que outras estratégias de Marketing a empresa deverá adotar quando seu mercado for invadido fortemente pela concorrência?

Referências

ALBRECHT, K. *Inteligência Social*. A Nova Ciência do Sucesso. São Paulo: M. Books, 2006.

ANDERSON, C. *The Long Tail*: Why the Future of Business is Selling Less of More. New York: Disney Hiperion, 2006.

Boston Consulting Group (BCG). Disponível em: <https://economiadeservicos. com/2016/11/22/economia-digital-e-agronegocio-brasileiro/>. Acesso em 18 nov. 2019.

CARNEIRO, H. *Comida e Sociedade*. Uma História da Alimentação. Rio de Janeiro: Campus, 2003.

CASTRO, C. de M. *Você Sabe Estudar*? Quem Sabe, Estuda Menos e Aprende Mais. Porto Alegre: 2015.

CHURCHILL JR., G. A.; PETER, J. P. *Marketing*. Criando Valor para os Clientes, 3 ed. São Paulo: Saraiva, 2012.

Conselho Nacional De Desenvolvimento Científico E Tecnológico (CNPq). *Tabela de Área de Conhecimento*. Disponível em: <http://www.cnpq.br/documents/10157/186158/TabeladeAreasdoConhecimento.pdf>. Acesso em: 11 mar. 2019.

DECIA, P. *Clinton e "Baby Boomers"* Chegam aos 50. *Folha de S.Paulo*, São Paulo, 18 ago. 1996. Caderno Mundo, p. 22.

Empresa Brasileira De Pesquisa Agropecuária (EMBRAPA). *Mercado de Café no Brasil*. Disponível em: <http://www.sapc.embrapa.br/arquivos/consorcio/spcb_anais/simposio9/apresentacao6.pdf>. Acesso em: 11 mar. 2016.

O Estado de S. Paulo. *A Chamada Geração Y se Tornará uma Geração Ingênua?* Disponível em: <http://economia.estadao.com.br/noticias/geral,a-chamada-geracao-y-se-tornara- uma-geracao-ingenua,524430>. Acesso em: 11 mar. 2016.

Ethos. *Indicadores Ethos para Negócios Sustentáveis e Responsáveis*. Disponível em: <https://www3.ethos.org.br/conteudo/indicadores>. Acesso em: 11 mar. 2019.

FREEMAN, R. E.; REED, D. L. *Stockholders and Stakeholders: A New Perspective on Corporate Governance*. 3 ed. [S.l.]: California Management Review, Spring83, 1984. p. 88-106. vol. 25.

Instituto Ayrton Senna (IAS). Disponível em: <http://www.institutoayrtonsenna.org.br>. Acesso em: 11 mar. 2019.

Instituto Nacional da Propriedade Industrial (INPI). Perguntas Frequentes – Patente. Disponível em: <http://www.inpi.gov.br/servicos/perguntas-frequentes-paginas-internas/perguntas-frequentes-patente>. Acesso em: 11 mar. 2019.

IRELAND, R. D.; HOSKISSON, R. E; HITT, M. A. *Administração Estratégica*. São Paulo: Cengage, 2015.

JARGON, J. *Mcdonald's luta para salvar seu carro-chefe, o Big Mac*. Disponível em: <https://www.wsj.com/articles/mcdonalds-luta-para-salvar-seu-carro-chefe-o-big-mac-1476072380>. Acesso em 11 mar. 2019.

KIM, W. C.; MAUBORGNE, R. *Blue Ocean Strategy*: How to Create Uncontested Market Space and Make Competition Irrelevant. New York; Harvard Business School Press, 2005.

KOTLER, P.; LEVY, S. J. *Broadening the Concept of Marketing*. Journal of Marketing, vol. 33, nr.1, jan-1969, pg.10-15.

KOTLER, P.; LEVY, S. J.; KARTAJAYA, H.; SETIANWAN, I. *Marketing 3.0*. As Forças que Estão Definindo o Novo Marketing Centrado no Ser Humano. Rio de Janeiro: Elsevier, 2010.

KOTLER, P.; LEVY, S. J.; LEE, N. R. *Marketing Contra a Pobreza:* As Ferramentas da Mudança Social para Formuladores de Políticas, Empreendedores, ONGs, Empresas e governo. Porto Alegre: Bookman, 2010.

KOTLER, P.; LEVY, S. J.; ROBERTO, N.; LEE, N. R. *Social Marketing:* Improving the Quality of Life. Califórnia, EUA: Sage Publications, Inc., 2002.

KUAZAQUI, E. *Marketing Internacional.* Construindo e Desenvolvendo Competências em Cenários Globais. São Paulo: M. Books, 2007.

————. (Org.). *Liderança e Criatividade em Negócios.* São Paulo: Cengage, 2006.

————. (Org.). *Administração Empreendedora.* Gestão e Marketing Criativos e Inovadores. São Paulo: Évora, 2015.

Luxury Launches. Aurum 79, The World's Most Expensive Bottle of Water is Worth $900,000. Disponível em: <http://luxurylaunches.com/other_stuff/aurum_79_the_worlds_most_expensive_bottle_of_water_is_worth_900000.php>. Acesso em: 11 mar. 2019.

MASLOW, A. H. *Motivation and Personality.* 2 ed. New York: Harper &. Row, 1970.

McDANIEL, C.; GITMAN, L. J. *The Future of Business,* 4 ed. New York: South Western, 2009.

NIELSEN. Quem somos. Disponível em: <http://www.nielsen.com/br/pt/about--us.html>. Acesso em: 11 mar. 2019.

OLIVEIRA, D. P. R. de O. *Planejamento estratégico,* 30 ed. São Paulo; Atlas, 2012.

————. *A empresa inovadora e direcionada para resultados.* São Paulo: Atlas, 2015.

OLIVEIRA, J. A. P. *Empresas na sociedade.* Sustentabilidade e Responsabilidade Social. Rio de Janeiro: Elsevier, 2008.

Organização das Nações Unidas do Brasil (ONUBR).. Momento de Ação Global para as Pessoas e o Planeta. Disponível em: <https://nacoesunidas.org/pos2015>. Acesso em: 11 mar. 2017.

Organização Internacional do Café. Disponível em < http://consorciopesquisacafe.com.br/arquivos/consorcio/publicacoes_tecnicas/Relatorio-OIC--marco-2015.pdf>. Acesso em 26 jan. 2017.

Origem, A. Direção: Christopher Nolan. Warner Bros., 2010.

OSTERWALDER, A.; PIGNEUR, Y. *Business Model Generation.* Rio de Janeiro: Alta Books, 2011.

OTTMAN, J. A. *As Novas Regras do Marketing Verde*: Estratégias, Ferramentas e Inspiração para o *Branding* Sustentável. São Paulo: M. Books do Brasil Editora Ltda., 2012.

PRAHALAD, C. K.; RAMASWAMY, V. Como Incorporar as Competências do Cliente. Revista HSM Management. Nr. 20, Ano 4, maio/ jun. 2000. p. 42-52.

PRINGLE, H. THOMPSON, M. *Marketing Social: Marketing para Causas Sociais e a Construção das Marcas*. São Paulo: Makron Books, 2009.

RAMASWAMY, V.; OZCAN, K. *O Paradigma da Cocriação*. São Paulo: Atlas, 2014.

RIFKIN, J. *The End of Work*: The Decline of the Global Labor Force and the Dawn of the Post-Market Era. New York: The Putnam Berkley Group, Inc. 1995.

TAPSCOTT, D.; WILLIAMS, A. D. *How Mass Collaboration Changes Everything*. New York: Penguin, 2007.

ULRICH, J. Introduction: A (Sub)cultural Genealogy. In: HARRIS, A. L. *GenXegesis*: Essays on Alternative Youth [S.l.: s.n.] p. 3.

WANKE, P.; JULIANELLI, L. *Previsão de Vendas. Processos Operacionais e Métodos Quantitativos e Qualitativos*. São Paulo: Atlas, 2006.

WILLIAMS, A. Move Over, Millennials, Here Comes Generation Z. *The New York Times*. Nova York, 18 set. 2015. Disponível em: <https://www.nytimes.com/2015/09/20/fashion/move-over-millennials-here-comes-generation-z.html>. Acesso em: 11 mar. 2019.

Gen Z: *The Most Influential Consumer*. The influence of Gen Z—the first generation of true digital natives—is expanding. Disponível em < https://www.mckinsey.com/industries/consumer-packaged-goods/our-insights/true-gen-generation-z-and-its-implications-for-companies>. Acesso em 26 jan. 2017.

Capítulo 5
Planejamento
e Gestão de Marketing

Cláudio Sunao Saito

"Marketing e inovação produzem resultados; o resto são custos."

Peter F. Drucker

Objetivos:
- Entender o planejamento e a gestão de Marketing na prática.
- Conhecer as etapas do planejamento de Marketing.
- Entender as estratégias de marketing e sua importância para a gestão do Marketing de uma organização.
- Apresentar o Marketing mix como estrutura para avaliação e definição das ações marketing.
- Conhecer as principais estratégias e as ações relacionadas a cada variável do Marketing mix.

5.1. Introdução

Organizações que desenvolvem produtos e serviços atendendo às necessidades e desejos dos clientes, com lucros ou ganhos visando a um relacionamento a longo prazo, têm no Marketing uma orientação para suas atividades. Mesmo as empresas que não dispõem de um departamento específico para isso, a gestão do Marketing é desempenhada por gestores (presidentes, diretores e gerentes) que planejam e executam suas atividades buscando a satisfação e a fidelização dos clientes.

O processo de gestão de Marketing é iniciado com a elaboração de um plano estratégico, no qual são realizadas as análises e definidos os objetivos, as estratégias e ações. Na sequência, é necessário que o gestor organize as atividades de marketing internas e externas à organização, desenvolvendo produtos e serviços que satisfaçam e encantem os clientes, definindo preços acessíveis, encontrando formas criativas de disponibilizar produtos e serviços nos diversos mercados e, finalmente, comunicando marcas e mensagens para estimular compras e o relacionamento com o cliente. Em outras palavras, para "fazer Marketing" é preciso planejar, gerir e controlar o Marketing de uma organização, processo que envolve a definição de objetivos, o estudo do mercado, a definição de estratégias e, finalmente, a implementação do *Marketing mix* ou composto de Marketing, ou seja, a integração dos famosos 4 Ps apresentados por McCarthy (1978): produto, preço, praça (distribuição) e promoção (comunicação).

Nos próximos tópicos, os principais processos, estratégias e ações envolvidos na execução do marketing nas empresas serão discutidos. Em primeiro lugar, serão apresentadas a estrutura e as etapas do planejamento. Em seguida, serão discutidas as estratégias e seu papel na definição do *Marketing mix*. Depois, serão estudadas as principais decisões relacionadas ao desenvolvimento do composto de produtos e serviços, as estratégias envolvidas na definição de preços, a avaliação e a escolha dos canais de distribuição e, finalmente, os objetivos de comunicação e as ferramentas a serem utilizadas. O capítulo será finalizado com a discussão da integração das decisões de marketing com a estratégia de sustentabilidade da organização.

5.2. Planejamento de Marketing

O ponto de partida para as atividades de Marketing em uma organização é a elaboração de um planejamento estratégico (McDonald e Wilson, 2013). Segundo Churchill e Peter (2012), o planejamento estratégico centra-se em objetivos de longo prazo, em atividades que resultem em uma missão clara, bem como objetivos organizacionais e estratégias que permitam que a empresa alcance tais objetivos. Em sua elaboração, as organizações podem seguir o processo demonstrado na Figura 5.1.

Figura 5.1

Processo de administração estratégica

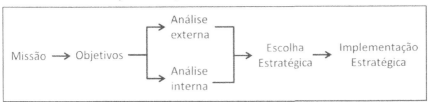

Fonte: Adaptada de Barney e Hesterly (2007).

O processo é iniciado com a definição da missão da empresa, seu propósito e razão de ser (O que é a empresa? Para que existe?). Na sequência, são definidos os objetivos organizacionais (Para onde vamos?) e realizadas as análises externas (oportunidades e ameaças) e análises internas (forças e fraquezas). Em seguida, são definidas as estratégias, que envolvem a criação de vantagens competitivas e a forma de crescimento no mercado. Depois as estratégias são implementadas por meio dos planos por área: Recursos Humanos, Financeiro, Produção, Marketing etc. Essas definições, ligadas ao planejamento estratégico, são elaboradas no âmbito da alta administração, que envolvem o presidente e os diretores. Então, a partir das estratégias corporativas, são elaborados os planos de nível tático, entre eles o plano de Marketing, que consiste na definição de objetivos, estratégias e ações destinadas a alcançar metas de unidades de negócios, divisões e departamentos específicos.

Na elaboração do plano de Marketing, o processo é semelhante (Figura 5.2), mas, com base nas definições do plano estratégico, é feita uma nova análise interna e externa, agora com foco em um negócio específico. Por exemplo, a Honda atua em vários negócios como automóveis, motocicletas, geradores de energia, cortadores de grama e aviação, e pode elaborar um plano estratégico que contemple todos esses negócios, mas deve elaborar planos de Marketing por tipo de negócio (por exemplo, automóveis).

São realizadas análises internas, relativas à empresa, como o nível de vendas, faturamento, margens de contribuição, produtos, preços, sistema de distribuição e comunicação, e externas, como o ambiente de negócios (econômico, político-legal, tecnológico, social, cultural), dados do mercado (tamanho, crescimento, tendências), clientes, concorrentes, fornecedores, participação de mercado etc. Esses dados são avaliados por meio de uma análise SWOT, um cruzamentos dos principais pontos fortes (*strenghts*) e fracos (*weaknesses*) da empresa, bem como das oportunidades (*opportunities*) e ameaças (*threats*) do mercado. Em seguida, são definidos os objetivos e as estratégias e detalhadas as ações relacionadas ao *Marketing mix* que serão implementadas, finalizando-se o plano com a apresentação de cronograma de ações e investimentos ao longo do tempo. Tanto as estratégias de Marketing quanto as ações relacionadas ao *Marketing mix* serão discutidas nos próximos tópicos.

Os planos estratégicos consideram um prazo mais longo de implementação, algo entre três e cinco anos. Quando o plano de Marketing é elaborado paralelamente ao plano estratégico, compartilhando o mesmo prazo, é denominado plano estratégico de Marketing. Esses planos de longo prazo, por sua vez, servem como base para a elaboração de planos de Marketing mais táticos, que são elaborados anualmente.

Figura 5.2

Processo do plano de marketing

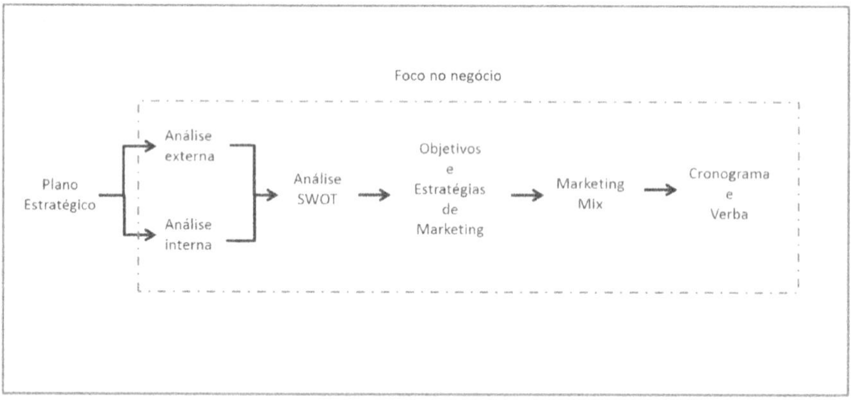

Fonte: elaborada pelos autores.

5.3. Definição das Estratégias de Marketing

Na gestão do Marketing, o profissional deve exercer as funções clássicas da administração – segundo Fayol (1960): prever, organizar, comandar, coordenar e controlar – nas atividades ligadas aos 4 Ps, de forma a integrá-los para que, juntos, façam sentido e gerem mais valor. Mas, dada a variedade de combinações e arranjos possíveis na integração dos 4 Ps, como escolher a melhor alternativa estratégica para uma organização? Por exemplo, uma empresa pode tomar a decisão de criar produtos e serviços de alta qualidade e alto preço e oferecê-los no mercado como uma proposta *premium* ou então reduzir custos, oferecendo bons produtos a preços mais baixos. Eles poderiam ser oferecidos para diversos países ou para uma cidade ou bairro, atingindo diversos tipos de consumidores, com idades, gêneros e estilos de vida distintos ou apenas alguns perfis específicos. Com diversas decisões a serem tomadas, qual seria a melhor forma de gerir o Marketing, "organizando" os 4 Ps de forma integrada, formando o *Marketing mix*?

É claro que não existe uma solução única para essa pergunta, tudo depende dos recursos disponíveis e dos objetivos de cada organização, além da demanda e da situação competitiva dos mercados. De qualquer forma, a solução para essa questão passa pela escolha de uma estratégia de Marketing única que diferencie a organização, a marca e o produto em relação aos concorrentes.

A estratégia é o rumo que a empresa vai seguir para atingir seus objetivos, trata-se de escolher um caminho entre as diversas alternativas possíveis. Quando existem vários caminhos, uma organização pode trilhar caminhos distintos dos concorrentes ou então seguir o mesmo caminho, mas de um jeito diferente (por exemplo, sendo mais eficiente); afinal, como uma companhia pode ser melhor quando escolhe o mesmo caminho e se comporta da mesma forma que os concorrentes? Na área de Marketing, a estratégia a ser definida em primeiro lugar é conhecida como estratégia SAP, que envolve, sequencialmente, a definição de três estratégias: segmentação de mercado, definição de mercados-alvo e posicionamento (ELLSON, 2004; DIBB, 1991; KOTLER E KELLER, 2012). Na gestão do Marketing, essa estratégia é fundamental porque direciona todas as demais relacionadas ao *Marketing mix*. Por exemplo, uma rede de varejo no mercado de vestuário decide dividir o mercado de uma cidade pela renda dos clientes (segmentação), escolhe atingir somente os segmentos formados por pessoas de baixa renda (alvo) e se apresenta como a loja de roupas mais barata da cidade (posicionamento). A partir dessas decisões relativas ao SAP, inicia-se a definição do *Marketing mix* (a integração dos 4Ps): os produtos devem acompanhar as tendências de moda relacionadas ao segmento de baixa renda, oferecendo preços abaixo dos praticados pela concorrência, com pontos de venda localizados em bairros acessíveis ao público de baixa renda e a comunicação deve ser baseada na construção de marcas populares e ações promocionais baseados em preço. No caso apresentado, uma vez definida a estratégia SAP, estará descartada a predominância de itens com alto preço, a abertura de lojas em *shopping centers* de alto padrão e a construção de uma imagem de marca "sofisticada". Portanto, na definição da estratégia de Marketing, o gestor precisa responder às seguintes perguntas: 1) De que forma posso segmentar o mercado para entender melhor e com mais profundidade as necessidades dos diferentes tipos de clientes?; 2) Em quais segmentos de clientes devo me concentrar e qual a melhor forma de acessá-los?; 3) Qual é a imagem e a oferta de valor que devo construir na mente dos clientes com o intuito de conquistar e fidelizar os clientes? Uma vez respondidas essas perguntas, é preciso organizar e integrar os 4 Ps para que as respostas dadas se tornem realidade.

Para Churchill e Peter (2012; p. 210), segmentação de mercado é o processo de dividir um mercado em grupos de compradores potenciais que tenham necessidades semelhantes e desejos, percepções de valores ou comportamento de compra. Os gestores de Marketing podem segmentar o mercado com base em variáveis demográficas, utilizando dados sobre idade, sexo e renda (por exemplo, brinquedos educativos e roupas infantis são elaborados de acordo com cada faixa etária); geográficas, por meio da segmentação por região e clima (por exemplo, oferecendo sabores diferentes de sorvete de acordo com as características e o clima da região); psicográficas, segmentando mercados por estilo de vida e personalidade (por exemplo, jogos para *geeks* e livros de autoajuda, respectivamente), ou então com base em variáveis baseadas nos pensamentos e sentimentos do comprador como atitudes, benefícios procurados e envolvimento (por exemplo, a compra de automóvel baseado em *design*, economia ou potência) e no comportamento de compra, segmentando pela frequência de uso e pela lealdade do usuário (por exemplo, embalagens econômicas direcionadas para consumidores que utilizam frequentemente o produto e programas de fidelidade para os clientes mais fiéis).

Depois de segmentar o mercado, é preciso selecionar os segmentos a serem atendidos e decidir a forma como serão atendidos. Para isso, existem três estratégias de abordagem ou definição de mercado-alvo: Marketing indiferenciado, Marketing diferenciado e Marketing concentrado. Na primeira, vários segmentos são abordados pela empresa sem distinção no composto de Marketing. Por exemplo, no Nordeste do Brasil, pequenos produtores embalam polpas de diversas frutas para uso em bares, lanchonetes ou venda em supermercados de todo o país, não havendo diferença entre os produtos ofertados para os diferentes segmentos. Na segunda estratégia, vários segmentos são abordados, mas de forma distinta, pela criação de ofertas de Marketing específicas para cada segmento-alvo. Essa estratégia é mais dispendiosa, porém gera maior proximidade com os clientes. O grupo Pão de Açúcar, por exemplo, atinge diferentes tipos de clientes, de forma distinta, por meio das bandeiras Pão de Açúcar (oferecendo maior comodidade, variedade e qualidade dos produtos), Extra (oferecendo grandes marcas com economia) e Assaí (oferecendo produtos em grandes quantidades a preços mais baixos). Na terceira estratégia, deve-se selecionar um segmento e definir um composto de Marketing mais adequado para atingir esse segmento. Fabricantes de acessórios de luxo, como a fabricante de bolsas Louis Vuitton, atingem um segmento de clientes sofisticados com alta renda, ao passo que a rede de lanchonete Habib's atinge principalmente consumidores populares que valorizam o preço baixo.

Segundo Ries e Trout (1993), posicionamento é o "espaço" que a empresa pretende ocupar no mercado e na mente de seus clientes, enquanto para Kotler e Keller (2006; p. 305), posicionamento é o ato de desenvolver a oferta e a imagem da empresa para ocupar um lugar destacado nas mentes dos clientes-alvo. Como é muito difícil para qualquer negócio se destacar em diversas dimensões ao mesmo tempo, o gestor precisa definir em qual(is) dimensão(es) a marca ou negócio deve se destacar. Por exemplo, a Volkswagen se posiciona como fornecedora de automóveis confiáveis, a rede de *fast food* Habib's como aquela que oferece o menor preço, a companhia aérea Azul se apresenta como a melhor relação custo-benefício, a Apple como fornecedora de equipamentos eletrônicos com melhor funcionalidade e *design* e a Coca-Cola como a fabricante de bebidas com maior tradição. Uma vez escolhida a dimensão ou a característica de acordo com a qual irá se posicionar na mente dos clientes e consumidores, a empresa deve destacar e ressaltar esse fator na mente das pessoas, em todos os momentos de contato, por meio dos produtos e serviços oferecidos pela empresa e comunicação realizada.

Na maioria das vezes, a falta de definição de estratégia SAP por parte dos gestores é a responsável pela "mesmice" e prevalência de ofertas indiferenciadas no mercado. Quando concorrentes se limitam a copiar ações de marketing dos concorrentes, por melhor que elas aparentem ser, o resultado é a proliferação de produtos, serviços, preços, pontos de venda, campanhas e marcas semelhantes que não geram vantagens competitivas reais para a maioria das organizações e, muito menos, para os clientes. Organizações criativas e inovadoras são aquelas que por meio de suas estratégias diferenciadas apresentam ofertas criativas que atraem a atenção e, principalmente, o "coração" dos clientes. No final, é disso que se trata o Marketing.

5.4. Desenvolvimento do Composto de Produtos

Uma vez definida a estratégia de Marketing, a primeira variável a ser trabalhada em relação ao *Marketing mix* é o produto ou, mais especificamente, o composto de produto, o conjunto de linhas e itens que a organização oferta no mercado. Uma das principais tarefas do gestor de Marketing é administrar o composto de produtos, lançando novos produtos, modificando os existentes e retirando de linha aqueles que não apresentam resultados. Novamente, o problema ocorre quando isso é feito sem planejamento e estratégia.

Uma pequena empresa, por exemplo, pode iniciar as atividades com um único produto, que passa a ter novas versões e, em seguida, produtos complementares. A lógica é que oferecendo mais opções, a organização pode obter maior receita, atendendo a diversos tipos de públicos e/ou mesmo outras necessidades do público já atendido. Se um empreendedor tem um restaurante e oferece algumas opções de pratos, logo pensa em ampliar a variedade, incluindo novas sobremesas e opções de bebidas. Como muitos clientes apreciam novidades e novas oportunidades também surgem a todo o momento, organizações inovadoras lançam novos produtos no mercado a todo momento. No caso do restaurante, isso pode significar alta variedade de pratos, sobremesas e bebidas, o que pode ser bom para clientes que buscam variedade e quantidade de comida, mas pode espantar clientes que valorizam a alta qualidade dos pratos. Portanto, oferecer novas opções para os clientes é sempre positivo, mas o importante é entender o papel do item de produto na composição dos resultados e custos gerados para a organização. Em muitos casos, o descontrole na criação e na manutenção de um grande número de linhas e itens de produto gera mais custos do que resultados, portanto é necessário efetuar análises e estabelecer objetivos para cada item de forma a reduzir a ocorrência de problemas.

Segundo Cooper, Edgett e Kleinschimidt (1999), métodos que combinem abordagens financeiras e estratégicas devem ser utilizados na gestão de um composto de produtos. Um portfólio adequado deve ser composto por linhas e itens com alto valor econômico (que trazem alto retorno de investimento e sólido valor presente líquido – VPL), que apresentem um equilíbrio entre as linhas e os itens (retorno de longo prazo *vs.* curto prazo, alto risco *vs.* baixo risco) e, principalmente, que estejam alinhados com a estratégia da empresa. Por exemplo, na composição do composto de produtos, a Ford no Brasil oferece um portfólio que contempla veículos populares (menor preço e possibilidade de mais volume de vendas, como o Ka), veículos *premium* (com margens maiores, como o Fiesta e o Focus), utilitários esportivos (que atendem à moda atual, como o Ecosport) e luxuosos híbridos (com grande investimento em tecnologias futuras, como a instalação do motor elétrico no Fusion).

Para administrar o composto de produto, avaliam-se as seguintes dimensões: abrangência, extensão, profundidade e consistência. Na análise da abrangência (Quadro 5.1), examinam-se os resultados obtidos com cada linha de produto, de acordo com os objetivos da organização. Entre os principais fatores avaliados, estão os seguintes indicadores: faturamento, margem de contribuição, participação de mercado, crescimento do mercado. Além disso, são analisadas qualitativamente as tendências gerais que afetam a indústria e as estratégias dos concorrentes. Essas análises permitem a avaliação da posição competitiva das linhas de produto, permitindo a tomada de decisão em relação ao investimento ou retirada de linhas de produto no mercado, assim como manutenção ou alteração das estratégias de Marketing para cada linha. Da mesma forma, a análise da extensão das linhas (quantidade de itens em cada linha) e a profundidade dos itens (número de versões de cada item, por exemplo, tamanho da embalagem e sabores) são realizadas utilizando-se os mesmos critérios, possibilitando as tomadas de decisão relativas à retirada, modificação e criação de linhas de produtos.

Quadro 5.1

Representação parcial da abrangência e extensão do composto de produtos da Apple

	Abrangência					
	Computadores	Tablets	*Smartphones*	Relógios	TVs	Músicas
Extensão	Macbook	iPad Pro	iPhone 7	Apple Watch	Apple TV	iTunes
	iMac	iPad Air 2	iPhone 6			
	Mac Pro	iPad Mini	iPhone SE			
	Mac Mini					

Após realizar análises e definir a composição mais adequada do composto de produtos, pode-se optar novamente pela ampliação das linhas, com o objetivo de buscar maior rentabilidade e crescimento no mercado. Nesse caso, as organizações desenvolvem estratégias de ampliação de linhas, para cima, para baixo ou ampliação dupla. Na ampliação para cima, são lançadas linhas ou itens de produtos (geralmente acompanhadas de novas marcas) em uma categoria superior ao que a empresa já atua, com o objetivo de obter maior rentabilidade ao ocupar segmentos mais lucrativos. Na indústria de biscoitos, por exemplo, diversos fabricantes estão lançando produtos de qualidade superior (que denominam biscoitos *premium*, como, por exemplo, recheados e *cookies*) com o objetivo de obter maior margem de contribuição. Embora a participação desses biscoitos *premium* seja pequena em relação ao mercado total de biscoitos e, portanto, represente um baixo volume de vendas em comparação com os apresentados por biscoitos tradicionais, mais simples, para a empresa é uma fonte de receita adicional, seja porque atingindo um novo público, seja porque faz com que parte de seu público atual troque o biscoito mais barato por um mais elaborado, com maior margem para a empresa. Como exemplo, temos a marca Bauducco que, durante muito tempo se dedicou a três linhas de produtos – panetones, biscoitos simples e torradas – e lançou, a partir de 2005, linhas de produtos com margem de lucro maiores, como biscoitos recheados de goiaba e *cookies*. Após essa mudança, os panetones, que respondiam por quase a totalidade do faturamento até a virada do século, passaram a representar um terço das vendas em 2011 e a receita de produtos lançados após 2005 tornou-se responsável por 20% das receitas no mesmo ano.

A ampliação para baixo também pode ser realizada, com o oferecimento de linhas ou itens de produtos de categoria inferior à atual. Um grupo que atua na área de chocolates no Brasil iniciou as atividades adquirindo uma marca com posicionamento de alta qualidade (Kopenhagen) e, em seguida, criou uma nova marca para atuar em uma categoria inferior à original, onde conseguiria maior volume de vendas ofertando produtos com preços mais acessíveis no mercado (Cacau Brasil). Da mesma forma, um grupo hoteleiro internacional (Grupo Accor) iniciou atividades oferecendo hospedagens em uma categoria intermediária (Novotel) e depois ampliou suas linhas para cima, criando bandeiras mais sofisticadas (Sofitel e Mercure), e para baixo, com bandeiras ligadas ao menor preço (Ibis e Formule 1).

Na administração do composto de produtos, também se pode recorrer à teoria denominada ciclo de vida do produto (CVP). Apesar de não se adequar fielmente a todas as situações, pode ser um bom indicativo do comportamento do mercado e das estratégias a serem utilizadas na maioria das categorias de produtos. Ao longo do ciclo de vida, vendas, lucros e estratégias de Marketing dos produtos são diferentes e seguem um padrão. Assim, uma vez identificada a fase em que se encontra o produto no seu ciclo de vida, espera-se que a situação concorrencial siga o padrão estabelecido, permitindo a escolha da estratégia mais adequadas para cada fase. O CVP é formado por quatro fases: introdução, crescimento, maturidade e declínio – e a posição em cada fase é determinada pelas vendas da categoria, com base na série histórica (Figura 5.3). Quando o produto é lançado, suas vendas iniciais são relativamente baixas, crescendo lentamente ao longo do tempo, iniciando-se a fase de introdução. No momento em que as vendas do produto se alteram e atingem um alto grau de crescimento, o produto encontra-se na fase de crescimento. Quando o crescimento de vendas diminui e se estabiliza (preferencialmente no ponto mais alto da curva), foi atingida a fase da maturidade. Finalmente, quando as vendas passam a cair consistentemente, inicia-se o período de declínio no CVP. Uma vez identificada a fase em que se encontra cada produto no seu ciclo de vida, cabe ao responsável pelo produto verificar o comportamento do mercado e, uma vez confirmadas as características da fase, tomar as decisões mais adequadas em relação a ela.

Figura 5.3

Ciclo de vida dos produtos

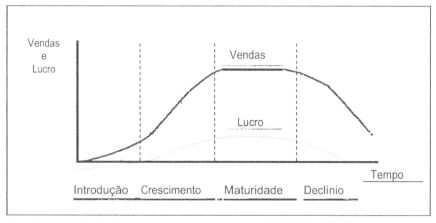

Fonte: Adaptada de Cox (1967; p. 377).

Na fase de introdução, as vendas são baixas, basicamente realizadas por clientes chamados "inovadores". Por ser novidade, em geral o produto é apresentado em poucas versões, os preços são elevados, a distribuição é seletiva (poucos pontos de venda) e a comunicação é voltada para a conscientização do cliente (para saber o que é o produto). Nessa fase, o objetivo é gerar a conscientização do mercado em relação ao produto. Na fase de crescimento, as vendas crescem rapidamente, os clientes já conhecem o produto e muitos estão dispostos a comprá-lo. Para incentivar a compra e combater os concorrentes, que nesse momento também entram no mercado, devem ser lançadas novas versões dos produtos, com melhorias técnicas e mais acessórios. Os preços diminuem conforme aumentam as vendas, os produtos são colocados em mais pontos de venda e a comunicação passa a focar a preferência do cliente. Nessa fase, o objetivo é conquistar a maior participação de mercado no momento em que muitos clientes compram os produtos pela primeira vez, gerando preferência pela marca e, futuramente, recompras e fidelização dos clientes. A fase de maturidade é o momento do ciclo de vida em que as vendas atingem o maior nível de vendas e lucros. Como o mercado está estabilizado, as empresas que alcançaram maior participação na fase de crescimento dominam o mercado, pois possuem maior volume de vendas e clientes. As empresas seguidoras (que não são líderes) buscam mais clientes e, para isso, devem confrontar a líder, que, por sua vez, também ataca as demais, usando a força obtida com a maior participação de mercado (mais clientes, faturamento, presença em canais e, teoricamente, lucros).

Além da acirrada competição, as organizações devem manter o nível de vendas melhorando a qualidade e as características dos produtos e serviços, e buscando novos clientes por meio da busca de novos mercados e segmentos. A marca Brastemp, por exemplo, líder de mercado em diversas categorias de eletrodomésticos, é conhecida no Brasil como grande inovadora em produtos e serviços. Considerando que geladeiras, fogões e máquinas de lavar são produtos na fase de maturidade, é importante que a empresa crie novidades para que os consumidores se disponham a comprar uma nova geladeira até mesmo quando a antiga ainda funciona, seja pelo novo *design* ou pelas novas características funcionais, como inversão do lado de abertura da porta ou alteração da posição do *freezer* com a geladeira. Ao mesmo tempo, a chinesa Haier, também fabricante de eletrodomésticos, busca a ampliação das vendas indo além do mercado doméstico, entrando no mercado norte-americano e investindo na compra da divisão de eletrodomésticos da General Eletric. Finalmente, na fase de declínio, a estratégia inicial é tentar a reversão das quedas de vendas, mas, uma vez confirmada a tendência de queda, a estratégia, em geral, é manter ou reduzir custos para retardar o final do produto. Em relação a esse assunto, as organizações não devem apenas retardar o declínio de seus produtos, devem, ao mesmo tempo, desenvolver novos produtos e serviços, com novos ciclos de vida. A Brastemp, que nos últimos anos tem se esforçado para criar novos negócios, como o filtro, inova inclusive na forma de ofertar o produto no mercado: não vende o filtro, obtém receita a partir do serviço prestado, com o aluguel e a manutenção do produto oferecido.

As estratégias relativas ao ciclo de vida do produto são baseadas na premissa de que a maior participação de mercado e o maior volume de vendas, na maioria das vezes, resultam em maior obtenção de recursos financeiros e, ao mesmo tempo, redução de custos obtidos pelo volume de vendas ou maior capacidade de investimento quando comparado aos concorrentes. Ocorre que novas tecnologias (por exemplo, tecnologia da informação) e novas formas de arranjos produtivos (redes formadas por parcerias) permitem que empresas iniciantes, mesmo sem grande capacidade de investimento ou participação de mercado quando comparadas às empresas maiores e líderes de mercado, obtenham grande competitividade e alto crescimento em pouco tempo. Um exemplo disso é a Netflix, uma empresa nova que alterou a indústria de entretenimento, ao confrontar, com novas tecnologias, as vantagens de capital (estrutura e recursos financeiros) das tradicionais TVs por assinatura. Essas empresas ainda não são dominantes nos mercados, mas requerem grande atenção das organizações tradicionalmente estabelecidas.

O controle do composto de produto deve ser realizado pelo gestor de Marketing por meio do acompanhamento frequente das vendas, avaliação de tendências de mercado e do movimento dos concorrentes e, a partir dessas análises, promover adequações e modificações para que o portfólio de produtos seja o mais adequado. Mas esse monitoramento só pode ocorrer quando as informações estão disponíveis para o gestor. Por isso, é fundamental a organização e a manutenção de um sistema de informações de marketing (SIM), uma estrutura composta por pessoas, equipamentos e processos que coletem, processem e distribuam as informações necessárias para a gestão de Marketing da empresa. Parte das informações necessárias estão disponíveis nos sistemas gerenciais das próprias empresas (ERPs) no caso de dados financeiros (faturamento, margens, lucro, quantidade vendida etc.) e informações sobre clientes em serviços de atendimento ao cliente (SACs) e sistemas de gestão do relacionamento com o cliente (em inglês, *costumer relationship management* – CRM), mas muitas outras devem ser coletadas no mercado. A forma de obtenção das informações varia principalmente de acordo com a disponibilidade de recursos financeiros disponíveis. Uma empresa pode ter acesso às vendas totais de um mercado e participação de mercado da empresa e dos concorrentes com institutos de pesquisa e de auditoria de varejo como, por exemplo, Nielsen e Ipsos, adquirir relatórios setoriais com tendências mundiais (Euromonitor) e conhecer os principais lançamentos de produtos em cada categoria no mundo (Datamonitor). Mas muitos dados também podem ser coletados por meio de buscas na internet ou contatos com associações, entidades de classe e federações (como a Federação das Indústrias do Estado de São Paulo – Fiesp). De qualquer maneira, parte fundamental das informações, referentes aos concorrentes e clientes em cada mercado, está disponível e acessível a qualquer empresa: o contato direto com distribuidores e revendedores por intermédio dos vendedores. Desde que bem instruídos, vendedores podem trazer muitas informações do mercado, como preferências dos clientes, tendências das vendas, informações de concorrentes obtidas pelo contato com os revendedores e distribuidores presentes em cada mercado.

Por fim, não basta que o gestor de Marketing faça a gestão do composto de produtos e serviços da empresa, também é seu papel a criação e o desenvolvimento de marcas que representem os valores relacionados aos produtos e serviços ofertados. Em muitos casos, a marca é mais valorizada que o próprio produto. Por exemplo, as pessoas não compram um *smartphone*, compram um iPhone da Apple. É claro que a empresa se esforça para oferecer a melhor tecnologia, mas mesmo que nem sempre consiga isso em todas as versões e funções do produto, os consumidores buscam o *status* e as características representadas pela marca: modernidade, elegância e beleza. Do mesmo modo, consumidores desejam uma Ferrari, mesmo que alguns modelos não sejam necessariamente mais rápidos ou modernos, o que importa é o *status* oferecido pela tradição da marca. A construção da marca é resultado da escolha de características, funcionalidades e valores para o produto ou serviço que, ao longo do tempo são absorvidas e, depois, refletidas por essa marca.

5.5. Decisões e Estratégias de Preços

No processo de compra, após conhecer e avaliar os produtos, o potencial comprador normalmente volta sua atenção para o preço. Embora exista o desejo de adquirir um produto ou serviço, a questão agora é o preço, ou seja, a disposição ou a disponibilidade para entregar algo (em geral, dinheiro) para o vendedor e, em troca, obter o produto ou serviço desejado. Por depender de diversos fatores, esse preço pode assumir diversos valores, dependendo da situação, das características e condições financeiras do indivíduo ou da organização, o que torna o estabelecimento do preço um grande desafio para o gestor de Marketing. Por exemplo, um empresário bem-sucedido acredita que R$100,00 é uma quantia justa por um almoço em um bom restaurante, enquanto um servente de pedreiro ficaria horrorizado com o mesmo valor, que representaria quase 10% da sua renda bruta mensal. Em outra situação, dois amigos com o mesmo nível de renda podem atribuir valores diferentes para um preço: enquanto um deles paga R$5.000,00 por uma semana de férias com a família em um hotel, o outro busca alternativas com preços mais acessíveis, pois não aceita pagar esse valor pela hospedagem, por melhor que seja. Para lidar com as variações na atribuição de valor em relação aos produtos e preços por parte dos clientes, o gestor de Marketing deve criar estratégias e táticas de preços que melhor se adaptem às diversas situações e tipos de clientes. Esses assuntos serão discutidos nos tópicos a seguir.

5.6 Posicionamento do Preço *vs.* Qualidade

Na elaboração do preço, o primeiro passo é a definição do posicionamento do preço em relação à qualidade do produto ofertado. Segundo Kotler (2000), a combinação dessas variáveis estabelece nove estratégias de preço e qualidade que podem ser utilizadas pelas empresas para atingir seus públicos-alvo (Figura 5.4). As empresas podem estabelecer várias posições nessa matriz, dependendo das estratégias definidas para cada uma das marcas e produtos. As estratégias diagonais 1, 5 e 9 são mais tradicionais no mercado, sendo a estratégia 5 a mais comum em qualquer tipo de mercado, pelo simples fato de que representa a equação mais equilibrada entre as variáveis de preço e qualidade. A estratégia 1 é utilizada principalmente para atingir segmentos específicos, geralmente com maior renda, pois esse tipo de público dispõe de recursos para adquirir produtos de qualidade superior. No lado oposto, empresas com estratégia 9 tendem a focar esforços em segmentos com menor renda, mais propensos a abrir mão da qualidade, adquirindo produtos mais básicos. Justamente por apresentar uma equação mais equilibrada e lógica, a estratégia 5 acaba sendo aquela adotada pela maioria dos concorrentes do mercado, fato que gera, obviamente, maior disputa, pois todos tendem a oferecer o mesmo valor, resultando, não raramente, em redução da margem dos produtos. Nesses casos, geralmente se destacam as empresas com maior volume de vendas, que se beneficiam da economia de escala e operam com menores custos. A maioria das empresas com posição 1 possui ofertas diferenciadas, atingindo segmentos cada vez mais específicos na medida em que aumenta a diferenciação e o preço dos produtos oferecidos. Na posição 9, estão as empresas que oferecem produtos básicos, de baixa qualidade, que cumprem as funções minimamente esperadas, mas que muitas vezes ficam devendo em desempenho. As posições 4, 7 e 8 são utilizadas por empresas que praticam um preço excessivo em relação à qualidade oferecida pelo produto e, nesses casos, os clientes se sentem em desvantagem na compra. As posições 2, 3 e 6 são formas de atacar diretamente as estratégias diagonais tradicionais, oferecendo ofertas mais interessantes, desde que o valor desejado não seja o *status* ou a exclusividade oferecida pelo concorrente da posição 1. A posição 2 indica que a empresa oferece a mesma qualidade do concorrente com posição 1, mas com menor preço. Na posição 3, a oferta é similar às oferecidas pelos concorrentes das posições 1 e 2, mas o preço é ainda menor. Na estratégia 6, a empresa oferece a mesma qualidade dos concorrentes da posição 5, mas cobram menos.

Figura 5.4

Matriz de posicionamento preço vs. qualidade

PREÇO

	1. PREMIUM	2. ALTO VALOR	3. VALOR SUPREMO
QUALIDADE	4. PREÇO ALTO	5. PREÇO MÉDIO	6. VALOR MÉDIO
	7. ASSALTO	8. FALSA ECONOMIA	9. ECONOMIA

Fonte: Kotler (2000).

Como exemplo de estratégias de sucesso no Brasil, podemos citar o caso da fabricante de automóveis Hyundai no Brasil, que se posiciona na estratégia 2, prometendo carros do nível das marcas de luxo alemãs e inglesas com preço abaixo desses concorrentes. Outro exemplo é o supermercado Dia, que se posiciona na estratégia 9, reduzindo custos relacionados à operação prometendo os menores preços do mercado para os consumidores.

5.7. Objetivos de Preço

Uma vez estabelecido o posicionamento de preço e qualidade, o próximo passo é definir os objetivos de preços para as linhas e os itens de produto. Segundo Kotler e Keller (2012), os cinco objetivos principais são: sobrevivência, maximização do lucro atual, maximização da participação de mercado, desnatamento máximo de mercado e liderança na qualidade do produto.

Quando se encontra em uma situação não favorável, uma empresa pode estabelecer a sobrevivência como objetivo de seu preço, baixando-o para cobrir os custos variáveis e, se possível, os custos fixos, para subsistir durante um curto espaço de tempo. Outras empresas definem como objetivo a maximização do lucro, estabelecendo preços que tragam o máximo lucro corrente, fluxo de caixa ou retorno sobre o investimento. Nesse caso, a empresa deve oferecer produtos que os clientes realmente desejam cuja demanda seja suficiente para atingir os objetivos definidos. O objetivo de maximização da participação de mercado é escolhido por empresas que querem aumentar sua participação de mercado e o volume de vendas com redução de custos unitários (em função da curva de experiência) para obter aumento dos lucros a médio e longo prazo. Nesse caso, os preços são estabelecidos em patamares médios ou baixos de mercado, considerando que o mercado é sensível a preço. Já as empresas da área de tecnologia seguem o objetivo de desnatamento máximo de mercado na definição dos preços de seus produtos. Os *smartphones*, por exemplo, são lançados no mercado com características inovadoras e altos preços, para que somente consumidores com alta capacidade de pagamento possam adquirir o produto, gerando margens elevadas para a empresa (estratégia de desnatamento de mercado). Conforme os níveis de vendas caem, as empresas reduzem os preços gradativamente, tornando o produto acessível aos consumidores que antes não podiam (ou não queriam) pagar pelo produto, desnatando o mercado até que o preço atinja patamares populares. Por fim, o objetivo de liderança na qualidade do produto é escolhido por empresas que oferecem produtos de alta qualidade e *status*, combinados com cobrança de altos preços, mas que ainda são acessíveis aos seus consumidores.

Em uma empresa, os objetivos de preço podem ser estabelecidos por linhas ou itens de produto, de modo que podem coexistir diversos objetivos ao mesmo tempo. A fabricante de relógios Swatch, por exemplo, oferece diversas marcas e linhas de relógios, com objetivos de preço diferentes, alinhados com as estratégias de posicionamento de cada marca, desde relógios caros como os Blancpain e Longines, com os quais obtém o máximo lucro unitário, passando por relógios de preço médio como Tissot e Certina, até relógios com preços mais acessíveis e grande participação de mercado com a marca Swatch.

5.8. Definição do Preço

Estabelecidos o posicionamento e o objetivo de preço, o gestor de Marketing deve definir o preço a ser cobrado pelo produto ou serviço. Para isso, deve retomar a análise dos segmentos que quer atingir, aprofundando o estudo do comportamento destes em relação ao preço, e avaliar fatores relacionados ao mercado, como a demanda pelo produto (ou serviço) e as estratégias de preço dos concorrentes. Então, a partir dessas análises, o gestor deve definir um preço que gere um volume de vendas e cubra os custos totais da empresa, além de trazer o retorno financeiro esperado (lucro). Esse processo pode ser expresso, de forma simplificada, em uma equação:

$$(P - Cvu) \times Q - Cf = Lucro$$

Em que:

P = Preço ofertado
Q = Quantidade vendida
Cvu = Custo variável unitário
Cf = Custos fixos totais da empresa

Na equação, o preço e o custo variável unitário (custo de cada produto ou serviço produzido) variam de acordo com o volume de vendas, enquanto o custo fixo existe independentemente do volume produzido. A geração do lucro depende da relação entre a diferença do preço estabelecido e do custo unitário (margem de contribuição unitária), a quantidade vendida e o custo fixo da empresa. Portanto, quanto maior o preço e menor o custo unitário do produto vendido (isto é, com margem maior de contribuição unitária), maior a quantidade vendida e menor o custo fixo total da empresa, maior será o lucro.

Em resumo, a definição do processo ocorre da seguinte forma: o gestor calcula um preço que deve estar alinhado com os objetivos e as estratégias da empresa. Em seguida, analisa a demanda (clientes) e a participação de mercado (concorrentes), verifica o histórico das vendas passadas e as estimativas de vendas dos canais, projetando vendas futuras de acordo com o preço estabelecido, considerando as possíveis adequações de preço (descontos e prazos de pagamento).

5.9. Adequação do Preço

Na definição do preço, as empresas devem considerar a oferta de descontos, as diferentes formas de pagamento e concessões para atingir as vendas esperadas, bem como devem promover produtos e marcas ou combater concorrentes. O desconto é frequentemente utilizado pelo varejo para chamar atenção para um produto na gôndola ou em um *site* da internet. Ao se deparar com uma ação desse tipo, o consumidor acredita estar diante de uma oportunidade, ficando mais propenso a adquirir o produto. Além disso, a promoção é utilizada para gerar experimentação de um novo produto no mercado ou como ação de combate aos concorrentes, em situações nas quais o concorrente inicia alguma campanha promocional, cabendo à empresa agir de forma reativa. Contudo, nem sempre as empresas optam pela reação às promoções dos concorrentes, confiando na fidelidade dos clientes e na diferenciação da marca e de seus produtos.

No mercado brasileiro, a utilização de ações promocionais relacionadas ao desconto beira à saturação. Ao contrário de mercados como Estados Unidos e Europa, em que as grandes liquidações – com descontos de até 80% – são realizadas em períodos bem definidos, sazonais, no Brasil as liquidações e os descontos são anunciados durante o ano todo, fazendo com que essas ações se tornem, de certa forma, comuns sob a ótica do consumidor. Segundo essa lógica, todas as empresas, de qualquer segmento e indústria, devem oferecer descontos a todo o momento, como comprovam, por exemplo, os "feirões" de redes autorizadas de automóveis, com "descontos especiais somente nesse fim de semana!" que são realizados quase todo final de semana, durante todo o ano. Somente empresas com maior imagem de marca e fidelização de clientes acabam fugindo desse padrão, preservando suas margens e realizando descontos somente em situações específicas, principalmente em mudanças de coleção e datas comemorativas.

Os descontos também podem ser utilizados como incentivo para que os clientes optem por condições financeiramente mais favoráveis para a empresa no momento de compra. Uma empresa pode conceder descontos de acordo com a forma de pagamento, antecipando a entrada de recursos no caixa quando for interessante. Em alguns mercados, como o de móveis, são praticadas vendas parceladas em dez meses. Para algumas empresas, o financiamento dos bens – próprio ou por terceiros – faz parte do negócio, mas muitos acreditam que o melhor negócio para ambos é vender pelo preço à vista e, nesse caso, podem oferecer descontos que favorecem essa modalidade de pagamento. Outra prática comum é o desconto por volume, ou seja, a empresa concede descontos progressivos à medida que o cliente aumenta o volume de compras. Essa prática é interessante para empresas que se beneficiam de ganhos de escala, querem aumentar a participação nas compras dos clientes (pois o cliente concentra as compras no mesmo fornecedor, reduzindo a participação dos concorrentes) e antecipar compras futuras dos clientes. Outra prática interessante é o desconto sobre a tabela, quando a empresa define uma tabela de preços para os produtos e trabalha com descontos de acordo com regras e políticas pré-definidas com os clientes. Nessa modalidade de desconto, o preço real varia de cliente para cliente, dependendo da negociação e do poder de barganha. Com isso, existe flexibilidade para aumentar as margens em determinados clientes, trabalhar margens menores em clientes com volumes maiores ou mesmo estabelecer regras de incentivos a vendas e serviços para distribuidores e revendedores. Uma empresa pode, por exemplo, estabelecer descontos progressivos sobre a tabela à medida que o cliente aumente o tamanho do lote nos pedidos e o revendedor siga regras de venda e atendimento definidos e monitorados pela fábrica com os consumidores.

As concessões são, segundo Kotler e Keller (2012), pagamentos extras elaborados para obter participação de revendedores em programas especiais. Concessões de troca são deduções no preço concedidas mediante a devolução de um artigo antigo na compra de um novo, como, por exemplo, ao apresentar um *smartphone* antigo como parte de pagamento na compra de um modelo mais novo. Já as concessões promocionais são pagamentos ou deduções no preço para recompensar os distribuidores por sua participação em programas de propaganda e apoio a vendas. Os grandes fabricantes de bens de consumo frequentemente utilizam a concessão promocional para conseguir lugar de destaque nos grandes supermercados, tanto para obter localização privilegiada na loja quanto para obter a posição desejada na prateleira.

Uma vez definidas as decisões relacionadas ao preço, o gestor se concentra no controle diário das estratégias e táticas efetivadas. Por meio de relatórios detalhados, o gestor deve avaliar os indicadores de desempenho (vendas, margens, participação de mercado) e utilizar sistemas de inteligência, formais ou não, para acompanhar preços e ofertas de concorrentes e, quando necessário, criar estratégias e táticas que garantam o desempenho esperado pela empresa.

5.10. Decisões Relativas aos Canais de Distribuição

Uma vez definidas as estratégias de produto e preços, o gestor se concentra na avaliação e na escolha das alternativas de distribuição (variável "praça" dos 4 Ps), que envolve a localização dos pontos de venda, a logística envolvida na entrega do produto ou serviço, a escolha do sistema e as políticas de distribuição, e a disposição dos produtos nos pontos de venda.

Com base na estratégia de Marketing definida, o gestor deve, inicialmente, escolher os mercados em que pretende atuar, definindo a abrangência geográfica, ou seja, países, cidades e bairros a serem atingidos. Nessa escolha são avaliados diversos fatores relativos a cada região, entre eles a demanda atual e potencial relativa aos produtos e serviços oferecidos, o nível de concorrência (número e características dos concorrentes), condições legais e institucionais (impostos, leis e/ou incentivos governamentais), custos operacionais relacionados ao transporte e armazenamento dos produtos e serviços (distância, logística) e existência de canais (clientes e parceiros comerciais). O estudo da demanda atual e futura pode ser realizado a partir de fontes publicamente disponíveis como, por exemplo, o IBGE, que permite conhecer o perfil demográfico da população brasileira por região, estado e cidade, ou por meio de pesquisas e bases de dados fornecidas por empresas especializadas (por exemplo, Euromonitor, Nielsen e Ipsos), entidades de classe e fomentadores (Fiesp e Sebrae), e parceiros comerciais (distribuidores, varejistas e representantes comerciais).

Em relação ao nível de concorrência, é preciso verificar a existência de concorrentes com produtos e serviços similares e substitutos na região, bem como avaliar as vantagens da empresa em relação a cada competidor. A simples presença de um concorrente no local não reduz a atratividade, pois muitas vezes ele não oferece o valor que a empresa entrante pode oferecer. Por exemplo, a existência de uma lavanderia em um bairro não diminui a chance de sucesso de uma nova lavanderia que se instala na mesma rua, pois a nova concorrente pode oferecer serviços que a antiga não consegue oferecer ou mesmo atender clientes que estavam insatisfeitos com o estabelecimento existente. Pode ocorrer que uma região tenha potencial de demanda suficiente para diversos concorrentes, ou que seja uma região ou bairro que atraia compradores de outras partes da cidade, estado ou país, como ocorre na rua Santa Efigênia (eletrônicos) ou no bairro do Brás (atacado de artigos relacionados a vestuário) em São Paulo. Portanto, a grande questão não é se existem ou não concorrentes, pois, se não existem em um bairro ou região, podem chegar a qualquer momento, mas, sim, identificar seus pontos fortes e fracos e avaliar sua competitividade no mercado.

A escolha do ponto comercial é fundamental no caso de empresas que atendem ao consumidor, varejistas e prestadores de serviços. Principalmente nos casos em que se procura atingir grande número de consumidores, deve-se escolher um ponto com grande movimento de clientes potenciais, com fácil acesso e instalações adequadas (estacionamento, arquitetura do prédio, espaço etc.). Ruas e avenidas mais movimentadas apresentam preços de compra e locação de imóveis mais elevados, mas que, em geral, compensam pela atratividade gerada pela melhor localização. Dentro das lojas, varejistas devem expor produtos mais atraentes e com maior margem nas gôndolas e nos expositores posicionados mais à frente, deixando os produtos básicos no fundo da loja. Nas drogarias, por exemplo, cosméticos e produtos de higiene podem estar posicionados mais na frente, atraindo os compradores no momento que caminham para o fundo da loja para adquirir medicamentos. Além disso, quanto mais exposto e mais próximo do comprador estiver o produto, maior a probabilidade de venda. Por esse motivo, grandes fabricantes investem em expositores e negociam com as lojas a melhor localização nas gôndolas.

Com o crescimento das compras virtuais, as empresas também precisam disponibilizar produtos e serviços pelos meios digitais, principalmente em *sites* e aplicativos para *smartphones* (*e-commerce*). Nesse caso, além do desafio de elaborar um *site* ou aplicativo funcional e atrativo, a empresa deve controlar a complicada logística envolvida nesse tipo de distribuição. O controle de estoques e o tempo de entrega dos produtos e serviços são fundamentais nas vendas por meios virtuais, fato que reforça a necessidade de escolha e gestão de parceiros e fornecedores confiáveis que possibilitem a entrega nos locais e prazos acordados. Isso pode envolver, por exemplo, a contratação de motoqueiros terceirizados nas entregas no bairro, e a utilização de empresas de entregas expressas, transportadoras e os Correios (Sedex) nas entregas municipais, regionais, nacionais e internacionais. Em alguns negócios, o *site* e o aplicativo atuam como verdadeiros "pontos de encontro" virtuais, juntando fornecedores de produtos e serviços e seus respectivos compradores. Entre os diversos exemplos podem ser citados o *site* de reservas Booking que direciona os viajantes à hotéis e pousadas, o Airbnb que ajuda proprietários de imóveis a encontrar locatários, o Uber que liga motoristas particulares a clientes e *sites* como o Mercado Livre, que oferecem uma plataforma para a realização de leilões virtuais.

Tanto nos casos de distribuição de produtos e serviços realizados em lojas físicas quanto em ambientes virtuais, deve-se avaliar o sistema de distribuição a ser utilizado: será realizado com estrutura própria? Se não, quais serão os participantes do canal? Qual tipo de relação será estabelecido com os parceiros? Uma fábrica pode confeccionar e distribuir os produtos com estrutura própria, abrindo lojas e adquirindo veículos para entrega, concentrando todas as atividades em uma só empresa. Mas, na maioria dos casos, as empresas optam pela concentração na fabricação do produto e distribuem seus produtos e serviços por meio de atacadistas e varejistas e, mais recentemente, por sistemas de franquia. As vantagens da distribuição por meio de clientes e parceiros são a rápida exposição e a disponibilização dos produtos nos mercados com o menor custo possível, afinal todos os recursos necessários para abrir e operar os canais são de responsabilidade de terceiros. Em outras palavras, a distribuição para diversos mercados pode ser realizada simplesmente pela venda dos produtos para distribuidores ou revendedores e, se desejar maior controle e exclusividade, a empresa pode estabelecer um sistema de franquia, no qual exerce maior poder sobre os participantes do canal.

Todo o sistema de distribuição depende essencialmente da atratividade criada pelos demais "Ps" do composto. Não é possível expandir os pontos de venda e disponibilizar produtos no mercado se eles não forem atrativos, com preço adequado e comunicação eficiente. Quanto mais clientes desejam produtos ou serviços, mais parceiros querem estabelecer relacionamentos, portanto novas alternativas de canal surgem e mais vendas são geradas. O controle da distribuição deve ser realizado pelo controle das vendas e, principalmente, pelo monitoramento dos canais, estabelecendo o contato frequente dos vendedores com os distribuidores e revendedores, para que passem informações sobre as condições de distribuição, demanda do mercado, concorrentes e comportamento dos clientes e consumidores.

5.11. Definição das Ferramentas de Comunicação

Uma empresa pode oferecer bons produtos e serviços, ter preços justos e estar presente em diversos pontos de venda, mas de nada adianta se os clientes não sabem disso. Por meio da comunicação (variável "promoção" dos 4 Ps), é possível chamar a atenção dos clientes, se destacar, comunicar o valor e os benefícios oferecidos, gerar interesse e desejo e, finalmente, levar o cliente à ação, ou seja, à compra dos produtos e serviços ofertados. Para isso, as diversas ferramentas de comunicação devem ser trabalhadas de forma integrada (comunicação integrada), gerando sinergia entre elas e, consequentemente, atingindo com maior eficiência e eficácia os objetivos desejados. Por exemplo, uma empresa pode utilizar a propaganda para atingir clientes potenciais de diversas formas (anúncios, redes sociais, *sites* de busca etc.), gerando conhecimento e interesse pela marca, facilitando, assim, o trabalho do vendedor no momento de agendar uma visita, argumentar e fechar um negócio. Da mesma forma, o patrocínio de uma ação relacionada à sustentabilidade do meio ambiente pode reforçar a imagem de um produto com apelo ecológico. A seguir, serão apresentadas as principais modalidades de ferramentas de comunicação.

5.11.1. Propaganda

Essa ferramenta tem como principal objetivo a transmissão de mensagens que geram vendas e constroem marcas e relacionamentos com os diversos públicos, sendo baseada na exposição da marca e das mensagens da empresa em diversos meios de comunicação (TV, jornais, revistas, *outdoors*, *sites*, *blogs* etc.), principalmente por meio de anúncios. Empresas do ramo de varejo e fabricantes de bens de consumo, em geral, são as que mais investem em anúncios, atingindo maior número de clientes, gerando alto índice de reconhecimento de marca e altos volumes de vendas. Mesmo as empresas menores dessas áreas, quando mais ousadas, repetem essa fórmula, mas com menor abrangência, investindo em anúncios em mídia regional ou local como retransmissoras de TV, rádios, revistas, jornais, além de *outdoors* e placas de rua. Essa ferramenta exige frequência, ou seja, no caso do anúncio, é necessário repeti-lo várias vezes em momentos e lugares distintos, o que exige maior volume de investimento. Por exemplo, não basta uma única inserção em um canal de TV, é preciso repeti-la diversas vezes para atingir a maior quantidade possível de clientes e, ao mesmo tempo, aumentar a possibilidade de atingir cada cliente a maior quantidade de vezes possível.

A propaganda muitas vezes é utilizada de forma integrada com eventos e ferramentas promocionais. Por exemplo, a rede de varejo Casas Bahia que utiliza a propaganda na TV para atrair o maior número de pessoas para suas promoções de preço (Figura 5.5). Da mesma forma, redes de concessionárias de automóveis anunciam os "feirões de automóveis" no fim de semana na TV e nos jornais, atraindo o consumidor para as promoções especiais de preço. Já os bancos, em geral, utilizam propagandas para reforçar marcas e gerar a simpatia dos consumidores, enquanto laboratórios farmacêuticos as utilizam para que usuários se lembrem dos produtos nos momentos de emergência (uma dor de cabeça ou resfriado). Enfim, essa ferramenta é interessante, mas requer maior capacidade de investimento para empreendedores que buscam atingir um grande número de clientes, muitas vezes espalhados geograficamente, para construir marcas ou atrair clientes para promoções da empresa. A *home page* da empresa na internet, a criação de *blogs* e a criação de perfis em redes sociais também podem ser consideradas como ferramentas de propaganda, estando sempre relacionadas com as ferramentas de Marketing direto (áreas "logadas" que necessitam de identificação e senhas e atendimento por voz ou *chats*) para manter alto nível de interatividade. Além disso, existem diversas outras ferramentas como *outdoors*, cartazes, panfletos e faixas que podem ser utilizados para a comunicação das marcas e mensagens, de acordo com os objetivos de comunicação e público-alvo definido.

Figura 5.5

Ofertas no *site* Casas Bahia

Fonte: <www.casasbahia.com.br>. Acesso em 2017.

5.11.2. Promoções

As ferramentas promocionais têm como principais objetivos a geração de experimentação e vendas dos produtos e serviços, podendo ser utilizadas em grande ou pequena escala, permitindo maior avaliação e controle dos resultados obtidos pela ação. Entre as modalidades de promoção estão amostras grátis, concursos culturais, programas de recompensa, programas de incentivo a vendas ou preços promocionais. No lançamento de novos produtos, as amostras grátis facilitam o acesso dos consumidores, tornando o produto conhecido e, consequentemente, gerando vendas. No varejo, promotoras de vendas oferecem amostras de um novo bolo lançado naquela semana. Uma plataforma distribuidora de filmes e seriados na internet oferece aos potenciais clientes a oportunidade de conhecer o serviço oferecendo um mês de assinatura gratuita. Os concursos culturais (por exemplo, ganha a "melhor frase") são mais simples de operacionalizar do que os tradicionais sorteios, que exigem o cumprimento de exigências burocráticas como a contratação de auditorias e autorização de órgãos por se tratar de um jogo de azar. Os programas de recompensas por compras são utilizados por companhias aéreas na forma de "milhagens", por conversão dos valores em pontos em redes de varejo ou na forma de carimbos ou selos em restaurantes e pizzarias, e podem ser realizados pela própria empresa ou com parceiros e distribuidores. Por exemplo, quando uma fábrica de tintas deseja aumentar as vendas em determinada loja, pode realizar uma campanha na qual os vendedores da loja são premiados de acordo com as vendas dos produtos da marca patrocinadora. Finalmente, as ações mais utilizadas no varejo são os descontos promocionais, que podem ocorrer de diversas formas: redução de preço em uma linha de produtos (semana dos móveis), redução de preço em um item específico (barras de chocolate de R$ 10,00 por 8,99) ou descontos por volume que consistem na oferta de desconto progressivos de acordo com o volume de itens adquiridos na compra, por exemplo, 5%, 10% ou 30%, de acordo com o número de peças compradas. Existe ainda a variante "leve 3 e pague 2", que junta a amostra grátis à promoção de preço.

Nas diversas modalidades de promoção, o fato importante que o gestor deve controlar é o prazo de execução da promoção. As promoções não devem ter longa duração, caso contrário podem perder o efeito. Por exemplo, uma oferta perde o efeito quando o cliente retorna à loja diversas vezes e encontra o mesmo produto sempre com o mesmo desconto. A solução é ser sempre criativo, variando a promoção de acordo com o tempo. Por exemplo, sempre existe um "novo" sanduíche no McDonald's, mas ele sempre é oferecido por tempo limitado e alterado depois de algumas semanas.

5.11.3. Eventos, Feiras, Assessoria de Imprensa e Relações Públicas

As ferramentas desse grupo têm como objetivo a construção de imagem e o relacionamento da empresa com os diversos públicos que a rodeiam (*stakeholders*), desde clientes até parceiros, associações, governo, entidades de classe e a comunidade em geral. Eventos como comemorações ou palestras ajudam na construção do relacionamento com clientes, estabelecendo contato com eles fora do momento de venda. As feiras têm a função de gerar contatos, pois em um único lugar estão reunidos os principais compradores e fornecedores da área. Vendas são realizadas nas feiras, mas o foco é estabelecer contatos e coletar o cartão de potenciais compradores, realizando uma abordagem de vendas após o término da feira. A assessoria de imprensa é uma forma de divulgar os produtos e a marca da empresa em veículos de comunicação sem ter de pagar diretamente por isso, fato que gera maior credibilidade e menor custo, afinal depende basicamente da contratação de uma boa empresa de assessoria de imprensa que entra em contato com jornalistas, sugere pautas e envia um kit com artigo e amostras do produto. Nesse caso, se o assunto for realmente interessante para o veículo de comunicação (TV, jornal ou revista), a empresa pode ser citada ou entrevistada em um espaço do canal. Por fim, o empreendedor pode realizar ações de relações públicas, mantendo contato com entidades de classe, governo e comunidades (ações sociais) com o intuito de construir e manter relacionamentos.

5.12. Equipe de Vendas

Toda a receita de uma empresa passa pelas mãos de um vendedor, seja ele um funcionário ou o proprietário da empresa. Dada a importância da função de vendas, muitas empresas denominam o vendedor como "gerente de novos negócios", deixando claro que essa pessoa não é somente um "anotador" de pedidos, mas, sim, o responsável pela busca e pela efetivação de negócios. Para isso, vendedores devem investir grande esforço na preparação da venda, conhecendo as características dos produtos oferecidos e entendendo os desejos e as necessidades dos compradores. O gestor de Marketing precisa garantir que o vendedor tenha não somente as habilidades de comunicação e relacionamento necessárias, mas também o conhecimento em técnicas de vendas e, principalmente, capacidade de resolver os problemas dos clientes por meio da oferta de soluções oferecidas pela empresa. Além disso, é papel do gestor de Marketing supervisionar os vendedores, definindo regiões e segmentos a serem abordados, cobrando metas "audaciosas", oferecendo boas comissões de vendas e criando programas de incentivo.

5.13. Marketing Direto

Marketing direto é a comunicação estabelecida pelo contato direto com clientes ou potencias clientes identificados. Esse contato pode ser por telemarketing, malas diretas (envio de cartas, folhetos ou catálogos pelos Correios), áreas logadas e *chats* em *sites*, e mensagens trocadas por e-mail e aplicativos.

A efetividade das ações em Marketing direto depende da qualidade das informações contidas no banco de dados utilizado. Para enviar folhetos, realizar ligações de telemarketing ou enviar e-mails comerciais, é necessário obter nomes de clientes potenciais. Portanto, o maior esforço do gestor de Marketing nesse caso é construir um banco de dados de clientes que realmente possam se interessar pelo produto, pois é um desperdício de tempo e dinheiro enviar um folheto, e-mail ou realizar um contato telefônico com pessoas ou empresas que não têm nenhum interesse pelo produto ou serviço ofertado. O banco de dados com todas as informações relativas aos compradores deve ser construído e constantemente atualizado pela empresa para acompanhamento das compras e utilização em programas de fidelização e incentivo. Dessa forma, a partir do banco de dados, é possível identificar o perfil e as preferências dos clientes, ofertando produtos e realizando promoções mais adequadas com a utilização de ligações telefônicas, folhetos e mensagens de e-mail e aplicativos.

Por fim, o gestor deve definir o conjunto de ferramentas de comunicação a serem executadas de acordo com seus objetivos e, principalmente, recursos disponibilizados. Nem sempre é possível utilizar todas ferramentas e ações desejadas, pois dependendo da abrangência e frequência, podem exigir um investimento que a empresa não consegue ou não está disposta a realizar. De qualquer forma, independentemente do volume de recursos e das ferramentas utilizadas, o fator mais importante é que o gestor execute as ações dentro do conceito de comunicação integrada, em que as mensagens são convergentes e reforçam o posicionamento da marca. Por exemplo, ao realizar uma ação social, os gestores da marca de eletrodomésticos Consul criaram o Consulado da Mulher, um programa de apoio e capacitação de mulheres empreendedoras de baixa renda, em situação de vulnerabilidade, nas áreas de alimentação e lavanderia. Com esse projeto, a marca se relaciona diretamente com as mulheres, um público importante para a marca, e melhora a vida das pessoas por meio dos eletrodomésticos que fabrica. Percebe-se, nesse exemplo, que mesmo em uma ação de relacionamento com a sociedade, elementos do público-alvo e do posicionamento estão presentes, fazendo sentido e construindo o valor da marca na mente do consumidor.

Competências
por Edmir Kuazaqui

Discutir competências humanas e profissionais em planejamento e gestão de Marketing é complexo, pois envolve uma série de conteúdos e situações. Lodish, Morgan e Kallianpur (2002) afirmam que o Marketing é considerado a mais importante função de uma empresa, destacando as estratégias de Marketing e vendas e inovação do produto, superando o gerenciamento de pessoas, as estratégias financeiras e a tecnologia da informação. Dentro desse contexto e análise de qualquer empreendimento, o Marketing pode ser considerado como o início, meio e fim de qualquer negócio. Vale destacar, entretanto, como elemento sistêmico, que todas as áreas da empresa devem contribuir de forma integrada para os propósitos organizacionais. Ireland, Hoskisson e Hitt (2015; p. 96) afirmam que a essência da estratégia organizacional

> é uma escolha deliberada sobre como realizará o início da cadeia de valor e apoiar atividades que criem valor único. Na verdade, no complexo cenário competitivo atual, só se consegue a utilização bem-sucedida de uma estratégia no nível de negócios quando a empresa aprende a integrar as atividades que executa de forma que criem valor superior aos clientes.

Dentro dessa ótica, tanto o planejamento quanto a gestão de Marketing devem levar em consideração a assertiva utilização de recursos, mas esse não deve ser o objetivo maior da empresa, que é o atendimento da satisfação de seus clientes e consequente geração de riquezas para ela e seus *stakeholders*. As atividades e ações de Marketing devem ser organizadas de forma a agregar valor aos seus clientes. Nesse sentido, Churchill, Jr. e Peter (2000; p. 554) destacam que os profissionais de Marketing "precisam determinar como os clientes percebem os produtos e o valor de suas transações". Portanto, enveredar no Marketing significa a utilização diferenciada de suas ferramentas, elevando a empresa, os produtos e os serviços a uma posição única de mercado.

O planejamento e a gestão de Marketing conduzem a empresa para a obtenção de melhores resultados, exigindo a necessidade da interpretação de dados que gerem informações e conhecimentos assertivos que se transformem em *insights* na busca de novas soluções, propostas e caminhos que atinjam os consumidores. Esse processo envolve conhecimentos e práticas relacionadas com a pesquisa de mercado, métodos quantitativos e qualitativos, bem como o domínio das tecnologias da informação, com o intuito de facilitar o processo de coleta, identificação e análise de dados e informações. Um bom exemplo disso é o biscoito Club Social, lançado com base em pesquisas que identificaram segmentos de mercado, como o de estudantes universitários, que necessitavam de um tipo de produto com determinado sabor, volume e preço. Seguindo essa linha, o lançamento do produto envolveu diferentes ações, inclusive o lançamento em instituições de ensino superior nas principais capitais do país.

O processo de gestão de Marketing, embora necessite de fatores racionais, também necessita de outros de ordem mais humana, como o empreendedorismo, a criatividade e a ética, já discutidos em capítulos anteriores. Justifica-se essa afirmação, entre outros pontos, na medida em que as práticas de mercado evoluem a partir das pesquisas qualitativas de profundidade, aprofundando o conhecimento dos consumidores de uma empresa, bem como das técnicas e ações mais apropriadas para a criação de vínculos cognitivos de relacionamento. Se não fosse dessa forma, não haveriam inovações a partir do "pensar diferente". Produtos antes natalinos, como o panetone, por exemplo, sofriam impactos profundos em seus resultados em decorrência da sazonalidade, o que obrigava que a empresa tivesse um período ocioso de produção por não haver demanda aparente. Com a criação e o desenvolvimento de novos produtos e canais de distribuição, foi possível melhorar a margem e o resultado final de seus negócios. Outro exemplo reside na utilização das redes sociais, seja como meio de ampliar a comunicação da empresa, seja na divulgação de produtos e serviços ou mesmo no sentido de identificar possíveis "ruídos" que possam influenciar negativamente a imagem institucional e os negócios das empresas.

Em contraponto, como resultado de um processo de Marketing muito bem estruturado, como consequência natural a empresa poderá perpetuar a sua posição competitiva e se tornar longeva no seu ambiente de negócios. A **gestão financeira** então se torna outra importante competência, no sentido de sustentar todo o processo organizacional. Não reside na simples economia financeira ou administração do fluxo de caixa, mas na utilização assertiva de recursos para garantir que os produtos e serviços prestados sejam oferecidos com o intuito de sustentar e fortalecer uma imagem positiva do portfólio da empresa.

Por fim, mas não menos importante, a liderança de equipes é fator preponderante para garantir que todos os colaboradores internos estejam plenamente informados, motivados e mobilizados, dentro dos objetivos traçados pela visão da empresa e mais além dos propósitos conhecidos. Essa competência tem forte relação com os diferentes talentos humanos que compõem a empresa e como estes podem, individualmente ou em conjunto, contribuir de forma significativa para que a empresa atinja o patamar de excelência.

Em síntese, várias competências são importantes para que o Marketing seja realizado com sucesso e esse tópico procurou discutir algumas dessas competências. Em linhas gerais, o Marketing transcende as divisões e limitações de departamentos ou unidades de uma empresa, podendo ser considerada como uma filosofia e responsabilidade de todos da organização.

Gestão de Marketing e a Sustentabilidade
por Marcus Kakagawa

O pensamento do desenvolvimento sustentável é fundamental ao longo da gestão de Marketing, quando estamos falando de todo o processo, desde a pesquisa, passando pela concepção de um negócio, produto ou serviço, a entrega para o consumidor e o relacionamento pós-venda.

Em cada etapa do processo é fundamental que os gestores também levem em consideração as questões ambientais e sociais. Entendemos que esse tipo de pensamento pode ser uma inovação na organização. Para isso, Gracioso (2010) afirma que as organizações abertas à inovação são na maioria bastante abertas às novas ideias e mudanças, e que as atividades inovadoras acontecem mais ou menos espontaneamente, de baixo para cima, enquanto a gerência simplesmente encoraja o processo, harmonizando-se com o ambiente corporativo. O autor também diz que nas organizações fechadas à inovação isso ocorre quando é induzida a partir dos escalões superiores, cabendo à administração central exercer papel ativo nesse processo.

Senge (2009) afirma que iniciativas bem-sucedidas que estão transformando a maneira como as organizações, em conjunto, cuidam dos recursos comuns se diferenciam por irem além das intervenções pontuais e promovem mudanças autorreforçadas. Ou seja, o autor está afirmando que mudanças no pensamento estratégico a longo prazo juntamente com os temas da sustentabilidade são fundamentais, diferentemente de algo somente pontual. As mudanças iniciais podem ser pequenas e aos poucos assumem proporções cada vez maiores. Por exemplo, o fato de uma empresa começar a vender um produto efetivamente de melhor qualidade e mais sustentável faz com que a novidade se difunda entre os antigos clientes e então aos novos clientes; parte das receitas crescentes é usada para aumentar os investimentos, que melhoram ou ampliam o número de produtos inovadores, gerando assim um *loop* de *feedback* alvissareiro, que promove o crescimento sustentável da empresa. Segundo o autor, o inverso também é verdadeiro; se a empresa não pensa nessas questões socioambientais, a bola de neve negativa também pode acontecer quando existe a reação de ONGs ao que consideram comportamento empresarial negativo, deflagrando espirais de publicidade negativa e boicotes de consumidores, respostas defensivas das empresas e ataques ainda mais agressivos pelas ONGs.

Segundo Laasch e Conaway (2015), o Marketing e a comunicação relativos ao desempenho social e ambiental empresarial quando realizados de modo eficaz podem decolar ou quebrar uma empresa. Acusações de *greenwashing,* que revelam o desequilíbrio entre o desempenho do negócio responsável e as atividades de comunicação de empresa, podem destruir reputações ou até mesmo as próprias empresas, em um curto período. Os *stakeholders* essenciais de uma organização têm demonstrado um crescente interesse em conhecer as atividades da gestão responsável de uma organização e muitas vezes tem recompensado de maneiras muito tangíveis. Os clientes muitas vezes pagam um preço superior em produtos sustentáveis.

A pesquisa Nielsen (2015) realizada com 30 mil consumidores em 60 países mostra que 66% deles estariam dispostos a pagar mais por marcas mais sustentáveis, um aumento representativo em comparação aos resultados de 2014 que eram 55%, e 50% em 2013. Se analisarmos pela questão de faixa etária, os respondentes com menos de 20 anos, chamados também de geração Z, aumentaram ainda mais a sua "vontade" de consumir produtos e serviços de empresas mais sustentáveis, subindo de 55% em 2014 para 72% em 2015, mostrando que a gestão do Marketing e da reputação da marca é importante, sendo uma grande oportunidade não somente para o crescimento do *market share*, mas para desenvolver lealdade de marcas, produtos e serviços para esses poderosos consumidores futuros.

Começar com uma reflexão sobre a razão de ser e a utilidade intrínseca de sua existência antes da criação de objetos é um dos princípios do Ecodesign, que segundo Laville (2009) deve ser o início do pensamento do Marketing de produto. A autora afirma que a oferta de produtos e serviços é a manifestação mais evidente da missão de uma empresa, de sua identidade, do que a faz única: passando a ser também o maior desafio das estratégias de desenvolvimento sustentável, porque os produtos e serviços frequentemente representam ao longo de seu ciclo de vida o que está na essência dos impactos positivos ou negativos da empresa, desde a maneira como são concebidos, passando pelo impacto de sua utilização, até o de sua eliminação, ou seja, todo o seu processo ligado ao mercado.

A gestão de Marketing como um todo, se utilizado o pensamento para o desenvolvimento sustentável, pode ser, além de ser um diferencial no mercado, uma real possiblidade de resolução de alguns problemas do mundo, como aquecimento global, problemas de saúde, pobreza extrema, fome, entre outros.

Em síntese, a Sustentabilidade e Gestão de Marketing precisam ser pensadas desde a concepção do produto ou serviço, levantando a real necessidade e os impactos socioambientais destes. Dentro de todo o processo, desde a pesquisa, o planejamento, a divulgação, a distribuição, a venda e o pós-venda, o gestor de Marketing precisa estar alerta às questões a que a sociedade cada vez mais presta atenção e pune ou recompensa empresas mais responsáveis ecológica e socialmente.

5.14. Considerações Finais

Neste capítulo foram apresentadas e discutidas, de forma sucinta, as principais análises e definições, estratégicas e operacionais, a serem realizadas na gestão de Marketing. Seria impossível descrever e detalhar todas as estratégias e ações possíveis de serem aplicadas na área, mas procurou-se aqui estabelecer um roteiro essencial, uma lógica a ser seguida pelos gestores de Marketing, ou seja, como "fazer" Marketing na prática.

Em resumo, ao contrário do que muitos pensam, Marketing não é somente criar produtos e campanhas criativas, é muito mais que isso. É preciso analisar o negócio, os clientes e os concorrentes na busca de oportunidades, que serão atingidas por meio da escolha de estratégias de segmentação, alvo e posicionamento que diferenciam a empresa no mercado. Depois, com base nessas definições, planejar, implementar e controlar ações integradas relacionadas ao *Marketing mix*, criando produtos, preços, canais e comunicação que façam sentido, construindo ofertas e marcas que atraem, conquistam e fidelizam cada vez mais clientes e mercados.

Pela sua importância, esse processo deve ser conduzido por presidentes, diretores e gerentes das empresas, mas exige a integração e o envolvimento de todos os departamentos da empresa. O produto é criado pelo departamento de engenharia, montado pela fábrica, distribuído com a orientação do departamento de logística e colocado no mercado pelos vendedores. O preço é calculado pelos departamentos de custos e financeiro e a comunicação depende de fornecedores. Diante da complexidade do processo, torna-se necessária a presença constante de um gestor que possua as competências que permitam não somente planejar, implementar e controlar as atividades, mas também orientar e motivar as diversas pessoas envolvidas no processo.

Questões para Reflexão

1. Apesar da importância desempenhada pela função, algumas organizações não possuem formalmente um departamento de Marketing. Na ausência dessa estrutura, quem deveria assumir a responsabilidade pela gestão de Marketing?
2. Quais seriam os efeitos da falta de uma estratégia de Marketing em uma empresa? Cite exemplos.
3. Explique a relação que pode ser estabelecida entre a estratégia SAP e o composto de Marketing. O que pode acontecer com empresas que não estabelecem essa relação?
4. Cite e explique as dimensões envolvidas na avaliação de um composto indicando a importância dessa avaliação.
5. Na teoria do ciclo de vida do produto, em qual fase o produto *smartphone* poderia ser classificado? Explique por que o produto se encontra nessa fase e avalie as implicações dessa classificação na definição de estratégias e ações para o produto.
6. Qual a relação existente entre o posicionamento e os objetivos de preço. Explique e cite exemplos.
7. Para enfrentar a concorrência, o gestor baixa o preço de seus produtos para acompanhar o preço praticado no mercado. Explique por que a adoção dessa estratégia, mesmo gerando vendas, pode trazer prejuízos para a empresa.
8. Quais são os principais fatores a serem considerados na escolha de mercados a serem atingidos? Explique a importância desses fatores.
9. Uma empresa fabricante de sorvetes artesanais deseja expandir a sua distribuição para novos mercados com a abertura de lojas próprias da fábrica. Essa seria a única alternativa de canal para essa expansão? Explique.
10. O gestor de uma incorporadora de imóveis decidiu que os corretores responsáveis pela venda de um novo empreendimento – um

prédio a ser construído – deveriam ligar, aleatoriamente, para uma lista de moradores do bairro, oferecendo os apartamentos como uma oportunidade de investimento. Após algumas semanas, a ação foi cancelada por falta de resultados. Com base nesse relato, qual seria o maior problema dessa ação de Marketing direto? Explique.

Estudo de Caso

Caso Hotel Vila Rica

(Elaborado com base em um caso real. Informações como nome, localização, instalações e clientes foram omitidas por solicitação da empresa.)

O Hotel Vila Rica é um hotel classificado na categoria "cinco estrelas", em virtude do luxo de seus apartamentos, qualidade dos serviços oferecidos e infraestrutura para o lazer dos hóspedes, que inclui duas piscinas (uma coberta), saunas (seca e a vapor), salão de festas, trilhas arborizadas para caminhadas, quadras poliesportivas, quadras de tênis, campo de golfe e espaço para passeios a cavalo.

Inicialmente, os hóspedes eram pessoas com alto nível de renda, principalmente empresários e profissionais liberais, além de diretores e gerentes de empresa, que passavam os feriados e fins de semana no hotel com suas famílias. Com o crescimento da economia do país, aumento da concorrência e, principalmente, o crescimento das viagens internacionais, o número de clientes diminuiu consideravelmente nos últimos anos. Para enfrentar a concorrência, o gestor do hotel investiu em pacotes e promoções, mas, ainda assim, o movimento continuou abaixo das médias de anos anteriores. Na busca por novos clientes, o hotel investiu na instalação de um *spa* e um auditório de convenções com salas de treinamento. Com esse investimento, além dos hóspedes tradicionais que buscam um fim de semana agradável, o hotel também poderia oferecer estrutura completa para atividades empresariais (reuniões e treinamentos), além de atingir pessoas que buscam tratamentos estéticos e atividades de combate ao estresse. Após as mudanças, o gestor do hotel contratou uma agência de propaganda para elaborar um novo *site*, folhetos e um vídeo com as novas instalações. Contratou também uma equipe de vendas com representantes na cidade de

São Paulo, iniciando um intenso trabalho de divulgação da nova estrutura do hotel.

Num primeiro momento, o hotel aumentou a sua ocupação com a presença das empresas e de novos clientes à procura de tratamentos de emagrecimento no novo *spa*. Porém, com o passar dos meses, a demanda foi se reduzindo até atingir os níveis de ocupação anteriores à mudança. As empresas continuavam a utilizar o hotel, mas os clientes antigos e tradicionais do hotel, as famílias, reduziram ainda mais a frequência e os clientes do *spa* praticamente sumiram.

Um instituto de pesquisa foi contratado para entender o motivo da queda de ocupação do hotel. As empresas contatadas responderam que o hotel atendia perfeitamente às necessidades de infraestrutura para eventos e treinamentos, mas clientes que frequentaram o *spa* e as famílias, clientes tradicionais do hotel, reclamaram do comportamento dos funcionários das empresas nas dependências comuns do hotel. Por fim, apesar de todo o esforço e investimento realizado, o gestor do hotel não conseguiu cumprir os objetivos de crescimento estabelecidos e não conseguiu pensar em uma solução para os novos problemas gerados.

Questões

1. Com base na situação apresentada, discuta qual seria o principal problema do hotel considerando aspectos relacionados à segmentação de mercado.
2. Avalie a competitividade do hotel em relação aos concorrentes de mesmo nível (cinco estrelas) e em relação às viagens internacionais.
3. Considerando a situação em que se encontra o hotel, mantendo algumas empresas como clientes, mas perdendo clientes antigos (famílias), quais seriam as alternativas de solução para o impasse criado?
4. Discuta as alternativas possíveis de posicionamento para o hotel, considerando as alternativas de solução discutidas.
5. Defina a estratégia mais adequada para o hotel utilizando a estratégia SAP e principais ações para cada um dos 4 Ps do composto de marketing.

Referências

BARNEY, J. B.; HESTERLY, W. S. *Administração Estratégica e Vantagem Competitiva*. São Paulo: Pearson Prentice Hall, 2008.

Casas Bahia. Site. Disponível em: <www.casasbahia.com.br>. Acesso em: 11 mar. 2019.

CHURCHILL, G. A.; PETER, P. *Criando Valor para o Cliente*. 3 ed. São Paulo: Saraiva, 2012.

COOPER, R. G.; EDGETT, S. J.; KLEINSCHMIDT, E. J. New Product Portfolio Management: Practices and Performance. *Journal of Product Innovation Management*, v. 16, n. 4, p. 333-351, 1999.

COX, W. E. Product Life Cycles as Marketing Models. *The Journal of Business*, v. 40, n. 4, p. 375-384, 1967.

DIBB, S.; SIMKIN, L. Targeting, Segments and Positioning. *International Journal of Retail & Distribution Management*, v. 19, n. 3, 1991.

DRUCKER, P. *Administração, Tarefas, Responsabilidades, Práticas*. São Paulo: Pioneira, 1975.

ELLSON, T. Segmentation, Targeting, and Positioning. In: *Culture and Positioning as Determinants of Strategy*. UK: Palgrave Macmillan, 2004. p. 21-34.

FAYOL, H. *Administração Geral e Industrial*. São Paulo: Atlas, 1960.

GRACIOSO, F. *Marketing Estratégico: Planejamento Estratégico Orientado para o Mercado*. São Paulo: Atlas, 2010.

IRELAND, R. D., HOSKISSON, R. E; HITT, M. A. *Administração Estratégica*. São Paulo: Cengage, 2015.

KOTLER, P. *Administração de Marketing*. 10 ed. São Paulo: Prentice Hall, 2000. KOTLER, P.; KELLER, K. L. *Administração de Marketing*. 14 ed. São Paulo: Prentice Hall, 2012.

LAASCH, O.; CONAWAY, R. *Fundamentos da Gestão Responsável*: Sustentabilidade, Responsabilidade e Ética. São Paulo: Cengage Learning, 2015.

LAVILLE, E. *A Empresa Verde*. São Paulo: ÕTE, 2009.

LODISH, L.; MORGAN, H. L.; KALLIANPUR, A. *Empreendedorismo e Marketing*. Rio de Janeiro: Campus, 2002.

McCARTHY, E. J. *Basic Marketing*: A Managerial Approach. RD Irwin, 1978.

McDONALD, M.; WILSON, H. *Planos de Marketing*. Rio de Janeiro: Elsevier, 2013.

NIELSEN. *The Sustainability Imperative*: New Insights on Consumer Expectations October, 2015. Disponível em: <http://www.nielsen.com/us/en/insights/reports/2015/the-sustainability-imperative.html> Acesso em: 11 mar. 2019.

RIES, A.; TROUT, J. *Posicionamento*. São Paulo, Pioneira, 1993.

SENGE, P. *et al. A Revolução Decivisa*: Como Indivíduos e Organizações Trabalham em Parceria para Criar um Mundo Sustentável. Rio de Janeiro: Elsevier, 2009.

PARTE 3

ESTRATÉGIAS

Capítulo 6
Interpretação de Cenários Macroeconômicos para o Processo de Tomada de Decisão Empresarial

Orlando Assunção Fernandes

"The inevitable never happens. It is the unexpected always."

J. M. Keynes

Objetivos:

- Descrever a estrutura e o conteúdo de relatórios de conjuntura.
- Identificar as variáveis que melhor traduzem a conjuntura econômica.
- Interpretar dados e indicadores que compõem os cenários macroeconômicos.
- Desenvolver breves análises de conjuntura.
- Orientar decisões com base na análise de cenários.

6.1. Introdução

Empresas operam sob a influência de um macroambiente que oferece oportunidades e ameaças. Esse macroambiente se constitui de forças sociais que afetam o microambiente, tais como forças demográficas, econômicas, naturais, tecnológicas, político-culturais.

A análise do macroambiente, em seu aspecto puramente econômico, por sua importância na gestão de uma empresa e na elaboração do seu plano de ação, é condição sine qua non. Identificar e interpretar os principais fatores ligados ao ambiente econômico, e que têm impacto sobre a empresa e sobre o setor ao qual ela está ligada, é, portanto, fundamental.

É certo, contudo, que as demandas cotidianas dos negócios exigem velocidade, e, frequentemente, essa exigência, somada à falta de expertise, dificulta a elaboração de cenários e projeções econômicas por parte das empresas, bem como a sua correta interpretação.

De forma não rigorosa, a elaboração de um cenário econômico tem sido vista como uma construção sistemática de um conjunto de indicadores inter-relacionados, que descrevem o comportamento passado e a percepção sobre as perspectivas de uma economia ou de um conjunto de economias.

Na elaboração desses cenários, sugere-se sempre a pesquisa em fontes primárias de coleta de dados, de acordo com as informações com que se pretende trabalhar, tais como as Séries do Banco Central do Brasil, do Instituto de Pesquisa Econômica Aplicada (Ipeadata) e do IBGE, entre outras.

Pode-se contar também com importantes bases de dados disponíveis, bem como com relatórios de análise de conjuntura de bancos e consultorias especializadas na elaboração de cenários macroeconômicos.

Tipicamente, um cenário econômico é dividido, em termos analíticos, em cinco grandes blocos de indicadores, os quais se mostram bastante diversificados.

Quadro 6.1

Blocos	Variáveis usualmente acompanhadas
Atividade econômica	PIB nominal, variação do PIB real; componentes do produto pelas óticas da demanda e da oferta; taxa de desemprego, capacidade instalada da indústria, nível de confiança do empresariado, etc.
Preços	Índices de preços ao consumidor (INPC, IPCA, IPC-Fipe, entre outros); índices gerais de preços (Família IGP); núcleos de inflação.
Política monetária	Taxa de juros real e nominal; crescimento da base monetária e dos meios de pagamento.
Setor público	Necessidades de financiamento do setor público: conceitos primário e nominal; dívida líquida e bruta do setor público; dívida mobiliária federal interna.
Setor externo	Balanço de pagamentos e seus componentes; reservas internacionais; taxa de câmbio: nominal e efetiva; risco país; passivo externo e rating.

Fonte: Turolla, Lima e Margarido (2009). Adaptado pelo autor.

Este capítulo será fundamentado no quadro 6.1 e tem como objetivo mostrar quais indicadores centrais devem compor um cenário macroeconômico, e como este deve ser interpretado corretamente de modo a subsidiar o processo de tomada de decisão empresarial.

A próxima seção se destina a discutir os indicadores de atividade econômica e outras proxies frequentemente utilizadas em cenários setoriais e macroeconômicos. Na terceira seção, serão abordadas as principais teorias de inflação e os mais usuais indicadores que mensuram esse fenômeno. Já na quarta seção, passamos a discorrer sobre os agregados e indicadores de política monetária. Na quinta seção, dissertamos sobre as questões relativas às finanças públicas, apresentando e discutindo os principais indicadores fiscais e financeiros do setor público.

Por fim, no sexto tópico do capítulo, discutimos alguns indicadores relativos ao setor externo da economia, como a taxa de câmbio, as contas do balanço de pagamentos, risco país e rating. As últimas seções são reservadas, respectivamente, para a discussão sobre as competências do profissional, questões de sustentabilidade, considerações finais, questões de revisão, exercícios, estudo de caso e referências bibliográficas.

6.2. Indicadores de Atividade Econômica

Na construção de cenários macroeconômicos, é imprescindível a presença de indicadores que tragam o histórico e as projeções para indicadores que busquem mensurar o desempenho da atividade econômica do país em determinado período.

Quando se fala em aferir o ritmo de atividade econômica, seja de um país, região, estado ou cidade, este pode ser efetuado de três maneiras:

Produto: Entendido como a somatória do valor de mercado de todos os bens finais produzidos em dado período.

Renda: Compreendendo a totalização de pagamentos feitos aos fatores de produção utilizados para a obtenção do produto final, ou seja, a soma dos salários, juros, lucros e aluguéis.

Dispêndio: Entendido como o total de despesas realizadas pelos agentes econômicos na aquisição do produto.

Dentre eles, certamente o indicador de nível de atividade mais utilizado na elaboração de cenários macroeconômicos é aquele obtido pela ótica do produto. O cálculo da atividade econômica, por meio do produto, pode ser feito tanto em termos internos quanto nacionais, bem como a preços de mercado ou a valor adicionado.

No caso de o produto ser calculado em termos internos, seu cômputo estará sendo feito pelo valor de tudo o que foi produzido dentro das fronteiras brasileiras, independentemente de a produção ter sido realizada por agentes econômicos residentes ou estrangeiros, isto é, o critério utilizado é meramente geográfico.

Todavia, quando calculado em termos nacionais (utilizado em boa parte das economias maduras), em vez de se calcular a produção pelo que foi produzido dentro das fronteiras do país, leva-se em consideração apenas aquilo que foi produzido pelos agentes econômicos nacionais, ou seja, no nosso caso, pelos brasileiros que residem dentro e fora do país.

Para se obter essa cifra, o critério utilizado é adicionar ao valor do PIB as chamadas remessas líquidas, ou seja, as remessas recebidas do exterior, subtraindo-se, em contraparte, as remessas enviadas ao exterior, tais como lucros e dividendos.

Outra distinção que, por vezes, surge em cenários macroeconômicos é a que analisa o produto a preços de mercado ou pelo valor adicionado (custos de fatores). Nesse caso, calcula-se o total de produção de bens finais antes da participação fiscal do governo, ou seja, leva-se em consideração apenas o valor gasto com o pagamento dos fatores de produção (capital e trabalho), sem contar os custos fiscais (impostos indiretos líquidos incidentes sobre a produção).

Alguns cenários macroeconômicos mais completos costumam apresentar, além das projeções para o PIB, a trajetória esperada para seus componentes, tanto pela ótica da oferta (divisão em setores) quanto pela da procura (componentes da demanda agregada).

6.2.1. Ótica da Oferta (Divisão por Setores)

O cálculo do PIB pela ótica da oferta parte do pressuposto de que toda produção é resultante dos níveis de utilização dos fatores de produção empregados no processo, ou seja, o volume de capital e trabalho necessários para se obter o produto final.

Por essa visão, a atividade econômica pode ser obtida pelo produto gerado pela contratação desses fatores, ou então através da decomposição do produto interno bruto pelos grandes setores econômicos responsáveis por sua geração.

Nessa linha, o IBGE divulga tanto os valores nominais quanto as taxas reais de crescimento desagregadas em tipos de atividade, seguindo a estrutura abaixo demonstrada:

1) Agropecuária (total da produção agrícola e pecuária)
2) Indústria
3) Serviços
   — Comércio
   — Transporte, armazenagem e correios
   — Serviços de informação
   — Intermediação financeira
   — Atividades imobiliárias e aluguel
   — Administração pública
   — Saúde e educação
   — Outros serviços
4) PIB a custos de fatores (Valor adicionado: VA) = 1 + 2 + 3
5) Impostos Líquidos sobre Produtos (diferença entre impostos indiretos e subsídios fiscais eventualmente concedidos)
6) PIB a preços de mercado = 4 + 5

Nesse formato, é possível analisar e acompanhar a trajetória da economia em seus três grandes setores – primário (agropecuária), secundário (indústria) e terciário (comércio e serviços) –, bem como a trajetória de crescimento das principais atividades que os compõem.

6.2.2. Ótica da Demanda (Componentes da Demanda Agregada)

A ótica da demanda do produto interno bruto parte do pressuposto keynesiano de que, ao contrário do que afirmavam autores clássicos, o mero ato de ofertar (dada a geração de renda oriunda da cessão dos fatores de produção), não traz garantias de que haverá demanda efetiva para o produto.

Para Keynes, o correto é justamente o inverso, ou seja, é a efetiva existência da demanda que estimula e gera a oferta de bens.

A chamada demanda agregada corresponde à demanda total da sociedade, representada pela somatória da demanda efetiva das famílias, das empresas, do governo e do setor externo.

Para efeitos de análise e elaboração de indicadores de atividade econômica, pela ótica da demanda, os analistas separam seus componentes como descrito abaixo:

Consumo das Famílias (C): Entendido como o total de gastos das famílias na aquisição de bens e serviços.

Consumo da Administração Pública (G): Corresponde às despesas das esferas federal, estadual e municipal na manutenção da máquina pública, tais como segurança, forças armadas, saúde, educação, etc.

Formação Bruta de Capital Fixo (FBKF): Representa o gasto total em investimentos, ou seja, o gasto na construção de imóveis e aquisição de bens de capital.

Exportações de Bens e Serviços (X): Corresponde à somatória dos gastos dos estrangeiros na aquisição de mercadorias e serviços locais.

Importações de Bens e Serviços (M): Corresponde à somatória dos gastos dos residentes com a aquisição de mercadorias e serviços no exterior. Por representar troca de produção local por estrangeira, essa rubrica é lançada com sinal negativo.

$$PIB = C + G + FBKF + (X - M)$$

Por essa ótica, pode-se analisar e acompanhar a trajetória da economia em seus diversos componentes, verificando não só o dinamismo de cada um deles, como também a importância relativa de cada um na determinação do nível de atividade.

No quadro 7.2, segue, para exemplificar, o resultado das contas nacionais em termos de variação real do produto no acumulado para os últimos quatro trimestres, divulgado pelo IBGE, pela ótica da oferta e da demanda.

Quadro 6.2

					TAXA ACUMULADA EM QUATRO TRIMESTRES						
					Em relação ao mesmo período do ano anterior – %						
Período	AGRO.	IND.	SERV.	VA	Impostos Líquidos	PIB	Consumo das Famílias	Consumo do Governo	Formação Bruta de Capital Fixo	Exp.	Imp.
2011.I	6,3	8,0	5,4	6,1	9,2	6,5	6,0	3,8	13,1	9,2	26,7
2011.II	3,7	6,1	5,0	5,2	8,1	5,6	6,3	3,4	9,8	9,0	21,4
2011.III	4,2	5,0	4,3	4,4	6,6	4,8	5,9	2,6	7,4	7,1	13,7
2011.IV	5,6	4,1	3,5	3,7	5,3	4,0	4,8	2,2	6,8	4,8	9,4
2012.I	0,8	3,3	2,8	2,9	4,4	3,1	4,0	2,1	5,6	4,9	8,1
2012.II	0,6	1,2	2,4	2,0	3,2	2,2	2,9	1,8	3,9	2,8	5,2
2012.III	-0,1	0,1	2,5	1,7	3,0	1,9	2,9	1,8	2,0	0,5	2,0
2012.IV	-3,1	-0,7	2,9	1,6	3,7	1,9	3,5	2,3	0,8	0,3	0,7
2013.I	5,6	-1,6	3,1	1,9	3,7	2,2	3,7	1,7	0,7	-1,9	1,0
2013.II	8,5	0,2	3,2	2,7	4,3	2,9	4,2	1,5	2,6	0,1	2,3
2013.III	6,4	1,1	3,1	2,7	4,6	3,0	4,0	1,6	4,8	2,1	6,8
2013.IV	8,4	2,2	2,8	2,9	3,7	3,0	3,5	1,5	5,8	2,4	7,9
2014.I	4,7	3,5	2,8	3,1	4,0	3,2	3,5	2,0	6,1	4,2	5,6
2014.II	2,1	1,5	2,1	2,0	2,6	2,1	2,8	2,0	2,3	2,5	2,8
2014.III	3,0	-0,2	1,5	1,2	1,3	1,2	2,3	1,6	-1,5	2,8	0,2
2014.IV	2,8	-1,5	1,0	0,5	0,8	0,5	2,3	0,8	-4,2	-1,1	-1,9
2015.I	2,9	-3,6	0,0	-0,7	-1,1	-0,8	1,0	0,3	-7,5	-1,0	-3,3
2015.II	4,2	-4,1	-0,6	-1,3	-2,3	-1,4	-0,1	-0,2	-9,0	1,1	-5,0
2015.III	4,0	-4,8	-1,6	-2,1	-4,2	-2,4	-1,5	-0,8	-10,9	0,4	-10,4
2015.IV	3,6	-6,3	-2,7	-3,2	-7,0	-3,8	-3,9	-1,1	-13,9	6,3	-14,1
2016.I	-1,2	-6,9	-3,3	-4,0	-8,7	-4,7	-5,1	-1,3	-15,8	8,3	-17,9
2016.II	-4,1	-6,3	-3,4	-4,1	-9,1	-4,8	-5,5	-1,1	-15,0	7,2	-18,0
2016.III	-5,6	-5,4	-3,2	-3,8	-8,3	-4,4	-5,2	-0,9	-13,5	6,8	-14,8
2016.IV	-6,6	-3,8	-2,7	-3,1	-6,4	-3,6	-4,2	-0,6	-10,2	1,9	-10,3

Fonte: IBGE, Contas Nacionais (2016). Elaborado pelo autor.

Vale mencionar, por fim, que todos os indicadores de atividade econômica, via produto, são divulgados tanto em termos nominais quanto em termos reais (como descritos no Quadro 6.2). Essa distinção é importante para que a trajetória da atividade econômica ao longo de dado período não seja interpretada equivocadamente.

PIB Nominal: Entendido como a soma da produção de bens e serviços calculados a preços correntes (preços de mercado), ou seja, pelo preço que os produtos efetivamente chegam ao consumidor final e, nesse sentido, sofrem a influência do fenômeno inflacionário.

PIB Real: Compreende a produção total de bens tangíveis e intangíveis pelos chamados preços constantes, ou seja, descontado o efeito inflacionário incidente sobre o produto através do cálculo do chamado deflator implícito do PIB.

De um modo geral, quando divulgadas em valores monetários, as projeções para o PIB estão descritas em termos nominais. Quando, porém, os dados são estipulados em termos percentuais (como no quadro 7.2), em geral já estão deflacionados e, portanto, representam a taxa de crescimento da economia em termos reais, ou seja, descontados os efeitos da variação de preços ao longo do período.

Vale mencionar ainda que, para fins de comparação internacional, alguns analistas costumam divulgar os dados realizados do PIB, bem como suas projeções, em dólares americanos. Nesse caso, a regra comum é dividir o valor nominal do PIB pela taxa média de câmbio (Real/Dólar) do período analisado.

6.2.3. Outras Proxies Frequentemente Utilizadas

O intervalo de apuração e divulgação das variáveis-chaves das contas nacionais, dada a sua complexidade, é relativamente longo (trimestral), e sua divulgação é demorada.

Isto costuma ensejar, por parte de analistas de conjuntura e das próprias autoridades governamentais, o acompanhamento de variáveis denominadas *proxies*, isto é, variáveis que, por procuração, permitem evidenciar indiretamente o ritmo de atividade econômica e que, por isso, podem antecipar a trajetória do produto interno bruto.

Algumas *proxies* comumente utilizadas na construção de cenários são:

População ocupada e taxa de desemprego: Indicador medido a partir da Pesquisa Nacional de Amostra por Domicílios (PNAD), conduzida pelo IBGE, e que evidencia o grau de ocupação da população economicamente ativa.

Rendimento médio do trabalhador: Indicador que revela o salário médio real percebido pelos trabalhadores de um país ou região, descontando os efeitos da reposição da perda do poder de compra (correção inflacionária).

Indicadores antecedentes do nível de confiança do consumidor e do empresariado: Indicadores que buscam, por meio de levantamentos estatísticos, produzir informações com o objetivo de sondar a percepção de consumidores e empresários sobre sua situação corrente, bem como sobre suas expectativas acerca do futuro da economia. Por serem disponibilizados com maior celeridade do que os dados de produto divulgados pelo IBGE, são amplamente utilizados como indicadores antecedentes de atividade econômica.

Capacidade instalada da indústria: Revela o total da capacidade produtiva que efetivamente está sendo empregada no processo de produção.

Consumo de papel ondulado: Indicador que pode antecipar o ritmo de produção e vendas da indústria, haja vista ser utilizado em boa parte das embalagens de produtos.

Consumo de energia: Indicador que antecipa o ritmo da atividade industrial (que tem na energia o seu principal insumo), podendo também, quando medido apenas pelo consumo residencial, revelar maior ou menor ritmo de consumo de aparelhos elétricos e eletrônicos.

6.3. Índices de Preços

Um segundo bloco de indicadores sempre presente em uma análise de cenário macroeconômico é aquele relativo aos índices de preços. A mensuração adequada da taxa de variação dos preços de uma economia (inflação) é central para a questão econômica.

Entre os diferentes temas discutidos em economia, o fenômeno inflacionário talvez seja o mais conhecido entre a população, tanto pelo impacto que exerce na decomposição do poder de compra das famílias quanto por seu histórico na economia brasileira.

Por definição, inflação é um evento macroeconômico, dinâmico e de natureza monetária, caracterizado por uma elevação do nível geral de preços. As causas desse fenômeno podem ser explicadas resumidamente, ao menos, por três teorias:

- Inflação de demanda: Quando o aumento dos preços é gerado pela elevação da quantidade de bens e serviços que os consumidores estão aptos a adquirir aos níveis de preços existentes, isto é, quando existe excesso de moeda em relação ao total disponível de bens e serviços. Esse excesso, em geral, decorre de déficits públicos financiados via expansão da base monetária.
- Inflação de custos: Quando as causas iniciais do processo se encontram no âmbito da oferta, sejam elas derivadas de alterações salariais acima dos ganhos de produtividade, da expansão dos custos de certas matérias-primas, da elevação de preços de bens negociados em mercados monopolistas ou oligopolistas organizados na forma de cartel ou conluios, ou ainda oriundos do reajuste de tarifas públicas.
- Inflação inercial: Quando a inflação decorre da ação dos agentes econômicos de passar a reajustar hoje os preços dos produtos e serviços em função da inflação passada, preservando a chamada memória inflacionária. Esse tipo de inflação é oriundo de um processo de autossustentação ou realimentação automática derivado de um amplo sistema formal de indexação de preços.

Por sua vez, a mensuração do fenômeno inflacionário, feita através dos chamados índices de preços, é de suma importância, tanto na condução da política monetária quanto na correção de uma ampla gama de contratos, sejam eles públicos ou privados.

Os dois principais grupos de índices de preços calculados atualmente no país são:

- Índices de preços ao consumidor: São medidas representativas da variação dos preços de produtos e serviços destinados ao consumidor final. Para a obtenção desses índices, é realizada a Pesquisa de Orçamentos Familiares (POF). A POF serve de base para a construção da cesta de produtos e serviços consumidos pelas famílias que possuem renda mensal entre uma faixa pré-definida. Ela contém também os pesos relativos dos produtos e serviços que entram no cálculo dos índices de preços.

– Índices gerais de preços: Como expresso em sua própria nomenclatura, esses são índices que têm como objetivo avaliar a variação de preços não apenas de bens de consumo, mas também de bens de capital e insumos de produção, sejam eles destinados à indústria, à agricultura ou à construção civil, isto é, além de incorporarem as alterações de preços dos produtos e serviços destinados ao consumidor final, também avaliam os preços de bens e serviços negociados no atacado.

O Quadro 6.3 traz mais detalhes sobre os principais índices de preços utilizados atualmente no Brasil.

Quadro 6.3

Instituto	Índice	Índices Componentes	Faixa de Renda	Área de Abrangência	Período de Coleta
IBGE	IPCA-15	Não há	1 a 40 SM	10 maiores regiões metropolitanas do Brasil e as cidades de Goiânia, Brasília e Campo Grande	Dia 16 do mês anterior até o dia 15 do mês de referência
	IPCA				Dia 1º ao dia 30 do mês de referência
	INPC		1 a 5 SM		
FGV	IGP-10	IPA IPC INCC	1 a 33 SM no IPC	7 capitais brasileiras	Dia 11 do mês anterior até o dia 10 do mês de referência
	IGP-M	IPA IPC INCC			Dia 21 do mês anterior até o dia 20 do mês de referência
	IGP-DI	IPA IPC INCC			Dia 1º ao dia 30 do mês de referência
FIPE	IPC-Fipe	Não há	1 a 20 SM	Município de São Paulo	Dia 1º ao dia 30 do mês de referência

Fontes: IBGE, Sistema Nacional de Índices de Preços (2016) e FGV/IBRE, Indicadores de Preços (2016).
Elaborado pelo autor.

No caso dos índices da família IGP, o que distingue os seus três indicadores (IGP-DI, IGP-M e IGP-10) são as datas de coleta de preços e a divulgação dos seus resultados. Vale mencionar, contudo, como descrito acima, que cada IGP é resultante de uma média ponderada de três outros índices:

- Índice de Preços do Atacado (IPA): Com peso de 60% no cômputo final do IGP, o IPA é um índice, de abrangência nacional, que mede a variação de preços no atacado. Os bens agropecuários têm peso de 24,2%, enquanto os bens industriais totalizam os 75,8% restantes de peso do índice.
- Índice de Preços ao Consumidor (IPC): Com peso de 30% no cálculo do IGP, é um índice de preços ao consumidor calculado para famílias com renda entre 1 e 33 salários mínimos. Sua pesquisa de preços cobre sete das principais capitais do país: São Paulo, Rio de Janeiro, Belo Horizonte, Salvador, Recife, Porto Alegre e Brasília. O índice é composto por sete grupos de produtos/serviços: alimentação; habitação; vestuário; saúde e cuidados pessoais; educação; leitura e recreação; transportes e despesas diversas.
- Índice Nacional da Construção Civil (INCC): É um índice que mede a evolução mensal dos custos de construções habitacionais, com base na média dos índices de sete capitais (as mesmas do IPC). A lista de itens componentes do INCC e seus respectivos pesos é feita com base em orçamentos de edificações previstas pela ABNT, sendo 51 itens relacionados a materiais, equipamentos e serviços, e 16 itens ligados à mão de obra. O INCC tem peso total de 10% no cômputo final dos IGPs.

Em certos relatórios de conjuntura e análises de cenários econômicos, além dos índices de preços, por vezes são também discriminadas projeções para os chamados núcleos de inflação. O cálculo do núcleo objetiva a obtenção de uma medida de inflação menos volátil do que os índices de preços tradicionais, permitindo uma visão do comportamento geral dos preços que exclua ou atribua menor peso a aumentos sazonais e circunstanciais provocados por fatores temporários ou casuais.

Há diferentes metodologias para apuração de núcleos de inflação associadas ao IPCA, atual índice oficial de inflação, entre as quais vale citar:

- Núcleo por Médias Aparadas (IPCA-MA): Nesse caso, excluem-se do cálculo da inflação cheia, a cada mês, os itens que apresentaram maior e menor volatilidade no período de cálculo.
- Núcleo por Exclusão (IPCA-EX): Calculado retirando-se da inflação o comportamento de preços de determinados itens, como alimentos e preços administrados, tais como derivados de petróleo, tarifas de serviços públicos, etc.

Nesse sentido, há ainda algumas *casas de research* que incorporam, em suas análises e projeções, a trajetória pretérita e esperada para os preços administrados, haja vista sua influência nos resultados dos índices de preços, bem como por serem inelásticos às condições de oferta e de demanda (e, portanto, à própria política monetária), dado que são estabelecidos por contrato ou reajustados pelo poder público.

Os preços administrados estão divididos em dois grandes grupos:

- preços que são regulados em nível federal: preços de serviços telefônicos, derivados de petróleo (gasolina, diesel, gás de cozinha), eletricidade, planos de saúde, entre outros.
- preços controlados por governos subnacionais (estados e prefeituras): taxas de água e esgoto, táxi, pedágios e a grande maioria das tarifas de transporte público, como ônibus municipais e serviços ferroviários e metroviários.

6.4. Política Monetária

Os indicadores de política monetária, provavelmente, são os que apresentam a natureza mais técnica entre todos os indicadores de um cenário. Embora a condução da política monetária seja de interesse geral, o acompanhamento técnico dos respectivos indicadores costuma se restringir não só às autoridades monetárias, mas também às instituições financeiras e a consultorias especializadas.

Por definição, política monetária é a atuação do governo sobre a quantidade de moeda e sobre a taxa de juros de referência. É por meio dela que o governo procura promover a adequação dessas duas variáveis às necessidades da atividade econômica (produção, emprego e renda), bem como controlar a demanda de bens e serviços com o intuito de conter a inflação.

Os principais indicadores de política monetária, acompanhados pelos analistas, dizem respeito aos agregados monetários da economia, notadamente ao ritmo de expansão da base monetária e dos meios de pagamentos, bem como à evolução da taxa básica de juros.

6.4.1. Base Monetária (BM)

É o total do papel-moeda emitido pelo Banco Central do Brasil, ou seja, é a quantidade de dinheiro colocada para circular na economia pela autoridade monetária. Dito de outra maneira, a Base Monetária pode ser definida como o total das reservas bancárias (RB) mais a soma do papel-moeda em circulação (PMC).

As reservas bancárias são o resultado dos recursos depositados pelos bancos comerciais na conta mantida junto ao Banco Central do Brasil (conta reservas bancárias). Nessa conta, encontram-se tanto os depósitos voluntários quanto os compulsórios realizados pelos bancos comerciais.

Por sua vez, o total de papel-moeda em circulação é resultado do total do papel-moeda em poder do público somado ao papel-moeda em posse das tesourarias das instituições financeiras bancárias comerciais.

6.4.2. Meios de Pagamento (M1)

Os meios de pagamento (M1) representam um agregado monetário que compreende os ativos de liquidez imediata, ou seja, os recursos disponíveis aos agentes econômicos para que eles possam dar vazão às diversas transações econômicas que se realizam em uma sociedade. Ele é composto pelo Papel-Moeda em Poder do Público (PMPP) e pelos Depósitos à Vista (DV).

O papel-moeda em poder do público representa a somatória de notas e moedas metálicas em posse dos agentes econômicos, excetuando-se a autoridade monetária e as instituições financeiras bancárias comerciais. Por sua vez, os depósitos à vista representam a somatória dos saldos de todas as contas correntes mantidas pelas pessoas físicas e jurídicas junto aos bancos comerciais.

Para exemplificar, segue, no Quadro 6.4, a evolução mensal desses dois indicadores (e seus componentes) coletados e divulgados pelo Banco Central do Brasil:

Quadro 6.4

	BRASIL: EVOLUÇÃO DOS AGREGADOS MONETÁRIOS					
Período	Base monetária	Papel-moeda em Circulação	Reservas bancárias	Meios de pagamento	Papel-moeda em poder do público	Depósitos à vista
2014 Dez.	263.529	220.854	42.675	351.603	179.148	172.455
Jan.	238.525	199.352	39.173	321.695	163.464	158.231
Fev.	238.816	198.076	40.739	318.950	162.889	156.061
Mar.	240.656	198.876	41.780	315.360	162.495	152.866
Abr.	235.020	197.270	37.750	306.876	161.074	145.802
Mai.	239.513	194.542	44.971	305.873	160.579	145.294
Jun.	231.959	195.610	36.349	305.973	159.681	146.292
Jul.	225.063	195.652	29.411	299.397	161.877	137.520
Ago.	231.716	195.156	36.560	297.344	159.756	137.588
Set.	228.447	196.015	32.433	295.811	160.394	135.417
Out.	239.621	203.232	36.389	299.193	166.311	132.882
Nov.	242.847	205.318	37.529	311.288	169.812	141.477
Dez.	255.289	225.485	29.804	334.417	186.294	148.123
Jan.	240.329	207.609	32.719	309.171	171.965	137.207
Fev.	252.560	205.134	47.426	306.535	168.962	137.573
Mar.	242.530	203.801	38.729	300.106	166.450	133.656
Abr.	242.143	202.066	40.076	302.381	167.304	135.077
Mai.	239.966	202.463	37.503	299.807	165.923	133.884
Jun.	234.678	201.407	33.271	300.911	166.277	134.635
Jul.	240.845	202.192	38.653	299.911	167.629	132.282
Ago.	235.769	202.033	33.736	298.618	166.605	132.014
Set.	247.036	209.291	37.745	306.436	173.050	133.385
Out.	247.846	209.214	38.632	306.851	170.169	136.681
Nov.	244.920	210.047	34.873	310.958	169.403	141.555
Dez.	270.287	232.146	38.142	346.330	193.348	152.982

Fonte: BCB, Indicadores Econômicos Consolidados (2016). Adaptado pelo autor.

Dados em milhões de reais.

O acompanhamento desses indicadores é essencial tanto para as autoridades monetárias quanto para os agentes econômicos como um todo, haja vista que o ritmo de expansão desses agregados fornece pistas sobre o grau de liquidez da economia e a evolução do crédito e das taxas de juros e, portanto, sobre a trajetória esperada para os preços da economia (inflação).

6.4.3. Taxa Básica de Juros (Selic)

A taxa básica de juros, calculada em termos nominais ou em termos reais, é, sem dúvida, o mais acompanhado indicador da política monetária e, portanto, está presente em praticamente todos os relatórios e análises de conjuntura econômica.

O responsável pela determinação da taxa básica de juros no Brasil é o Comitê de Política Monetária (Copom) do Banco Central. Criado em 20 de junho de 1996, o Copom é composto pelo presidente e pela diretoria colegiada do BCB. Seus membros se reúnem periodicamente para definir qual a taxa básica de juros a vigorar no período subsequente e que possa ser compatível com a meta de inflação estabelecida pelo Conselho Monetário Nacional (CMN) no âmbito do regime de metas de inflação.

O regime de metas para a inflação é um regime no qual o Banco Central do Brasil se compromete a atuar de forma a garantir que a inflação esteja em linha com uma meta pré-estabelecida. Nesse regime, o principal objetivo do Copom é definir as diretrizes da política monetária e estabelecer o patamar da taxa básica de juros em função da meta de inflação definida para cada ano. Tal meta, por sua vez, é estabelecida pelo CMN com dois anos de antecedência, sempre em junho, sendo que o índice de preços escolhido para esse fim é o IPCA.

Destarte, se em determinado ano a inflação ultrapassar a meta estabelecida pelo CMN, o presidente do BCB deve encaminhar carta aberta ao Ministro da Fazenda explicando as razões do não cumprimento da meta, bem como as medidas necessárias para trazer a inflação de volta à trajetória pré-definida.

A taxa básica de juros brasileira é conhecida como taxa Selic. Ela é definida pelo BCB como a taxa de juros média que incide sobre os financiamentos diários, com prazo de um dia útil, lastreados por títulos públicos registrados no Sistema Especial de Liquidação e Custódia (Selic).

A fixação da taxa Selic é feita após a avaliação, por parte do BCB, de fatores condicionantes internos e externos, como, por exemplo, a expectativa para a inflação, o ritmo de crescimento da economia brasileira e mundial, os preços de *commodities*-chaves para a economia, entre outros que podem interferir no cumprimento da meta.

Depois de fixada pelo Comitê de Política Monetária, cabe à mesa de operações do mercado aberto do BCB, através das chamadas operações compromissadas, manter a taxa de juros efetiva de curto prazo (a chamada taxa over Selic) próxima ao patamar definido pelo Copom. Vale mencionar ainda que, para determinados fins, é importante trabalhar também com o conceito de taxa Selic real (descontada a inflação).

Nesse caso, podem ser utilizados como indicadores de inflação a serem considerados na apuração, seja ex ante ou ex *post*, tanto índices de preços ao consumidor quanto índices gerais de preços. Os mais comuns são a taxa Selic real/IGP-M e a taxa Selic real/IPCA.

6.5. Setor Público

O quarto bloco de indicadores, comumente descritos em relatórios conjunturais e em cenários macroeconômicos, refere-se às contas do setor público. Entretanto, antes de tecer comentários sobre os principais deles, cabe, primeiramente, esclarecer o conceito de "setor público" e como ele é normalmente definido em termos de divulgação das informações fiscais-financeiras dos entes públicos.

O setor público é usualmente dividido em três grandes grupos:

- Governo Central: As contas referentes a esse grupo são aquelas resultantes da soma das contabilizações das administrações federais (representadas pelo resultado do Tesouro Nacional), do Banco Central e do sistema previdenciário privado (INSS). O resultado do Tesouro Nacional já engloba o resultado da previdência dos servidores públicos federais.

- Governos Regionais: Nas contas relativas a esse grupo são computadas apenas as contabilizações concernentes às administrações públicas estaduais e municipais.

– Empresas Estatais: Aqui são considerados os resultados obtidos pelas empresas estatais em qualquer um dos três níveis de governo (federal, estadual e municipal).

Para fins de análise econômica, em geral, os cenários macroeconômicos costumam trazer indicadores fiscais e financeiros divulgados sob o critério Setor Público Consolidado, ou seja, os valores referentes às contas públicas que totalizam os resultados consolidados dos três grupos acima relacionados.

Tais contas são representadas, em termos de estoque, pelos indicadores de endividamento e, em termos de fluxo, pelas necessidades de financiamento do setor público. Vejamos mais de perto as principais rubricas de estoque e de fluxo acompanhadas pelos analistas.

6.5.1- Necessidades de Financiamento do Setor Público – NFSP (variáveis de fluxo)

As contas relativas às variáveis de fluxo procuram acompanhar o resultado fiscal e financeiro do setor púbico ao longo de um dado período. Nelas é que se constata se o setor público em geral e os respectivos governos subnacionais, em particular, estão ou não sendo parcimoniosos e se, portanto, estão gastando menos do que arrecadam ao final de dado período.

Os conceitos mais usualmente utilizados e acompanhados pelos analistas para esse fim aparecem no Quadro 6.5 e estão descritos a seguir:

Conceito Nominal: Também conhecido como déficit ou superávit nominal, corresponde ao saldo entre despesas e receitas públicas, incluindo-se nas despesas o pagamento dos juros e correções incidentes sobre a dívida pública interna e externa.

Conceito Primário: Também conhecido como déficit ou superávit fiscal, é o resultado final entre os gastos e as receitas públicas, excluindo-se os gastos com o pagamento de juros e correções incidentes sobre o estoque total da dívida pública interna e externa.

Quadro 6.5

Período	NFSP – pagto. de juros – acum. 12 meses	NFSP – conceito nominal – acum. 12 meses	NFSP – conceito primário – acum. 12 meses
2002	113.270	65.745	-47.525
2003	144.595	89.004	-55.591
2004	128.524	56.306	-72.218
2005	158.094	76.808	-81.286
2006	161.925	86.010	-75.915
2007	162.539	74.461	-88.078
2008	165.511	61.927	-103.584
2009	171.011	106.242	-64.769
2010	195.369	93.673	-101.696
2011	236.673	107.963	-128.710
2012	213.863	108.912	-104.951
2013	248.856	157.550	-91.306
2014	311.380	343.916	32.536
2015	501.786	613.035	111.249
2016	407.024	562.815	155.791

Fonte: Ipeadata, Séries Temporais (2016). Adaptado pelo autor.
Dados em milhões de reais.

Vale destacar que, por se tratar do conceito de necessidades de financiamento, os valores positivos indicam déficit e os valores negativos, superávits.

6.5.2. Endividamento Público (variáveis de estoque)

Os analistas também acompanham de perto um grupo de contas referente aos conceitos de endividamento (estoque). São vários os conceitos utilizados para esse fim, todos ligados ao total da dívida sob a responsabilidade do setor público. Os mais usuais e presentes nas análises macroeconômicas são:

- Dívida Bruta do Setor Público (DBSP): Representa o estoque total de passivos públicos. É o indicador mais utilizado para efeitos de comparação internacional, pois abrange o total das dívidas sob responsabilidade dos governos federal, estaduais e municipais (incluindo administração direta, indireta e INSS) junto ao setor privado, ao setor público financeiro, ao Banco Central e ao resto do mundo.

— Dívida Líquida do Setor Público (DLSP): Consolida o endividamento líquido do setor público. A diferença entre os dois conceitos (Dívida Bruta e Líquida) é dada pela subtração dos créditos do governo, que incluem ativos com diferentes graus de liquidez, tais como depósitos bancários da Previdência Social, depósitos do Tesouro Nacional no BCB, créditos externos do governo federal, reservas internacionais, etc.

— Dívida Pública Mobiliária Federal Interna (DPMFi): É composta pelo estoque de títulos do Tesouro Nacional, emitidos no mercado local, cuja finalidade é a obtenção de financiamento para a cobertura de eventuais déficits nominais. Esses títulos podem ser pós-fixados, atrelados aos mais diferentes indexadores (preços, câmbio e juros), tais como as Notas do Tesouro Nacional – Série B (NTN-B) e as Letras Financeiras do Tesouro (LFT), ou por títulos prefixados, como as Letras do Tesouro Nacional (LTN).

6.6. Setor Externo

O quinto e último bloco de indicadores utilizados na construção dos cenários se refere às contas externas. Essas contas compreendem aquelas contidas nos fluxos do balanço de pagamentos e na variação das reservas internacionais, bem como a trajetória e a perspectiva para a taxa de câmbio, em termos nominais e efetivos, além da evolução do risco país, do passivo externo e do *rating* soberano.

6.6.1. Taxa de Câmbio e Taxa de Câmbio Efetiva

A taxa de câmbio, por sua relevância para o cotidiano das famílias e dos negócios, é talvez a mais importante das variáveis ligadas ao setor externo e, por isso, está presente em quase todos os cenários macroeconômicos elaborados pelos analistas de mercado.

Podemos definir a taxa de câmbio como sendo o preço da moeda estrangeira em termos da moeda nacional ou, dito de outra forma, quantas unidades da moeda local são necessárias para se comprar uma unidade da moeda estrangeira.

A necessidade de se estabelecer um preço para a moeda estrangeira decorre do fato de que cada país tem seu próprio sistema monetário, e os valores relativos de cada moeda devem ser comparados para que se obtenha uma taxa de equivalência, haja vista sofrerem efeitos assimétricos do fenômeno inflacionário que afetam com intensidade distinta o poder de compra das moedas.

Vale mencionar também que muitos analistas costumam monitorar o comportamento da chamada taxa de câmbio efetiva. Esse indicador difere da taxa de câmbio nominal, pois essa é uma medida da competitividade das exportações e é obtida pela cotação do Real em relação às moedas de nossos quinze principais parceiros comerciais, ponderados pela participação total (peso) desses países no total das exportações brasileiras. Utilizam-se, para tal fim, um índice doméstico de inflação como deflator interno e os respectivos Índices de Preços ao Consumidor dos países (CPI) como deflatores externos.

6.6.2. Balanço de Pagamentos

O balanço de pagamentos é a estatística macroeconômica que sumariza todas as transações realizadas entre os residentes de um país e os residentes no resto do mundo, durante certo período.

A partir de 2015, o Banco Central do Brasil passou a adotar a nova metodologia de contas nacionais contida na sexta edição do Manual do Balanço de Pagamentos do Fundo Monetário Internacional (BPM6).De acordo com essa nova estrutura, o balanço de pagamentos está dividido nos seguintes grupos de contas.

– Balança Comercial: Essa conta compreende o comércio de mercadorias, ou seja, as exportações e as importações de bens tangíveis calculadas em termos FOB (*free on board*, ou seja, isentas de fretes e seguros).

- Conta de Serviços: Essa conta relaciona as transações entre países com serviços relativos a fretes internacionais, viagens (gastos de turistas), seguros, serviços de propriedade intelectual (*royalties* e licenças), serviços financeiros, aluguel de equipamentos, serviços governamentais e outros serviços.
- Conta Renda Primária: Essa conta registra a remuneração dos fatores de produção, ou seja, a remuneração de trabalhadores, a remessa de lucros e dividendos e os juros correspondentes às aplicações em títulos de dívida e demais juros referentes a empréstimos e financiamentos obtidos.
- Conta Renda Secundária: Trata-se da antiga conta de Transferências Unilaterais. Nela é registrada a renda gerada em uma economia e distribuída para outra sem contrapartida cambial. As transferências pessoais, como as enviadas pelos dekasseguis ao Brasil, permanecem como o item mais importante da conta.
- Conta Corrente: A somatória dos saldos da balança comercial, da conta serviços e das contas rendas (primária e secundária) resulta no saldo de transações correntes ou, simplesmente, saldo em conta corrente.
- Conta de Capital: Essa conta registra as transações envolvendo a compra e venda de ativos não financeiros e não produzidos, como a aquisição/alienação de patentes e marcas.
- Conta Financeira: A conta financeira é composta por quatro subgrupos acompanhados muito de perto pelos analistas:
  - investimento direto: considera as entradas e saídas de recursos em moeda ou em bens relativos à aquisição/subscrição/aumento total ou parcial do capital social das empresas e os empréstimos concedidos pelas matrizes a suas subsidiárias ou filiais (dívidas intercompanhias).
  - investimento em carteira: registra os fluxos de ativos e passivos constituídos pela emissão de títulos de renda fixa, ações e cotas de fundos. Em outras palavras, registram-se as aplicações em títulos de dívida e em renda variável.
  - derivativos: registra os fluxos relativos a operações financeiras com opções e futuros.

– outros investimentos: compreende os empréstimos e financiamentos concedidos por empresas e bancos estrangeiros; os empréstimos concedidos pelos organismos internacionais e agências governamentais; os créditos comerciais e também as amortizações de empréstimos.

Quadro 6.6

BALANÇO DE PAGAMENTOS
1 – BALANÇA COMERCIAL
Exportações (FOB)
Importações (FOB)
2 – CONTA DE SERVIÇOS
Viagens
Transportes
Seguros
Aluguel de equipamentos
Serviços de propriedade intelectual (royalties e licenças)
Serviços financeiros
Serviços governamentais
Outros serviços
3 – CONTA RENDA PRIMÁRIA
Remuneração de trabalhadores
Lucros e dividendos
Juros de aplicações
Juros de empréstimos
4 – CONTA RENDA SECUNDÁRIA
5 – CONTA CORRENTE = 1 + 2 + 3 + 4
6 – CONTA CAPITAL
7 – CONTA FINANCEIRA
Investimento direto
Investimento em carteira
Derivativos
Outros investimentos
8 – ERROS E OMISSÕES
9 – RESULTADO DO BALANÇO DE PAGAMENTOS = 5 + 6 + 7 + 8
(VARIAÇÃO DE RESERVAS INTERNACIONAIS)

Fonte: BCB, BPM6 (2016). Elaborado pelo autor.

6.6.3. Reservas Internacionais

O resultado final do balanço de pagamentos representa a variação das reservas internacionais detidas pelo Banco Central do Brasil. As reservas internacionais representam ativos mantidos sob diferentes formas e moedas, acumulados pela economia ao longo do tempo, e que são utilizados no cumprimento dos compromissos financeiros com o resto do mundo.

No que tange às moedas, as reservas internacionais são alocadas essencialmente em dólares americano, canadense e australiano, libra, euro, iene e, em menor proporção, em coroas suecas e dinamarquesas. Vale mencionar ainda que as reservas podem também ser constituídas em ouro monetário e em direitos especiais de saque (moeda utilizada pelo FMI).

Já no que se refere à forma que assumem, as reservas internacionais brasileiras são aplicadas notadamente em títulos governamentais (cujos países sejam classificados, preferencialmente, como AAA pelas agências de rating), títulos de agências governamentais, títulos de organismos supranacionais e depósitos bancários.

6.6.4. Dívida Externa

A dívida externa corresponde ao total de passivos contraídos por residentes no Brasil junto ao resto do mundo, seja na forma contratual (empréstimos), seja pela emissão de títulos (mobiliária).

A dívida externa pode ser calculada apenas pela parcela correspondente ao setor público ou então em termos totais, o que, nesse caso, engloba entes públicos e privados. Ademais, o total de endividamento externo de uma economia também pode ser obtido pela separação de seu cômputo em termos brutos ou em termos líquidos.

A dívida externa bruta corresponde à somatória de todos os passivos externos do país, sejam eles contraídos por entes privados (pessoas físicas ou jurídicas) ou pelo setor público, não se deduzindo do total eventuais créditos possuídos pelos residentes no Brasil junto a residentes no exterior.

Já no caso da dívida externa líquida, o valor total obtido equivale ao valor da dívida externa bruta, dele abatido o estoque total das reservas internacionais acumuladas, bem como todos os créditos externos.

6.6.5. Risco-País

O risco-país é um conceito que busca expressar de forma objetiva o risco a que investidores estrangeiros estão submetidos quando investem recursos em determinado país. O EMBI+ (*Emerging Markets Bond Index Plus*), calculado pelo Banco J.P. Morgan Chase, é o principal indicador utilizado para calcular o risco país.

O EMBI+Br é uma derivação desse indicador e é utilizado para aferir o risco-país brasileiro. O índice em tela busca especificamente refletir a percepção de risco dos detentores de títulos da dívida externa brasileira. Esse indicador é divulgado em pontos-base (em que cada 100 pontos-base equivale a 1%) e é obtido através da média ponderada dos prêmios pagos pelos títulos de dívida brasileira emitidos no exterior em relação aos papéis de características e prazos equivalentes emitidos pelo Tesouro norte-americano (considerados de risco zero).

Em momentos de grande aversão ao risco, os investidores estrangeiros tendem a exigir um prêmio (juros) maior para adquirir e carregar papéis de dívida emitidos pelo governo brasileiro, e por isso o EMBI+Br aparece com alguma frequência em relatórios de conjuntura.

6.6.6. Rating

O *rating* soberano é uma nota ou classificação de risco que não pode ser confundido com o risco país, atribuído a um país emissor de dívida de acordo com avaliação feita por instituição especializada em análise de crédito, a partir da capacidade e disposição de que esse mesmo país honre, pontual e integralmente, o serviço de sua dívida.

Atualmente, as principais agências internacionais de classificação de risco de crédito são a Standard & Poor's (S&P), a Fitch Ratings e a Moody's.

As classificações feitas por essas agências são ordenadas pela avaliação de risco de crédito em ordem decrescente. Os países cujas classificações de risco estejam avaliadas entre AAA/Aaa (melhor avaliação possível), até o patamar BBB-/Baa3, são considerados como grau de investimento (*investment grade*), enquanto aqueles classificados abaixo desse nível são considerados como de grau especulativo (*speculative grade*).

A importância desse indicador está no fluxo de capitais estrangeiros, cujos impactos podem aparecer tanto no volume de reservas internacionais quanto na trajetória da taxa de câmbio e das taxas de juros, já que muitos dos chamados investidores institucionais (fundos de investimento e fundos de pensão internacionais), por estatuto, só estão autorizados a aplicar recursos em países considerados bons pagadores (grau de investimento) por ao menos duas dessas três agências.

Competências
por Edmir Kuazaqui

O profissional com formação em Economia deve ser capaz de desenvolver raciocínios logicamente consistentes, utilizar adequadamente conceitos teóricos fundamentais das ciências econômicas e ter habilidade de realizar e analisar formulações matemáticas e estatísticas, a fim de compreender os fenômenos socioeconômicos.

Deve ser capaz também de obter, avaliar e analisar dados e informações necessárias para a confecção de pareceres, relatórios e cartas de conjuntura que servirão de alicerce ao processo de tomada de decisão empresarial e à elaboração do planejamento estratégico.

O fato é que realizar a administração de uma empresa e a gestão de recursos exige do profissional capacidade de identificar quais variáveis internas e, principalmente, externas estão relacionadas ao seu negócio, analisar quais dessas poderão influenciar, direta e indiretamente, seus resultados e como desenvolver e aplicar estratégias no sentido de ampliar o alcance de seus horizontes competitivos.

Todavia, frequentemente, os gestores de empresas estão plenamente ocupados com a administração cotidiana de suas atividades, não conseguindo estabelecer ações adaptadas com o meio ambiente no qual a empresa está inserida e, principalmente, com o ambiente macroeconômico.

Em exemplo, Gramigna (2007; p. 45) destaca a necessidade de se ter **visão sistêmica**, isto é, a "capacidade para perceber a interação e a interdependência das partes que compõem o todo, visualizando tendências e possíveis ações capazes de influenciar o futuro". Em outras palavras, a interpretação de dados e fatos deve conduzir às melhores práticas de gestão de recursos e respectivos resultados.

Já Prahalad (2008; p. 72) desenvolve o conceito de ecossistema orientado para o mercado, no qual todos os componentes do ambiente de negócios têm um papel a representar, com direitos e responsabilidades mútuas e consolidadas no sentido do bem comum.

Os participantes devem procurar suas melhores margens e resultados individuais, mas sempre dentro de um equilíbrio dinâmico. Para tanto, deve-se estar totalmente integrado ao ambiente interno e externo de negócios.

Da mesma forma, o Fórum Econômico Mundial (2015) destaca o pensamento crítico como uma das prioridades contemporâneas, estruturado para ser capaz de identificar e reconhecer problemas.

Kuazaqui (2005; p. 256) afirma que o processo de construção de uma argumentação lógica e racional está fundamentado em conhecimento técnico sobre o assunto, construção de um pensamento lógico que possibilite um julgamento e definição, assertividade e objetividade e uso correto de terminologia dentro de determinada situação.

Nesse sentido, o conhecimento técnico sobre o assunto envolve desde o nível acadêmico até os resultados de ações práticas no mercado. Para obter consistência nas suas decisões, um médico, por exemplo, necessita da formação acadêmica, da participação na residência obrigatória, de cursos de extensão e especialização focada, além da experiência no trato com pacientes.

Fazendo um paralelo com a área econômica, esse profissional deve ter conhecimentos articulatórios entre a teoria e a prática do setor no qual a empresa está alocada, dentro de uma dimensão macroeconômica.

A construção de um pensamento lógico que possibilite um julgamento associado às experiências vivenciadas pode trazer contribuições importantes para que novas formas de ação possam ser utilizadas, não somente aquelas derivadas de um sólido raciocínio lógico.

Para que a condução dentro de uma gestão de riscos garanta a plena realização das etapas do planejamento estratégico, devem ser estabelecidos critérios e controles que mantenham a gestão do processo.

A partir de um pensamento estruturado e da argumentação lógica, a comunicação deve ser clara e concisa para que a situação-problema e as possíveis alternativas de solução sejam expostas sob diferentes perspectivas.

Nesse sentido, são importantes a definição e o uso correto da terminologia dentro de determinada situação, ou seja, o uso de um discurso que esteja dentro de padrões técnicos reconhecidos é importante, mas também deve haver a preocupação de que o público em geral tenha a possibilidade de entender o que está sendo proposto.

A assertividade e objetividade residem na necessidade de foco e compreensão do que se pretende comunicar. Por vezes, o foco da situação-problema pode ser desviado ou mal interpretado, interferindo na consistência das ações propostas.

A prática de interpretar e analisar dados passados e futuros se constitui numa forma de avaliação externa, cuja previsão envolve uma série completa de situações e interpretações que conduzem à construção de cenários, e nos quais a empresa poderá atuar com certo nível de segurança e risco. Nessa direção, a previsão do ambiente econômico, ao possibilitar a identificação de oportunidades e ameaças futuras, passa a ser fundamental.

A projeção futura é mais fácil em economias estáveis. Todavia, em ambientes inconstantes, que sofrem muitas variações, e em setores que são influenciados fortemente por variáveis externas, o exercício dessa previsão futura pode determinar o sucesso ou o fracasso do negócio.

Desse modo, o intuito desta seção é discutir as principais competências relacionadas à interpretação de cenários macroeconômicos para o processo de tomada de decisão empresarial. Sua importância reside na melhor gestão e aproveitamento de oportunidades que o mercado pode oferecer ao negócio, objetivando a otimização do resultado da empresa.

Macroambiente e Questões de Sustentabilidade
por Marcus Nakagawa

As questões de sustentabilidade estão ligadas diretamente ao macroambiente, isto é, às forças sociais que afetam o microambiente, tais como forças demográficas, econômicas, naturais, tecnológicas, político-culturais.

Ao longo deste capítulo, foram apresentadas as forças relacionadas ao ambiente econômico e o quanto devemos estar atentos sobre como esses indicadores afetarão o microambiente, ou seja, a empresa e os seus principais *stakeholders*.

Nas questões do desenvolvimento sustentável, o macroambiente também deve ser analisado e, mais do que isso, deve ser utilizada a força da empresa e seus parceiros para que ele venha a ser alcançado.

Pode parecer um tanto utópico, mas esse é um dos temas que a ONU vem trabalhando por meio dos Objetivos do Desenvolvimento Sustentável (ODS).

Para entender o macroambiente, é importante que as empresas conheçam os movimentos que estão ocorrendo no mundo e que as maiores empresas globais estão seguindo.

Segundo a ONU (2017), os ODS são parte de uma agenda adotada por 193 países membros das Nações Unidas, inclusive o Brasil, na Cúpula de Desenvolvimento Sustentável realizada em setembro de 2015. A agenda foi lançada na Rio+20 em 2012 para colocar o mundo em um caminho mais sustentável e resiliente. É um plano de ação para as pessoas, para o planeta e para a prosperidade.

Essa declaração possui 17 objetivos, e suas 169 metas, que são integradas e indivisíveis, colocam de forma equilibrada as três dimensões do desenvolvimento sustentável – a econômica, a social e a ambiental – e devem ser alcançadas até o ano 2030.

Entre os 17 temas, podemos citar: erradicação da pobreza; saúde e bem-estar; igualdade de gênero; energia limpa e acessível; trabalho digno e crescimento econômico; indústria, inovação e infraestrutura; ação contra a mudança global do clima; entre outros.

Sabemos que uma empresa sempre está atuando em mercados que constantemente sofrem influências externas de variáveis que estão fora do controle da empresa (econômicas, políticas, sociais, concorrenciais, tecnológicas, ambientais, demográficas e culturais) e que as empresas devem se atualizar e se adaptar às mudanças ambientais.

Nesse sentido, os administradores estudam o ambiente e, a partir de uma análise de suas possíveis influências, estabelecem objetivos e estratégias para determinado período. Essas iniciativas ajudam a orientar os vários passos que uma organização deve tomar.

A análise do macroambiente como ferramenta de análise de uma empresa deve ser colocada em prática. Analisar o macroambiente é fundamental para definir uma estratégia de entrada de um produto ou serviço, seja no fator econômico ou demográfico.

Como exemplo de sucesso, podemos citar o ganhador do prêmio Nobel da Paz de 2006, Muhammad Yunus, que criou um negócio social em um macroambiente que era totalmente contraditório e desfavorável para a sua ideia: o cenário macroeconômico de Bangladesh.

Yunus (2006) questionou o que levaria as mulheres a fazerem empréstimos no banco em um país onde isso nunca havia sido feito antes por uma mulher. Ademais, os bancos tradicionais eram sexistas, e a questão religiosa era desfavorável ao empoderamento e à liberdade financeira das mulheres.

Com base nesses questionamentos, Yunus, o "banqueiro dos pobres", como passou a ser chamado, conseguiu montar um negócio de sucesso: uma cooperativa de crédito focada e gerenciada por mulheres, com base na reputação e mudança social. Se Yunus analisasse o macroambiente e concluísse que estava em uma sociedade imutável, provavelmente não teria iniciado esse negócio de sucesso.

Em síntese, a análise do macroambiente é fundamental para qualquer análise de mercado, lançamento de produto e acompanhamento de gestão de uma empresa. As questões do desenvolvimento sustentável aparecem como um questionamento a mais para que as empresas não entendam o macroambiente como imutável ou não influenciável.

As organizações são, indiretamente, corresponsáveis por vários conceitos que foram tratados neste capítulo e precisam entender isso como uma oportunidade a ser explorada com responsabilidade.

6.7. Considerações Finais

Neste capítulo, vimos que a elaboração de um cenário macroeconômico nada mais é do que a construção e o acompanhamento sistemático de um conjunto de indicadores inter-relacionados, dividido, em termos analíticos, em cinco grandes blocos (indicadores de atividade, indicadores de preços, política monetária, setor público e setor externo), e que tais indicadores devem descrever o comportamento passado e as perspectivas de uma economia.

Em seu aspecto econômico, a análise do macroambiente, por sua importância na gestão de uma empresa, é fundamental. Todavia, as demandas cotidianas dos negócios e a falta de *expertise* dificultam a elaboração e a correta interpretação de cenários econômicos.

Por reconhecermos tais dificuldades é que, ao longo deste capítulo, procuramos evidenciar quais são os principais indicadores que compõem um cenário macroeconômico e como este deve ser corretamente interpretado para que possa subsidiar o processo de tomada de decisão empresarial.

Todavia, é importante lembrar que alguns relatórios de conjuntura podem ser elaborados com uma amplitude maior de indicadores do que os retratados aqui, como, por exemplo, informações relativas à evolução do Ibovespa, do S&P 500, dos preços de *commodities*-chaves, além de informações e indicadores relativos a uma amostra de países selecionados.

Vale mencionar também que todo o aparato estatístico/econométrico utilizado para a construção de projeções dos indicadores não foi tratado neste texto, dado o espaço e o público-alvo desta publicação, podendo, contudo, ser objeto de discussão em publicação vindoura.

Questões para Reflexão

1. O cálculo da atividade econômica de um país pode ser feito por duas óticas distintas. Quais são os componentes do PIB pela ótica da demanda e quais são os componentes pela ótica da oferta?
2. Diferentemente do ocorrido em 2010, a economia brasileira apresentou, em 2014, uma taxa real de crescimento do PIB de apenas 0,5%, aquém de seu potencial de crescimento. Se o PIB brasileiro

divulgado em 2014 fosse calculado a custo de fatores, ele teria apresentado maior taxa real de crescimento? Justifique sua resposta.

3. O tratamento teórico da inflação de custos admite que as causas do processo inflacionário se encontram no âmbito da oferta. Cite os motivos que, por essa teoria, são capazes de gerar a inflação.

4. Qual é a importância de se realizar a Pesquisa de Orçamentos Familiares (POF) e em que ela se constitui?

5. Leia a frase a seguir, corrigindo seu equívoco e justificando a sua correção: O índice de preços mais adequado para ser utilizado como fator de atualização monetária em um contrato de financiamento habitacional é o IPCA.

6. O que nos revelam os conceitos PMPP, PMC, BM e M1?

7. Aponte vantagens e desvantagens de se utilizar hoje no Brasil um sistema de metas de inflação que tivesse como base um núcleo (e não um índice cheio) que excluísse os preços de bens administrados e os preços dos alimentos (IPCA-EX).

8. Até o ano de 2013, o Brasil apresentou, como resultado de suas contas públicas, um saldo primário superavitário e um saldo nominal deficitário. Por que isso pôde acontecer?

9. Entre os conceitos de DBSP e DLSP, qual deles apresenta o maior valor e por quê?

10. Em 2015, a agência de classificação de risco Standard & Poor's revisou para baixo o *rating* soberano do Brasil. Que implicações práticas um *downgrade* (perda do selo de bom pagador) pode trazer ao balanço de pagamentos?

Exercícios

1. Suponha que o PIB a preços de mercado de determinada sociedade corresponde a US$ 850 bilhões. Em posse desta informação, e com os dados abaixo discriminados, apure o valor do PNB e do VA.

Impostos indiretos = US$ 140 bi
Subsídios fiscais = US$ 50 bi
Formação bruta de capital fixo: US$ 60 bi

Remessas enviadas ao exterior = US$ 85 bi

Remessas recebidas do exterior = US$ 55 bi

Saldo da conta capital e financeira = US$ 17 bi

2. Partindo dos dados abaixo, determine o produto interno bruto dessa economia. Consumo privado: R$ 740 bi

Exportações: R$ 85 bi

Valor da produção destinada ao consumo intermediário: R$ 320 bi

Formação bruta de capital: R$ 180 bi

Saldo da conta de capital: R$ 15 bi

Gastos da administração pública: R$ 220 bi

Variação de estoques: R$ 50 bi

Renda líquida enviada ao exterior: R$ 30 bi

Importações: R$ 65 bi

3. Utilizando-se dos balancetes abaixo, calcule os valores para o PMPP, o M1 e a BM.

Balancete Consolidado dos Bancos Comerciais			
Ativo		Passivo	
Papel-moeda em tesouraria	400	Depósitos à vista	3.800
Depósitos no BCB	1.400	Depósitos a prazo	4.600
Empréstimos aos clientes	6.500	Empréstimos do BCB	400
Demais contas	1.700	Demais contas	1.200
Total	10.000	Total	10.000

Balancete do Banco Central do Brasil (BCB)			
Ativo		Passivo	
Reservas internacionais	500	Depósitos do Tesouro Nacional	400
Empréstimos para bancos comerciais	400	Depósitos dos bancos comerciais	1.400
Empréstimos ao Tesouro Nacional	1.400	Papel-moeda em circulação	800
Demais contas	700	Demais contas	400
Total	3.000	Total	3.000

4. A tabela abaixo apresenta a variação dos preços ao longo de um ano hipotético por diferentes índices de inflação.

Indicadores de Inflação (variação percentual ao longo de dado ano)				
IPCA	INPC	IPC-FIPE	IPA	INCC
9,67	10,53	9,87	18,14	14,76

A partir dos dados acima, e utilizando-se do índice mais adequado para cada contrato, atualize os valores abaixo relacionados:

a) R$ 2.500,00 da prestação mensal de um apartamento comprado na planta.
b) R$ 1.880,00 do salário de um auxiliar de escritório.
c) R$ 7.950,00 da prestação mensal de uma máquina injetora de plástico.

5. Numa economia hipotética, durante determinado ano, efetuaram-se as seguintes transações com o exterior:

Investimentos em carteira recebidos: US$ 400 bi
Lucros remetidos ao exterior: US$ 100 bi
Royalties pagos ao exterior: US$ 50 bi Importações: US$ 1.100 bi
Exportações: US$ 1.200 bi
Pagamento de empréstimo (FMI): US$ 500 bi Fretes e seguros pagos: US$ 150 bi
Juros de empréstimos recebidos: US$ 200 bi Investimentos diretos recebidos: US$ 250 bi

Utilizando-se dos dados acima, apure os resultados da Conta de Serviços (CS), da Conta Corrente (CC) e da Conta Financeira (CF) do balanço de pagamentos.

Estudo de Caso

O cenário macroeconômico abaixo discriminado apresenta dados hipotéticos projetados para uma economia nos próximos anos, distribuídos pelos cinco blocos de indicadores estudados neste capítulo. A partir dessas informações, interprete corretamente as tendências apontadas no cenário e responda às questões propostas a seguir.

INDICADORES DE ATIVIDADE	2016	2017	2018	2019	2020
PIB (%)	-3,6	1,3	1,9	2,3	3,5
Consumo privado (%)	-4,2	1,4	2,7	3,2	3,9
Consumo da adm. pública (%)	-0,6	-1,3	0,3	1,1	2,3
Investimento (FBKF) (%)	-10,2	1,9	4,6	6,7	11,3
Exportações (%)	1,9	6,2	5,1	4,8	1,5
Importações (%)	-10,3	-0,9	6,4	7,6	9,8
PIB (US$) – bilhões (preços correntes)	2.169	2.261	2.372	2.539	2.770
Taxa de desemprego – IBGE (PNAD)	12	11,4	10,2	8,9	7,7
ÍNDICES DE PREÇOS					
IPCA (%)	6,3	5,1	4,9	4,3	3,9
IPC-FIPE (%)	7,1	5,2	4,7	3,7	3,4
IGP-M (%)	7,9	5,6	5,6	4,7	5,1
IGP-DI (%)	8	5,5	5,3	4,9	5,3
POLÍTICA MONETÁRIA					
Taxa Selic (final de período) %	13,75	11	9,75	9,25	8,5
Taxa Selic real / IPCA (acumulado 12 meses) %	6,2	5,9	4,8	4	4,6
Taxa Selic real / IGP-M (acumulado 12 meses) %	5,6	5,5	4,2	4,5	3,4
SETOR PÚBLICO					
Resultado primário do setor público (% PIB)	-3	-2,3	-1,4	-0,5	0,7
Resultado nominal do setor público (% PIB)	-10,6	-8,8	-6,2	-5,8	-4,3
Dívida Bruta do Setor Público (% PIB)	70,1	75,6	74,5	69,2	65,1
Dívida Líquida do Setor Público (% PIB)	45,3	49,5	48,3	42,1	39,1
SETOR EXTERNO					
Balança comercial (US$ bilhões)	49,5	50	44,9	35,4	20,1
Saldo em conta corrente (US$ bilhões)	-16,7	-23,6	-28,2	-34,3	-47,3
Investimento direto (US$ bilhões)	65,8	64,3	65,1	75,9	78,5
Taxa de câmbio (final de período) R$ / US$	3,24	3,37	3,54	3,74	4,02
Reservas internacionais (US$ bilhões) - liquidez	375,8	390,3	376,8	370,2	362,4
Rating soberano S&P	BB	BB	BB+	BBB-	BBB

Dados fictícios elaborados pelo autor com finalidade meramente didática.

Questões

1. Observando-se a tendência projetada para o nível de atividade econômica e para a taxa de desemprego nos próximos anos, qual é o impacto esperado no processo de remuneração dos colaboradores e para o faturamento das empresas como um todo?
2. Analisando-se a trajetória esperada para os componentes do PIB pela ótica da demanda, o que uma empresa fortemente dependente de investimentos em infraestrutura (energia e logística) pode esperar para o futuro de seus negócios?
3. Avaliando a trajetória esperada para a inflação e para a taxa Selic nos próximos anos, o que esperar de uma companhia em que 80% de suas vendas dependesse de operações de crédito?
4. Para uma empresa cuja carga tributária incidente seja elevada (como o tabaco), o que se pode projetar para o negócio quando se observa a trajetória das contas públicas no cenário acima?
5. Dada a trajetória esperada para a taxa de câmbio e para as principais contas do balanço de pagamentos, qual o impacto esperado para o faturamento de uma empresa essencialmente exportadora?

Referências

Banco Central do Brasil. *COPOM*. Brasília: 2016. Disponível em: <https://www.bcb.gov.br/controleinflacao/copom>. Acesso em: 06 de jun. 2019.

Banco Central do Brasil. *Indicadores Econômicos Consolidados*. Brasília: 2016. Disponível em: <http://www.bcb.gov.br/pec/Indeco/Port/indeco.asp>. Acesso em: 08 dez. 2016.

Banco Central do Brasil. *Série: Perguntas mais Frequentes do Banco Central*. Brasília, 2015. Disponível em: <http://www4.bcb.gov.br/pec/gci/port/focus/faq.asp>. Acesso em: 10 set. 2016.

Banco Central do Brasil. *Sexta Edição do Manual do Balanço de Pagamentos*. Brasília: 2016. Disponível em: <http://www.bcb.gov.br/pt-br/#!/n/6MANBALP-GTO>. Acesso em: 11 set. 2016.

FERNANDES, O. A. *Notas de Aula de Análise de Conjuntura*. São Paulo: FAAP, 2018 (mimeo).

————. *Notas de Aula de Macroeconomia*. São Paulo: ESPM, 2016 (mimeo).

Fundação Getúlio Vargas/Instituto Brasileiro de Economia (FGV/IBRE). *Indicadores de Preços. Rio de Janeiro: 2016.* Disponível em: <https://portalibre.fgv.br/estudos-e-pesquisas/indices-de-precos/igp/> . Acesso em: 06 jun. 2019

GRAMIGNA, M. R. *Modelo de Competências e Gestão dos Talentos*, 2 ed. São Paulo: Prentice-Hall, 2017.

Instituto Brasileiro de Geografia e Estatística (IBGE). *Contas Nacionais Trimestrais. Brasília: 2016.* Disponível em: <http://www.ibge.gov.br/home/estatistica/indicadores/pib/defaulttabelas.shtm>. Acesso em: 08 de dez. 2016.

Instituto Brasileiro de Geografia e Estatística (IBGE). *Sistema Nacional de Índices de Preços ao Consumidor.* Brasília: 2016. Disponível em: <http://www.ibge.gov.br/home/estatistica/indicadores/precos/inpc_ipca/defaultinpc.shtm>. Acesso em: 07 set. 2016.

Instituto de Pesquisa Econômica Aplicada (IPEADATA). *Sistema de Séries Temporais.* Brasília: 2016. Disponível em: <http://www.ipeadata.gov.br>. Acesso em: 11 mar. 2019.

KEYNES, J. M. *The Economic Consequences for the Peace.* New York: Harcourt, Brace and Howe, Inc., 1919.

KUAZAQUI, E. Resolução de Problemas e Tomada de Decisão. In Liderança: *Uma Questão de Competência*, São Paulo: Saraiva, 2005. pp. 249-263.

Organização das Nações Unidas (ONU). Objetivos de *Desenvolvimento Sustentável: 17 Objetivos para Transformar Nosso Mundo.* Disponível em: <https://nacoesunidas.org/pos2015/>. Acesso em: 11 mar. 2019.

PRAHALAD, C. K. *A Riqueza na Base da Pirâmide.* Como Erradicar a Pobreza com o Lucro. Porto Alegre: Bookman, 2008.

TUROLLA, F. A.; LIMA, M. F. F.; MARGARIDO, M. A. *Notas sobre a Prática dos Economistas de Mercado no Brasil.* São Paulo Perspectiva, v. 23, n. 2, jul./dez. 2009.

World Economic Forum. Disponível em: <https://www.weforum.org/>. Acesso em: 11 mar. 2019.

YUNUS, M. *O Banqueiro dos Pobres.* São Paulo: Editora Ática, 2006.

Capítulo 7
Processos Decisórios Complexos

Fabiano Rodrigues
Roberto Camanho

"Existe o risco que você não pode jamais correr, e existe o risco que você não pode deixar de correr."

Peter Drucker

Objetivos:
- Refletir sobre os mecanismos cognitivos dos decisores.
- Explorar a complexidade analítica e organizacional de decisões empresariais.
- Discutir a diferença entre decisões e resultados.
- Discutir a efetividade do processo decisório.
- Discutir a estruturação do processo de tomada de decisões.
- Explorar os requisitos e ferramentas para uma decisão com qualidade.

7.1. Introdução: Decisões e Decisores

O ser humano é sempre colocado diante de situações que exigem a escolha entre diferentes opções. Essa escolha demanda decisões que estão no dia a dia das pessoas, nas mais simples e complexas situações da vida pessoal e profissional.

Tomamos decisões desde muito cedo em nossa existência. Até por isso tendemos a acreditar que somos bons tomadores de decisões, decisores natos.

Para Keeney (2004), as pessoas são, naturalmente, decisoras (ainda que poucas decisões sejam singularmente importantes), aprendem a decidir pela prática.

No aprendizado de habilidades, tais como tocar piano, jogar futebol ou usar o computador, dividem o aprendizado em pequenos elementos, praticam, juntam e praticam novamente.

Imagine uma criança aprendendo a tocar um violão, por exemplo. Em geral, o processo de aprendizagem ocorre aos poucos, em partes, entre elas: como segurar corretamente o instrumento, diferenciar as notas musicais, aprender função de cada mão no instrumento, fazer os acordes musicais, etc. Com isso, o conhecimento desenvolvido na prática é incorporado de forma integrada.

No caso das habilidades decisórias, Keeney (2004) relata que as categorias de decisões no dia a dia parecem não ser similares: escolher uma casa, mudar ou não de emprego, fazer ou não plano de previdência. Com isso, é difícil aumentar as habilidades decisórias pela pura vivência das situações de decisão.

Uma das dificuldades nesse aprendizado prático é relacionar elementos comuns entre diferentes decisões. Keeney (2004) argumenta que a análise de decisão pode ser uma boa referência para que as pessoas aprendam a tomar melhores decisões, pois possui uma estrutura teórica que pode promover a melhoria da qualidade do processo decisório, buscando-se elementos comuns de análise dentro desse processo.

Decidir é uma tentativa de criação de futuro, pois o futuro é, em parte, consequência das escolhas presentes. Este raciocínio serve para todas as possíveis esferas de decisão, incluindo decisões pessoais, familiares, comunitárias, organizacionais e nacionais.

Conforme Howard e Abbas (2016; p. 8), "decisão é uma escolha entre duas ou mais alternativas que envolve o comprometimento de recursos". Neste sentido, os autores destacam que não basta o compromisso mental ou apenas a intenção para caracterizar uma decisão. De outra forma, o momento da decisão é o momento no qual mudar o curso de uma ação já estabelecida custa alguma coisa, seja tempo, sejam recursos monetários, pessoas envolvidas, entre outros recursos que por definição são elementos escassos e são restrições das ações.

De forma ampla, decisões são importantes, pois moldam o futuro de uma pessoa, empresa ou país. Decisões definem a forma como queremos viver, a forma como as empresas querem operar e se posicionar frente à concorrência. Decisões ajudam a definir o futuro de pessoas e organizações.

Se compreendermos que a decisão é um "processo" que termina em uma escolha (processo similar para várias situações), podemos mapear e aperfeiçoar o processo de tomada de decisão. Podemos aumentar a qualidade do processo e, consequentemente, nossa capacidade de tomar melhores decisões.

Para compreender a decisão como um processo passível de melhorias, iniciaremos a jornada deste capítulo pelo indivíduo, questionando seus mecanismos cognitivos ao tomar decisões, depois abordaremos as complexidades organizacionais e analíticas inerentes ao processo decisório empresarial, bem como o papel das incertezas na mediação entre decisões e resultados. Navegaremos também pelos fatores-chaves para a efetividade do processo decisório e discutiremos semelhanças e diferenças entre diversas estruturas para ataque de problemas e oportunidades. Por fim, trataremos de modelos e ferramentas para a melhoria da qualidade das decisões, incluindo o compromisso para a execução bem-sucedida das decisões. Para o posicionamento do leitor, este capítulo busca aproximar teorias sobre decisão à prática decisória de pessoas e organizações.

7.2. Humanos: Decisores Racionais ou Intuitivos?

Os estudos sobre as decisões racionais e as intuitivas não são recentes. Em 1936, Chest I. Barnard, em Princeton, apresentou a palestra intitulada "*Mind in Everyday Affairs*". Esta palestra teve como tema principal os processos decisórios, descritos por ele como sendo lógicos e não lógicos. As diferenças entre as duas formas de pensar não foram caracterizadas formalmente, porém definiu-se que, nas decisões lógicas, as metas e as alternativas são explícitas, e as consequências das diferentes alternativas e o modo como elas se distanciam das metas definidas são avaliados (SIMON, 1987).

Abordagem semelhante é apresentada nas pesquisas iniciadas em 1969 por Daniel Kahneman, nessa época na Hebrew University of Jerusalem, e por Amos Tversky, então pesquisador da Universidade de Michigan.

Em seu livro *Thinking, Fast and Slow*, Daniel Kahneman aborda decisões como sistemas cognitivos (formas de pensar), divididos em Sistema 1 (intuição) e Sistema 2 (reflexão), para tornar didática a sua exemplificação e entendimento (KAHNEMAN, 2011). O termos Sistema 1 e Sistema 2, originalmente propostos pelos psicólogos Keith Stanovich e Richard West, foram adotados por Kahneman em suas publicações. As duas formas de pensar são caracterizadas do seguinte modo:

Sistema 1: opera automaticamente e rapidamente, com pouco ou nenhum esforço e sem o senso de controle voluntário;

Sistema 2: aloca atenção para as atividades de esforço mental, incluindo computações complexas e delibera decisão.

Quando tomamos um café com os amigos, contemplamos uma paisagem ou andamos de bicicleta, tudo ocorre de forma mais intuitiva. Os pensamentos, associações, sentimentos, intenções e prontidão para a ação fluem sem esforço. Nessas situações, não estamos focados em como realizar nossas ações, elas simplesmente acontecem.

Ao escutarmos a conversa da mesa ao lado em um restaurante, ao preenchermos um formulário do imposto de renda ou ao estacionarmos o carro em uma vaga estreita, notadamente nossa forma de pensar é diferente da situação anterior, quando usávamos a intuição. Os pensamentos são mais lentos, requerem mais esforço, e os resultados surgem após uma deliberação.

É fácil reconhecermos que, na primeira situação, nossa forma de pensar e agir é intuitiva (Sistema 1), ao passo que, na segunda situação, nossa forma de pensar é reflexiva (Sistema 2) (KAHNEMAN; LOVALLO; SIBONY, 2011).

Aqui o termo "sistema" é utilizado como um rótulo para coleções de processos que se distinguem por sua velocidade, nível de controle e os conteúdos em que operam (KAHNEMAN; FREDERICK, 2001).

A Figura 7.1 indica que as características do Sistema 1 são similares às do processo de percepção, e que os sistemas 1 e 2 não estão limitados a processar os estímulos correntes.

O Sistema 1 lida tanto com conceitos quanto com percepções, podendo ser acionado pela linguagem. Ele gera sensações dos atributos dos objetos da percepção e do pensamento, e essas impressões não são voluntárias nem explicitadas verbalmente. O termo intuição é aplicado

Figura 7.1

Dois sistemas cognitivos

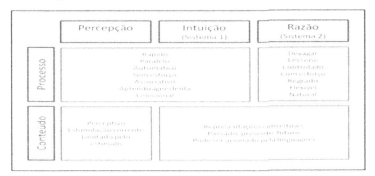

Fonte: Adaptado de Kahneman, 2003, p. 698.

para os julgamentos que refletem diretamente as sensações e não são modificados pelo Sistema 2. Em contrapartida, o Sistema 2 envolve todos os julgamentos originados das sensações ou deliberações racionais, é sempre intencional e explícito, mesmo quando não são verbalmente explicitados (KAHNEMAN, 2003).

O monitoramento do Sistema 2 sobre o Sistema 1 é bastante frouxo e permite que muitas decisões intuitivas sejam expressas, incluindo aquelas que são erradas (KAHNEMAN; FREDERICK, 2001).

Apesar de ser mais primitivo, o Sistema 1 não é necessariamente menos capaz que o Sistema 2. Ao contrário, de acordo com a requisição de proficiência e habilidade adquirida, complexas operações cognitivas eventualmente podem migrar do Sistema 2 para o Sistema 1 (KAHNEMAN; FREDERICK, 2001).

Kahneman comenta: "Eu costumo me encolher todo quando dizem que meu trabalho demonstra que as escolhas humanas são irracionais, quando na verdade nossa pesquisa apenas mostrou que os humanos não são bem descritos pelo método do agente racional" (KAHNEMAN, 2011). Já Herbert A. Simon criou o conceito da Racionalidade Limitada, no qual afirma que somos incapazes de abordar completamente todas as variáveis representativas da situação analisada. Para entender a diferença dessas duas abordagens que geram diferentes modelos mentais, veja o Quadro 7.1.

Quadro 7.1

Tomada de decisões nas organizações: Visão Clássica vs. Racionalidade Limitada.

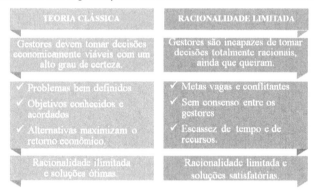

Fonte: Adaptado de Yu (2011; p. 55).

A nossa formação profissional, as literaturas convencionais e a bagagem de conhecimento adquirido por treinamentos habitualmente foram construídas com base na teoria clássica do modelo da Racionalidade Ilimitada, que é essencialmente normativa, ou seja, ela dita regras e tem por abordagem a lógica da racionalidade. Além disso, tem como lógica de operação um contexto no qual a certeza predomina.

Segundo Simon, com sua abordagem descritiva, ou seja, como as coisas acontecem, convivemos com a nossa Racionalidade Limitada. Neste capítulo, analisaremos que as incertezas atuam entre as decisões e os resultados, pois vivemos em um mundo de eventos probabilísticos.

7.3. Decisões no Contexto Empresarial: complexidades e incertezas

Serão abordados aqui a complexidade analítica e organizacional das decisões no mundo empresarial e o papel das incertezas como ponte entre decisões e resultados.

O caso a seguir ilustra o impacto da complexidade e das incertezas na decisão de portfólio de projetos de inovação em uma empresa multinacional brasileira.

MINICASO
Decisões sobre portfólio de projetos de inovação

Em 2006, uma grande empresa multinacional brasileira iniciou o processo de revisão do seu planejamento estratégico, contando com o apoio de uma consultoria em estratégia. Com o desdobramento do plano estratégico, a área de Pesquisa e Desenvolvimento da empresa propôs e assumiu a missão de identificar novas oportunidades, não somente em novos produtos, processos e expansão das atividades existentes, mas também de novos negócios que estivessem alinhados com a visão corporativa de longo prazo. Novamente com o apoio de especialistas externos, foram gerados mais de 50 estudos de novas oportunidades, os quais precisariam então ser submetidos a análise e priorização para que fossem convertidos em projetos a serem implantados. Havia o objetivo de que até 30% da composição da carteira de projetos de P&D fossem compostos de projetos de maior risco e com o envolvimento de novas competências. A expectativa da alta direção era de que essas inovações de ruptura produzissem resultados financeiros em um horizonte entre 5 e 10 anos. Até então a área de P&D trabalhava com uma carteira de projetos tipicamente incrementais, não necessariamente alinhada com os objetivos estratégicos da organização. As demandas surgiam de modo descentralizado, normalmente com o objetivo de solucionar necessidades pontuais dos departamentos da empresa. O seu atendimento era realizado predominantemente com base em disponibilidade e conveniência. Assim como as demandas, o processo decisório para implantação ou não dos projetos, bem como o estabelecimento de prioridades, não era estruturado. Além de processo, também havia oportunidades de melhoria em equipe e tecnologia para decisão, não somente na área de P&D, mas na empresa como um todo. Ao mesmo tempo em que houve a abertura de espaço para a estruturação do processo decisório, dada a oportunidade de se avaliar projetos com base em critérios corporativos, oriundos de uma estratégia única, a análise e a priorização dos estudos de P&D trouxeram o desafio da complexidade. Além da quantidade de novas ideias, havia a incerteza inerente às inovações de ruptura, o número de áreas envolvidas e o volume expressivo de recursos a serem investidos.

Fonte: Extraído e adaptado de Oleskovicz et al (2013; p. 7-8)

Na abordagem de situações problemáticas, os grupos enfrentam uma ou mais das seguintes características: alto grau de complexidade devido à inter--relação entre os diferentes elementos do problema; alto grau de incerteza devido aos aspectos internos e externos do problema e significante conflito associado a considerações cognitivas e políticas do problema (FRANCO; ROUWETTE, 2011). Os autores sugerem que um facilitador, com o apoio de um modelo de decisão, permite ao grupo ampliar e alinhar o entendimento sobre o problema com o comprometimento de seguir em frente. Há a sensação declarada de pertencimento da solução por parte dos decisores.

Em maior ou menor intensidade, o ato de decidir é um *mix* entre a racionalidade, a intuição e a política. O comportamento político, potencialmente positivo se alinhado aos objetivos organizacionais, é caracterizado como o conjunto de atos intencionais para enfatizar ou proteger o interesse próprio dos indivíduos ou grupos.

Desta forma, podemos mapear e tratar as decisões em termos de complexidade analítica e complexidade organizacional, conforme Figura 7.2.

Do ponto de vista analítico, uma decisão é complexa quando possui muitas variáveis envolvidas na modelagem do problema decisório, acentuada dinâmica temporal, ou seja, o resultado de uma decisão influencia

Figura 7.2

Dimensões do processo decisório

Complexidade Organizacional		Facilitação via Liderança	Processo Decisório Estruturado
• Múltiplos focos de conflito • Diferenças individuais e organizacionais • Dinâmica da tomada de decisão em grupos	Alta Baixa	Decisão Rápida ("automatizada")	Análise de Decisão

Baixa   Alta

Complexidade Analítica

- Incerteza
- Múltiplos critérios
- Muitas alternativas
- Dinâmica temporal da decisão
- Muitas variáveis para análise

Fonte: Adaptado de Parnell, Bresnick, Tani e Johnson (2016)

decisões posteriores, ou mesmo quando há incertezas em distintos momentos da decisão, muita incerteza na estimativa das informações, nos cenários e consequências previstas, bem como múltiplos critérios para o julgamento das alternativas, sejam eles conflitantes ou inter-relacionados.

Já do ponto de vista organizacional, a decisão é complexa quando possui muitos atores envolvidos, muito conflito entre os *stakeholders* durante o processo decisório, múltiplos interesses e motivações envolvendo a decisão e suas potenciais consequências, muita assimetria quanto ao poder exercido pelos diferentes integrantes da equipe de decisão, *frames* iniciais muito divergentes para se lidar com a decisão, personalidades e competências heterogêneas da equipe responsável pela decisão, culminando em um processo complexo para a obtenção de consenso.

Dessa forma, decisões de baixa complexidade são triviais, podem ser automatizadas, não requerem grandes reflexões, algumas podem até ser classificadas como *no brain*, em que o bom senso e procedimentos padrões podem contribuir para a tomada de decisão. No outro extremo, as decisões de alta complexidade analítica e organizacional se configuram como decisões estratégicas, escolhas de alto impacto, que definem a posição competitiva de uma empresa. Esse tipo de decisão demanda um processo estruturado para a sua condução, envolvendo tanto o alinhamento organizacional quanto a capacidade técnica para a estruturação e modelagem do processo decisório.

O conteúdo deste capítulo é útil para todos os quadrantes expostos na Figura 2, mesmo para as decisões triviais, mas tem foco prioritário na criação de valor potencial e mitigação de riscos para decisões complexas, tanto em termos analíticos quanto organizacionais (quadrante Processo Decisório Estruturado).

No mundo real, executivos são cobrados (como sempre, e cada vez mais) pelos resultados que apresentam. Os resultados incluem aspectos mercadológicos, operacionais e financeiros, resultados de curto e longo prazo, resultados globais, por unidades de negócios, por departamentos, por equipes ou individuais.

Os resultados impactam nas carreiras dos gestores e na posição competitiva das organizações. Nesse cenário, surge uma pergunta para reflexão: qual é o espaço das decisões em uma realidade que privilegia métricas de resultados? Vamos pensar de um modo diferente. No dia a dia dos negócios, os gestores possuem uma "varinha mágica", como a utilizada pelo personagem Harry Potter, para dizer "aumente meu lucro em 30%"? "Faça com que minha empresa comece a vender na Europa"? Infelizmente, ou felizmente, dependendo do que se acredita ser a função dos gestores em uma organização, a resposta não muda, a resposta é NÃO.

O que posso fazer como gestor é tomar decisões para tentar chegar a determinados objetivos traçados. Posso apenas interferir nas decisões que vão influenciar os resultados.

Esse tipo de pensamento pode trazer algumas situações:

Quadro 7.2

Decisões vs. Resultados

Situação	Qualidade da Decisão	Resultado	Relação
Era o que eu esperava!	Alta	Bom	Sim, relação desejada para um gestor bem-sucedido
Resultado ruim já esperado...	Baixa	Ruim	Também faz sentido, pois a decisão já trazia baixo valor potencial
Será que a sorte sempre estará ao meu lado?	Baixa	Bom	Sorte e acaso positivo podem acontecer algumas vezes, mas não se espera que ocorram com frequência
Não desejada, mas possível...	Alta	Ruim	Sim, pode acontecer e ocorre, mas probabilisticamente boas decisões tendem a gerar, na média, melhores resultados

Fonte: Elaborado pelos autores (2017).

O Quadro 2 apresenta um conceito central da Teoria da Decisão: decisão é diferente de resultado! O resultado depende da execução, da qualidade da decisão e de outro elemento: as incertezas

As incertezas possuem um papel muito importante, pois funcionam como pontes entre decisões e resultados. Temos duas certezas na vida, a morte e o pagamento de impostos. Vivemos em um mundo probabilístico, as incertezas fazem parte de nossa realidade. Boas decisões tendem (probabilisticamente) a gerar melhores resultados (mas não os garantem).

Existe uma máxima no campo de estudos da Análise da Decisão: uma boa decisão não aumenta a sorte do decisor e uma má decisão não se torna boa, independentemente do resultado.

7.4. Efetividade do Processo Decisório: Fatores-Chaves

O processo decisório utilizado influencia as escolhas estratégicas que, por sua vez, influenciam os resultados das decisões (DEAN; SHARFMAN, 1996). O processo é adotado por influência do contexto e do conteúdo (RAJAGO-PALAN *et al.*, 1998).

Nutt (2008) e Dean e Sharfman (1996) investigam a efetividade do processo decisório nos resultados das decisões. O primeiro autor define e compara o sucesso de quatro categorias de processos de decisão: ideia-imposição, descoberta, renovação e oportunidades emergentes.

As ideias-imposição se caracterizam por serem soluções prontas aprovadas pelos decisores com poder. Por serem decisões conhecidas, fica mais simples entender as suas consequências, ramificações e cursos das ações.

As descobertas são decisões que buscam o entendimento das possibilidades; nelas são realizados trabalhos em grupo para definir os resultados esperados, descobrir alternativas, avaliar os benefícios e, por fim, selecionar a alternativa com maior benefício.

Caso a ideia motivadora do processo de ideia-imposição falhar, serão tomadas providências para a sua substituição, processo denominado renovação. De modo semelhante, o processo de descoberta pode ser abandonado quando surge a oportunidade de uma alternativa mais benéfica que caracteriza o processo de oportunidade emergente.

As análises de Nutt (2008) revelam que o processo de descoberta é a categoria das decisões que tem mais sucesso, independentemente do setor, da urgência, importância, nível de recurso e hierárquica do decisor.

Para Dean e Sharfman (1996), os resultados estratégicos são decorrentes das ações administrativas na gestão da estratégia, e sua pesquisa determina se o sucesso das decisões estratégicas tem influência do procedimento racional, do comportamento político e se a instabilidade do ambiente externo tem relação com o procedimento racional e a tomada de decisão eficaz. O procedimento racional, com foco no processo decisório, é definido como a extensão na qual o processo decisório envolve a coleta de informação relevante para a decisão e a confiança sobre a análise dessas informações na tomada de decisão (DEAN; SHARFMAN, 1996).

O comportamento político é reconhecido como um aspecto a ser observado no processo decisório das organizações, pois os decisores têm interesses pessoais, profissionais, hierárquicos e funcionais, e, como consequência, procuram influenciar os resultados das decisões através da prática de políticas (ALLISON, 1971; PETTIGREW, 1973). Alguns autores optam por definir política como sendo "atos intencionais de influência para enfatizar ou proteger o interesse próprio dos indivíduos ou grupos" (ALLEN *et al.*, 1979, p. 77). A pesquisa busca avaliar se a efetividade das decisões tem relação com os procedimentos racionais em ambientes instáveis. Dean e Sharfman (1996) consideram que os ambientes são instáveis quando as demandas flutuam de forma dramática e novas tecnologias são introduzidas com rapidez. Já nos ambientes estáveis, as demandas e as tecnologias não se alteram muito ao longo do tempo.

Os resultados são os seguintes: o procedimento racional influencia positivamente a decisão estratégica eficaz – os decisores que aplicaram técnicas analíticas tomaram melhores decisões do que os que não as utilizaram; o comportamento político influencia negativamente a decisão estratégica eficaz – os decisores atrelados ao poder e agendas ocultas foram menos eficazes do que os que não são atrelados a eles. Os decisores selecionam o processo decisório que influencia as escolhas estratégicas, que, por sua vez, influenciam os resultados das decisões que afetam as organizações. Assim sendo, fica evidente que o processo decisório selecionado é importante.

No artigo da *Academy of Management* considerado *Best Conference Paper 2003* (LIOUKAS; PAPADAKIS, 2003), os autores sugerem que os gestores podem influenciar no sucesso das decisões estratégicas ao escolherem corretamente o processo decisório. Os autores concluem que, mesmo com o amplo controle do contexto que envolve a decisão estratégica, o processo adotado influencia os seus resultados. Também para Nutt (2008), o processo aplicado tem muito mais influência no sucesso das decisões estratégicas do que os fatores contextuais.

Porém, o resultado das organizações é obtido em função de diversos fatores, e a análise da efetividade das decisões, tomando por base o resultado da organização, mascara as reais consequências do processo decisório adotado, conforme argumentam Dean e Sharfman (1996).

Uma oportunidade para os pesquisadores coletarem uma variedade de casos, de certa forma de magnitudes diferentes, é adotarem a definição de "estratégia" proposta por Mintzberg, Raisinghani e Theoret (1976), em que uma decisão é estratégica se tem efeito de longo prazo, demanda recursos consideráveis e precedentes determinados.

Para Nutt (2008), em sua análise sobre decisões estratégicas e suas consequências em 202 organizações, os fatores-chaves selecionados foram os seguintes: os resultados, o contexto, o conteúdo e as ações que caracterizam o processo de decisão (*action-taking*).

As características de cada um dos quatro fatores–chaves são as seguintes:

Resultados: Com este fator, os pesquisadores buscam avaliar os resultados das decisões. Há várias propostas para avaliar os resultados das decisões, por exemplo: indicadores de sucesso das mudanças geradas no comportamento e nas interpretações; a *performance* dos processos (tempo de execução, comprometimento e aprendizagem) e as características da tomada de decisão, como os abalos e as negociações (NUTT, 2008).

Contexto: Através deste fator, os pesquisadores buscam documentar as características do ambiente interno e externo que possam influenciar o que é decidido e como é decidido. As características da organização e de seus decisores são documentadas como fatores internos. As características das organizações usualmente documentadas são as seguintes: as comunicações, as surpresas, as políticas, os tipos e formas de controle, a gestão das mudanças, a complexidade das decisões e sua importância, ameaças e incertezas. Quanto aos decisores, são documentados os seus aspectos cognitivos e suas características, tais como: criatividade, estilo de decisão, propensão ao risco, atitudes frente às ambiguidades, poder, experiência, nível hierárquico e valores (RAGAGOPALAN *et al.*, 1998). Os fatores que documentam o contexto possibilitam aos pesquisadores avaliarem a sua influência na realização da decisão, bem como nas suas escolhas e resultados.

Conteúdo: É o fator-chave que identifica o tipo de decisão. As decisões estratégicas são definidas de diferentes formas. Muitos autores adotam a descrição proposta por Mintzberg, Raisinghani e Theoret (1976) por facilitarem a coleta de vários casos, como comentado acima. Há também decisões referentes a considerações éticas, agendas, seleção de temas para decisões futuras, que são temas subjetivos, e outras referentes a controles e posições financeiras, que são temas objetivos. Da mesma forma que no contexto, avalia-se que fatores referentes ao conteúdo permitem analisar as suas influências na escolha do processo decisório e nos resultados das decisões.

Ações: Caracterizam o processo de decisão (*action- taking*). O objetivo desse fator-chave é documentar o "processo", os passos seguidos para se tomar uma decisão e para encontrar as suas etapas essenciais.

A pesquisa relacionada com o tema combina perspectivas normativas e comportamentais para descobrir o que fazem os decisores e como isso se desvia das recomendações (NUTT, 2002).

Na abordagem de Rajagopalan, o contexto e o conteúdo influenciam em conjunto a cognição dos decisores e o processo que eles adotam, sendo o processo, por sua vez, influenciado pelo contexto e pelo conteúdo (RAJAGOPALAN *et al.*, 1998). Para Butler (1998), o contexto não é considerado, e o conteúdo é avaliado como sendo o problema, o resultado da decisão como a solução, e o processo (*action-taking*) como uma escolha. O autor considera ainda que cada um desses três elementos pode ser uma causa, um efeito ou uma interação, e todos eles são conectados por negociações, sistemas computacionais, decisões inspiradoras e conhecimentos.

7.5. Processo Decisório: Estruturas para Atacar Problemas e Oportunidades

Segundo Howard (1980; p. 6), "a análise da decisão é uma profissão cuja preocupação está em ajudar as pessoas a tomarem melhores decisões". O ponto central da análise de decisão consiste na decomposição e na recomposição de um problema decisório complexo, dinâmico e que envolva incertezas, capturando ao longo desse processo as escolhas e preferências dos decisores. Com essa estrutura, buscam-se *insights* ao longo do processo decisório, que auxiliam na melhoria da qualidade de decisão.

A análise de decisão possui duas vertentes, uma prescritiva e outra descritiva. A prescritiva baseia-se em como uma decisão **deve** ser tomada, envolvendo modelos normativos e ferramentas que auxiliam no processo decisório. A parte descritiva estuda como uma decisão **é** tomada de fato, procura extrair informações do processo decisório, da racionalidade limitada das pessoas em tratar problemas complexos, dos vieses cognitivos e da psicologia da decisão.

Em seu texto, March (1988) aborda a aparente dicotomia entre as teorias prescritivas e descritivas. Para ele, essa dicotomia não é extrema, ou seja, existe uma camada de interação entre auxiliar as pessoas a tomarem melhores decisões e a maneira com que as pessoas fazem as suas escolhas de fato.

As pesquisas de Simon e Newell (1972), em seu livro *Human Problem Solving*, avaliam que os decisores, frente a problemas complexos e situações inesperadas, tendem a reduzir a sua decisão em subdecisões, ao passo que, nos problemas desestruturados, fabricam elementos estruturados e familiares. Além disso, aplicam uma série de atalhos para resolver os problemas, reduzindo um ambiente complexo em uma série de modelos conceituais simplificados, buscando nos resultados a sua satisfação, e não a sua maximização. Os estudos apresentados demonstram que o processo decisório é programável, mesmo que não seja de fato programado.

Embora o processo utilizado não seja predeterminado ou explícito, há uma forte evidência de que uma base lógica ou estruturada suporta o que os decisores fazem, e esta estrutura pode ser descrita por um estudo sistemático do seu comportamento (MINTZBERG; RAISINGHANI; THEORET, 1976).

Os processos decisórios se iniciam a partir do reconhecimento de que as condições existentes estão insatisfatórias em relação aos padrões esperados. A percepção do *gap* entre a situação atual e a desejada não é motivo suficiente para gerar uma ação, também são necessárias motivação para o gerador da ação e a percepção de que há recursos disponíveis suficientes para essa ação (PINFIELD, 1986).

Os pesquisadores têm se preocupado em analisar a estrutura dos processos decisórios (MINTZBERG; RAISINGHANI; THEORET, 1976; LANGLEY *et al.*, 1995; COHEN; MARCH; OLSEN, 1972; EISENHARDT; ZBARACKI, 1992), bem como se o sucesso das decisões está relacionado com o processo decisório (NUTT, 2008; DEAN; SHARFMAN, 1996; LOVALLO; SIBONY, 2010).

Para Pinfield (1986), duas perspectivas são complementares e úteis para entender a organização dos processos decisórios. A primeira é a do processo decisório estruturado, quando há acordo nas metas da organização e uma ordem progressiva, que vai do reconhecimento do problema à sua solução. A segunda é a do processo anárquico, quando há desacordo nas metas da organização e as decisões são combinações fortuitas entre problemas, soluções e participantes, como numa lata de lixo organizada.

Segundo Pinfield (1986), uma perspectiva se aplica quando há acordo nas metas da organização, e a outra quando há desacordo nas metas da organização. Nesse sentido, as duas perspectivas são complementares.

Quadro 7.3

Perspectivas da organização do processo decisório

Perspectivas para entender a organização dos processos decisórios	
Processo decisório estruturado	Processo anárquico
Ocorre quando há acordo nas metas da organização.	Ocorre quando há desacordo nas metas da organização.
As decisões acontecem em uma ordem progressiva, do reconhecimento do problema à sua solução.	As decisões são combinações fortuitas entre problemas, soluções e participantes, como numa lata de lixo organizada.

Fonte: Adaptado de Pinfield (1986).

Simon (1960) estabeleceu um modelo para uma linha de pesquisa sobre a decisão racional, no qual a decisão é realizada em três etapas: inteligência – estruturação – escolha. De forma racional, os decisores, ao disporem das informações e das consequências das alternativas, simplesmente selecionam a alternativa que maximiza a sua utilidade (LANGLEY et al., 1995). Muitos pesquisadores seguiram essa linha de abordagem do processo decisório como sendo um processo racional que converge em etapas, desde a definição do problema até uma decisão final.

Figura 7.3

O processo decisório racional

INTELIGÊNCIA | ESTRUTURAÇÃO | ESCOLHA

Fonte: Adaptado de Simon (1960).

Nutt (1984) também propõe um modelo em estágios para processo decisório a partir do modelo proposto por Simon (1960). São propostos cinco estágios: formulação, desenvolvimento do conceito, detalhamento, avaliação e implementação. Cada um deles se divide nas seguintes etapas: busca, síntese e análise.

Os modelos de processos decisórios são questionados pelas abordagens do tema sob a ótica das interações sociais, como no modelo da "*garbage can*" (lata de lixo) (COHEN; MARCH; OLSEN, 1972). A ideia básica proposta pelo modelo anárquico ou "*garbage can*" é que nas organizações os problemas não são bem definidos ou estruturados, os processos decisórios são fluidos, desestruturados, têm metas ambíguas e múltiplos decisores. Além disso, esse modelo considera que, por vezes não de forma consciente, nas organizações há decisões prontas baseadas em conhecimentos e habilidades disponíveis que atendem aos interesses de um grupo, por isso podem ser criadas situações para se justificar essas decisões.

Dessa forma, nas organizações coexistem soluções prontas para novos problemas e soluções de todos os tipos que surgem ao longo do tempo. A oportunidade de escolhas apresenta-se como numa lata de lixo, na qual vários problemas e soluções são despejados na medida em que vão sendo criados.

Uma das características do modelo "*garbage can*" é que os problemas e as escolhas são parcialmente conectados, e a mescla do "lixo" depende da velocidade em que ele é coletado ou removido de cena. Quando os problemas e as soluções se conectam através de coalizões ou de forma aleatória ou acidental, as organizações tornam-se anarquias organizadas.

A proposta do modelo não é resolver o problema, mas tornar possível e gerenciável o entendimento do processo (COHEN; MARCH; OLSEN, 1972).

O modelo do "*garbage can*" não derruba as premissas da racionalidade limitada (LANGLEY *et al.*, 1995).

A literatura sobre o processo decisório não está agrupada nessas duas perspectivas, ou seja, de um lado, os processos estruturados e, de outro, os desestruturados ou anárquicos. Os autores têm posicionado seus temas de forma intermediária, por vezes comprometidos com o sequencial e o anárquico ou com topologias que configuram diferentes tipos de processos decisórios (LANGLEY *et al*, 1995).

O senso comum pode dizer que uma "boa decisão" é aquela que traz bons resultados, ou seja, que tem o foco no produto final. Essa é uma visão que desconsidera o processo de tomada de decisão. Como contraponto, Clemen (1995) argumenta que uma boa decisão é aquela tomada por meio de um pensamento estruturado. Para o autor, a análise estruturada durante o processo decisório leva a melhores resultados com mais frequência que resultados advindos de pura sorte.

O pensamento estruturado no processo decisório é abordado por diversos autores, como Hammond et al (2004) e Clemen (1995). O Quadro 7.4 apresenta as etapas do processo decisório segundo Hammond e Clemen.

Quadro 7.4

Processo estruturado para tomada de decisão

Clemen (1995)	Hammond *et al* (2004)
Identificar a situação de decisão e entender os objetivos	Problema
	Objetivos
Identificar alternativas	Alternativas
Decompor e modelar o problema:	Consequências
Modelagem da estrutura do problema;	Trade-offs
Modelagem das incertezas;	
Modelagem das preferências.	Incertezas
Escolher a melhor alternativa	Tolerância ao risco
Análise de sensibilidade	
Implementar a alternativa escolhida	Decisões interligadas

Fonte: Adaptado de Clemen (1995) e Hammond et al (2004).

Nos dois casos, os autores separam o processo decisório em partes para tratar a complexidade das decisões de forma mais sistemática.

Há a possibilidade de interação entre as etapas propostas por Clemen (1995), ou seja, há a chance de idas e vindas em cada etapa ao longo do processo decisório, aumentando o aprendizado com o problema e refinando a solução.

Para Hammond *et al* (2004; p. 21), "o pior que se pode fazer é esperar que a decisão seja imposta a você ou tomada por você". Para o autor, os oito elementos propostos não transformam uma decisão difícil em uma decisão fácil, mas facilitam o processo decisório em si.

Existem similaridades entre as abordagens apresentadas por Hammond *et al* (2004) e Clemen (1995), tais como a necessidade de estruturação do problema da decisão, a especificação e avaliação das consequências das alternativas e a integração das etapas para a escolha coerente de uma alternativa.

A forma como um grupo chega a um acordo na solução de problemas nas organizações é um tema de particular interesse, já que as reuniões devem ser realizadas com mais frequência e participação do que no passado e ocorrem sem uma definição prévia dos resultados preferidos.

As dificuldades na definição dos problemas, que são políticos e sociais, frequentemente demandam algum grau de descoberta do problema e de sua estruturação, uma vez que o problema não pode ser concebido de forma arbitrária. Para o processo decisório em grupo, os sistemas de apoio à decisão, conhecidos como *Decision Support Systems* (DSS), são desenvolvidos para resolver muitas dessas dificuldades. Com esses sistemas, os conflitos podem ser explorados ao orientar os decisores a apresentarem seus pontos de vista nas suas próprias palavras.

Para a estruturação do problema central, orienta-se ter um facilitador para dar suporte ao grupo de decisores (DAVIES, 1994). Por exemplo, como no caso da plataforma *Transparent Choice*, de origem inglesa, que operacionaliza o método *AHP* (Processo de Análise Hierárquica) para decisões empresariais com múltiplos critérios de avaliação das alternativas estratégicas (TRANSPARENT, 2017).

A definição do problema a ser resolvido e os objetivos a serem alcançados são condições primárias nos dois processos, ou seja, entender qual é a situação-problema e o que se deseja atingir é um ponto de partida para a estruturação da análise de decisão. Outros passos na estruturação da decisão consistem em identificar alternativas para a solução, incorporar as principais incertezas envolvidas no processo decisório, assim como as preferências e a tolerância ao risco por parte do decisor.

Bazerman (2004) argumenta que autores distintos especificam etapas diferentes, mas a importância de se estruturar o processo em etapas reside na ordenação de um pensamento de caráter prescritivo para o processo decisório.

7.6. Qualidade nas Decisões: Requisitos, Modelos e Ferramentas

Como vimos no item anterior, existem diversas abordagens para a estruturação de problemas decisórios. Neste item, serão apresentados requisitos para uma decisão com qualidade, bem como ferramentas e modelos para o tratamento de complexidades e incertezas.

No decorrer do capítulo, destacamos a diferença entre decisões e resultados. Afinal, como podemos definir uma decisão com qualidade? Uma boa decisão, uma decisão com qualidade, é consistente com as informações, alternativas e objetivos ou preferências trazidas ao problema (MCNAMEE; CELONA, 2007).

Imagine uma boa decisão como um banco com três pernas, conforme a Figura 7.4. Uma perna representa as alternativas (ou seja, *o que você pode fazer*), a outra perna são as informações (ou seja, *o que você sabe sobre o problema*), e a terceira representa os objetivos e preferências (ou seja, o que você espera, *o que você quer da decisão*).

Figura 7.4

Requisitos para uma decisão com qualidade

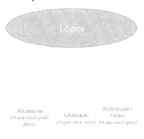

Fonte: Adaptado de Howard e Abbas (2016; p. 16).

As pernas estão unidas ao assento do banco. O assento é o raciocínio usado para agrupar informações, alternativas e preferências, ou seja, manipular o que sei, o que posso fazer e o que quero da decisão. Indo mais além, o banco está no chão, que representa o *frame* da decisão, a forma como você delimita o problema, o seu escopo.

Então, conforme a Figura 7.5, uma boa decisão requer alguns ingredientes (ou requisitos):

Figura 7.5

Requisitos para uma decisão com qualidade

Fonte: Adaptado de Matheson e Matheson (1998).

A qualidade da decisão depende da qualidade de cada "ingrediente" e da combinação entre eles. Se apenas um requisito tiver baixa qualidade, por exemplo "informação relevante e confiável", todos os demais serão afetados e, consequentemente, a qualidade geral da decisão.

Requisito 1: Framing Adequado

O *frame* consiste na moldura, no enquadramento, delimitação ou definição do problema. É a estrutura mental que os decisores usam para simplificar e organizar a situação-problema. De acordo com Howard e Abbas (2016), o *framing* é composto por três elementos: propósito, perspectiva e escopo.

Desde o início do processo decisório, é importante que todos os envolvidos em uma decisão estratégica tenham um propósito comum compartilhado. Algumas perguntas para alinhamento do propósito da decisão: O que iremos fazer? Por que faremos isso? Como saberemos se a decisão foi, de fato, bem-sucedida?

Relevante também é a adoção de uma perspectiva consciente para a compreensão do contexto que envolve o problema de decisão. Todos os integrantes devem saber o que podem fazer na situação-problema (decisões possíveis), o que sabem que não sabem sobre a situação decisória (levantamento das principais incertezas) e os valores que esperam como *output* da decisão (resultados desejados, sejam eles mercadológicos, operacionais ou financeiros). O levantamento das decisões possíveis, das incertezas e dos valores é fundamental para que todos os decisores naveguem pelas mesmas águas e tratem do "mesmo" problema.

Além das perguntas apresentadas, para esclarecer o entendimento da situação-problema, os gestores podem usar a ferramenta Hierarquia das Decisões para auxiliar na definição do escopo, conforme Figura 7.6.

Basicamente, essa ferramenta visual auxilia os gestores na definição do que pode e deve ser decidido agora, o que é melhor deixar para depois e

Figura 7.6

Exemplo de Hierarquia das Decisões

Fonte: Elaborado pelos autores (2017).

o que já está decidido (SPETZLER; WINTER; MEYER, 2016). O exemplo fictício demonstrado na Figura 7.4 consiste na decisão sobre a Modernização de uma Planta Fabril. O foco da decisão está na planta, na tecnologia e no portfólio de produtos. Já o plano detalhado de marketing e o projeto técnico do produto não entrarão na decisão naquele momento, pois podem ser decididos posteriormente, sem que a decisão sobre a modernização da planta seja afetada. A empresa, como estratégia geral, já decidiu que usará linhas de produção, não cabendo à equipe de decisão pensar em alternativas intensivas em mão de obra, por exemplo.

Requisito 2: Alternativas Criativas e Viáveis

Com o *frame* definido e compartilhado entre os integrantes do processo decisório, cabe ao grupo de decisão definir *alternativas criativas e viáveis* para serem avaliadas. Essa é uma etapa muito importante, pelo simples fato de que alternativas não identificadas não serão avaliadas.

Percebe-se que, em algumas situações, não são geradas alternativas, mas discussões sobre soluções prontas, como foi descrito no modelo do "*garbage can*" (lata de lixo). Relembrando que esse modelo considera que, por vezes não de forma consciente, nas organizações há decisões prontas baseadas em conhecimentos e habilidades disponíveis que atendem aos interesses de um grupo, por isso podem ser criadas situações para se justificar essas decisões.

Outras vezes percebemos a tentativa de venda de uma solução já imaginada por algum membro da equipe de decisão, o que acaba inibindo o processo de geração de ideias e criação de alternativas. Esse pensamento-solução pode gerar o comprometimento antecipado com determinada alternativa, sem que haja uma avaliação completa de outras direções e, assim, o aumento do valor potencial de uma decisão.

A Tabela de Estratégia é uma ferramenta utilizada para auxiliar no processo de criação de alternativas. Genericamente, ela analisa e classifica as ideias dos envolvidos em uma decisão, a partir, por exemplo, de uma sessão de *brainstorming* (YU, 2011; p. 181).

A Figura 7.7 apresenta uma possível Tabela de Estratégia para o problema anterior de modernização de uma planta fabril.

Colunas, *layout*, tecnologia e produtos representam as decisões estratégicas possíveis (oriundas da Hierarquia das Decisões, *layout*, tecnologia e produtos), com seus estados possíveis abaixo, como, por exemplo, portfólio

Figura 7.7

Tabela de Estratégia

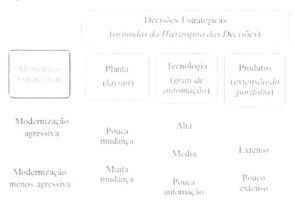

Fonte: Elaborado pelos autores (2017).

extenso ou pouco extenso na decisão sobre produtos. Alternativas estratégicas, modernização agressiva ou modernização menos agressiva são criadas a partir da combinação de diferentes estados em cada decisão estratégica inserida no escopo da situação-problema.

Requisito 3: informações relevantes e confiáveis

Informações relevantes e confiáveis são importantes para o *framing* do problema, para a identificação e avaliação de alternativas. Uma informação é relevante quando ajuda no processo de escolha entre alternativas, caso contrário o esforço para obtê-la pode não ter valor.

Como obter o que de fato é necessário em um mundo com abundância de informações irrelevantes? Como trabalhar com dados que desenham perspectivas futuras, tais como a evolução futura do mercado, desempenho futuro de dada tecnologia e comportamento futuro dos concorrentes?

Algumas ferramentas e alguns modelos podem auxiliar nessa tarefa, entre eles o diagrama de influência (DI), que identifica e relaciona as informações relevantes sobre dada situação-problema, e o diagrama tornado, utilizado para mapeamento das variáveis com maior impacto nos resultados potenciais da decisão e cenários de probabilidades para tratamento explícito das incertezas.

Neste capítulo, focaremos no DI. A Figura 7.8 apresenta um diagrama hipotético.

Um diagrama de influência (DI) auxilia na macrorrepresentação do modelo de decisão (PARNELL; BRESNICK; TANI; JOHNSON, 2016). No caso hipotético demonstrado na Figura 7.8, temos a decisão sobre o lançamento de um novo produto no mercado, com três alternativas possíveis: lançar o produto com tecnologia interna, lançar o produto via aquisição de tecnologia externa e abortar o lançamento.

Figura 7.8

Diagrama de Influência

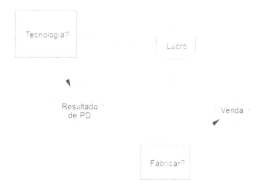

Fonte: Elaborado pelos autores (2017).

A decisão sobre a Tecnologia (por convenção, representada por um retângulo) pode influenciar diretamente o lucro (o resultado, em um DI representado por um retângulo abaulado) caso se escolha a alternativa de abortar o lançamento ou, na opção de tecnologia interna, deflagra a incerteza sobre um resultado favorável, ou não, de um teste interno de P&D. A opção pela tecnologia externa, nesse exemplo, equivale a um teste favorável de P&D, ou seja, elimina a incerteza técnica da opção interna. A incerteza do Resultado de P&D interfere no investimento necessário para a operação da planta fabril, sendo maior no caso de um teste de P&D negativo (6 milhões) e menor (3 milhões) no caso de resultado positivo, possibilitando uma planta mais eficiente. Nessa etapa da decisão, caso opte pela não fabricação, a decisão de Fabricar interfere diretamente no Lucro. Caso opte por fabricar, inicia-se a incerteza mercadológica quanto ao sucesso nas vendas. A incerteza sobre o sucesso nas vendas terá impacto direto no potencial de lucro advindo do lançamento do novo produto.

Pela extensa descrição textual da situação-problema, pode-se perceber que o DI é uma ferramenta visual utilizada para comunicar o conteúdo, as inter-relações entre as variáveis da decisão, e explicitar as incertezas envolvidas. Dessa forma, auxilia no *frame*, na modelagem do problema, na identificação das fontes de incerteza e da necessidade de coleta de informações, seja pela análise de dados históricos ou pela entrevista com *experts* internos ou externos.

Requisito 4 e 5: Valores, Trade-offs e Raciocínio Lógico

Nessa etapa, que procura articular informações, alternativas e valores trazidos pelo problema, existem algumas ferramentas para auxiliar nesse processo, tais como Árvore de Decisão e Simulação de Monte Carlo para análise probabilística de *outputs* oriundos de diferentes distribuições de probabilidade para cada variável envolvida no modelo de decisão. Neste item, trataremos da construção e da análise de Árvores de Decisão, que especificam a sequência das decisões e das incertezas que devem ser consideradas em dado problema de decisão (Spetzler; Winter; Meyer, 2016).

A Figura 7.9 apresenta uma possível Árvore de Decisão para o problema hipotético sobre o lançamento de um novo produto. Notam-se, conforme o DI já mencionado, três alternativas estratégicas: realizar P&D, abandonar o lançamento ou lançar via tecnologia externa. A Árvore de Decisão representa a sequência cronológica do processo decisório. Retângulos representam decisões, ovais representam incertezas e triângulos, potenciais *outputs*.

Uma das funções da Árvore de Decisão é facilitar o processo de escolha via comparação entre os Valores Esperados (VEs) de cada alternativa estratégica. O VE equivale ao valor médio do resultado de cada alternativa.

Na Árvore de Decisão destacada, por exemplo, o VE da alternativa estratégica "lançar via tecnologia externa" seria de 0.8 MM. Segue a sequência do cálculo do VE para essa alternativa: VE dos lucros para cada cenário de venda (10 MM x 10% + 8 MM x 10% + 6 MM x 40% + 4 MM x 40% = 5.8 MM) menos o gasto para operação da planta fabril eficiente

Figura 7.9

Exemplo de Árvore de Decisão

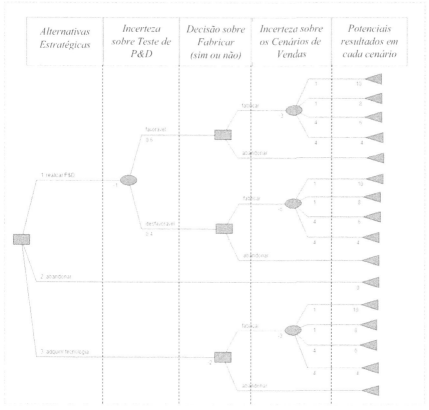

Fonte: Elaborado pelos autores (2017).

(3 MM), menos o gasto para aquisição da tecnologia externa (2 MM), resultando em uma VE de 0.8 MM.

No caso das demais alternativas, seguem os VEs: abandonar a ideia do lançamento (VE = 0); lançar o novo produto via P&D interno (VE = 0.68). Nesse exemplo hipotético, levando-se em consideração apenas o valor esperado de cada alternativa, deveríamos lançar o produto via aquisição de tecnologia externa, pois a alternativa apresenta o maior VE.

Vale destacar que o exemplo acima não levou em consideração o perfil e a tolerância ao risco da empresa e dos gestores envolvidos no caso apresentado. Além disso, é importante ressaltar que um modelo de decisão não decide pelo decisor, ou seja, os modelos auxiliam no processo de tomada de decisão, ajudam a esclarecer a situação-problema, podem ajudar nas conversas e negociações, mas nenhum modelo toma decisões, os seres humanos são responsáveis por elas.

Requisito 6: Compromisso para a Ação

Os cinco primeiros requisitos fornecem uma "intenção" clara sobre o que deve ser feito para gerar valor potencial. Valor potencial trata da escolha estratégica (alternativa) que gera resultados esperados em linha com os objetivos organizacionais, levando-se em consideração as informações relevantes e as incertezas associadas.

O compromisso para a ação liga a intenção ao fazer, o valor potencial ao valor real. Além disso, esse compromisso é elemento importante para o sucesso na execução das decisões, tema que será discutido, sob múltiplas perspectivas, no próximo capítulo deste livro.

Spetzler, Winter e Meyer (2016) falam sobre o *mindset* voltado para o pensamento e o *mindset* direcionado para a ação. O pensamento diz respeito ao processo decisório, à escolha de qual caminho estratégico percorrer (o que fazer, qual alternativa selecionar). A mentalidade voltada para a ação trata da operacionalização da decisão, da extração máxima do valor potencial oriundo do processo decisório estruturado.

Nem sempre a transição entre o mundo do pensamento e o da ação é suave, tendo sua harmonia afetada por muitas dimensões:

- Pensamento e ação demandam distintas competências, timings diferentes para a fase analítica e a fase de execução e, muitas vezes, stakeholders com objetivos conflitantes.
- Utilizam diferentes modelos para avaliação de desempenho: qualidade do processo decisório, medida pelo valor potencial e os riscos envolvidos em uma opção estratégica escolhida (no caso do *mindset* pensamento) e métricas de resultado (no caso do *mindset* voltado para a ação). Como visto ao longo deste capítulo, existe diferença entre decisões e resultados, mas, na prática, os mecanismos de incentivo (ou punição) ainda tratam mais da qualidade do resultado do que da decisão.

Falta de entendimento, por parte da equipe de implementação, dos motivos e motivações envolvidos na escolha de dada alternativa durante o processo decisório.

O Quadro 7.5 apresenta alguns gatilhos que contribuem para a falha de execução, mesmo quando a decisão apresenta boa qualidade.

Quadro 7.5

Qualidade na relação entre decisões e execução

Modo de Falha: Gatilhos	Modo de Falha para Modo de Ganhos Mútuos
Discordância sobre a real necessidade de se tomar a decisão	Comprometimento e participação de *stakeholders* (ligados à decisão e à implementação) em todas as etapas da tomada de decisão.
Baixa concordância sobre a qualidade de cada requisito (*framing*, geração de alternativas, informações, valores e *trade-offs* e raciocínio lógico)	
Desconforto com as incertezas envolvidas nas decisões	
Hesitação para colocar em prática a decisão	Criação de senso de unidade e pertencimento entre o processo decisório e a execução.
Falha em alinhar pessoas responsáveis pela implementação durante o processo decisório	

Fonte: Adaptado de Spetzler, Winter e Meyer (2016; p. 116-117).

Para auxiliar no sucesso da execução estratégica, o processo decisório deve envolver *stakeholders* chaves e operar com a ideia de descoberta, e não de imposição (NUTT, 2008), desde o início do ciclo de tomada de decisão, ou seja, desde a etapa de *framing*.

O *Dialogue Decision Process* (DDP), ou Processo de Decisão Dialogada, conforme Figura 10, busca facilitar o envolvimento eficaz e eficiente de distintos *stakeholders* ao longo do processo decisório.

Mcnamee e Celona (2007) apresentam o DDP como uma forma de estruturar as discussões e análises durante o processo de tomada de decisão. O DDP procura maximizar o alinhamento, o comprometimento e a geração de *insights*. Os autores apontam que o DDP foi desenvolvido entre o final dos anos 1970 e início dos anos 1980, facilitando a junção

Figura 7.10

Processo de decisão dialogada

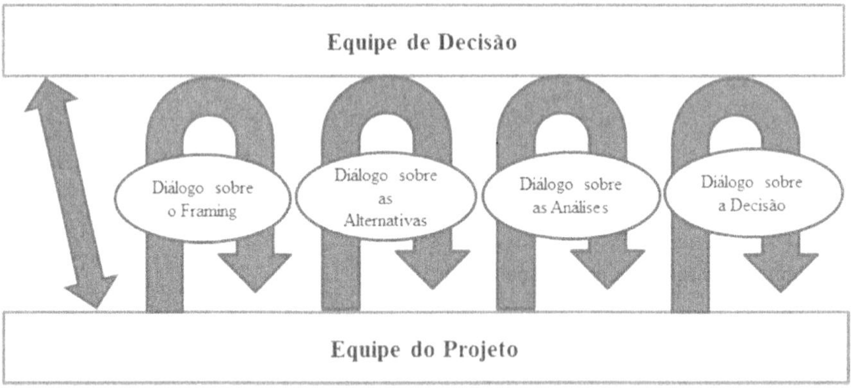

Fonte: Adaptado de Mcnamee e Celona (2007; p. 228)

entre planejamento estratégico, análise de decisão e execução estratégica. Empresas de pesquisa sobre novas tecnologias, como a *SRI International* e a consultoria de estratégia *Strategic Decisions Group*, iniciaram o uso do processo de decisão dialogada com seus clientes.

Como funciona na prática? Existe a camada de pessoas envolvidas diretamente na tomada de decisão (equipe de decisão), com a responsabilidade de escolher o melhor curso de ação. Na outra camada encontram-se profissionais com habilidades analíticas e facilidade de modelagem de problemas complexos (equipe do projeto), responsáveis pela apresentação de ideias, análises e recomendações à equipe de decisão. Resumidamente, existe a equipe que toma a decisão e a que desenvolve as bases analíticas para a tomada de decisão.

O termo "diálogo" se refere a encontros específicos para discussão e validação de cada requisito para a qualidade da decisão. O diálogo avança linearmente, mas pode sofrer idas e vindas quando necessário.

Esses encontros possuem finalidades técnicas, como validação e discussão sobre o *frame* da decisão, definição e construção das alternativas, discussão sobre informações e incertezas incorporadas ao modelo decisório e apresentação dos riscos e ganhos potenciais de cada alternativa, culminando na escolha pela equipe de decisão. Além disso, funciona como catalisador para novos *insights*, tanto da equipe de decisão quanto da equipe de análise, descoberta e tratamento de visões e agendas conflitantes entre *stakeholders* durante o processo, bem como comprometimento gradual para a decisão escolhida. Mais uma vez, um processo estruturado como o DDP não garante a qualidade da decisão e de sua implementação, mas aumenta a probabilidade da geração de decisões com maior valor potencial e a concretização desse valor pela execução comprometida com a escolha.

Uma decisão com qualidade depende de vários fatores, dentre eles a estruturação do processo decisório, o uso de ferramentas e modelos para a obtenção e tratamento de informações, a conscientização sobre a diferença entre a qualidade da decisão e a qualidade do resultado, o envolvimento das principais partes interessadas e da compreensão da racionalidade limitada.

Competências dos Processos Decisórios Complexos
por Edmir Kuazaqui

Dentro do contexto humano, o processo decisório é constituído por particularidades racionais, emocionais, subjetivas e cognitivas de pessoas frente a determinadas situações e fatos. Perceber, identificar, interpretar, analisar e definir problemas são etapas importantes para solucioná-los de forma assertiva e obter melhores resultados. Oliveira (2015; p. 234-235) afirma:

> Pode-se considerar que alavancar resultados corresponde, de forma simplista, a conseguir alavancar os resultados da empresa como decorrência de otimizadas criatividades e inovações de processos, produtos e serviços, com adequada interação e interação dos recursos disponíveis (humanos, financeiros, tecnológicos, equipamentos e materiais). Na prática, você pode considerar que a alavancagem de resultados é sempre um processo criativo, geralmente inovador, e sempre propiciador de resultados extras interessantes.

Essa afirmação conduz à reflexão da necessidade da articulação de diferentes conhecimentos e competências relacionados à criatividade e à inovação (referenciados no Capítulo 2), e, por que não dizer, também o empreender em situações adversas? Tudo vai depender do tipo de situação-problema e de como ela está relacionada com a empresa e com o respectivo ambiente de negócios.

Problemas podem ser categorizados como normais, anormais e patológicos. Pode-se afirmar que os problemas normais são aqueles que, depois de identificados e tratados, servem como experiências e controles futuros. Fazendo uma analogia com a saúde humana, seriam como gripes e resfriados onde o indivíduo pode ingerir os medicamentos e tomar as ações preventivas. Os problemas anormais são aqueles que frequentemente retornam com uma roupagem nova, como as doenças decorrentes de mutações virais. Finalmente, os problemas patológicos são aqueles derivados de doenças não tratadas a tempo ou adequadamente, apresentando sequelas profundas. Dependendo da intensidade do problema e da efetividade da empresa em reconhecer e aplicar as ações corretivas, os problemas podem se aprofundar e onerar a empresa de todas as formas.

Não existem empresas que não apresentem problemas em sua trajetória, porém isso deve ser tratado como exceção, e não como regra geral. Por outro lado, empresas que afirmam não terem problemas podem estar correndo o risco de perder, por miopia de negócios, oportunidades que geralmente surgem com a inovação e o empreendedorismo.

Dentro desse contexto adverso, a empresa deve apresentar outras competências que possam alavancar resultados a partir da solução de problemas.

Uma das competências principais é ter **raciocínio lógico**, que reside na análise e avaliação de situações a partir de modelos lógicos e embasamento conceitual e experiencial, de modo a abordar uma situação-problema de forma lógica, sistemática, sequencial e efetiva. Esse raciocínio lógico também está diretamente relacionado à capacidade de detalhamento, garantindo que não haja lacunas nos processos envolvidos. Zaccarelli (2005; p. 204-208) afirma que o pensamento lógico deve seguir regras rígidas ao fazer com que todas as pessoas consigam atingir o mesmo resultado final. Utilizando métricas, talvez se possa ter um norte a ser seguido, porém mesmo em estatísticas temos a possibilidade de um desvio amostral. Além disso, como considerar com precisão as influências do ambiente de negócios, como a movimentação estratégica dos concorrentes e mesmo os imprevistos que podem ocorrer no decorrer do desdobramento das ações das empresas? Uma empresa, por exemplo, pode realizar uma pesquisa de mercado profissional, desenvolver o melhor portfólio de produtos e serviços, seguir o planejamento estratégico e as ações necessárias, mas, ao comercializar seus produtos ou serviços, se deparar com um cenário disruptivo e de incertezas, ou mesmo com uma chuva intensa na cidade que alague as áreas de acesso, impossibilitando o tráfego de seus consumidores. Por outro lado, pessoas podem ter linhas de raciocínio e pensamentos diferentes, distinguindo o processo decisório de acordo com a sua visão de mundo e visão estratégica.

Além de uma estrutura para que o processo decisório se concretize com sucesso, , são necessárias uma afinidade com bases numéricas e experiência na análise de problemas, aplicação de ações e soluções.

Outra competência, o "Buscar sistematicamente a atualização e ampliação de conhecimentos", abordada no Capítulo 2 deste livro, possibilita que o decisor tenha certo lastro que sustente as suas decisões, derivando desde a parte técnica até os exemplos e estudos de caso, que podem ser comparados aos problemas apresentados. A análise crítica envolve a análise criteriosa de todos os elementos que constituem uma situação-problema, derivando as consequências e os impactos das possíveis ações a serem tomadas.

Nem sempre os problemas podem ser considerados algo negativo. Por vezes, problemas identificados e analisados oferecem a oportunidade de rever negócios, processos e estratégias.

Competências dos Processos Decisórios Complexos
por Edmir Kuazaqui

A sustentabilidade empresarial, assim como todas as áreas da gestão de uma empresa, necessita de um planejamento, e este planejamento não pode ser uma decisão externa, como se fosse um departamento ou uma área de negócios. As questões de sustentabilidade precisam estar integradas com o planejamento estratégico da empresa, no *core business*, no cerne, e não estar somente em ações ou projetos isolados ou superficiais.

As questões de ecoeficiência também são colocadas como um ponto importante da empresa. Por exemplo, a questão de energia precisa ser tratada no C-level (Chief da área). Segundo Winston, Favaloro e Healy (2017), a energia se tornou um item prioritário dentro da agenda corporativa devido às questões ambientais, sociais e de negócios, que incluem: mudanças climáticas e regulamentação global de emissões de carbono; maior pressão sobre o desempenho ambiental corporativo; inovações em tecnologias de energia e modelos de negócios e redução drástica dos preços das energias renováveis. Esses são argumentos que, cada vez mais, fazem com que as empresas criem uma delegação sob o comando de um executivo do C-level, integrando metas de energia à visão e às operações, rastreando o processo, buscando novas tecnologias e envolvendo os *stakeholders*.

O desenvolvimento sustentável é, em sua essência, uma postura global e transversal. Segundo Laville (2009), hoje não existe nenhum setor que não gere um impacto significativo sobre o planeta e os homens. Conforme Kotler (2010), o crescimento das redes sociais torna mais viável e fácil a comunicação entre as pessoas sobre empresas, produtos e marcas existentes, seu desempenho funcional e também social. O autor ainda acrescenta que a nova geração de consumidores está muito mais atenta com as questões e preocupações sociais.

Tachizawa e Andreade (2012) colocam que integrar plenamente as políticas, programas e procedimentos, como elemento essencial de gestão, em todos os seus domínios. A organização deve se redefinir em termos de missão, crenças e valores integrando a sustentabilidade às suas estratégias de negócios.

Segundo os autores, essa fase começa com o delineamento estratégico das organizações, a partir da análise da missão e dos aspectos inerentes ao mercado, concorrentes, fornecedores, órgãos normatizadores, produtos e processos sistêmicos, acrescentando que o delineamento estratégico de uma organização considera a existência de estratégias genéricas e específicas, e, portanto, estratégias sociais e ambientais, cujo agregado conformam as estratégias próprias de cada organização. Os autores afirmam que um modelo de diagnóstico e gestão socioambiental depende de medição, informação e análise dos eventos empresariais, e que as informações necessárias para a avaliação e a melhoria do desempenho em gestão ambiental e responsabilidade social incluem, entre outras, as relacionadas com o processo produtivo, o desempenho do produto, o mercado, as comparações com a concorrência ou referência de excelência, os fornecedores, os colaboradores e os aspectos relacionados à gestão de pessoas.

Lemos (2013) afirma que, cada dia mais, as empresas adotam os temas da responsabilidade socioambiental e que se caracterizam principalmente pelo uso da ética e da transparência na relação da empresa com seu público. E ele cita quais seriam os principais benefícios e indicadores mensuráveis para a empresa: redução de custos, melhoria da produtividade (trabalhadores mais motivados), acesso mais fácil a novos mercados e a capitais (mais recentemente). Porém, o autor coloca que existem outros benefícios/indicadores de gestão da sustentabilidade que são um pouco mais difíceis de se mensurar, tais como: valorização da marca institucional, maior lealdade do consumidor, maior capacidade de atrair e manter talentos (grau de satisfação com o trabalho realizado), maior sustentabilidade (leia-se longevidade) e diminuição de conflitos (internos e externos).

O que os autores afirmam é que as empresas, ao elaborarem um planejamento da sustentabilidade, devem iniciá-lo já em sua base, ou seja, na missão, visão, valores e políticas da empresa. Além disso, após um bom diagnóstico, devem buscar, por meio de ferramentas de análises, as atuais deficiências e as possiblidades de melhorias ambientais e sociais nos processos, produtos e serviços correntes da empresa, e com isso traçar objetivos e metas, sempre acompanhando e gerenciando os ganhos e as perdas. O processo de planejamento e gestão da sustentabilidade não se difere muito de outras áreas, negócios e funções da empresa. O diferencial está na mentalidade e no foco triplo com o qual a empresa agora planejará e trabalhará: as pessoas, a prosperidade e o planeta.

Em síntese, o planejamento e a gestão da sustentabilidade não são muito diferentes dos outros modelos existentes. O gestor agora deve ter uma visão mais holística e ir além do financeiro, integrando o pensamento social e ambiental a todos os processos, políticas, ações e projetos da empresa.

7.7. Considerações Finais

Este capítulo abordou a importância das decisões como alavancas para a tentativa de construção do futuro, ou seja, como gatilhos para a criação de valor potencial na vida das nações, organizações e indivíduos.

As incertezas identificadas, ou não, durante o processo decisório concretizam-se após a tomada de decisão, funcionando assim como um elemento de ligação entre decisões e resultados. Sendo assim, para o efetivo tratamento e melhoria da qualidade das decisões, faz-se necessária a separação entre os conceitos de decisões e resultados. Afinal, como foi desenvolvido neste capítulo, gestores podem interferir diretamente no processo de tomada de decisões, mas apenas de forma indireta nos resultados.

Vivemos em um mundo probabilístico, e as incertezas não são *bugs*, são o *default*. Sendo assim, a incorporação das incertezas no processo decisório, bem como no *mindset* dos gestores, ajuda na melhoria da modelagem e na obtenção de decisões com maior qualidade, ou seja, com maior possibilidade de criar valor potencial e mitigar riscos.

Outro ponto de destaque é o conceito de racionalidade limitada, ou restringida, pois aborda a dificuldade natural dos seres humanos no cálculo de todas as alternativas e consequências possíveis. Não trabalhamos apenas com o Sistema 2 (racional), mas interagimos, constantemente, com o Sistema 1 (intuitivo).

Modelos não tomam decisões, a função de decidir é papel central do gestor, e tanto as estruturas racionais quanto as inerentes complexidades organizacionais e a própria racionalidade limitada devem ser levadas em consideração. Os modelos são representações úteis para a geração de *insights*, ampliação de repertório dos decisores, criação de ideias, envolvimento dos *stakeholders*, comunicação entre os envolvidos, e ajudam na explicitação de premissas e julgamentos dos decisores e na legitimidade analítica para escolhas realizadas.

Muitos acreditam ser exímios nadadores até aprenderem técnicas de natação, quando conseguem resultados superiores sem se esforçar como antes.

Os processos decisórios podem ser aperfeiçoados por meio da capacitação dos decisores. Conforme explorado neste capítulo, a estruturação do processo decisório, a incorporação de incertezas nos modelos de decisão e no *mindset* dos decisores, bem como o uso de ferramentas e modelos de forma sistemática e integrada, podem auxiliar na geração de decisões de qualidade com maiores probabilidades de resultados positivos.

Questões para Reflexão

1. De acordo com o conceito de decisão do capítulo, pesquise cinco decisões estratégicas, nos últimos três anos, tomadas por empresas de capital aberto no Brasil.
2. Você acredita que os requisitos para uma decisão de qualidade podem contribuir para a melhoria de todas as decisões empresariais, independentemente da complexidade organizacional e analítica?
3. Ao longo do capítulo, separamos o conceito entre decisões e resultados. Por outro lado, vimos também a cultura voltada para resultados. Pensando no dia a dia dos gestores, liste três indicadores de desempenho para monitorar a "qualidade da decisão" dos executivos.
4. Qual é a importância e as limitações do uso de modelos e ferramentas na tomada de decisão?
5. Como a condução do processo analítico para tomada de decisão pode ajudar no monitoramento e identificação de talentos dentro de uma organização?
6. Neste capítulo, foi abordado o "pensamento solução". Como este comportamento pode prejudicar a qualidade das decisões?
7. Liste os potenciais benefícios de um processo estruturado para a tomada de decisão.
8. Qual é a importância da incorporação das incertezas no processo de tomada de decisão e no *mindset* dos executivos?
9. Como a racionalidade limitada pode influenciar na qualidade do processo decisório?
10. Descreva uma decisão empresarial complexa com base nos seis requisitos para uma decisão de qualidade explorados neste capítulo.

Estudo de Caso

Racional ou Emocional: o dilema das lideranças

As incertezas e as rápidas mudanças do mercado exigem dos líderes assertividade e agilidade nas decisões. O desejo é pensar como o dr. Spock!

Além das mudanças e das incertezas, há também uma maior aversão ao risco. Os líderes procuram ser extremamente racionais e decidir com base em análises igualmente racionais. Daí surge a "síndrome do dr. Spock", simplesmente porque o personagem do seriado "Star Trek – Jornada nas Estrelas" personifica o raciocínio lógico próprio, sem manifestar emoções.

Para aliviar as tensões geradas pela "síndrome do dr. Spock", vale lembrar que não é possível, para um ser humano, levantar todas as informações e analisar todas as variáveis que envolvem um problema. Essa descoberta foi feita por Herbert Simon, autor da Teoria da Racionalidade Limitada, o que lhe valeu o prêmio Nobel de Economia de 1978. Sim, a experiência e a competência de alguns profissionais ajudam para que tenham um bom nível de assertividade. Por outro lado, aprenderam a selecionar o que é relevante, mas não têm todas as informações referentes ao problema.

Assim, é possível entender que mudanças rápidas do mercado geraram o desaparecimento de verdadeiros gigantes como a Xerox, Compaq, Kodak, que certamente contavam com excelentes executivos, mas que não souberam reconhecer a tempo que o que era relevante para eles deixou de ser para o mercado. A Kodak, por exemplo, chegou a lançar máquinas digitais, porém, as receitas dos filmes e suas revelações diminuíram, e a companhia não adequou os custos e o modelo de negócio à nova realidade.

Ao tomar decisões, normalmente nos contentamos com um conjunto suficiente de condições, e não com um conjunto eficiente de condições. Simon cunhou o termo *"satisficing"*, combinação entre os verbos *to satisfy* (satisfazer) e *to suffice* (bastar). A palavra designa exatamente esse modelo de decisão no qual a satisfação de determinado critério já é por si só suficiente para que a decisão seja considerada eficiente, de acordo com o livro *Como as Decisões Realmente Acontecem*, de James G. March.

A síndrome de ser o dr. Spock é natural. Afinal, durante a formação acadêmica, de acordo com a professora Sylvia Constant Vergara, da FGV-EBAPE, no artigo "Desafios Relacionais nas Práticas de Gestão e de Organização", "os teóricos e pesquisadores não acabam por reforçar e confirmar a prática alimentada pela crença de que é mais importante e produtivo coisificar e quantificar do que singularizar e humanizar?".

Por outro lado, reconhecido por suas habilidades de liderança e por ser o comandante da nave Enterprise, o capitão Kirk é um contraponto de Spock no mesmo seriado. Por ser humano, o cérebro de Kirk é uma máquina de sobrevivência e garante que ele sinta primeiro e pense depois. Entre fatos e sentimentos, o sentimento carrega um peso maior, como afirmam os estudiosos da cognição.

É por isso que, para Kirk, nem sempre são viáveis as recomendações do dr. Spock. As dificuldades para executá-las surgem quando o capitão analisa as consequências das decisões puramente racionais do outro. Kirk sabe que, devido à necessidade que temos de viver em grupo, a dependência do convívio em sociedade é estabelecida mais por alianças do que por conquistas, segundo afirma o sociólogo Peter Berger, no livro *Perspectivas Sociológicas – Uma Visão Humanística*.

Os líderes devem aceitar que a racionalidade é limitada e que os sentimentos estão presentes nas decisões. Não dá para agir como o dr. Spock. Eles devem saber que será possível agir somente como o capitão Kirk. Assim, acaba aqui um dilema!

Questões

1. Quais são os principais pontos positivos e negativos, de acordo com os conceitos explorados no capítulo, do estilo de tomada de decisão do dr. Spock e do capitão Kirk?
2. Quais os potenciais impactos negativos do uso do Sistema 1 na qualidade do processo decisório?
3. Com base nos conceitos da efetividade dos processos decisórios, o que gerou o desaparecimento da Kodak?
4. Geralmente, as pessoas se encaixam entre o perfil Spock e Kirk. Liste suas características pessoais, como tomador de decisões, que se aproximam mais com cada personagem.
5. Você acredita que as ferramentas apresentadas no capítulo, tais como hierarquia das decisões, diagrama de influência, tabela de estratégia

e árvore de decisão, podem ajudar na aproximação e potencializar os pontos positivos de pessoas com perfil Spock e Kirk durante um processo de tomada de decisão? Justifique sua resposta (use as ideias centrais deste capítulo).

Referências

ALLEN, R. W.; MADISON, D. L.; PORTER, L. W.; RENWICK, P. A.; MAYES, B. T. Organizational Politics: Tactics and Characteristics of Its Actors. *Management Review*, California, v. 22, n.1, p. 77-83, Maio, 1979.

ALLISON, G. T. *Essence Of Decision: Explaining the Cuban Missile Crisis*. Boston: Little, Brown & Co, 1971.

BAZERMAN, M. H. *Processo Decisório: Para Cursos de Administração e Economia*. Rio de Janeiro: Elsevier, 2004.

BERGER, P. L. *Perspectivas Sociológicas: Uma Visão Humanística*. Petrópolis: Vozes, 1976.

BUTLER, R. Strategic Decision Making: A Contingency Framework and Beyond. In: PAPADAKIS, V.; BARWISE, P. (Eds.), *Strategic Decisions*. Boston, MA: Kluwer, 1998.

CLEMEN, R. T. *Making Hard Decisions*: An Introduction to Decision Analysis. Duxbury, 2 ed., 1995.

COHEN, M. D.; MARCH, J G.; OLSEN, J P. A Garbage Can Model of Organizational Choice. *Administrative Science Quarterly*, New York, v. 17, n. 1, p. 1-25, Mar. 1972.

DAVEL, E.; VERGARA, S. C. Desafios Relacionais nas Práticas de Gestão e Organização. *Revista de Administração de Empresas*, v. 45, nr. 1, p. 11-13, jan./ mar., 2005.

DAVIES, M. A. A Multicriteria Decision Model Application for Managing Group Decisions. *The Journal of the Operational Research Society*, New York, v. 45, n. 1, p. 47-58, jan. 1994.

DEAN, J. W; SHARFMAN, M. P. Does Decision Process Matter? A Study of Strategic Decision-Making Effecttiveness. *The Academy of Management Journal*, New York, v. 39, n. 2, p. 368-396, abr. 1996.

EISENHARDT, K. M.; ZBARACKI, M. Strategic Decision Making. *Strategic Management Journal*, California, n. 13, p. 17–37, winter, 1992.

FRANCO, L. A.; ROUWETTE, E. A. Decision Development in Facilitated Modelling Workshops. *European Journal of Operational Research*, EUA, v. 212, n. 1, p, 164--178, fev., 2011.

HAMMOND, J. S., KEENEY, R.L., RAIFFA, H. *Decisões Inteligentes*. Rio de Janeiro: Elsevier, 2004.

HOWARD, R. A. An Assessment of Decision Analysis. *Operations Research*, v. 28, nr. 1, p. 4-27, 1980.

HOWARD, R. A.; ABBAS, A. E. *Foundations of Decision Analysis*. Pearson Higher Ed, 2016.

KAHNEMAN, D. A Perspective on Judgment and Choice: Mapping Bounded Rationality. Princeton University. *American Psychologist*, USA, v. 58, n. 9, p. 697-7 20, set., 2003.

—————. *Thinking, Fast and Slow*. New York: Farrar, Straus and Giroux, 2011.

—————.; FREDERICK, S. Representativeness Revisited: Attribute Substitution in Intuitive Judgment. In: *Heuristics of Intuitive Judgment*: Extensions and Applications. New York: Cambridge University Press, Fev. 2001.

—————.; LOVALLO, D.; SIBONY, O. *Before You Make That Big Decision*. Harvard Business Review, USA, p. 50-60, Jun. 2011.

KEENEY, R. L. Making Better Decision Makers. *Decision Analysis*, v. 1, nr. 4, p. 193-204, dez., 2004.

KOTLER, P.; KARTAJAYA, H.; SETIANWAN, I. *Marketing 3.0*. As Forças que Estão Definindo o Novo Marketing Centrado no Ser Humano. Rio de Janeiro: Elsevier, 2010.

LANGLEY, A.; MINTZBERG, H.; PITCHER, P.; POSADA, E.; MACARY, J. (1995). Opening Up Decision Making: The View from the Back Stool. *Organization Science*, 6, p. 260-79.

LAVILLE, E. *A Empresa Verde*. São Paulo: ÕTE, 2009.

LEMOS, H. M. de. *Responsabilidade Socioambiental*. Rio de Janeiro: Editora FGV, 2013.

LIOUKAS, C. S.; PAPADAKIS, V. M. Strategic Decision Processes and Outcomes: Effects of Context. *Academy of Management Best Conference Paper*, France, 2003.

LOVALLO, D.; SIBONY, O. *The Case For Behavioral Strategy*. McKinsey Quarterly, mar., 2010.

MARCH, J.G. Bounded Rationality, Ambiguity, and the Engineering of Choice. In: BELL, D. E.; *et al.* (Eds.), *Decision Making* – Descriptive, Normative, and Prescriptive Interactions, Cambridge: Cambridge University Press, 1988.

—————. *Como as Decisões Realmente Acontecem*: Princípios da Tomada de Decisões. São Paulo: Leopardo, 2009.

MATHESON, D.; MATHESON, J. *The Smart Organization*. Boston: Harvard Business School Press, 1998.

MCNAMEE, P. & CELONA, J. *Decision Analysis for the Professional*. SmartOrg, 2007.

MINTZBERG, H.; RAISINGHANI, D.; THEORET, A. The Structure of "Unstructured" Decision Processes. *Administrative Science Quarterly*, USA, v. 21, n. 2, p. 246-275, jun., 1976.

NUTT, P. C. Investigating the Success of Decision Making Processes. *Journal of Management Studies*, USA, v. 45, n. 2, p. 425-455, mar., 2008.

_____. Types of Organizational Decision Processes. *Administrative Science Quarterly*, USA, v. 29, p. 414-450, set., 1984.

_____. *Why Decisions Fail*: Avoiding the Blunders and Traps that Lead to Debacles. San Francisco, CA:Barrett-Koehler, 2002.

OLIVEIRA, D. P. R. de. *A Empresa Inovadora e Direcionada para Resultados*. São Paulo: Atlas, 2015.

OLESKOVICZ, M.; CREPALDI, A. M.; MORIOKA, S. N.; FONSECA, F.; RODRIGUES, F. O Uso do AHP na Priorização de Projetos de P&D: Estudo de Caso em uma Multinacional Brasileira. In: Seminários em Administração – SEMEAD, 16, 2013, São Paulo. Anais. São Paulo: FEA USP, 2013.

PARNELL, G. S.; BRESNICK, T. A.; TANI, S. N.; JOHNSON, E. R. *Handbook of Decision Analysis*. New Jersey: Wiley, 2013.

PETTIGREW, A. *The Politics of Organizational Decision Making*. London: Tavistock, 1973.

PINFIELD, L. T. A Field Evaluation of Perspectives on Organizational Decision Making. *Administrative Science Quarterly*, USA, v. 31, nr. 3, p. 365-388, set., 1986.

RAJAGOPALAN, N.; RASHEED, A.; DATTA, D. K.; SPREITZER, G. M. A Multi-Theoretic Model of Strategic Decision Making Processes. In: PAPADAKIS, V. & BARWISE, P. (Eds.), *Strategic Decisions*: 229-249. Norwell, MA: Kluwer Academic Publishers, 1998.

SIMON, H. A. Making Management Decisions: The Role of Intuition and Emotion. *Academy of Management Executive*, USA, v.1, nr.1, p. 57- 64, fev., 1987.

_____. *The New Science of Managerial Decision*. 3 ed. New York: Harper and Row, 1960.

_____.; NEWELL, A. *Human Problem Solving*. USA: Prentice Hall, 1972.

SPETZLER, C.; WINTER, H.; MEYER, J. *Decision Quality*: Value Creation From Better Decisions. New Jersey: Wiley, 2016.

TASCHIZAWA, T.; ANDRADE, R. O. B. de. *Gestão Socioambiental*: Estratégias na Nova Era da Sustentabilidade. Rio de Janeiro: Elsevier, 2012.

TRANSPARENT. Disponível em: <www.transparentchoice.com/>. Acesso em: 11 mar. 2019.

WINSTON, A.; FAVALORO, G.; HEALY, T. Estratégias Energéticas para Executivos do C-Level. *Harvard Business Review*, v. 95, p. 76-85, fev., 2017.

YU, A. S. O. (Org.). *Tomada de Decisão nas Organizações*. São Paulo: Saraiva, 2011.

Capítulo 8
Execução de Estratégias

Reinaldo Belickas Manzini

"A execução é o que lhe dá a vantagem de detectar novas realidades no ambiente externo, bem como os riscos que estão sendo introduzidos, talvez inadvertidamente, pelas suas próprias operações".

Ram Charan

Objetivos:

- Apresentar e discutir a noção de Execução de Estratégias.
- Discutir os antecedentes organizacionais necessários ao processo de execução de estratégias.
- Apresentar os principais modelos de execução de estratégias encontrados na literatura.
- Discutir os vínculos entre a execução de estratégias e os sistemas de gestão do desempenho.
- Discutir a geração de aprendizagem derivada do processo de gestão da estratégia.

8.1. Introdução

Certa ocasião, o CEO do JPMorgan Chase, Jamie Dimon, sentenciou: "em qualquer momento, eu prefiro ter uma execução de primeira linha e uma estratégia de segunda a uma ideia brilhante e uma gestão medíocre".

Jamie mostrou-se consciente de que ter uma grande ideia não é garantia de sucesso. Muitos pesquisadores estudaram a importância da formulação e da execução de estratégias enfatizando, no entanto, que apenas criá-las não é suficiente para impulsionar o desempenho dos negócios – pelo contrário, a execução das estratégias é fundamental para a vantagem competitiva (NEILSON; MARTIN; POWERS, 2008, LOVE *et al.*, 2002; KAPLAN; NORTON, 2000; BONOMA, 1984).

Simplificadamente, a formulação lida com "o quê" (o conteúdo) e a execução da estratégia lida com o "como" (o processo de implementação). No entanto, uma estratégia mal elaborada, ou mal executada, influencia diretamente o desempenho da empresa. Desse modo, o êxito na execução da estratégia e sua qualidade são, respectivamente, o segundo e o terceiro fatores não financeiros que mais impactam na avaliação das empresas de acordo com a perspectiva dos acionistas (IBRE-FGV, 2005).

No entanto, a formulação da estratégia não é uma tarefa fácil, e fazê-la funcionar é ainda mais difícil e desafiador, uma vez que há mais pessoas envolvidas e toda a empresa deve participar de algum modo. Além disso, o processo de implementação pode se estender por um longo prazo em virtude das condições ambientais, de fatores e variáveis que podem afetar os resultados e da necessidade de gerenciá-los etc. Algumas empresas, inclusive, têm tido grandes dificuldades para levar adiante a execução de suas estratégias – tarefa que tem sido inesperadamente difícil para elas.

O Walmart, depois de ter aberto 85 lojas em um período de oito anos, abandonou o mercado alemão em 2006 com um custo estimado de US$ 1 bilhão. O seu sucesso doméstico foi construído com canais ágeis de distribuição, alto volume de vendas e preços baixos – fatores ausentes tanto na cultura quanto no regime regulatório alemão. As políticas e as atitudes no país favorecem os *mittelstand* – pequenos e médios varejistas que conhecem os meandros do horário comercial restrito, as leis trabalhistas intrincadas e os sistemas de distribuição multinível do país. Dessa forma, a base do modelo de negócios do Walmart – que é sua capacidade de oferecer grandes descontos e operar, em alguns casos, 24 horas por dia – não funciona lá. Além disso, os alemães são menos sensíveis a preços do que os norte-americanos, o que os tornam céticos em relação a descontos e os levam a questionar a qualidade do produto (JUI, 2011).

A Yahoo! é outro exemplo de falha na execução. A empresa viveu uma década perdida com estratégias de produtos malsucedidas e a sucessão de vários presidentes. Ela foi fundada por Jerry Yang e David Filo como um *site*, depois se transformou em um portal *web* sob o comando de Tim Koogle. Posteriormente, ainda, Terry Semel a tornou uma companhia tecnológica para, então, languidescer sob o comando de Carol Bartz e Scott Thompson como uma "relíquia" da década de 1990 – mais conhecida por perder seus melhores talentos para a concorrência. Recentemente, sob o comando de Merissa Meyer (ex-Google), após sua longa e triste história de *turnarounds*, seus ativos foram vendidos para a Verizon Communications (STONE, 2016).

De acordo com Cândido e Santos (2015), uma vez que o índice de falhas na execução das estratégias situa-se entre 50% e 90%, conforme reportado pelos trabalhos de Dion *et al.* (2007), Kaplan e Norton (2000) e Mintzberg (1994) e ilustrado pelos dois exemplos anteriores, essa questão ganhou bastante atenção tanto no meio acadêmico quanto no de gestão. No entanto, grande parte da literatura debruça-se sobre o desenvolvimento e a tomada de decisão estratégica (GOTTSCHALK; GUDMUNDSEN, 2009; LEHNER, 2004; MILLER, 1997).

Desse modo, faltam metodologias que auxiliem os gestores a combater os problemas derivados da má execução de estratégias. Em contrapartida, com a ampla gama de recomendações de acadêmicos e profissionais da área, os gestores sentem dificuldades[7] no momento de filtrá-las de modo a encontrar o melhor curso de ação para atender as características de seus contextos (FRANKEN; EDWARDS; LAMBERT, 2009; PROCTOR; POWELL; MCMILLEN, 2013).

Ao desenvolver as estratégias, os gestores precisam saber o que deve ser levado em conta e o que precisa ser posto em prática a fim de transformar, com sucesso, uma visão estratégica em ação, o que envolve inúmeras decisões.

Como o capítulo anterior mostrou, decidir é uma questão de escolha entre potenciais alternativas que envolvem o comprometimento de recursos. Logo, uma estratégia tem seu preço. Às vezes, esse preço é tão alto,

---

[7] Conforme apontam PROCTOR, POWELL e MCMILLEN (2013), essas dificuldades são aumentadas em função da inconsistência, má descrição e ausência de justificação teórica de muitos estudos centrados em execução de estratégias.

que não é possível implantá-la pois não produzirá o retorno esperado pelos acionistas. Portanto, compreender os mecanismos cognitivos dos decisores e as características de um processo decisório efetivo é fundamental para a leitura deste capítulo. Se esses pontos ainda não estão devidamente esclarecidos, sugere-se que o leitor leia o capítulo anterior antes de prosseguir.

Este capítulo inicia com uma discussão sobre a noção de execução de estratégias e depois explora os seus antecedentes, ou seja, as condições necessárias para uma execução exitosa. Ainda, apresenta as duas abordagens mais conhecidas de execução – o Modelo *Execution Premium Process*™ (XPP) de Kaplan e Norton (2008) e o Modelo de Lawrence Hrebiniak (2013) – e, finalmente, os Sistemas de Gestão de Desempenho – base comum entre as duas abordagens e os ciclos de aprendizagem organizacional daí decorrentes.

8.2. A Noção de Execução de Estratégias

Conforme Franken, Edwards e Lambert (2009), a execução de estratégias preocupa-se com: (a) a criação de um conjunto de ações para implementar a estratégia e (b) a atração, alocação e gestão de todos os recursos necessários para executá-las. Vários autores, como Bourgeois e Brodwin (1984) e Piercy (1989), sustentam que adotar uma decisão estratégica pode ser considerado uma execução exitosa, o que é refutado por Miller (1997), cujo argumento é o de que a simples adoção de uma estratégia não necessariamente conduz a organização a resultados satisfatórios. Essa autora distingue três características de uma execução exitosa, quais sejam: (a) **realização**: nível pelo qual tudo aquilo que era intencionado de ser realizado realmente o foi, no horizonte de tempo esperado; (b) **alcance**: nível pelo qual o que foi feito desempenha-se, de fato, como intencionado; e (c) **aceitação**: nível pelo qual o método de implementação e os resultados são satisfatórios àqueles envolvidos com/ou afetados pela execução.

A execução de estratégias é orientada pelas operações e envolve o gerenciamento de pessoas e de processos de negócios. Trata-se de um trabalho para toda a equipe de gestão e não apenas para alguns poucos executivos seniores. Fruto de aprendizado organizacional, ela pode levar alguns anos para se desenvolver como uma proficiência real (capacidade organizacional), ou seja, para além da execução da estratégia. Finalmente, requer um compromisso determinado com a mudança, a ação e o desempenho. Uma boa execução de estratégias requer um esforço de equipe. Todos os gestores possuem responsabilidade sobre ela em suas áreas de competência e todos os funcionários são participantes ativos no processo (THOMPSON *et al.*, 2016).

O compromisso com a execução das estratégias implica descobrir as técnicas, as ações e os comportamentos específicos necessários para apoiar o funcionamento do processo, executar (fazer as coisas) e entregar os resultados e fazer as coisas acontecerem (liderança) da maneira correta (gestão).

8.3. Antecedentes da Execução de Estratégias

Uma execução de estratégias proficiente depende, principalmente, da capacidade de uma organização em entregar as demandas necessárias. Dessa forma, a construção de uma organização habilitada para a execução é de fundamental importância. A Figura 8.1 mostra os antecedentes do processo de execução de estratégias.

Figura 8.1

Antecedentes do processo de execução de estratégias

ANTECEDENTES

PESSOAS, CAPACIDADES E ESTRUTURA

PROMOÇÃO DE UMA BOA EXECUÇÃO DAS ESTRATÉGIAS

PROCESSO DE EXECUÇÃO DE ESTRATÉGIAS

BENEFÍCIOS

LIDERANÇA E CULTURA ORGANIZACIONAL

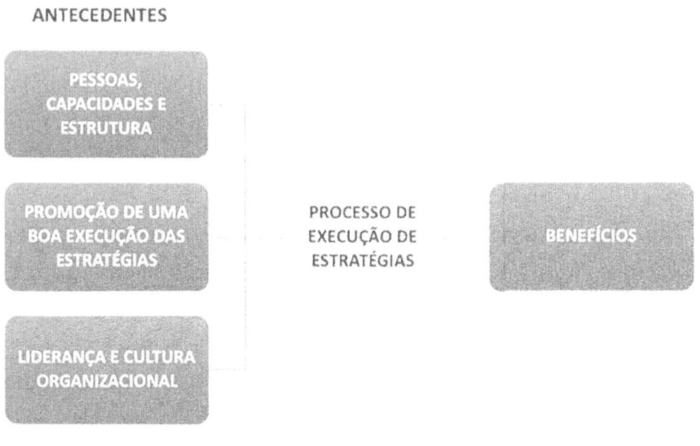

Fonte: Adaptado de Thompson et al. (2016). Elaboração própria.

8.3.1. Pessoas, Capacidades e Estrutura

Criar uma equipe de gestão talentosa, com a mescla certa de experiências, competências e habilidades para fazer as coisas, é um dos primeiros passos do processo de execução da estratégia. São necessários planejadores que façam perguntas desafiadoras e descubram o que precisa ser feito, implementadores capazes de selecionar, gerenciar e liderar as pessoas certas e executores que transformem decisões em ações que impulsionem as mudanças que produzam vantagem competitiva. Em muitas indústrias, a ampliação da base de talentos da empresa e a construção do capital intelectual são mais importantes para uma boa execução da estratégia do que investimentos em projetos de capital. As melhores empresas fazem questão de recrutar e reter funcionários talentosos com o objetivo de tornar toda a força de trabalho da empresa (gestores e colaboradores) um genuíno ativo competitivo.

Recrutar, reter e cultivar talentos são atividades críticas na Deloitte. Pela ampla oferta de programas de formação e desenvolvimento, a empresa consegue criar um robusto *pipeline* de talentos em direção ao recrutamento de sócios (DELOITTE, 2016).

> A construção de novas competências e capacidades é um processo de múltiplos estágios que ocorre ao longo de meses e até anos. Não é algo que se realiza da noite para o dia. As capacidades de uma empresa devem ser continuamente atualizadas e renovadas para permanecer alinhadas com as expectativas do cliente, condições de concorrência e novas iniciativas estratégicas. Capacidades de execução da estratégia superiores são a **única** fonte de vantagem competitiva quando as estratégias são de fácil imitação.

A Johnson & Johnson, por exemplo, emprega a rotação de vários funcionários em um processo de debate contínuo com a equipe de gestão sênior sobre importantes questões estratégicas transversais às suas unidades de negócio com o propósito de fomentar o pensamento criativo e, deliberadamente, romper com as estruturas vigentes com base em novas perspectivas (BEINHOCKER; KAPLAN, 2002).

Saber escolher quais atividades executar internamente e quais terceirizar pode trazer vantagens na execução das estratégias, como redução de custos, maior foco estratégico, menos burocracia interna, tomada de decisão mais rápida e melhores capacidades organizacionais. O objetivo final da descentralização da tomada de decisão é colocar a autoridade nas mãos das pessoas mais próximas e mais bem informadas sobre a situação. Os esforços para descentralizar a tomada de decisão e proporcionar aos funcionários alguma margem de manobra na condução das operações devem ser temperados com a necessidade de manter o controle adequado e a coordenação entre as unidades organizacionais.

Inovação e *design* são as competências essenciais da Apple e os direcionadores subjacentes à criação de produtos vencedores como o iPod, o iPhone e o iPad. Contudo, a execução de sua estratégia necessita mais do que as capacidades de inovação e *design*. A flexibilidade e a velocidade na produção são imperativas nesse caso. A Apple terceirizou essas capacidades assim como a maioria da concorrência (JACOBIDES; MACDUFFIE, 2013).

8.3.2. Promoção de uma Boa Execução de Estratégias

O orçamento estratégico (requisitos de financiamento da execução de estratégias) deve orientar como são feitas as alocações de recursos e o orçamento de cada unidade operacional. O subfinanciamento das unidades organizacionais e das atividades fundamentais para a estratégia impede o sucesso de sua implantação. O orçamento operacional deve ser orientado pela estratégia (de modo a financiar, amplamente, o desempenho das atividades-chave) e deve ser justo (a fim de operar com uma estrutura de custos o mais enxuta possível).

O forte apoio que a Google sempre dedicou à P&D a transformou em um gigante de US$ 350 bilhões em apenas 16 anos. Ela foi nomeada a empresa mais inovadora do mundo pela revista *Fast Company* em 2014. No ano anterior, no entanto, havia decidido encerrar a política "20% do tempo" que permitia a seu pessoal trabalhar em projetos paralelos (de livre escolha) um dia por semana. Esse programa deu origem a muitas inovações (ex.: Gmail, AdSense etc.). A mensagem por trás disso significou que menos recursos estavam disponíveis para projetos considerados mais próximos de sua missão (ROSS, 2015).

Políticas e procedimentos bem concebidos ajudam a execução da estratégia, mas, fora de sincronia, impedem uma execução eficaz. É preciso haver condições suficientes para que as pessoas tenham uma direção clara e limites razoáveis para suas ações e, desse modo, empoderá-las a agir de acordo com eles em busca dos objetivos da empresa.

Para assegurar a consistência da qualidade do produto e dos padrões de comportamento do serviço, o manual de políticas do McDonald's explica, em detalhe, os procedimentos que se espera do pessoal em cada loja (RODRIGUEZ, 2014).

Quanto mais as unidades organizacionais utilizarem melhores práticas na execução de seu trabalho, mais próximo uma empresa estará de uma efetiva execução da estratégia. A reengenharia de processos de negócio proporciona uma melhoria quântica pontual, enquanto os programas de melhoria contínua como *Total Quality Management* (TQM) e *Six Sigma* visam melhorias incrementais em curso (*ongoing*). A finalidade de *benchmarking*, melhores práticas, reengenharia de processo de negócios, TQM e programas *Six Sigma* é melhorar o desempenho das atividades críticas da estratégia e, desse modo, a execução da estratégia propriamente dita.

O propósito dos gestores da Whirlpool Corporation (97 mil funcionários, 70 centros de fabricação e de pesquisa tecnológica ao redor do mundo, faturamento de US$ 21 bilhões em 2015) é: "*Making the Most of Moments that Matter*" (Whirlpool Corporation, 2016). Para sustentar os ganhos de produtividade e redução de custos, a Whirlpool incorporou as práticas do *Six Sigma* em todas as suas instalações industriais no mundo e incutiu uma cultura com base em recursos e habilidades da manufatura enxuta (*lean manufacturing*) e *Six Sigma* (WEBER, 2011).

Sistemas operacionais e de informação tecnologicamente atualizados são parte integrante da excelência operacional e de uma execução da estratégia superior, pois permitem uma melhor execução das estratégias por meio de decisões baseadas em dados, reforçam as capacidades organizacionais, permitem acompanhamento em tempo real das iniciativas de implementação e das operações diárias por meio de *dashboards*, fornecem monitoramento do desempenho dos funcionários (*scorecards* eletrônicos) e aproximam as relações com os clientes.

A FedEx possui sistemas de comunicação internos que lhe permitem coordenar seus mais de 90 mil veículos que manuseiam diariamente uma média de 10 milhões de encomendas para 220 países. Seus sistemas de operações de voo permitem que um único controlador maneje os dados de mais de 200 aeronaves simultaneamente atualizando seus planos de voo em função das condições do clima ou outras circunstâncias especiais. Além disso, a FedEx criou uma série de ferramentas de *e-business* para os seus clientes que lhes permitem despachar e rastrear as encomendas *on-line*, criar catálogos de endereços, revisar o percurso das encomendas, gerar relatórios customizados, simplificar as faturas, reduzir os custos de gestão dos estoques e armazéns, comprar bens e serviços e responder, rapidamente, às próprias modificações na demanda dos clientes (BALDWIN, 2013).

Uma estrutura de recompensa projetada corretamente é a mais poderosa ferramenta de gestão para mobilizar o compromisso organizacional em direção a uma execução bem-sucedida e alinhar os esforços de toda a organização com as prioridades estratégicas. Os incentivos devem basear-se na obtenção de resultados corretos, não no desempenho de tarefas. A chave para criar um sistema de recompensa que promova uma boa execução das estratégias é fazer dos indicadores de desempenho atrelados a elas a base dominante para a criação de incentivos, de avaliação individual e de grupo e da distribuição de recompensas.

A estratégia da Nucor Corporation, um dos três maiores produtores de aço nos Estados Unidos, é ser o produtor de baixo custo da indústria. Dado que o custo da mão de obra é uma fração significante do custo total na indústria do aço, a gestão utiliza um sistema de incentivo para promover a produtividade dos funcionários baixando os custos da mão de obra por tonelada para níveis inferiores ao da concorrência (NUCOR, 2016).

8.3.3. Liderança e Cultura Organizacional

A cultura de uma empresa fundamenta-se na forma e em seus valores essenciais e princípios éticos. A declaração de valores e o código de ética de uma empresa comunicam as expectativas de comportamento dos funcionários no ambiente de trabalho. Uma cultura forte, que incentiva ações, comportamentos e práticas de trabalho em sintonia com a estratégia escolhida e propícia para a execução da estratégia, é um valioso bem no processo de execução. A gestão deve dedicar esforço considerável para estabelecer uma cultura organizacional que encoraje comportamentos e práticas de trabalho condizentes com a execução da estratégia. Como as estratégias de uma empresa evoluem, uma cultura adaptativa é um aliado definitivo no processo de execução das estratégias em comparação com culturas resistentes à mudança.

É difícil separar a liderança do processo de execução da estratégia da liderança do processo de estratégia. Formular, implementar e executar estratégias é um processo contínuo que requer muitos ajustes e afinação das estratégias para que se moldem à dinâmica do contexto. Uma empresa com boa liderança e bem administrada satisfaz a três condições, a saber: (a) possuir uma estratégia e um modelo de negócio de qualidade, (b) executar as estratégias competentemente e (c) alcançar seus objetivos de desempenho.

8.4. Principais "Modelos de Execução de Estratégias"

Thompson *et al.* (2016) apontam que a abordagem gerencial escolhida para executar uma estratégia deve ser customizada de acordo com as especificidades da organização. Além disso, os autores sustentam que não há uma prescrição definitiva para o sucesso da execução de estratégias que guie todas as situações de negócio e todas as estratégias, ou que atenda a todos os gestores.

As duas abordagens genéricas mais conhecidas, exploradas a seguir, são o Modelo *Execution Premium Process*™ (XPP) de Kaplan e Norton (2008) e o Modelo de Execução da Estratégia de Hrebiniak (2013).

8.4.1. Modelo Execution Premium Process™ (XPP)

O XPP é uma abordagem gerencial para execução de estratégias ancorada no *Balanced Scorecard* e nos cinco princípios de uma Organização Orientada à Estratégia cuja ênfase recai sobre a vinculação da estratégia às operações. A Figura 8.2 revela os seis estágios do modelo.

> **Estágio 1 – Desenvolver a estratégia:** Fundamentalmente, esse estágio trata da formulação da estratégia e do desdobramento de seus elementos, quais sejam: visão, missão e valores, definição da proposição de valor, análise externa (macroambiente e indústria), análise

Figura 8.2

Modelo Execution Premium Process™

Fonte: Palladium (2016).

interna e identificação de opções estratégicas. Interessante observar que Kaplan e Norton (2006) assumem que a formulação é parte integrante do processo de execução e a tratam como um de seus estágios.

Estágio 2 – Traduzir a estratégia: Essa etapa propõe o desenvolvimento do *Balanced Scorecard* e de seus elementos – Objetivos, Indicadores, Metas e Iniciativas Estratégicas, priorizando estas últimas. Nesse caso, o *Balanced Scorecard* fornece o *framework* para a gestão do desempenho estratégico.

Estágio 3 – Alinhar a organização: Preconiza o desdobramento da estratégia em direção às Unidades de Negócio (UN) e Unidades de Apoio (UA) para que cada unidade compreenda sua contribuição estratégica particular. Além disso, esse estágio recomenda o desenvolvimento de Contratos de Níveis de Serviço entre as UN e UA, enfatiza a necessidade da comunicação da estratégia e, por fim, salienta a importância do alinhamento entre os sistemas de avaliação de desempenho e de recompensa com os objetivos estratégicos.

Estágio 4 – Planejar as operações: Orienta para a construção dos vínculos entre a estratégia e as operações por meio das demandas estratégicas da Proposição de Valor. Como a abordagem XPP enfatiza os processos críticos da organização, não se perde tempo com a otimização daqueles que não fazem parte de seu *core business*. Assim, os autores apontam que a constatação da necessidade de redesenho de processos é mais um benefício dessa abordagem.

Estágio 5 – Monitorar e aprender: O estágio sustenta que a organização deve monitorar constantemente o desempenho (para mais detalhes, ver tópico específico neste capítulo) para garantir que os objetivos sejam alcançados. Para tanto, os fóruns de diálogos estratégicos devem funcionar separadamente dos operacionais, inclusive como reforço do novo modo de gestão. Por fim, o compartilhamento de responsabilidades sobre temas e iniciativas estratégicas é um instrumento importante para aumentar a coordenação e a integração de funções.

Estágio 6 – Testar e adaptar: Nesse estágio, o modelo recomenda examinar se a estratégia está funcionando, mas, sobretudo, se continua válida. A organização deve refletir se as hipóteses iniciais ainda são atuais e se os resultados causais estão se desenvolvendo como antecipado no Estágio 2. Caso não estejam, são necessárias mudanças ou ajustes, especialmente em relação às premissas do negócio.

A abordagem XXP requer uma área para a sua coordenação e execução: um escritório de gestão da estratégia (SMO[8]) que deve coordenar as atividades de todas as unidades organizacionais para que a estratégia e as operações estejam bem vinculadas em um sistema de ciclo fechado.

8.4.2. Modelo de Execução da Estratégia de Hrebiniak

Menos prescritiva, a abordagem de Hrebiniak (2013) oferece um roteiro para a execução de estratégias com base no enlace Estratégia-Estrutura--Incentivos-Controle. Ela abrange cinco áreas de decisão (AD) com ênfase no detalhamento da estrutura e nas questões de coordenação de atividades

---

[8] Acrônimo, no idioma inglês, para *Strategic Management Office.*

daí decorrentes. Esse modelo destaca aspectos como: estrutura organizacional, coordenação, compartilhamento de informações, incentivos e controles, gestão da mudança e, cultura e o papel do poder e da influência. A Figura 8.3 revela as AD e a respectiva sequência de execução.

Figura 8.3

Modelo de Execução da Estratégia de Hrebiniak

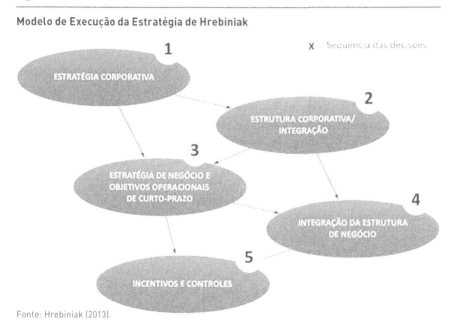

Fonte: Hrebiniak (2013).

- **AD1: Estratégia corporativa:** A lógica do modelo começa com a estratégia corporativa. Nessa AD estão as decisões estratégicas de gestão do portfólio de negócios, diversificação, alocação de recursos entre negócios ou unidades operacionais que compõem o empreendimento como um todo – o que, obviamente, afeta a execução da estratégia tanto em nível corporativo quanto nas unidades de negócio.
- **AD2A: Estrutura corporativa:** Refere-se às unidades organizacionais criadas em resposta às demandas da estratégia corporativa. Essa AD detalha as principais peças ou unidades operacionais que formam o empreendimento como um todo. As decisões mais importantes aqui vinculam-se às economias de escala e de escopo advindas de diversificação, níveis de centralização da tomada de decisão etc.

AD2B: Integração: Refere-se aos métodos utilizados para alcançar a coordenação entre as unidades que compõem a estrutura organizacional. Decisões sobre estrutura, desde a perspectiva de atividades e especialidades, resultam em diferentes unidades. De modo a alcançar uma unidade de esforço e combinar as atividades dessas diversas unidades, o modelo recomenda métodos ou mecanismos formais de integração – inclusive de processos corporativos que coordenem essas questões.

AD3a: Estratégia de negócio: Diz respeito às estratégias das unidades de negócio com ênfase em produtos, serviços e em como competir em dada indústria. As decisões, aqui, referem-se à análise da indústria, ao ambiente externo, ao posicionamento e à análise dos recursos e das capacidades organizacionais. Essa AD chama a atenção para o fato de as estratégias de negócio criarem demandas que necessitam investimentos em tecnologia, pessoas e capacidades – alocação de recursos. Reforça a interdependência entre a estratégia corporativa e as estratégias das unidades de negócio.

AD3b: Objetivos operacionais de curto prazo: Sustenta que a estratégia de negócio deve ser traduzida em objetivos operacionais de curto prazo ou em indicadores de execução. Recomenda, inclusive, a utilização do *Balanced Scorecard.*

AD4: Integração da estrutura de negócio: Aqui, a questão da integração refere-se à definição das principais funções ou unidades operacionais que compõem a unidade de negócio. Para o modelo, a comunicação lateral e a gestão entre fronteiras organizacionais são importantes para o sucesso da execução das estratégias. A transferência de conhecimento e a coordenação entre unidades operacionais em um negócio são vitais para o sucesso estratégico. O compartilhamento de informação e os métodos de integração podem aumentar a flexibilidade da estrutura e a habilidade da organização em responder a problemas relacionados à execução.

AD5: Incentivos e controles: Como o modelo aponta, incentivos e controles estão juntos, pois representam "lados opostos" das decisões e ações voltadas ao desempenho. Enquanto os incentivos motivam ou orientam o desempenho, os controles fornecem *feedback* do alcance, ou não, dos resultados almejados. Os controles permitem revisar os incentivos e outros fatores relacionados à execução se os objetivos desejados não estiverem sendo alcançados.

Este tópico mostrou que a execução de estratégias conforma-se em uma capacidade organizacional que pode contribuir muito com a criação de vantagem competitiva, especialmente, quando as estratégias adotadas são fáceis de replicar. Nesse sentido, um projeto organizacional capaz de entregar as demandas necessárias é essencial.

Além disso, mostrou-se que não existe um processo único que guie todos os contextos organizacionais e que a oferta de metodologias nesse campo restringe-se a alguns poucos modelos, entre os quais, os mais conhecidos e adotados pelas empresas são o de Kaplan e Norton (2008) e de Lawrence Hrebiniak (2013). Em essência, ambos são semelhantes, mas o primeiro é mais prescritivo e o segundo traz uma discussão sobre jogos de poder e influência, cultura organizacional e gestão da mudança que o modelo de Kaplan e Norton aborda superficialmente. De todo modo, os modelos incorporam a gestão do desempenho como mecanismo de avaliação da execução de estratégias – tópico apresentado e discutido a seguir.

8.5. Gestão do Desempenho

Desde o princípio dos anos 1990 há uma crescente atenção sobre os vínculos entre a estratégia e a gestão do desempenho (CHENHALL, 2005; DIXON et al., 1990; GIMBERT et al., 2010; HUDSON et al., 2001; ITTNER et al., 2003; McADAM; BAILIE, 2002; MELNYK et al., 2005).

Desse modo, para promover o alinhamento e a comunicação em torno da estratégia, vários autores[9] sugeriram os Sistemas de Gestão do Desempenho (SGD). Com efeito, uma das principais decorrências dos SGD – por exemplo, o *Balanced Scorecard* (BSC) – é comunicar a estratégia para toda a organização e relacioná-la aos objetivos de desempenho funcionais e individuais (KAPLAN; NORTON, 1992).

Ainda, com o uso e a análise de indicadores e metas de desempenho, é possível promover a aprendizagem organizacional, que, por sua vez, torna a

---

[9] Ver, por exemplo, Eccles e Pyburn (1992), Kaplan e Norton (2004) e Neely et al. (2002).

empresa mais flexível às mudanças e aumenta, assim, suas chances de ter vantagem competitiva sustentável (Argyris, 1977; Senge, 1990; Henri, 2006; Neely; Al-Najjar, 2006). Desse modo, os autores argumentam que as empresas também devem empregar indicadores não financeiros para gerenciar o desempenho de seus ativos intangíveis (Johnson; Kaplan, 1987), pois assim seriam encorajadas a olhar para o longo prazo, a vincular as decisões cotidianas à estratégia e a promover a aprendizagem por meio de subsidiárias e unidades de negócio (Ittner; Larcker, 2003; Kaplan; Norton, 2000).

Apesar dos incontestes benefícios, muitas tentativas de implementação de SGD falham pois muitos fatores comportamentais e, até mesmo, instrumentais ligados à gestão do desempenho não são observados (Holloway et al., 1995; Franco; Bourne, 2002; Chenhall, 2004; De Waal; Counet, 2006).

8.6. Breve Resgate Conceitual

A evolução dos SGD é dividida em três períodos: início do século xix até a década de 1980, década de 1990 e anos 2000. O primeiro período é marcado pelos desenvolvimentos incrementais, tais como o *Tableaux de Bord*, a Árvore de Du Pont e o Custeio Baseado em Atividades. O segundo estabelece a principal transformação dos SGD: o deslocamento de seu propósito do controle para a gestão. E, por fim, o terceiro revela a preocupação com o desenvolvimento de um SGD eficaz, integrado, holístico, dinâmico e sustentável. Também nesse período, emerge o rigor metodológico no desenvolvimento de SGD eficazes e, por fim, surgem consistentemente estruturas que vão além da proposta pelo BSC, como o *Flexible Strategy Game-Card* proposto por Sushil (2011).

8.6.1. Dos primórdios até a década de 1980

A história da gestão do desempenho é muito particular e remonta ao início do século xix quando os indicadores de desempenho baseavam-se no tradicional plano de contas e na contabilidade de custos. No entanto, essa prática mostrou-se inadequada e enganosa dado que, em vez de apurar o custo dos produtos, das atividades, dos processos e do custo associado à qualidade, concentrava-se no controle isolado dos processos (BITITCI, 1994). Uma das primeiras atividades nesse campo do conhecimento foi o desenvolvimento do cálculo do retorno sobre investimento (*Return on Investment* (ROI)) pela Du Pont Corporation na década de 1920, o qual, posteriormente, passou a ser conhecido como "Árvore de Du Pont"[10] (ou, pirâmide dos rácios financeiros).

Como atestam Epstein e Manzoni (1997), aos poucos, os executivos perceberam que os indicadores econômico-financeiros, como o ROI e o ganho por ação, forneciam sinais equivocados para as atividades de inovação e de melhoria contínua exigidas pelo ambiente competitivo de então.

O *Tableaux de Bord*, uma inovação de engenheiros franceses, enfatizou a combinação entre indicadores financeiros e não financeiros atentando mais para as operações cotidianas e menos para as questões estratégicas. Houve ainda outras iniciativas que sustentam a importância de diferentes aspectos do desempenho além do econômico-financeiro: (i) a contabilidade social, que, fundamentalmente, é um processo de comunicação dos efeitos sociais e ambientais gerados pelas ações econômicas das organizações para a sociedade de modo amplo (GRAY et al., 1987); (ii) a contabilidade estratégica, que incorpora uma perspectiva de mais longo prazo e uma abordagem genérica de posicionamento estratégico (SIMMONDS, 1981) e (iii) o custeio baseado em atividades (*Activity-based Costing*), que determina o custo do produto/serviço a partir das atividades necessárias para a sua produção e entrega (COOPER; KAPLAN, 1988).

Em meados da década de 1980, nos Estados Unidos e na Europa, alguns prêmios de qualidade e excelência,[11] tais como o *Malcolm Baldrige*

---

[10] A "Árvore de Du Pont" ainda é amplamente utilizada para diagnosticar a saúde financeira de uma empresa.

[11] Passada uma década, no Brasil, esse movimento inicia-se com a criação da Fundação Nacional da Qualidade (FNQ), cujas raízes remontam ao Programa Brasileiro de Qualidade e Produtividade (PBQP). Formulado em 1990 como um dos elementos da Política Industrial e de Comércio Exterior do governo Collor, seu objetivo era promover a qualidade e a produtividade a fim de aumentar a competitividade dos bens e serviços produzidos no país. O Modelo de Excelência do Prêmio Nacional da Qualidade* da FNQ tem como principais referências o *Malcolm Baldrige National Quality Award*, a *European Foundation for Quality Management* e a *International Organization for Standardization*.

National Quality Award (1987), a *European Foundation for Quality Management* (EFQM) (1988) e o Prêmio Deming, influenciaram as organizações a buscar qualidade e excelência como um indicador de alto desempenho.

8.6.2. A Década de 1990

Enquanto no período anterior a ênfase estava na mensuração do desempenho *per se*, a década de 1990 concentrou-se em sua gestão, ou, em outras palavras, em *como gerenciar* a mensuração do desempenho. Para Bititci (1994), o objetivo principal de qualquer SGD é incentivar uma gestão proativa. Inúmeras publicações ressaltaram a necessidade de um direcionamento pertinente, integrado e equilibrado para a melhoria estratégica (JOHNSON; KAPLAN, 1987; DRUCKER 1990; RUSSEL, 1992). Novas técnicas de gestão, como o *Just- In-Time* (JIT), a reengenharia de processos de negócios (*Business Process Rengineering* (BPR)) e a Gestão pela Qualidade Total (*Total Quality Management* (TQM)) impulsionaram o desenvolvimento de novos SGD (JOHNSON, 1992).

A incorporação de indicadores de desempenho não financeiros também foi um tema de grande interesse ao longo da década de 1990 (MEDORI; STEEPLE, 2000). Além disso, a qualidade dos indicadores de desempenho financeiros também foi bastante discutida (ITTNER; LARCKER, 1998).

O debate em torno da estrutura de resultados e de determinantes de desempenho (FITZERGALD et al., 1991) também teve espaço pela incorporação dos indicadores de resultado (*lagging indicators*) e de tendência (*leading indicators*).

Para demonstrar uma relação clara entre os indicadores de desempenho nos diferentes níveis hierárquicos de processos de negócios e níveis funcionais, Lynch e Cross (1991) propuseram a técnica SMART[12] (em tradução livre, "Técnica Para Análise e Reporte do Desempenho Estratégico"). Sua aplicação tem início com a definição da visão do negócio e prossegue com a tradução dos objetivos das unidades de negócios. Indicadores de desempenho estratégicos e operacionais são empregados para preencher a lacuna entre a estratégia e as operações. De acordo com Ghalayini et al. (1997),

---

[12] Acrônimo de *Strategic Measurement Analysis and Reporting Technique* no idioma inglês.

esse é o aspecto positivo da abordagem, entretanto, ela falha por não fornecer um mecanismo para identificar indicadores de desempenho.

Na década de 1990 a introdução do BSC foi revolucionária e já foi listada como uma das 75 ideias mais influentes do século XX pela *Harvard Business Review* (BIBLE et al., 2006). Esse *framework* propõe que a empresa deve usar um conjunto equilibrado de indicadores de desempenho, incorporando as perspectivas financeiras e não financeiras. De acordo com Lucianetti, 2010, tem sido adotado por diferentes tipos de organizações e muitas delas relataram mais eficiência operacional e rentabilidade com seu uso (ATKINSON; EPSTEIN, 2000).

Kaplan e Norton (1996) propuseram esse *framework* como um sistema de gestão estratégica. O "equilíbrio" no BSC se dá pela incorporação de indicadores financeiros e não financeiros, indicadores de resultado e de tendência e de metas de curto e longo prazo (AHN, 2001).

Embora muito popular, a literatura destaca muitas deficiências do modelo, entre as quais: ausência de foco nos grupos de interesse, natureza estática, fragilidade das relações causais, agrupamento de indicadores de desempenho, abordagem de sistema fechado, dificuldades em proporcionar aprendizado organizacional etc. (NORREKLIT, 2000; AHN, 2001; AKKERMANS; VAN OORSCHOT, 2005).

Mais especificamente, Neely e Bourne (2000, p. 3) apontam, também, que "70% das iniciativas de BSC não logram sucesso em função da inadequação de projeto ou falhas ao longo da implementação". Norreklit (2000) critica amplamente o modelo em função de sua pobre orientação acerca da causalidade entre os diferentes indicadores de desempenho.

No entanto, sem dúvida, o BSC mudou drasticamente a forma como o desempenho é administrado e ainda é um dos *frameworks* de gestão de desempenho mais dominante. Depois dele, o desempenho vinculou-se à visão, à proposição de valor e, finalmente, às estratégias, ou seja, houve uma mudança considerável na gestão do desempenho – de uma perspectiva puramente operacional para uma perspectiva estratégica.

Existem diversos trabalhos voltados para a criação de um SGD consistente, integrado e dinâmico. Flapper et al. (1996) apresentaram um método sistemático para os gestores projetarem um SGD consistente. Essa abordagem declara cobrir amplamente todos os aspectos de desempenho relevantes para uma organização, no entanto, sua aplicabilidade não foi bem reconhecida.

A inquietação das organizações com a sustentabilidade fez emergir o conceito *Tripple Bottom Line*[13] (TBL). O TBL é uma estrutura para mensurar e reportar o desempenho em relação aos aspectos econômicos, sociais e ambientais de uma organização. Ele assume que o lucro não deve ser a única preocupação, pois as obrigações ambientais e sociais também são fatores vitais para aumentar o desempenho (ELKINGTON, 1997).

Os principais desenvolvimentos dos SGD ocorreram, em grande parte, no contexto das empresas manufatureiras. Ghalayini et al. (1997) apresentaram um SGD integrado que, essencialmente, relaciona as áreas estratégicas de sucesso com o desempenho da empresa permitindo sua atualização dinâmica, ou seja, das áreas e dos indicadores de desempenho a elas relacionados. Desse modo, as questões de integração e de dinamismo passaram a ser incorporadas nos SGD, como se verá a seguir.

Bititci et al. (2000) argumentam que os SGD precisam ser dinâmicos o suficiente para alterar os objetivos internos e, ainda, críticos e sensíveis às mudanças nos ambientes externo e interno da organização. Dessa forma, os autores mantêm que um SGD dinâmico deve possuir quatro sistemas, a saber: (i) de monitoramento externo, (ii) de monitoramento interno, (iii) de revisão e, por fim, (iv) de implantação. Eles enfatizam a utilização de tecnologia de informação, inteligência artificial e redes neurais para facilitar o sistema de controle em circuito fechado (enlace).

Um dos principais trabalhos sobre a avaliação e melhoria dos SGD realizada é de Medori e Steeple (2000). Os autores produziram um plano de seis estágios para desenvolver um SGD integrado cuja singularidade é sua capacidade para avaliar um SGD já existente e configurar um novo. No entanto, ele não possibilita a integração de dimensões dinâmicas e competitivas.

Ao longo da década de 1990, além dos desenvolvimentos de abordagens para projetar, avaliar e melhorar os SGD, também tiveram espaço pesquisas sobre os diversos métodos e ferramentas aplicáveis a eles. Suwignjo et al. (2000) investigaram diferentes técnicas, tais como Mapas Cognitivos, Diagramas de Causa e Efeito, Diagramas de Árvore e Técnicas de Análise Multicritério, como o AHP (*Analytical Hierarchy Process*) para desenvolver modelos quantitativos para os SGD. Esses trabalhos permitiram que os

---

[13] Também conhecido por PPP, acrônimo de *People, Planet and Profit* no idioma inglês.

fatores que influenciam o desempenho fossem identificados e quantificados. Quanto aos indicadores de desempenho mais subjetivos, as discussões foram muito limitadas.

Dessa forma, a década de 1990 assistiu a muitos desenvolvimentos e transformações dos SGD, sendo a principal a mudança de seu propósito: **do controle para a gestão**. Os pesquisadores de então perceberam que uma gestão eficaz do desempenho é capaz de alinhar toda a organização com o seu processo de criação de valor (AGUILAR, 2003; KAPLAN; NORTON, 2006).

8.6.3. Os Anos 2000

Os anos 2000 têm testemunhado a abertura de possibilidades de investigação mais amplas tanto para os pesquisadores voltados para a "atualização do BSC" quanto para outras questões importantes sobre os SGD.

Muitos autores argumentam que o BSC falhou por não considerar importantes grupos de interesse além dos acionistas em sua estrutura de trabalho (SURESHCHANDAR; LEISTEN, 2005). Neely et al. (2001), por exemplo, sustentam que a única razão pela qual as organizações têm uma estratégia é a obrigação de entregar valor para um conjunto de grupos de interesse. O "Prisma de Desempenho", abordagem proposta por esses autores, integra a perspectiva dos grupos de interesse com base em cinco enfoques: satisfação, contribuição, estratégias, capacidades organizacionais e processos. A incorporação de novas perspectivas além da dos acionistas, segundo esses autores, assegura um foco de mais longo prazo ao SGD.

Ainda nessa linha de pensamento, a literatura também destaca que algumas organizações têm integrado as perspectivas sociais e ambientais com as perspectivas tradicionais e que, portanto, pensam além da geração de lucros (FIGGE et al., 2002; LÄNSILUOTO; JÄRVENPÄÄ, 2008). Algumas práticas emergentes de gestão, tais como a Responsabilidade Social Empresarial (RSE), os Relatórios de Sustentabilidade da *Global Reporting Initiative* (GRI), entre outras, têm forçado as empresas a incorporar as perspectivas de todos os grupos de interesse em seus SGD.

Alguns autores propuseram-se a pensar outras estruturas de trabalho além do BSC. Maltz et al. (2003) apresentaram uma estrutura dinâmica multidimensional que vislumbra o desempenho com base em cinco dimensões: econômico-financeira, cliente-mercado, processos internos, desenvolvimento de pessoas e futuro, orientando os gestores no processo de desenvolvimento de indicadores úteis para diferentes situações e ambientes.

A abordagem *Business Scorecard Kanji* (Kanji; Sá, 2002), uma das atualizações mais relevantes do BSC e muito discutida pela literatura, argumenta que a estrutura de trabalho proposta pelo BSC deve coadunar-se com aspectos da excelência empresarial e do TQM. Desse modo as empresas precisam considerar: a maximização do valor para os acionistas; o atingimento da excelência em processos; a melhoria do aprendizado organizacional; e o encantamento dos seus grupos de interesse.

De acordo com esses autores, essa extensão ajuda a compreender melhor as quatro perspectivas de negócio sugeridas pelo BSC. Apesar de essa abordagem aproximar-se dos grupos de interesse, ela enfatiza os externos. Por sua vez, Sureshchandar e Leisten (2004) propõem o *"scorecard* holístico" ampliando as perspectivas do BSC com a integração das perspectivas de capital intelectual, de funcionários e social.

A abordagem de Rampersad (2005), o *Total Performance Scorecard*, integra o SGD pessoal e organizacional com: (i) o Ciclo de Deming (ou, PDCA), (ii) o Ciclo de Desenvolvimento de Talentos e (iii) o Ciclo de Aprendizagem de Kolb. De acordo com o autor, a integração dos objetivos pessoais com os objetivos compartilhados leva a organização a um maior nível de desempenho e à melhoria e aprendizagem contínuas. Vale ressaltar que essa abordagem baseia-se na experiência prática sem qualquer validação mais rigorosa do ponto de vista acadêmico.

A fim de desenvolver uma abordagem holística e integrada para os SGD, Anderson et al. (2006) apresentaram uma estrutura de trabalho genérica, considerando os grupos de interesse, a organização, o mercado, os valores e a cultura para integrar as diversas áreas e, juntas, dar pleno efeito à organização.

Desenvolvimentos mais recentes enfatizam a aplicação da Dinâmica de Sistemas e da Lógica Fuzzy sobre a estrutura de trabalho do BSC com o propósito de, com base em simulações, melhorar a qualidade das decisões. Barnabe (2011), por exemplo, com a Dinâmica de Sistemas, demonstrou que os enlaces de aprendizagem (*feedback loop learning*), os mapas estratégicos dinâmicos e os simuladores melhoram a qualidade da tomada de decisão em domínios complexos e dinâmicos. Por sua vez, Chytas et al. (2011), a partir da Lógica Fuzzy, propuseram a abordagem "BSC proativo". Em resumo, essa abordagem desenha as relações causais dos indicadores de desempenho, as simula e, depois, quantifica o impacto de cada indicador a fim de ajustar as metas de desempenho correspondentes.

A abordagem "*Flexible Strategy Game-Card*" (SUSHIL, 2011) lida, predominantemente, com duas perspectivas de desempenho: a empresarial e a do cliente. Todos os principais grupos de interesse estão sob a perspectiva da empresa e, como os clientes estão no centro de suas decisões e ações estratégicas, são tomados em outra perspectiva. As raízes teóricas dessa abordagem estão em trabalhos, tais como a Abordagem Integrativa (BSC), a Teoria dos Grupos de Interesse, a Estratégia de Fluxo e a Estrutura SAPP-LAP[14] proposta por Yadav, Sushil e Sagar (2011).

A perspectiva da empresa lida com a estrutura SAPP (situação-ator-processo-desempenho (*performance*)) na qual os fatores de situação lidam com indicadores proativos e reativos das ações estratégicas e compreendem tanto as situações internas quanto as externas. Os atores são fatores cruciais para a formulação e para a execução da estratégia. Já os indicadores relacionados aos atores lidam com os internos e com os externos. Os fatores de processo estão relacionados com a execução da estratégia e trabalham tanto com os processos de negócios internos quanto com os externos. Os fatores de desempenho são tratados como fatores de resultado, pois constituem-se nos resultados da estratégia e podem ser indicadores econômico-financeiros e não financeiros. Por sua vez, os fatores do cliente relacionados à estratégia levam em conta o desempenho da empresa de acordo com o ponto de vista dele e vinculam-se à geração de valor, às ofertas e ao relacionamento.

O objetivo dessa abordagem é apoiar tanto a formulação quanto a execução das estratégias incluindo os espaços de aprendizagem e de ações corretivas, proporcionando uma visão dinâmica do desempenho. Finalmente, a estrutura LAP ((*learning*) aprendizagem-ação-desempenho (*performance*)) tem o propósito de produzir ações estratégicas quando necessário com base na aprendizagem originária da mensuração de desempenho e das revisões

---

[14] SAPP, acrônimo de *Situation-Actor-Process-Performance*, e LAP, acrônimo de *Learning-Action-Performance*, ambos no idioma inglês.

estratégicas, lidando tanto com as mudanças externas quanto com as internas. Uma vulnerabilidade dessa abordagem é que apenas agora começaram a surgir algumas evidências empíricas.

Com atenção na sustentabilidade, o sistema de medição de desempenho de sustentabilidade proposto por Searcy (2011) descreve as fases de evolução de um SGD corporativo sustentável.

Desse modo, a ênfase da agenda de pesquisa nos últimos anos foi a preocupação com o desenvolvimento de um SGD eficaz, integrado, holístico, dinâmico e sustentável. Nesse período, o BSC foi novamente o centro das discussões, mas, desta vez, com foco na sua atualização e, em especial, na incorporação de todos os grupos de interesse.

O rigor metodológico para o desenvolvimento de SGD eficazes foi outro tema de grande atenção nesse período. Muitos autores perceberam que a vulnerabilidade das relações causais pode ser superada com a Dinâmica de Sistemas, o que permite, inclusive, simular o resultado de várias intervenções estratégicas e ajustar as metas de desempenho. Esses desenvolvimentos fizeram os pesquisadores pensar além da estrutura de trabalho proposta pelo BSC, como com o *"Flexible Strategy Game-Card"* proposto por Sushil (2011).

8.7. Gestão do Desempenho e Aprendizado

As estratégias são hipóteses, assim, a obrigação da alta gerência é testá-las, validá-las e revisá-las fornecendo *feedback* para que as pessoas possam compreender melhor o padrão de comportamento de sua execução (ou implementação).

A Figura 8.4 mostra os enlaces de aprendizado proporcionados pelos SGD. Para entendê-los, é preciso reconhecer que, inicialmente, as estratégias são influenciadas pelos modelos mentais[15] sobre o negócio.

O enlace R_1 diz respeito ao Ciclo de Gestão Operacional (CGO) no qual a média gerência e a gerência operacional devem avaliar o desempenho

---

[15] Modelos mentais são os mecanismos pelos quais os indivíduos são capazes de delinear o propósito e a forma de um sistema, explicar seu funcionamento e a situação atual e estimar o seu estado futuro.

de curto prazo e resolver que acabaram de surgir e precisam de atenção imediata, mas sem questionar os pressupostos subjacentes. Trata-se da melhoria contínua.

Já o enlace R_2 refere-se ao Ciclo de Gestão Estratégica (CGE) no qual, em intervalos maiores, a alta e média gerências refletem sobre o caminho que a execução da estratégia está seguindo, mas, sobretudo, sobre os pressupostos subjacentes a ela, para melhorar a compreensão sobre o negócio e rever os modelos mentais que o regem. Esse é o momento de rever as hipóteses iniciais e, eventualmente, identificar novas, dando início, então, ao enlace R_3 de revisão e atualização das estratégias.

Figura 8.4

Enlaces de aprendizado proporcionados pelo SGD

Fonte: Adaptado de Sterman (2000).

Em outras palavras, os SGD proporcionam um processo pelo qual a alta e média gerências podem tornar explícitos e, além disso, alterar seus modelos mentais sobre o negócio para, finalmente, adaptar as estratégias e definir novos objetivos de curto, médio e longo prazos.

A efetiva implantação de um SGD impõe uma mudança cultural muito acentuada às organizações, pois, direta e indiretamente, ele atua, principalmente, sobre as relações de poder que existem nelas. A exposição dos níveis de desempenho das ações estratégicas revela líderes e liderados, mas, em culturas nas quais prevalece a busca pelos "culpados pelo mau desempenho", o processo pode ruir em pouquíssimo tempo, ou melhor, como ameaça ao *status quo*, ele é literalmente posto para fora delas. Mais do que preocupar-se com tecnologias e modelos de gestão, embora sejam importantes, as empresas precisam observar atentamente o próprio modo de ser.

A adoção de um SGD é um processo gradual, no qual as pessoas precisam se convencer dos méritos da gestão de desempenho para, em seguida, se habituarem com essa "nova" forma. Nesse sentido, é fundamental fomentar uma cultura da mudança estimulando as pessoas a, permanentemente, adotar novos comportamentos, mudar paradigmas, introduzir inovações e a correr riscos conscientes.

Competências para a Execução Estratégica
por Edmir Kuazaqui

Complementando e reiterando o exposto no subcapítulo 9.3, um dos grandes desafios contemporâneos é tangibilizar o que foi concebido e previsto no planejamento estratégico de uma empresa ou negócio. Zagotta e Robinson (2002) afirmam que se não for possível executar uma estratégia de acordo com o planejamento, não importa quão brilhante ela seja. Bossidy e Charan (2004) discutem que para executar uma estratégia não é preciso somente saber implantá-la, mas a empresa deve ter habilidade de gestão de conhecimentos e dominar técnicas para obter uma real vantagem competitiva.

Dessa forma, **fazer as coisas acontecerem**, sem procrastinar, possibilita obter resultados mais facilmente. Nesse caso, conforme Oliveira (1995, p. 36), a execução da estratégia deve atender a três princípios básicos relacionados à eficiência, eficácia e efetividade.

A eficiência refere-se a "fazer as coisas de forma adequada", otimizando os recursos disponíveis a fim de solucionar os problemas que porventura poderão acontecer. Porter (2004) afirma que a empresa deve executar atividades melhor que seus concorrentes, o que pode ser obtido com um *benchmark* competitivo, voltado para processos, por exemplo, de empresas do mesmo segmento econômico ou diferentes. Uma instituição financeira, por exemplo, pode ter um sistema que vise à facilitação de apropriação de correção monetária e juros para seus empréstimos e posterior contabilização. O mesmo *layout* do sistema pode ser utilizado por uma montadora para ter uma previsão para a provisão de deveres juntos a seus fornecedores financeiros.

A eficácia relaciona-se a "fazer as coisas certas", maximizando a utilização de recursos e aumentando o lucro por meio de melhores resultados. Esse processo deve ser dinâmico para compatibilizar as diferentes situações do microambiente e do macroambiente. Considerando questões voltadas às variações econômicas, por exemplo, que interferem nas vendas, as empresas devem equacionar as variações de vendas, bem como ações efetivas nas áreas de compras, estoques e negociação com os demais *stakeholders*.

Finalmente, a efetividade refere-se ao cumprimento de prazos e metas na implantação de ações que visem o atingimento dos resultados. Nesse aspecto, além das ações e dos controles, a empresa deve evitar atrasos que venham a comprometer o cronograma de ações.

Esses mesmos princípios podem ser os norteadores de gestão no planejamento estratégico tradicional. Entretanto, o ambiente da empresa e seus negócios estão em constante mutação, desse modo suas ações devem ser ajustadas de acordo com a interpretação e a análise de cenários, bem como com o comportamento de variáveis ambientais.

A empresa, como um dos pilares principais – o outro é o público interno –, deve propiciar ambiente e estratégias que atendam aos princípios norteadores e a direcionem além. Dessa forma, a gestão participativa e integrada pode trazer contribuições valiosas para o bom desempenho das empresas.

Este tópico procurou mostrar a execução estratégica atrelada ao lado mais humano da qualidade e das competências, sem discutir os sistemas e métodos de controle usuais no ambiente de profissionais com uma visão mais racional e quantitativa.

Sustentabilidade na Estratégia do Negócio
por Marcus Nakagawa

A sustentabilidade como estratégia para as empresas atualmente é tratada como uma forma de melhoria para obter um processo mais ecoeficiente, para um produto que é reciclável ou tem partes que já são recicladas. Ou seja, as empresas ainda estão desenvolvendo somente projetos, processos ou ações de melhorias pontuais. O pensamento do TBL, citado no texto anterior, que mensura e reporta o desempenho em relação aos aspectos econômicos, sociais e ambientais de uma organização (ELKINGTON, 1997) muitas vezes é utilizado de uma forma separada e não integrada à estratégia do negócio. Pouco se mostra a inserção do tema do desenvolvimento sustentável no cerne da empresa, no âmago da geração de valor da empresa, ou seja, na principal fonte de receita da empresa: o portifólio de produtos e serviços que ela oferta para a sociedade. Tornando assim a empresa realmente menos impactante para o meio ambiente, mais inclusivo, mais acessível e com um processo dentro dos preceitos da economia circular. Como colocado no texto interior, é necessário mensurar todos estes impactos e para isso existe um modelo que é o sistema de medição de desempenho de sustentabilidade proposto por Searcy (2011), que descreve as fases de evolução de um SGD corporativo sustentável.

Drucker (2010) afirma que as responsabilidades sociais – em um negócio, hospital ou universidade – podem surgir em duas áreas: dos impactos sociais da instituição ou como problemas da própria sociedade. Ambas estão alçadas na administração, pois a instituição gerida pelos administradores vive necessariamente na sociedade e na comunidade. No entanto, são áreas diferentes. A primeira lida com o que uma instituição faz para a sociedade. A segunda tem a ver com o que uma instituição pode fazer em favor da sociedade.

A organização moderna existe para prover um serviço específico para a sociedade. Ela, portanto, tem que estar na sociedade e na comunidade, tem que estar por perto, tem que fazer o seu trabalho em um cenário social. Além disso, tem que empregar pessoas para fazer o seu trabalho. Assim, seus impactos sociais inevitavelmente vão além da contribuição específica que justifica a sua existência.

Em uma sociedade civilizada, na qual as organizações são criadas para oferecer serviços e produtos para as pessoas que a integram, elas não podem destruir ou ignorar totalmente os seus impactos para aqueles que são parte de seu propósito. Drucker (2010) diz que o propósito de uma fábrica de ligas ferrosas não é fazer barulho ou soltar fumaças nocivas, mas produzir metais de alto desempenho para atender seus clientes. No entanto, para isso, a fábrica produz barulho, gera calor e solta fumaça. Esses impactos são incidentais ao propósito da organização, mas em larga medida são subprodutos inescapáveis.

Entender os impactos que a empresa causa na sociedade e no meio ambiente é fundamental para que possa alcançar os seus objetivos mercadológicos e financeiros. A organização ainda pode ir além. Como afirma Drucker (2010), deve-se sempre tentar transformar a eliminação de um impacto numa oportunidade de negócios, porém em muitos casos isso não é possível. Na maioria das vezes, eliminar um impacto significa aumentar os custos. Ou seja, o que antes era uma "externalidade" pela qual o público em geral pagava torna-se custo de negócio. Portanto, torna-se uma desvantagem competitiva, a não ser que todos no setor aceitem a mesma regra, o que, em geral, só pode ser feito por meio de regulamentação – ou seja, por alguma forma de ação pública. Quando um impacto não pode ser eliminado sem aumento no custo, cabe à administração se antecipar e elaborar regulamentação que tenha maior probabilidade de resolver o problema com custo mínimo e maior benefício para o público e para o negócio e depois trabalhar para que a regulamentação correta seja promulgada.

Porter (2004) diz que uma das estratégias genéricas é exatamente a liderança nos custos. Se o impacto do negócio ou do produto ou serviço não é mensurado, esse desvio poderá colocar essa estratégia genérica em alto risco, fazendo com que a organização perca o seu posicionamento mercadológico.

Sobre o conceito de sustentabilidade na estratégia do negócio, Drucker (2004) afirma que os problemas sociais (que se entende sendo os problemas da sociedade como um todo – meio ambiente, pessoal, empresarial, governamental etc.) são disfunções da sociedade e – pelo menos potencialmente – doenças degenerativas do organismo político. Em outras palavras, são enfermidades. No entanto, para a administração de instituições e, sobretudo, a administração de negócios, há representação de desafios e, assim, são grandes fontes de oportunidades. Afinal, a função dos negócios – e, em menor grau, das demais principais instituições – é satisfazer a necessidade social e ao mesmo tempo servir sua instituição, transformando a resolução de um problema social em oportunidade de negócios. Assim, é tarefa do negócio converter a mudança em inovação, isto é, em novos negócios. Desse modo, um executivo que pensar que a inovação se refere apenas à tecnologia será considerado fraco. Ao longo da história dos negócios, a mudança social e a inovação social têm sido tão importantes quanto a tecnologia. Afinal, as principais indústrias do século xix foram, em grande parte, resultado da conversão do novo ambiente social – a cidade industrial – em uma oportunidade de negócios e em um mercado de negócios. Isso sustentou o surgimento da iluminação pública, primeiro a gás, depois elétrica, do bonde e do trem urbano, do telefone, do jornal e da loja de departamentos – para citar alguns exemplos.

Porter e Kramer (2010) seguem a mesma ideia de que a empresa está na sociedade, e que a interdependência entre ambas pode ser analisada com as mesmas ferramentas da análise de posição competitiva e estratégia de desenvolvimento. Dessa forma, a empresa pode focar suas atividades de Responsabilidade Social Corporativa para um melhor efeito. Mais do que meras ações bem intencionadas impulsionadas ou reativas pela pressão externa, a organização pode desenvolver uma agenda afirmativa da Responsabilidade Social Corporativa que produza o máximo de benefício social bem como o ganho para o negócio. Para toda empresa, a estratégia deve ir além das boas práticas. Isso é escolher uma posição única – fazer diferentes coisas em relação aos concorrentes no caminho de diminuir os custos ou servir melhor as necessidades de um grupo particular de consumidores. Esses princípios se aplicam ao relacionamento das empresas com a sociedade assim como o seu relacionamento com os clientes e os concorrentes. Muitas oportunidades para inovações pioneiras para beneficiar a sociedade e a própria competitividade da empresa podem surgir da oferta do produto e da cadeia de valor.

Esse olhar para a sociedade como um todo gerando a inovação é o ponto principal do artigo "Por que a sustentabilidade é hoje o maior motor da inovação?", de Nidumolu, Prahalad e Rangaswami (2009). O autores enfatizam que a sustentabilidade é um rico filão de inovações organizacionais e tecnológicas capazes de gerar tanto receita como lucro. Uma empresa ambientalmente correta tem custos menores, estratégia importante segundo os vários autores de estratégia já citados, pois utiliza menos insumos. Além disso, o processo gera receita adicional – graças a produtos melhores ou por permitir que a empresa crie novos negócios. Os autores ainda ressaltam que, já que essas são as metas da inovação empresarial, hoje as empresas inteligentes estão tratando a sustentabilidade como a nova fronteira da inovação.

Como síntese deste capítulo, a sustentabilidade precisa constar diretamente na estratégia do negócio, e não ser algo paralelo ou um apêndice. A implementação dessas estratégias têm que estar diretamente ligadas aos produtos, serviços e processos da empresa para diminuir os custos da empresa e/ou para aumentar as receitas e o lucro.

8.8. Considerações Finais

Como visto, de modo a transformar uma visão (estratégia) em ação, a gestão, como um todo, deve reconhecer que a formulação e a implementação de estratégias não são um conjunto de atividades separadas, mas inter-relacionadas. Uma implementação exitosa deve começar com uma programação estratégica que leve em conta (tanto quanto possível) os potenciais problemas ao longo de sua execução e, sobretudo, seja capaz de alocar os recursos necessários às respectivas iniciativas e atividades estratégicas ao longo do horizonte de tempo considerado. É preciso assegurar que o projeto organizacional garanta a presença de todos os elementos necessários à execução das estratégias e adote um SGD que produza informações atualizadas e confiáveis sobre o desempenho organizacional e que gere conhecimento.

Finalmente, as estratégias devem ser comunicadas a todos os grupos de interesse, assim como deve ser explicado de que forma foram desenvolvidas, o que se espera da organização no futuro e quem serão os responsáveis pela implementação das mudanças. Essas ações tendem a influenciar o comprometimento de todas as partes envolvidas e aumentar as chances de sucesso da organização quando liderada por uma equipe competente.

Questões para Reflexão

1. Segundo Jack Welch *apud* McShane e Von Glinow (2018), a vantagem competitiva fundamental é a habilidade de uma organização aprender e traduzir, rapidamente, esse aprendizado em ações. A qual dos antecedentes do processo de execução de estratégias Welch se refere? Justifique sua resposta.
2. Quais os principais argumentos na literatura que sustentam os vínculos entre a estratégia e a gestão do desempenho?
3. Contraste as duas abordagens voltadas à execução de estratégias mais populares da literatura.
4. Em quais pontos você concorda e discorda da noção de execução de estratégias sustentada por Miller (1997)?
5. Faça uma breve pesquisa na internet sobre dinâmica de sistemas procurando entender suas premissas e seus propósitos. Em face disso, responda como essa abordagem pode auxiliar as organizações no processo de gestão da estratégia?
6. Por que a execução de estratégias é mais complexa do que formulá-las?
7. Quais são os antecedentes do processo de execução de estratégias?

8. Apresente um breve resumo sobre a evolução dos Sistemas de Gestão do Desempenho com destaque para os principais marcos.
9. Explique com suas palavras os enlaces de aprendizado proporcionados pelos sistemas de gestão do desempenho mostrados na Figura 8.4.
10. Peter Drucker afirmava que "a cultura come a estratégia no café da manhã". Desenvolva essa reflexão com base no conteúdo deste capítulo.

Estudo de Caso

A **AllBatt** é uma empresa global que produz e comercializa baterias para consumidores de produtos eletrônicos com desempenho igual às ofertas de mercado, a um preço mais baixo. A indústria mundial de baterias sofre com os problemas de excesso de capacidade e "comoditização" de produtos, segmentação e proliferação de marcas, a crescente força dos varejistas globais e a ameaça de novos entrantes asiáticos de baixo custo. A **AllBatt** vem crescendo rapidamente e tornou-se um dos principais *players* da indústria de baterias principalmente por meio de aquisições horizontais e, agora, figura entre as quatro maiores empresas das Américas do Norte e Latina. Sua presença na Europa é insignificante. Um fator-chave do rápido crescimento da **AllBatt** é seu contrato de licenciamento de tecnologia com a **TechCharge**, uma das maiores empresas japonesas nessa área. Esse contrato expira em breve e preocupa a **AllBatt**, pois é quase certo que a **TechCharge** não irá renová-lo, ou irá renová-lo apenas mediante um substancial aumento nos *royalties*. Consequentemente, o CEO da **AllBatt** está explorando a possibilidade de desenvolver sua própria tecnologia.

Questões

1. Duas alternativas potencialmente viáveis para a **AllBatt** desenvolver sua própria tecnologia seriam: (a) aquisição de uma *start-up* e (b) *greenfield* (desenvolvimento interno). Mostre quais seriam as principais modificações no projeto organizacional da **AllBatt** em cada caso.

2. Como sustentado pela literatura, a estrutura de recompensas é fundamental para uma execução bem-sucedida da estratégia. Considerando a integração do desenvolvimento tecnológico pela **AllBatt**, quais seriam suas recomendações para a empresa quanto aos sistemas de avaliação de desempenho e recompensas?
3. A **AllBatt** é um dos principais *players* da indústria de baterias que cresceu por meio de aquisições horizontais. Esse modo de execução certamente cristalizou alguns valores organizacionais, tais como ênfase em resultados financeiros, imediatismo, modelo operacional preciso etc. que podem ser prejudiciais à integração das atividades de desenvolvimento tecnológico. A partir de uma breve reflexão sobre a cultura organizacional da **AllBatt**, mostre quais seriam os potencias efeitos indesejados da cultura da empresa sobre as novas atividades e proponha um plano de ação para evitá-los e/ou mitigá-los.
4. Qual ferramenta de gestão o CEO da **AllBatt** poderia adotar para aumentar as chances de sucesso de sua nova estratégia? Justifique sua resposta.
5. Como as atuais capacidades organizacionais da **AllBatt** poderiam auxiliar na implementação da nova estratégia? Especifique.

Referências

AGUILAR, O. How Strategic Performance Management Is Helping Companies Create Business Value. *Strategic Finance*, vol. 84, nr. 7, p. 44-49, 2003.

AHN, H. Applying the Balanced Scorecard Concept: An Experience Report. *Long Range Planning*, vol. 34, p. 441-461, 2001.

AKKERMANS, H.A.; van OORSCHOT, K. E. Relevance Assumed: A Case Study of Balanced Scorecard Development Using System Dynamics. *Journal of the Operational Research Society*, vol. 56, nr. 8, p. 931-941, 2005.

ANDERSON, B.; HENRIKSEN, B.; AARSETH, W. Holistic Performance Management: An Integrated Framework. *International Journal of Productivity and Performance Management*, vol. 55, nrs. 1/2, p. 61-78, 2006.

ARGYRIS, C. Organizational Learning and Management Information Systems. *Accounting, Organizations and Society*, vol. 2, nr. 2, p. 113-23, 1977.

ATKINSON, A.; EPSTEIN, M. Measure for Measure. *CMA Management*, vol. 74, p. 22-28, set., 2000.

BALDWIN, R. *Shipshape:* Tracking 40 Years of FedEx Tech, 2013. Disponível em: <https://www.wired.com/2013/04/40-years-of-fedex/>. Acesso em: 11 mar. 2019.

BARNABE, F. A System Dynamics-Based Balanced Scorecard To Support Strategic Decision Making. *International Journal of Productivity and Performance Management*, vol. 60, nr. 5, p. 446-473, 2011.

BEINHOCKER, E. D.; KAPLAN, S. Tired of Strategic Planning? *The Mckinsey Quarterly*, Special Edition: Risk And Resilience, 2002.

BIBLE, L.; KERR, S.; ZANINI, M. The Balanced Scorecard: Here and Back. *Management Accounting Quarterly*, vol. 7, nr. 4, p. 18-23, 2006.

BITITCI, U. S. Measuring Your Way to Profit. *Management Decision*, vol. 32, nr. 6, pp. 16-24, 1994.

BITITCI, U. S.; TREVOR, T.; BEGEMANN, C. Dynamics of Performance Measurement Systems. *International Journal of Operations & Production Management*, vol. 20, nr. 6, p. 692-704, 2000.

BOSSIDY, L.; CHARAN, R. *Execução* – A disciplina para atingir resultados. Rio de Janeiro, Campus, 2004.

BONOMA, T.V. Making Your Marketing Strategies Work. *Harvard Business Review*, n. 62, p. 69-76, mar.-abr., 1984.

BOURGEOIS, L. J.; BRODWIN, D. R. Strategic Implementation: Five Approaches to an Elusive Phenomenon. *Strategic Management Journal*, nr. 5, p. 241-264, 1984.

CÂNDIDO, C. J. F.; SANTOS, S. P. Strategy Implementation: What Is The Failure Rate? Journal of Management & Organization, v. 21(02), p. 237–262, 2015.

CHENHALL, R. Integrative Strategic Performance Measurement Systems, Strategic Alignment of Manufacturing, Learning and Strategic Outcomes: An Exploratory Study. *Accounting, Organizations and Society*, vol. 30, nr. 5, p. 395-422, 2005.

————. The Role of Cognitive and Affective Conflict in Early Implementation of Activity-Based Cost Management. *Behavioral Research in Accounting*, vol. 16, p. 19-44, 2004.

CHYTAS, P.; GLYKAS, M.; VALIRIS, G. A Proactive Balanced Scorecard. *International Journal of Information Management*, vol. 31, p. 460-468, 2011.

COOPER, R.; KAPLAN, R. Measure Costs Right: Make The Right Decisions. Harvard Business Review, vol. 66, nr. 5, pp. 106-111, 1988.

DELOITTE, 2016. Disponível em: <https://www2.deloitte.com/br/pt/careers/programa-novos-talentos.html?icid=top_programa-novos-talentos>. Acesso em: 28 set. 2016.

DE WAAL, A. A.; COUNET, H. Lessons Learned from the Balanced Scorecard. In: NEELY, A.; KENNERLEY, M.; WALTERS, A. (Eds.). *Performance Measurement and*

Management: Public and Private. Cranfield School of Management, Cranfield, p. 211-18, 2006.

DION, C.; ALLDAY, D.; LAFFORET, C.; DERAIN, D.; LAHIRI, G. *Dangerous Liaisons, Mergers and Acquisitions*: The Integration Game. Hay Group, 2007.

DIXON, A. J.; NANNI, J. R.; VOLLMANN, T. E. The New Performance *Challenge*: Measuring Operations for World-Class Competition. Dow Jones-Irwin, Homewood, IL, 1990.

DRUCKER, P. F. *The Emerging Theory of Manufacturing*. Harvard Business Review, p. 94-102, maio/ jun., 1990.

DRUCKER, P. F.; MACIARIELLO, J. A. *Gestão*. ed. rev. Rio de Janeiro: Agir, 2010.

ECCLES, R. G.; PYBURN, P. J. Creating a Comprehensive System to Measure Performance. *Management Accounting*, vol. 74, nr. 4, p. 41-4, 1992.

ELKINGTON, J. *Cannibals with Forks*: The Triple Bottom Line of 21st Century Business, Capstone, Oxford, 1997.

EPSTEIN, M. J.; MANZONI, J. The Balanced Scorecard and the Tableau de Bord: Translating Strategy into Action. *Management Accounting*, August, p. 28-36, 1997.

FIGGE, F.; HAHN, T.; SCHALTEGGER, S.; WAGNER, M. The Sustainability Balanced Scorecard – Linking Sustainability Management to Business Strategy. *Business Strategy and the Environment*, vol. 11, nr. 5, p. 269-284, 2002.

FITZERGALD, L.; JOHNSTON, R.; BRIGNALL, S.; VOSS, C. *Performance Measurement in Service Business*. CIMA, London, 1991.

FLAPPER, S. D. P.; FORTUIN, L.; STOOP, P. P. M. Towards Consistent Performance Measurement Systems. *International Journal of Operations & Production Management*, vol. 16, nr. 7, p. 27-37, 1996.

FRANCO, M.; BOURNE, M. Factors That Play A Role. In: *Managing Through Measures*, Working Paper, December, Centre for Business Performance, Cranfield School of Management, Cranfield, 2002.

FRANKEN, A.; EDWARDS, C.; LAMBERT, R. Executing Strategic Change: Understanding The Critical Management Elements That Lead To Success. *California Management Review*, v. 51, i. 3, p. 49-73, 2009.

Fundação Getúlio Vargas/Instituto Brasileiro de Economia (FGV/IBRE). *Estudo de percepção do investidor*, Brasil, 2005.

GHALAYINI, A. M.; NOBLE, J. S.; CROWE, T. J. An Integrated Dynamic Performance Measurement System For Improving Manufacturing Competitiveness. *International Journal of Production Economics*, vol. 48, p. 207-255, 1997.

GIMBERT, X.; BISBE, J.; MENDOZA, X. The Role Of Performance Measurement Systems In Strategy Formulation Processes. Long Range Planning, vol. 43, nr. 4, p. 477-97, 2010.

GOTTSCHALK, P.; GUDMUNDSEN, Y. S. Police Culture as a Determinant of Intelligence Strategy Implementation. *International Journal of Police Science & Management*, v. 11, nr. 2, p. 170-182, 2009.

GRAY, R., OWEN, D.; MAUNDERS, K. *Corporate Social Reporting*: Accounting and Accountability. Prentice-Hall, London, 1987.

HENRI, J. F. Management Control Systems and Strategy: A Resource-Based Perspective. *Accounting, Organization and Society*, vol. 31, nr. 6, p. 529-58, 2006.

HOLLOWAY, J.; LEWIS, J.; MALLORY, G. *Performance Measurement and Evaluation*. Sage Publications, London, 1995.

HREBINIAK, L.G. Making *Strategy Work*: Leading Effective Execution and Change. New Jersey: Pearson Education, Inc., 2nd edition, 2013.

HUDSON, M.; SMART, A.; BOURNE, M. Theory and Practice in SME Performance Measurement Systems. *International Journal of Operations & Production Management*, vol. 21, nr. 8, p. 1096-115, 2001.

ITTNER, C. D.; LARCKER, D.; RANDALL, T. Performance Implications of Strategic Performance Measurement in Financial Service Firms. *Accounting, Organizations and Society*, vol. 28, nrs. 7/8, p. 715-41, 2003.

ITTNER, C. D.; LARCKER, D. F. Coming Up Short on Nonfinancial Performance Measurement. *Harvard Business Review*, vol. 81, nr. 11, p. 88-95, 2003.

————. Innovations in Performance Measurement: Trends and Research Implications. *Journal of Management Accounting Research*, vol. 10, p. 205-238, 1998.

JACOBIDES, M. G.; MACDUFFIE, J. P. How to Drive Value Your Way. *Harvard Business Review*, jul./ aug., 2013.

JOHNSON, H.T. Relevance Regained: From Top-Down Control to Bottom-Up Empowerment. *The Free Press*, New York, NY, 1992.

JOHNSON, H. T.; KAPLAN, R. S. Relevance Lost – The Rise and Fall of Management Accounting. *Harvard Business School Press*, Boston, MA, 1987.

JUI, P. Walmart's Downfall in Germany: A Case Study. Journal of International Management, 2011. Disponível em: <https://journalofinternationalmanagement.wordpress.com/2011/05/16/walmarts-downfall-in-germany-a-case-study/>. Acesso em: 11 mar. 2019.

KANJI, G. K.; SÁ, P.M. Kanji's Business Scorecard. *Total Quality Management*, vol. 13, nr. 1, p. 13-27, 2002.

KAPLAN, R. S.; NORTON, D. P *The Execution Premium*: Linking Strategy to Operations For Competitive Advantage. Boston: Harvard Business School Publishing Corporation, 2008.

KAPLAN, R. S.; NORTON, D. P. *Alignment*, Boston: Harvard Business School Press, 2006.

————. The Balanced Scorecard – Measures That Drive Performance. *Harvard Business Review*, v. 70, nr. 1, p. 71-9, 1992.

————. Using the Balanced Scorecard as a Strategic Management System. *Harvard Business Review*, January/February, p. 75-85, 1996.

————. Strategy Maps: Converting Intangible Assets into Tangible Outcomes. Boston: Harvard Business School Press, , 2004.

————. *The Strategy-focused Organization*: How Balanced Scorecard Companies Thrive in the New Business Environment. Boston: Harvard Business School Press, Boston, MA, 2000.

LÄNSILUOTO, A.; JÄRVENPÄÄ, M. Environmental and Performance Management Forces. *Qualitative Research in Accounting and Management*, v. 5, nr. 3, pp. 184--206, 2008.

LEHNER, J. Strategy Implementation Tactics As Response To Organizational, Strategic, And Environmental Imperatives. *Management Review*, v. 15, nr. 4, p. 460-480, 2004.

LOVE, L. G.; PRIEM, R. L.; LUMPKIN, G. T. Explicitly Articulated Strategy and Firm Performance Under Alternative Levels of Centralization. *Journal of Management*, v. 28, nr. 5, p. 611-27, 2002.

LUCIANETTI, L. The Impact of The Strategy Maps on Balanced Scorecard Performance. *International Journal of Business Performance Management*, v. 12, nr. 1, pp. 21-36, 2010.

LYNCH, R. L.; CROSS, K. F. *Measure up* – The Essential Guide to Measuring Business Performance. London: Mandarin, 1991.

MALTZ, A. C.; SHENHAR, A. J.; REILLY, R. R. Beyond The Balanced Scorecard: Refining the Search for Organizational Success Measures. *Long Range Planning*, v. 36, nr. 2, pp. 187- 204, 2003.

McADAM, R.; BAILIE, B. Business Performance Measures and Alignment Impact on Strategy: The Role of Business Improvement Models. International Journal of Operations & Production Management, v. 22, nr. 9, pp. 972-96, 2002.

McSHANE, S. L.; VON GLINOW, M. A. Organizational behavior: emerging knowledge, global reality. New York: McGraw-Hill Education, 8th edition, 2018.

MEDORI, D.; STEEPLE, D. A Framework for Auditing and Enhancing Performance Measurement Systems. International Journal of Operations & Production Management, v. 20, nr. 5, pp. 520-533, 2000.

MELNYK, S. A.; CALANTONE, R. J.; LUFT, J.; STEWART, D. M.; ZSIDISIN, G. A., HANSON, J.; BURNS, L. An Empirical Investigation of The Metrics Alignment Process. *International Journal of Productivity and Performance Management*, v. 54, nr. 5/6, pp. 312-24, 2005.

MILLER, S. Implementing Strategic Decisions: Four Key Success Factors. *Organization Studies*, nr. 18, pp. 577-602, jul, 1997.

MINTZBERG, H. The Rise and Fall Of Strategic Planning. New York: Prentice Hall, 1984.

NEELY, A.; ADAMS, C.; CROWE, P. The Performance Prism In Practice. *Measuring Business Excellence*, v. 5, nr. 2, pp. 6-12, 2001.

NEELY, A.; ADAMS, C.; KENNERLY, M. *The Performance Prism*: The Scorecard for Measuring and Managing Business Success. London: Financial Times/Prentice-Hall, 2002.

NEELY, A.; AL NAJJAR, M. Management Learning Not Management Control: The True Role Of Performance Management? *California Management Review*, v. 48, nr. 3, p. 101-14, 2006.

NEILSON, G. L.; MARTIN, K. L.; POWERS, E. The Secrets To Successful Strategy Execution. *Harvard Business Review*, n. 86(6), jun, 2008.

NIDUMOLU, R.; PRAHALAD, C. K.; RANGASWAMI, M. R. Por Que a Sustentabilidade é Hoje o Maior Motor da Inovação? *Harvard Business Review*, edição Brasil, v. 87, n. 9, p. 26-34, set. 2009.

NORREKLIT, H. The Balance on the Balanced Scorecard – A Critical Analysis of Some of Its Assumptions. *Management Accounting Research*, v. 11, pp. 65-88, 2000.

NUCOR. *Why Nucor*, 2016. Disponível em <http://www.nucor.com/careers/why/>. Acesso em: 28 fev. 2016.

OLIVEIRA, D. P. R. de. *Planejamento Estratégico*. Conceitos, Metodologia, Práticas, 9 ed. São Paulo: Atlas, 1995.

PIERCY, N. Diagnosing and Solving Implementation Problems in Strategic Planning. *Journal of General Management*, v. 15, nr. 1, pp.19-38, 1989.

PORTER, M. E. *Estratégia Competitiva*: Técnicas para Análise de Indústrias e da Concorrência. 2 ed. Rio de Janeiro: Elsevier, 2004.

PORTER, M. E.; KRAMER, M. R. Strategy & Society: The Link Between Competitive Advantage and Corporate Social Responsibility. Harvard Business Review Onpoint, pp. 52-68, Spring 2010.

PROCTOR, E. K.; POWELL, B. J.; MCMILLEN, J. C. Implementation Strategies: Recommendations for Specifying and Reporting. Implementation Science, v. 8(1), nr. 139, 2013.

RAMPERSAD, H. K. Total Performance Scorecard: The Way To Personal Integrity And Organizational Effectiveness. *Measuring Business Excellence*, v. 9, nr. 3, p. 21-35, 2005.

RODRIGUEZ, A. McDonald's New Employee Manual, 2014. Disponível em <http://s3.amazonaws.com/scschoolfiles/497/mcdonalds_employee_handbook.pdf>. Acesso em: 11 mar. 2019.

Ross, A. Why did Google abandon 20% time for innovation? *HRZONE*, 2015. Disponível em <http://www.hrzone.com/lead/culture/why-did-google--abandon-20-time-for-innovation>. Acesso em: 28 set. 2016.

Russell, R. The Role of Performance Measurement In Manufacturing Excellence. In: BPICS Conference, Birmingham, UK, 1992.

Searcy, C. Updating Corporate Sustainability Performance Measurement System. *Measuring Business Excellence*, v. 15, nr. 2, p. 44-56, 2011.

Senge, P. *A Quinta Disciplina*. São Paulo: Editora Best Seller, 1990.

Simmonds, K. Strategic Management Accounting. *Management Account*, UK, v. 59, nr. 4, p. 26-29, 1981.

Sterman, J. D. Business Dynamics: System Thinking and Modeling for A Complex World. The McGraw-Hill Companies, Inc., 2000.

Stone, B. What Sank Yahoo? Blame Its Nice Guy Founders. Bloomberg Technology. *Bloomberg*, 2016. Disponível em: <www.bloomberg.com/news/articles/2016-07-25/what-sank-yahoo-blame-its-nice-guy-founders>. Acesso em: 11 mar. 2019.

Sureshchandar, G.; Leisten, R. Holistic Scorecard: Strategic Performance Measurement and Management in Software Industry. *Measuring Business Excellence*, v. 9, nr. 2, pp. 12-29, 2005.

Sushil. Flexible Strategy Game-Card. *Global Journal of Flexible Systems Management*, v. 11, nr. 1/2, pp. iii-iiv, 2011.

Suwignjo, P.; Bititci, U. S.; Carrie, A. S. Quantitative Models For Performance Measurement System. *International Journal of Production Economics*, v. 64, nr. 1-3, pp. 231- 241, 2000.

Thompson, A. A.; Peteraf, M. A.; Gamble, J. E.; Strickland Iii, A. J. Crafting And Executing Strategy: The Quest for Competitive Advantage: Concept and Readings. New York: McGraw-Hill Education, 20th edition, 2016.

Weber, A. Lean Manufacturing Transformed Whirlpool. *Assembly Magazine*, 2011 [online]. Disponível em: <www.assemblymag.com/articles/89570-lean-manufacturing-transformed-whirlpool> . Acesso em: 11 mar. 2019.

Whirlpool Corporation, 2016. Disponível em: <http://www.whirlpoolcorp.com>. Acesso em: 11 mar. 2019.

Yadav, N.; Sushil; Sagar, M. *Evolution of Flexible Strategy Game-Card: A Framework Rooted In Dual Perspective of Performance. Proceedings of 11th Global Conference on Flexible Systems Management*. In: IIM Kozhikode, India, 2011.

Zagotta, R; Robinson, D. Keys to Successful Strategy Execution. *The Journal of Business Strategy*, jan./feb., 2002.

Capítulo 9
Gestão de Projetos

Fábio Câmara Araújo de Carvalho
Luis Antonio Volpato

"A maior recompensa para o trabalho do homem não é o que ele ganha com isso, mas o que ele se torna com isso."

John Ruskin

Objetivos

- Apresentar breve histórico sobre o gerenciamento de projetos.
- Explicar e discutir a importância do PMI, PMBOK e o Ciclo de Vida de Projeto.
- Explicar o gerenciamento de projetos.

9.1. Introdução e Breve Histórico Sobre o Gerenciamento de Projetos

O projeto pode ser entendido como um processo único, que contém atividades e operações coordenadas e controladas, com datas de início e término, visando alcançar um único objetivo. Esse objetivo segue os requisitos do cliente, com limitações e restrições de tempo, custo e recursos.

O interesse no gerenciamento de projetos tem aumentado nas últimas décadas. A demanda por profissionais capacitados tem feito com se busque mais conhecimento para atender a esse anseio. Estudos sobre gestão de projetos envolvem diversas áreas do saber, como veremos neste capítulo. O conteúdo deste capítulo pode ser aplicado em projetos sociais, empresariais e pessoais.

A civilização humana trabalha e desenvolve projetos há muito tempo, por exemplo, as pirâmides de Gizé, no Egito, foram desenvolvidas há mais de 4.500 anos; a muralha da China; as catedrais como Notre Dame etc. Mais recentemente podemos destacar pontes como Malmo (entre Dinamarca e Suécia) e Millau (França), missões espaciais e telescópios (como o Hubble), navios de cruzeiro ou de carga (como o Triple-E), bem como construções de usinas de produção de energia hidroelétrica e eólica.

Nas empresas, os projetos são elaborados e executados para criar novos produtos e serviços, introduzir mudanças nos sistemas, desenvolver campanhas e eventos promocionais e implementar inovações em seus processos de negócios, entre outras decisões.

O gerenciamento de projetos também pode ser aplicado em projetos pessoais, por exemplo, na carreira, quando se pretende uma graduação e pós-graduação, em viagens, festas e até mesmo em uma reforma no domicílio.

Este capítulo destaca as boas práticas para o gerenciamento de projetos com base em dez áreas de conhecimento – de acordo com o PMBOK – mundialmente reconhecidas.

9.2. O que é o PMI? O PMBOK? E o Ciclo de Vida do Projeto?

O Project Management Institute (PMI) foi criado em 1969 e atualmente é a maior instituição internacional dedicada à disseminação do conhecimento e ao aprimoramento das atividades de gestão profissional de projetos.

A partir de 1983, o PMI começou a divulgar melhores práticas que culminaram na publicação do Project Management Body of Knowledge (ou Guia do Conhecimento em Gerenciamento de Projetos) – PMBOK –, em 1996, com os seguintes propósitos:

- identificar e descrever boas práticas na gestão de projetos, geralmente testadas e aprovadas por profissionais da área;
- padronizar a linguagem utilizada no contexto da profissão, para discussões sobre a gerência de projetos;
- oferecer uma referência básica para qualquer profissional interessado na profissão de gerência de projetos;

Gestão de Projetos

Figura 9.1

Áreas de conhecimento e processos para a gestão de projetos

Áreas de conhecimento	Grupos de de processos de gerenciamento de projetos				
	Grupo de processos de iniciação	Grupo de processos de planejamento	Grupo de processos de execução	Grupo de processos de monitoramento e controle	Grupo de processos de encerramento
4. Gerenciamento da integração do projeto	4.1 Desenvolver o termo de abertura do projeto	4.2 Desenvolver o plano de gerenciamento do projeto	4.3 Orientar e gerenciar o trabalho do projeto	4.4 Monitorar e controlar o trabalho do projeto 4.5 Realizar o controle integrado de mudanças	4.6 Encerrar o projeto ou fase
5. Gerenciamento do escopo do projeto		5.1 Planejar o gerenciamento do escopo 5.2 Coletar as requisitos 5.3 Definir o escopo 5.4 Criar a estrutura analítica do projeto (EAP)		5.5 Validar o escopo 5.6 Controlar o escopo	
6. Gerenciamento do tempo do projeto		6.1 Planejar o gerenciamento do cronograma 6.2 Definir as atividades 6.3 Sequenciar as atividades 6.4 Estimar os recursos das atividades 6.5 Estimar as durações das atividades 6.6 Desenvolver o cronograma		6.7 Controlar o cronograma	
7. Gerenciamento dos custos do projeto		7.1 Planejar o gerenciamento dos custos 7.2 Estimar os custos 7.3 Determinar o orçamento		7.4 Controlar os custos	
8. Gerenciamento da qualidade do projeto		8.1 Planejar o gerenciamento da qualidade	8.2 Realizar a garantia da qualidade	8.3 Controlar a qualidade	
9. Gerenciamento dos recursos humanos do projeto		9.1 Planejar o gerenciamento dos recursos humanos	9.2 Mobilizar a equipe do projeto 9.3 Desenvolver a equipe do projeto 9.4 Gerenciar a equipe do projeto		
10. Gerenciamento dos recursos de comunicações do projeto		10.1 Planejar o gerenciamento das comunicações	10.2 Gerenciar as comunicações	10.3 Controlar as comunicações	
11. Gerenciamento dos riscos do projeto		11.1 Planejar o gerenciamento dos riscos 11.2 Identificar os riscos 11.3 Realizar a análise qualitativa dos riscos 11.4 Realizar a análise quantitativa dos riscos 11.5 Planejar as respostas aos riscos		11.6 Controlar os riscos	
12. Gerenciamento das aquisições do projeto		12.1 Planejar o gerenciamento das aquisições	12.2 Conduzir as aquisições	12.3 Controlar as aquisições	12.4 Encerrar as aquisições
13. Gerenciamento das partes interessadas no projeto	13.1 Identificar as partes interessadas	13.2 Planejar o gerenciamento das partes interessadas	13.3 Gerenciar o engajamento das partes interessadas	13.4 Controlar o engajamento das partes interessadas	

Fonte: PMI (2013, p. 61).

- proporcionar uma estrutura consistente para os programas de desenvolvimento profissional e certificações do PMI.

Em 2013, o PMBOK foi atualizado para a quinta versão, com dez áreas de conhecimento e 47 processos necessários para o gerenciamento eficiente e eficaz de projetos, conforme apresentado na Figura 9.1.

Conforme mostra a Figura 9.1, os 47 processos devem ser utilizados como base em um ciclo de vida simultâneo, de acordo com as Figuras 9.2 e 9.3. Vale reforçar que todas as áreas de conhecimento possuem algum processo relacionado ao planejamento do projeto (Figura 9.1).

Figura 9.2

Ciclo de vida do projeto

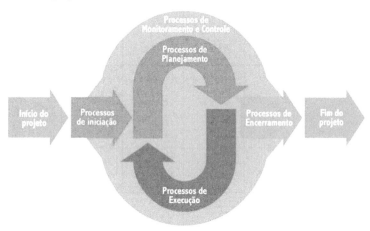

Fonte: Adaptado de PMI (2013, p. 50).

Nesse sentido, o projeto possui cinco grandes grupos de processos que ocorrem simultaneamente: iniciação, planejamento, execução, encerramento, e planejamento e controle.

A Figura 9.3 ilustra o nível de interação e intensidade dos processos no ciclo de vida. Nesse caso, o esforço da execução é apenas um pouco maior que o do planejamento e monitoramento e controle.

Figura 9.3

Intensidade dos processos no ciclo de vida do projeto

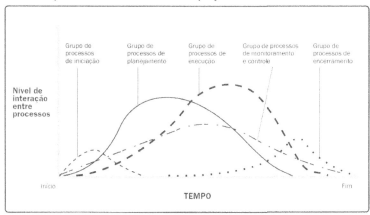

Fonte: PMI (2013, p. 51).

9.3. As Áreas de Conhecimento do PMBOK

O principal objetivo do PMBOK – guia de conhecimentos sobre as melhores práticas em projetos – é identificar – visão geral – o subconjunto de conhecimentos em gerenciamento de projetos, os quais poderão ser aplicados em grande parte dos projetos na maior parte do tempo. Existe ainda um consenso que considera o valor e a utilidade do PMBOK e diz que sua aplicação pode aumentar as chances de sucesso em projetos diferentes.

Uma vez que os processos podem ser divididos em áreas e ser agrupados por requisitos de conhecimentos, ou seja, eles trabalham com um conjunto similar de entradas e saídas, o PMI organizou e sistematizou as dez áreas de conhecimento de gerenciamento de projeto.

9.3.1. O Gerenciamento da Integração (1ª Área de Conhecimento)

A finalidade do gerenciamento da integração é identificar, definir, combinar, unificar, consolidar, articular e coordenar os processos e atividades do projeto. Essa é a única área de conhecimento que está presente em todo o ciclo de vida da gestão de projetos.

Segundo o PMBOK (PMI, 2013, p. 63), são seis os processos que compõem o gerenciamento da integração:

- Desenvolver o termo de abertura do projeto – Deve ser elaborado um documento que autoriza formalmente a execução de um projeto e a documentação dos requisitos iniciais, que satisfaçam as necessidades e as expectativas das partes interessadas.
- Desenvolver o plano de gerenciamento do projeto – Deve ser desenvolvida a documentação das ações necessárias para definir, preparar, integrar e coordenar todos os planos auxiliares.
- Orientar e gerenciar o trabalho do projeto – Deve-se realizar o trabalho definido no planejamento, a fim de atingir os objetivos do projeto.
- Monitorar e controlar o trabalho do projeto – É preciso acompanhar, revisar e regular o progresso do projeto, para atender aos objetivos de desempenho definidos no planejamento. Inclui elaboração de relatórios de *status*, previsões e medições do progresso do projeto.
- Fazer o controle integrado de mudanças – A partir da revisão de todas as solicitações de mudanças, aprová-las e gerenciá-las nas atividades necessárias para as entregas dos produtos e fazer as mudanças necessárias nos documentos do projeto.
- Encerrar o projeto – Apoia a finalização de todas as atividades e processos e termina o projeto.

O gerenciamento da integração está inter-relacionado com todas as demais nove áreas de conhecimento do PMBOK (escopo, tempo, custos, qualidade, recursos humanos, comunicações, riscos, aquisições e partes interessadas) e é fundamental para o gerenciamento do escopo.

9.3.2. O Gerenciamento do Escopo (2ª Área de Conhecimento)

O gerenciamento do escopo do projeto consiste em processos que descrevam o trabalho necessário para assegurar que seja desenvolvido e encerrado com sucesso. O escopo também pode descrever o trabalho que não será executado, o que pode implicar em redundância. Entretanto, em muitos projetos é necessário dizer o que não será realizado, ou seja, não deve ficar implícito. O PMBOK define o gerenciamento do escopo em seis processos:

- Planejar o gerenciamento do escopo – para documentar como o escopo será definido, validado e controlado.
- Coletar requisitos e especificações do cliente – para definir e documentar as necessidades das partes interessadas, visando alcançar os objetivos do projeto.
- Definir o escopo – detalhar o trabalho que será realizado ao incluir datas de entrega, critérios de aceitação, o que está fora do projeto, premissas e restrições.
- Criar a Estrutura Analítica do Projeto (EAP) – subdividir o projeto em várias entregas e dividir o trabalho necessário em atividades e operações menores e mais facilmente gerenciáveis.
- Validar o escopo – verificar se o escopo está sendo executado conforme o planejado, formalizando e aceitando as entregas no decorrer do tempo.
- Controlar o escopo – incluir as alterações do escopo ao longo do projeto, bem como seu progresso e desenvolvimento.

O escopo deve se referir ao esforço e trabalho durante todo o projeto para entregar um produto de acordo com os aspectos, requisitos e especificações do cliente. Assim, o escopo identifica o esforço e o trabalho necessários, os produtos e os resultados do projeto. Trata-se, essencialmente, de estabelecer fronteiras para tentar definir uma linha divisória entre o que cada parte do projeto vai fazer e não vai fazer, ou seja, o que está e o que não está incluído no projeto. (PMI, 2013; CARVALHO, 2015)

O escopo não só facilita a documentação do projeto e auxilia as demais áreas de conhecimento, mas também evita discrepâncias entre as expectativas do cliente e o que será entregue, descartando questionamentos como "Mas isso não estava incluído?" ao final do projeto ou durante as etapas do projeto.

A criação da Estrutura Analítica do Projeto (EAP), tradução em português de Work Breakdown Structure (WBS) é o processo de mais destaque. Ele é a base principal do escopo do projeto, que retrata a divisão do projeto em partes. Além disso, a EAP serve como entrada para o controle da mudança do escopo, é frequentemente usada para elaborar, ou confirmar, o entendimento comum de todos sobre o escopo do projeto e auxilia na comunicação do escopo e na visualização de todo o projeto.

A EAP pode ser construída com base em listas hierárquicas ou de modo visual. Ela pode contemplar fases do projeto, subprojetos, entregas, até mesmo atividades, conforme mostra a Figura 9.4. O projeto poderá ter uma EAP principal e outras secundárias para detalhamento maior. Não há regra específica, o importante é representar o escopo adequadamente.

Figura 9.4

Exemplo de EAP Genérica

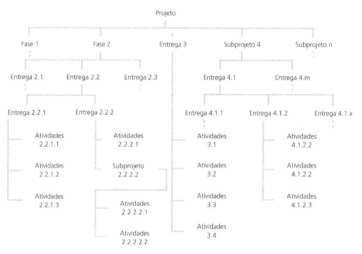

Fonte: PMI (2008, p. 119).

9.3.3. O Gerenciamento do Tempo (3ª Área de Conhecimento)

O PMBOK designa sete processos para o gerenciamento do tempo do projeto para cumprir prazos de acordo com o planejado, especialmente para que o projeto termine pontualmente:

- Planejar o gerenciamento do cronograma – deve promover o controle do cronograma por meio de determinadas atividades.

- Definir as atividades – deve identificar as ações específicas para produzir o que o projeto deve entregar.
- Sequenciar as atividades – deve identificar e documentar o relacionamento entre as atividades do projeto.
- Estimar os recursos das atividades – deve estimar os tipos e a quantidade de material, pessoas, equipamentos e/ou suprimentos necessários para as atividades planejadas.
- Estimar a duração das atividades – deve estimar o tempo necessário para o cumprimento das atividades, bem como os recursos estimados.
- Desenvolver o cronograma – deve criar o cronograma com base na análise da sequência e dos tempos das atividades, dos recursos necessários e das restrições existentes.
- Controlar o cronograma – deve monitorar o andamento das atividades, atualizando o seu progresso e gerenciando as mudanças feitas no decorrer do projeto.
- Considerando o ciclo de vida do projeto, seis processos estão no planejamento e um processo no monitoramento e controle.

Fazer o planejamento e o controle de grande parte dos projetos é uma função bastante complexa, por isso recomenda-se que essas atividades sejam desmembradas em porções gerenciáveis para a administração efetiva. Nesse momento, pode-se recorrer à EAP, que foi desenvolvida no escopo do projeto e retrata a sua divisão em partes menores (tarefas ou atividades), desmembrando o trabalho e tornando-o mais facilmente gerenciável.

Para exemplificar a definição das atividades, utilizaremos um exemplo simples: um café da manhã, que será realizado pelo João, para a sua namorada, Júlia.

O escopo resumido desse projeto consiste em:

- Propósito: servir o café da manhã na cama para a namorada Júlia.
- Resultado final esperado: café da manhã na cama com ovos cozidos quentes, torradas, café e suco de laranja.
- Critérios de sucesso: utilizar o mínimo de recursos de pessoal (João), tempo e produzir com alta qualidade (ovos recentemente fervidos, torradas e café quentes).

- Delimitação do escopo: o projeto começa na cozinha às 9 horas, com duração de 18 minutos, quando o café será levado para o quarto. Requer um operador (João) e equipamento básico de cozinha, já existente na casa.

A EAP desse projeto pode ser visualizada na Figura 9.5.

Figura 9.5

Exemplo de EAP de um projeto de café da manhã

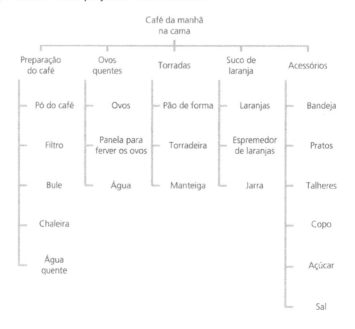

Fonte: Carvalho (2015).

Com base na EAP, podem ser definidas as atividades e a duração de cada uma delas. Já o sequenciamento dessas atividades baseia-se no diagrama de rede, conforme Tabela 9.1 e Figura 9.6.

Tabela 9.1

Atividades, duração e sequenciamento do projeto de café da manhã

Identificação da atividade	Abreviação da atividade	Nome da tarefa	Tempo mais provável (em minutos)	Sequência das atividades predecessoras
1	Início	Café da manhã na cama	0	
2	A	Buscar equipamentos e materiais necessários	5	1 TI
3	B	Encher a chaleira	1	2 TI
4	C	Ferver a água	3	3 TI
5	D	Passar o café	2	4 TI
6	E	Colocar o café no bule	1	5 TI
7	F	Encher a panela com água	1	2 TI
8	G	Ferver a água	3	7 TI
9	H	Cozinhar os ovos	4	8 TI
10	I	Descascar os ovos e colocá-los no prato	1	9 TI
11	J	Selecionar os pães	1	2 TI
12	K	Tostar os pães	2	11 TI
13	L	Passar manteiga nos pães	1	12 TI
14	M	Lavar e cortar as laranjas	1	2 TI
15	N	Espremer as laranjas	3	14 TI
16	O	Colocar o suco na jarra	1	15 TI
17	P	Colocar todos os itens na bandeja	2	6 TI; 10 TI; 13 TI; 16 TI
18	Q	Levar a bandeja ao quarto	2	17 TI
19	Término	Fim do projeto	0	18 TI

Fonte: Carvalho, (2015).

Figura 9.6

Diagrama de rede para o sequenciamento do projeto de café da manhã

Fonte: Carvalho, (2015).

Com base na tabela e no sequenciamento identificado pelo diagrama de rede, é possível desenvolver um cronograma para o projeto. Esse cronograma deve levar em conta a sequência das atividades e a duração de cada uma delas, os recursos necessários e as restrições do projeto. Ele confere uma forma visual ao gerenciamento do projeto, conforme Figura 9.7, que apresenta o projeto do café da manhã, porém não considera a restrição do recurso limitado, uma vez que inclui apenas a mão de obra de João.

Muitos *softwares* ajudam a construir um cronograma e a gerenciar o projeto como um todo, mas, como dito anteriormente, aqui foi utilizado o MS Project. A Figura 9.7 ilustra o cronograma do projeto do café da manhã na cama, no MS Project, de acordo com a descrição das atividades e seus relacionamentos.

Figura 9.7

Cronograma para o projeto de café da manhã

Fonte: Carvalho (2015).

Alguns pontos importantes na montagem do cronograma são:

- Inserção de atividades resumo que exibem o tempo total das atividades que estão dispostas hierarquicamente em seu conjunto de atividades e sequência.
- Inserção de marcos (também chamados *milestones*) que são tratados como atividades com duração "zero" e que representam pontos de referência, fechamento e/ou encerramento de etapas do projeto.

Além disso, muitas atividades serão realizadas por João, demandando que ele as realize ao mesmo tempo em que a panela, a chaleira e a torradeira estão em processo de transformação. Consequentemente, o cronograma deve considerar essa restrição e ser montado para que João não fique sobrecarregado.

9.3.4. O Gerenciamento dos Custos (4ª Área de Conhecimento)

Com o gerenciamento dos custos do projeto são desenvolvidos processos de planejamento, estimativa, orçamento e controle para que o projeto seja concluído de acordo com o que foi aprovado, considerando o escopo, o tempo, os requisitos, as especificações e as restrições. Para isso, o PMBOK considera quatro processos:

- Planejar o gerenciamento dos custos – para determinar os recursos e a quantidade necessária para a execução e conclusão das atividades do projeto.
- Estimar os custos – com base em um cálculo aproximado do custo dos recursos necessários para a execução e a conclusão do projeto.
- Determinar o orçamento – com base na estimativa dos custos individualmente nas atividades ou pacotes de trabalho para o projeto.
- Controlar os custos – para monitorar o andamento e a correspondência entre a execução e o que foi planejado. As mudanças no orçamento devem ser controladas para que o projeto se atenha ao planejado.

Para estimar os custos do projeto, o valor financeiro de todos os recursos deve ser previsto, considerando:

- as pessoas contratadas pela empresa;
- os materiais;
- os fornecedores terceirizados ou consultores contratados;
- as máquinas e os equipamentos a serem adquiridos ou alugados;
- as viagens.

No processo de determinar o orçamento, deve-se alocar as estimativas dos custos individualmente nas atividades ou nos pacotes de trabalho (grupo de atividades) do projeto para obter a "linha de base" (em inglês, *baseline*) dos custos do projeto. Segundo o PMBOK (2013, p. 213), a linha de base de custos do projeto resulta em um "Orçamento No Término (ONT) autorizado, sincronizado com o tempo, para medir, monitorar e controlar o desempenho dos custos gerais do projeto".

Figura 9.8

Componentes do orçamento de um projeto

Fonte: PMI (2013).

9.3.5. O Gerenciamento da Qualidade (5ª Área de Conhecimento)

Qualidade pode ser definida como a consistente conformidade com as expectativas dos clientes. Nesse sentido:

- Consistente: bens, serviços (produtos) e processos que são projetados para sempre garantir a conformidade.
- Conformidade: bens e serviços (produtos) com características, requisitos e especificações de acordo com o planejado e com as expectativas do cliente.
- Expectativas dos clientes: desejos, necessidades, vontades, experiências passadas, comunicação boca a boca, relação custo × benefício

e comunicação externa da empresa. Todas essas questões formam as expectativas dos clientes, que muitas vezes ficam implícitas, mas devem ser desvendadas e perseguidas pelas empresas.

De acordo com a definição adotada (qualidade é a consistente conformidade com as expectativas dos clientes), é necessário incluir mais algumas características à qualidade:

- Satisfação do cliente: implica entender, avaliar, definir e gerenciar a relação entre as expectativas do cliente e o que é percebido e entregue a ele.
- Prevenção em vez de inspeção: a qualidade deve ser planejada, projetada e incorporada às operações, em vez de ser inspecionada. Estimar e prevenir erros são ações melhores que corrigi-los, quando encontrados em uma inspeção.
- Melhoria contínua: filosofia e prática em torno da melhoria continuada das operações, a cada encerramento de atividade. Deve-se planejar, executar, verificar e agir corretivamente, implicando boas práticas de melhoria. Esse processo é conhecido como ciclo PDCA (do inglês, *Plan*, *Do*, *Check* e *Act*).
- Responsabilidade da gestão: deve fornecer contexto e condições necessárias para o envolvimento e o comprometimento de todos os membros da equipe do projeto.

O PMBOK define três processos para o gerenciamento da qualidade:

- Planejar o gerenciamento da qualidade: identificar requisitos, especificações e/ou padrões de qualidade do projeto e do produto – bens e serviços que serão entregues –, bem como documentar como o projeto demonstrará conformidade.
- Garantir a qualidade: auditar os requisitos de qualidade e dos resultados das medições do controle de qualidade para garantir a implementação apropriada de padrões e definições de qualidade nas operações.
- Controlar a qualidade: monitorar e registrar os resultados da execução das atividades relacionadas com a qualidade, avaliar o desempenho e recomendar as mudanças necessárias.

Existem critérios determinantes da qualidade de bens e serviços. Nesse sentido, Correa e Caon (2002) descrevem os 14 critérios utilizados pelos clientes para avaliar a qualidade de serviços:

- Acesso: facilidade de acesso físico (proximidade e praticidade para chegar) ou remoto, como no caso de sistemas de informação e *sites* de internet, por exemplo.
- Consistência: grau de ausência de discrepância entre a especificação e a entrega do serviço. Por exemplo, uma construtora promete iluminação nas dependências do apartamento e a entrega conforme o prometido.
- Competência: grau de capacitação técnica da organização para prestar o serviço. Por exemplo, um corretor esclarece as questões técnicas do imóvel.
- Atendimento: grau de atenção dada pelos funcionários que atenderam o cliente, disposição para entender e auxiliar o cliente; grau de simpatia, educação e cortesia dos funcionários.
- Segurança: nível de segurança pessoal ou dos bens materiais do cliente que passa pela prestação do serviço, evitando perdas de bens de valor financeiro, por exemplo.
- Comunicação: habilidade de o prestador de serviço comunicar-se com o cliente de forma desejável, por exemplo, com informações claras, frequentes e com detalhamento adequado.
- Limpeza: asseio e arrumação das instalações do serviço. Por exemplo, no caso de um canteiro de obras, deve-se deixar o local organizado e limpo com frequência.
- Conforto: nível de conforto oferecido pelas instalações do serviço. Por exemplo, em uma festa, conforto em relação às cadeiras, à iluminação e à temperatura do ambiente.
- Estética: aparência e ambiente das instalações do serviço, considerando aspectos de beleza e atmosfera do local, por exemplo.
- Qualidade dos bens: em relação apenas aos bens materiais entregues, o produto deve ter qualidade da especificação, que são parte do pacote de valor entregue (nível das especificações em si); qualidade da conformidade (quando se encontram conforme as especificações); durabilidade; confiabilidade, ou probabilidade, de não haver falha em determinado período de tempo.

- Preço: custo final para o cliente. Inclui o preço do produto, mas também pode incluir custos adicionais, como de acesso ao processo de produção do que será entregue pelo projeto, por exemplo, o acompanhamento da obra desde a fundação até a entrega final.
- Integridade: honestidade, sinceridade e justiça com que o cliente é tratado. Confiança de que o prestador honrará a garantia do serviço, caso aconteça algum problema, por exemplo.
- Velocidade: rapidez para iniciar o atendimento, como o tempo gasto pelo cliente antes de o atendimento começar, por exemplo. Rapidez para executar o atendimento e/ou serviço (tempo que decorre desde o início do atendimento até a entrega do serviço – conhecido também como *lead time*), no caso de uma obra, a velocidade pode estar relacionada com o cumprimento dos prazos prometidos.
- Flexibilidade: grau de capacitação para alterar o pacote de serviços para que se ajuste melhor à expectativa e/ou desejo do cliente. Rapidez e facilidade com as quais se executam alterações no pacote de serviços. Quantidade de opções do pacote de serviços. No caso de uma obra, a flexibilidade pode se referir à adaptação da planta do imóvel, de acordo com os desejos do cliente.

O cliente pode utilizar esses fatores tanto na geração da expectativa, quanto na percepção do serviço prestado. Esses critérios são de natureza intangível, assim, pode haver lacunas (conhecidas como *gaps*, em inglês) entre as expectativas e as percepções do cliente no processo de prestação do serviço. Nesse sentido, os projetos devem considerar os critérios apresentados para garantir a satisfação dos clientes.

9.3.6. O Gerenciamento dos Recursos Humanos (6ª Área de Conhecimento)

Para o sucesso do projeto, é fundamental entender quem possibilita iniciar, planejar, executar, controlar e encerrar um projeto para garantir o resultado esperado.

O projeto pode ser dividido em duas equipes: gestora ou de gestão e executora ou de execução. Em projetos mais simples, os integrantes da gestão também podem fazer parte da execução. Importante detalhar que a equipe de gestão planeja, mobiliza, desenvolve e gerencia a equipe do projeto, ao passo que a equipe de execução, como o próprio nome diz, executa as atividades do projeto.

O PMBOK (2013) define quatro processos para organizar e gerenciar as equipes do projeto. Eles estão relacionados ao planejamento e à execução:

- Planejar o gerenciamento de pessoas: são identificadas e documentadas funções, responsabilidades, competências necessárias e relações hierárquicas do projeto. Também é planejada a quantidade de pessoas, como e quando devem ser acionadas para se relacionar com as demais atividades do projeto.
- Mobilizar a equipe do projeto: nesse processo são confirmadas as disponibilidades das pessoas que participarão do projeto e é formada a equipe para executá-lo de acordo com o planejado.
- Desenvolver a equipe do projeto: são desenvolvidas as competências das pessoas envolvidas e também é promovida a interação da equipe para atender os requisitos de desempenho e assegurar a qualidade do projeto.
- Gerenciar a equipe do projeto: ocorre o acompanhamento do desempenho das pessoas e da equipe, trabalhando mecanismos de avaliação e gerenciamento de mudanças e conflitos para criar condições favoráveis e atender o que se espera do projeto.

Os processos relacionados pelo PMBOK tratam de práticas que envolvem as equipes de gestão e de execução. Vale destacar que a equipe de gestão atua em todo o ciclo de vida do projeto, do início ao encerramento. Já a equipe de execução trabalha essencialmente nos processos de planejamento e execução. Note que as práticas do PMBOK estão relacionadas a esses processos.

Uma das ferramentas que o PMBOK sugere e que merece destaque é a descrição textual do que deve ser planejado, indicando as pessoas envolvidas, as atividades, as responsabilidades e o gestor do projeto. O Quadro 9.1 apresenta um exemplo dessa ferramenta para a reforma de um apartamento.

GESTÃO DE PROJETOS

Quadro 9.1

Gerenciamento de pessoas envolvidas no projeto

Nome	Fernando
Atividade a ser realizada	Colocação das janelas
Descrição realizado do que deve ser	Instalar janelas de vidro de acordo com as dimensões exigidas e com as ferramentas definidas no planejamento do projeto
Responsabilidades	Enquadrar as janelas nas dimensões físicas determinadas e vedá-las adequadamente para bloquear a entrada de vento e chuva
Gestor responsável	João, contratante do projeto

Fonte: Carvalho (2015).

O gestor de projetos deve conhecer não só as técnicas do PMBOK, mas também, de acordo com Newton (2011, p.132), desenvolver 14 habilidades de gestão e 9 de liderança, que estão exemplificadas no Quadro 9.2.

Quadro 9.2

Habilidades necessárias ao gestor de projetos

Habilidades de gestão	Habilidades de liderança
• Definir funções e responsabilidades da equipe e individuais, preparando uma estrutura organizacional apropriada para cada projeto. • Mobilizar a equipe, ou seja, movimentar, orientar e estimular a equipe para o projeto. • Incluir novos membros na equipe, com o cuidado de inseri-los no dia a dia do projeto. • Avaliar habilidades necessárias para cada uma das tarefas. • Atribuir tarefas adequadas aos membros da equipe e definir objetivos individuais. Oferecer níveis necessários de apoio individual (com base em tarefas alocadas versus competências individuais e motivação). • Oferecer oportunidades de aprendizagem para os membros da equipe. • Definir o processo de gestão ideal para uma equipe de projetos (por exemplo, níveis de autoridade, prestação de contas, coleta de informações, tomada de decisão, reuniões etc.). • Resolver conflitos e questões referentes à equipe e ao projeto. • Oferecer feedback do desempenho aos membros da equipe e orientação para as próximas atividades. • Definir prioridades. • Motivar a equipe de projetos. • Avaliar, gerenciar o desempenho e recompensar apropriadamente os gestores e demais membros do projeto. • Garantir a qualidade das entregas e dos produtos do projeto. • Proporcionar o desenvolvimento de habilidades para oferecer controles de projetos e processos de gestão apropriados.	• Estabelecer a visão (aonde se pretende chegar) e a estratégia do projeto e compartilhá-las com a equipe. Posicionar o projeto em um contexto mais amplo. • Motivar a equipe do projeto, ou seja, provocar interesse no projeto. • Adaptar o comportamento dos membros da equipe para cada situação. • Definir e modelar o estilo de comportamento da equipe de acordo com o necessário e desejado. • Criar um ambiente que extraia o melhor dos membros da equipe e no qual eles possam entregar resultados de modo seguro e produtivo. • Influenciar e persuadir as partes interessadas para facilitar a entrega e aceitação do projeto. • Incentivar os membros da equipe a se desenvolverem, sem colocá-los em situação de risco ou fracasso. Oferecer espaço para que os membros da equipe aprendam. • Ouvir, aconselhar e treinar os membros da equipe. • Adaptar o estilo de cada membro da equipe à situação – do autocrata diretivo (centralizador e autoritário) ao facilitador voltado ao consenso.

Fonte: Newton (2011).

9.3.7 O Gerenciamento das Comunicações e das Partes Interessadas (7ª e 10ª Área de Conhecimento)

Segundo o PMBOK (2013), "o gerenciamento das comunicações do projeto inclui os processos necessários para assegurar que as informações do projeto sejam geradas, coletadas, distribuídas, armazenadas, recuperadas e organizadas de maneira oportuna e apropriada".

As principais mudanças do novo PMBOK desde 2008 dizem respeito a duas áreas de conhecimento: gerenciamento da comunicação e gerenciamento das partes interessadas, que serão apresentados neste tópico.

Partes interessadas são todas as pessoas, grupos ou organizações que podem impactar ou serem impactados pelo projeto. O gerenciamento das partes interessadas é a nova área de conhecimento do Guia PMBOK®, quinta edição, que inclui os processos exigidos para identificar e planejar essa área, assim como gerenciar e controlar o engajamento das partes (PMI, 2013, p. 391).

O PMBOK propõe três processos para o gerenciamento das comunicações:

- Planejar o gerenciamento das comunicações: identificar as necessidades de informação das partes interessadas no projeto, bem como determinar a melhor abordagem de comunicação para atingi-las.
- Gerenciar as comunicações do projeto: coletar e distribuir as informações necessárias para as partes interessadas a respeito do desempenho e do projeto como um todo. Esse processo deve incluir relatórios de andamento, medições do progresso e previsões, garantindo que a informação seja recebida e compreendida por todos e forneça o embasamento necessário para que as partes interessadas possam solicitar informações adicionais sobre o projeto.
- Controlar as comunicações: garantir que as necessidades de comunicação sejam satisfeitas, para atender as pessoas certas com as informações adequadas e no momento em que são necessárias, além de atender a solicitações de mudanças no plano de comunicações.

Já para as partes interessadas, o PMBOK propõe quatro processos:

- Identificar as partes interessadas: identificar todas as pessoas e organizações que podem ser afetadas pelo projeto e definir quais informações do projeto são relevantes e devem/precisam ser compartilhadas.
- Planejar o gerenciamento das partes interessadas: determinar e descrever o inter-relacionamento das partes interessadas, incluindo como deve ser analisado, como deve ser o envolvimento entre as partes e qual o engajamento esperado ao longo do ciclo de vida do projeto, o que pode refletir no modo como as comunicações serão trabalhadas.
- Gerenciar o envolvimento e o engajamento das partes interessadas: atender as necessidades das partes interessadas e solucionar questões que podem ocorrer ao longo do projeto, por meio da comunicação e da interação com as partes interessadas.
- Controlar o envolvimento e o engajamento das partes interessadas: entender a dinâmica de mudanças das partes interessadas ao longo do projeto em vista de que nem todas as pessoas participam do projeto (ou são partes interessadas) do início ao fim. Esse processo identifica quem é parte interessada em cada etapa do projeto para incluir ou remover pessoas do plano de comunicações. Esse monitoramento contínuo garante a eficiência e a eficácia das comunicações do projeto para que as reais partes interessadas estejam envolvidas e engajadas.

Uma importante ferramenta para o gerenciamento da comunicação e das partes interessadas é a análise de poder *versus* interesse das partes interessadas. Para essa análise geral, o PMBOK cita que informações quantitativas e qualitativas do projeto devem ser colhidas e analisadas sistematicamente para determinar quais interesses precisam ser considerados durante o projeto e quais são as partes interessadas. Esse processo identifica os interesses, as expectativas e a influência das partes interessadas e entende o relacionamento dessas partes com o objetivo do projeto. Para tanto, são propostas três etapas, a saber:

- Etapa 1: identificar todas as partes interessadas potenciais do projeto, como pessoas e organizações direta ou indiretamente afetadas por ele.

- Etapa 2: identificar o impacto ou o apoio potencial que cada parte interessada poderia ter e classificá-lo para definir uma estratégia de abordagem, que será mais bem indicada na Figura 9.9. Nesse sentido, é possível relacionar o poder e a influência das partes interessadas com o interesse delas no projeto. A Figura 9.9 indica as estratégias a serem utilizadas.

Figura 9.9

Análise do poder *versus* interesse das partes interessadas

Fonte: Adaptado de PMI (2013, p. 397).

- Etapa 3: entender e avaliar como as principais partes interessadas reagirão ou responderão a diferentes situações para que ações sejam planejadas para influenciar e aumentar o apoio ao projeto, minimizando os impactos negativos de possíveis reações das pessoas envolvidas.

9.3.8. O Gerenciamento dos Riscos (8ª Área de Conhecimento)

O risco, no contexto da gestão de projetos, pode ser definido como evento ou condição incerta que, se ocorrer, terá um efeito positivo ou negativo sobre os objetivos do projeto, sejam eles associados a custo, prazo, escopo ou qualidade do projeto.

Em projetos, os riscos podem acontecer, causando, na maioria das vezes, impactos negativos. No entanto, também podem significar questões positivas, como a mudança do câmbio, que pode implicar aumento ou redução dos valores de aquisição de recursos importados para a execução do projeto. Caso aconteça a redução, o impacto será positivo em relação aos custos de aquisição de recursos.

Segundo o PMBOK, o gerenciamento dos riscos do projeto é composto por processos necessários ao planejamento, identificação, respostas, monitoramento e controle dos riscos de um projeto. O objetivo dessa área de conhecimento é aumentar a probabilidade e o impacto de eventos positivos, bem como reduzir a probabilidade e minimizar o impacto dos eventos negativos no projeto. Vale lembrar que gerenciamento dos riscos se inter-relaciona com as demais áreas de conhecimento do PMBOK (escopo, tempo, custos, qualidade, integração, recursos humanos, comunicações, aquisições e partes interessadas) direta ou indiretamente.

Pensando, então, no risco como um evento ou uma condição, sempre haverá uma ou mais causas para que ocorra, da mesma forma como existirá uma ou mais consequências decorrentes desse risco. As consequências podem ser consideradas ameaças (causam impactos negativos no projeto) ou oportunidades (causam impactos positivos no projeto).

Seja o impacto positivo ou não, todo e qualquer risco está associado a incertezas em todos os projetos. Entretanto, há riscos possíveis de identificar, analisar, planejar as respostas e até ser proativo, representando circunstâncias mais facilmente gerenciáveis. Por exemplo, em uma obra, o risco de falta de material pode ser reduzido ao antecipar a entrega de materiais, caso haja como estocar, configurando um gerenciamento proativo do risco, de antecipação à ocorrência de efeitos indesejáveis.

No entanto, também há riscos mais difíceis de gerenciar de modo proativo. Para essas situações, o gerenciamento pode ser feito por meio de planos de contingência, baseados em experiências prévias pelas quais o gestor tenha passado, ou por estimativa de impactos.

Para minimizar os efeitos desse tipo de risco, é possível um acordo de trabalho flexível, como um banco de horas, para a equipe desenvolver o trabalho que ficou parado em outra circunstância. Esse plano de contingência ocorre em função da flexibilização do contrato de trabalho. Contudo, se há o risco de a chuva forte danificar a estrutura da obra, por exemplo, o que não ocorreu em projetos anteriores, o plano de contingência deve se basear em estimativas de possíveis danos, por meio de simulações, por exemplo.

O processo sistemático de planejar, identificar, analisar e responder aos riscos do projeto deve maximizar a probabilidade de consequências positivas e minimizar a probabilidade de consequências adversas aos objetivos do projeto. Em geral, a troca da gestão no meio de um projeto pode atrasar o cronograma. Entretanto, quando o gestor tem dificuldades de relacionamento com a equipe, trocá-lo pode até mesmo encerrar o projeto antes do prazo.

Essa incerteza está associada à falta de informação. Com frequência, a informação disponível no processo de planejamento representa de 40% a 80% dos dados e informações necessários para a tomada de decisão. Ao longo do tempo, as incertezas são reduzidas, visto que o conhecimento dos processos aumenta no decorrer e na evolução do projeto.

São seis os processos de gerenciamento de riscos:

- Planejar o gerenciamento dos riscos: define como todas as atividades envolvidas no gerenciamento de riscos serão conduzidas ao longo do projeto.
- Identificar os riscos: determina os riscos que podem afetar o projeto e documenta suas características.
- Realizar a análise qualitativa dos riscos: prioriza os riscos identificados para análise ou ação adicional por meio da avaliação e combina a probabilidade subjetiva de ocorrência do risco e o seu impacto no projeto.
- Realizar a análise quantitativa dos riscos: por meio de modelos matemáticos e estatísticos, analisa o efeito dos riscos identificados, em relação aos objetivos gerais do projeto.
- Planejar as respostas aos riscos: desenvolve opções e ações para aumentar as oportunidades e reduzir as ameaças dos riscos, em relação aos objetivos do projeto.
- Monitorar e controlar os riscos: implementa os planos de respostas aos riscos, acompanha os riscos identificados, monitora os riscos residuais, identifica novos riscos e avalia a eficácia dos processos de tratamento dos riscos em todo o projeto.

Segundo o PMBOK, planejar as respostas aos riscos é o processo de desenvolvimento de opções, ações e decisões que permitem explorar melhor as oportunidades e reduzir as ameaças aos objetivos do projeto.

Dessa forma, podemos considerar cabíveis as seguintes respostas, ou estratégias, para ameaças e oportunidades:

- Eliminar: busca evitar o risco, alterando o plano do projeto para eliminar a ameaça. É uma estratégia conservadora, normalmente utilizada para riscos críticos. Nesse caso, pode-se reduzir o escopo, adicionar recursos ou prazos e, em último caso, cancelar totalmente o projeto.
- Transferir: objetiva passar as consequências e as responsabilidades de um risco para outra empresa. É uma estratégia normalmente associada a questões financeiras, utilizando seguros, por exemplo, que não eliminam o risco, mas trazem garantias ao projeto que haja riscos.
- Mitigar: busca reduzir as probabilidades e/ou consequências de um evento a partir de ações proativas, como realizar testes e simulações de ocorrência, adotar processos e técnicas menos complexas, inserir uma redundância, ou seja, a duplicação de recursos, como máquinas e equipamentos auxiliares.
- Aceitar: em último caso, pode-se não modificar o plano do projeto e lidar com o risco. É possível estabelecer uma estratégia ativa, através de planos de contingência, alocando e envolvendo recursos materiais, financeiros e de tempo adicionais, caso ocorra o evento incerto. De outra forma, mais passiva, a equipe do projeto pode tratar dos riscos quando eles ocorrerem, tomando decisões como "Faça o necessário para resolver o problema com o que tem" ou, na pior das hipóteses, "Seja o que Deus quiser!".

Por sua vez, são consideradas estratégias para riscos positivos ou oportunidades:

- Explorar: busca eliminar as incertezas quanto à ocorrência, garantindo que o risco positivo ocorra, por exemplo, utilizando modelos de previsão do tempo para alocar melhor as pessoas e determinar o banco de horas, quando houver chuva prevista.
- Compartilhar: da mesma forma como foi apontado no tópico "transferir", essa estratégia opta por utilizar terceiros. Aqui é possível buscar parcerias para explorar melhor as oportunidades.

- Melhorar: objetiva maximizar as probabilidades e/ou consequências de um evento de risco positivo, criando formas de desencadeá-los. Por exemplo, colocando recursos além do necessário com o intuito de uma atividade ser concluída em um prazo menor.
- Aceitar: também, em último caso, aceitar a oportunidade e aproveitá-la. Da mesma forma passiva dos riscos negativos, caso faça sol, trabalhe o máximo possível na obra, de preferência ampliando o turno de trabalho.

Quadro 9.3

Exemplo de respostas aos riscos em uma construção de um prédio

Risco	Causas do Risco	Consequências do Risco	Respostas (Ações Preventivas)	Plano Contingencial (Ações Corretivas)
Alagamento da obra devido a fortes chuvas	Fortes chuvas Despreparo de escoamento de águas de chuva	Paralização da obra	Criar áreas de escoamento de chuva Utilizar lonas para evitar perda de materiais, como areia, por exemplo.	Contratar empresa para bombeamento da água, da região alagada.
Atraso, em horas, no recebimento de materiais devido ao congestionamento	Congestionamento acima do normal	Atraso da obra	Programar o recebimento do material para as primeiras horas da manhã Ter um estoque de segurança para evitar que o trabalho sofra paralisações	Promover folga dos funcionários e negociar a extensão do tempo de trabalho
Incêndio na obra	Incêndio	Destruição de parte da obra Paralização da obra	Instalar alarmes de incêndio Capacitar as pessoas para o combate ao fogo	Contatar o Corpo de Bombeiros
Atraso no pagamento de um mês a um fornecedor, por descuido da Contabilidade	Informação incorreta enviada e não confirmada pela Contabilidade	Interrupção do fornecimento	Implantar um sistema de informação que indica datas corretas de pagamento por meio de alertas Manter as planilhas sempre atualizadas	Negociar com o fornecedor para evitar pagamento de multa por atraso

Fonte: Carvalho (2015).

As respostas aos riscos devem fornecer ações preventivas – respostas aos riscos conhecidos – e corretivas – plano contingencial. O Quadro 9.3 mostra um exemplo de construção de um prédio. Nele estão destacados os riscos negativos, suas causas e consequências.

9.3.9. O Gerenciamento das Aquisições (9ª Área de Conhecimento)

Os recursos representam todas as necessidades de bens físicos, de informações e de pessoas que os processos, as atividades e as operações devem satisfazer para que sejam transformados nos produtos desejados.

Para que os recursos sejam disponibilizados aos processos, atividades e operações do projeto, eles devem ser obtidos de que maneira?. Essa obtenção corresponde à aquisição e aos suprimentos de recursos (a revisora não entendeu), que neste livro são tratados com a mesma finalidade: **adquirir e fornecer os recursos para atender as necessidades de processos, atividades e operações, transformando os recursos em bens e serviços desejados.** A revisora solicitar rever.

É importante ter em mente que todo e qualquer processo, atividade e operação consomem determinados recursos, os quais podem ser divididos em recursos a serem transformados e recursos que transformam.

Como já mencionado no início do capítulo, aquisições e suprimentos têm a mesma finalidade. Eles correspondem a adquirir e fornecer os recursos necessários para entregar os resultados desejados. A empresa deve decidir qual a melhor opção: produção própria e interna do recurso ou compra e contratação de fornecedores externos que entregarão o recurso necessário.

O PMBOK propõe quatro processos para o gerenciamento de aquisições e suprimentos em um projeto. Eles estão igualmente distribuídos nos macroprocessos de planejamento, execução, monitoramento e controle e encerramento, respectivamente:

- planejar o gerenciamento de aquisições e suprimentos;
- conduzir as aquisições e os suprimentos;
- controlar as aquisições e os suprimentos;
- encerrar as aquisições e os suprimentos.

Uma importante ferramenta para apoiar esses quatro processos de aquisições e suprimentos é a matriz 5W2H, que norteia a execução de todos os processos do projeto. A função da matriz é expor todas as necessidade para a execução clara do projeto e para que o resultado esperado seja alcançado com sucesso.

A matriz 5W2H define o que deve ser produzido, comprado e contratado por meio das seguintes perguntas:

- *What:* o que deve ser comprado ou produzido, descrito de forma detalhada.
- *Who*: quem deve comprar ou produzir, incluindo nomes e responsabilidades.
- *When*: quando deve ser comprado ou produzido, com estimativa de prazos e datas.
- *Where*: onde especificamente deve ser comprado ou produzido e onde deve ser entregue.
- *Why*: por que está sendo comprado ou produzido, deixando claro o motivo e a importância do recurso no projeto.
- *How*: como e quanto deve ser comprado ou produzido, também descrito de forma detalhada com critérios e procedimentos esperados.
- *How much*: valor mais próximo do real de quanto custa a compra ou a produção do recurso para cada atividade.

O Quadro 9.4 mostra a aplicação prática da matriz 5W2H em um projeto de reforma.

Nesse exemplo, a matriz 5W2H evidenciou a necessidade de três recursos a serem transformados (pisos, argamassa e tinta) e que devem ser adquiridos pelo João, contratante da reforma. Além disso, há um recurso de transformação (cortador de pisos) e que deve ser providenciado pelo pedreiro, Luiz.

No escopo dessa reforma, foi definido que máquinas e ferramentas para as atividades eram algumas das exclusões do projeto, ou seja, uma das responsabilidades dos contratados. Assim, os custos de aquisição desse recurso estão sob a responsabilidade do Luiz.

Quadro 9.4.

Aplicação da matriz 5W2H em um projeto de reforma

Planejamento de recursos da reforma

Objetivo: realizar a reforma
Responsável: João (contratante)
Prazo: válido de 6 de junho a 18 de outubro de 2013

O que adquirir? (What)	Quem é responsável pela aquisição? (Who)	Quando é necessário? (When)	Onde é necessário? (Where)	Por que é necessário? (Why)	Como e quanto adquirir? (How)	Quanto custa? (How much)
Pisos	João	5 de agosto de 2013	Em todo o apartamento	Troca do piso em todo o apartamento para padronizá-lo de acordo com o desejo do cliente	Comprar no varejo, Armazém Geral, 63 caixas de porcelanato 0,60 x 0,60 cm	Custo de R$ 57,73 por caixa e total de R$ 3.636,99.
Argamassa	João	5 de agosto de 2013	Em todo o apartamento	Para o assentamento do piso em todo o apartamento	Comprar no varejo, Armazém Geral, 7 sacos de 20 kg	Custo de R$ 25,90 por saco de 20 kg e total de R$ 181,30
Tinta	João	18 de setembro de 2013	Nas paredes da sala, corredor e quartos. Em todos os tetos do apartamento	Pintura uniforme de todo o apartamento para padronizá-la de acordo com o desejo do cliente	Comprar no varejo especializado de tintas, Tintas Brasil, 2 latas de 18 litros	Custo de R$ 269,90 por lata de 18 litros e total de R$ 539,80
Cortador de pisos	Luiz	5 de agosto de 2013	No apartamento, durante a reforma	Para cortar os pisos de porcelanato	Luiz deve providenciar e levar a máquina (comprar ou alugar, caso não a possua)	Custo de R$ 283,90 pela máquina (arcado pelo Luiz)

Fonte: Carvalho (2015).

Além disso, com base na matriz, vale ressaltar os seguintes itens:

- A necessidade dos recursos é temporal e pontual. Eles devem estar disponíveis de acordo com o cronograma proposto e definido no gerenciamento do tempo. Os recursos devem chegar com antecedência.
- O local onde será utilizado o recurso, bem como os motivos para utilizá-lo, são definidos a partir do escopo da reforma.
- A forma de aquisição dos recursos da reforma também está descrita no escopo. A escolha do estabelecimento "Armazém Geral" e

da marca "Tintas Brasil" está indicada no escopo do projeto (como vimos no Capítulo 7). Quanto maior o projeto, maior a necessidade de cotar outros fornecedores e licitações para chegar ao menor preço, diante das especificações ou por outras questões, como disponibilidade de suprimento dos recursos, flexibilidade de fornecimento em relação ao volume, transporte e questões contratuais, por exemplo.

- As quantidades necessárias para cada recurso foram calculadas com base na metragem do apartamento, incluindo uma margem de segurança e as especificações dos recursos. Quanto maior o projeto, maior a necessidade de estimar as quantidades através de cálculos de especialistas, que consideram o conhecimento e a experiência de projetos anteriores.
- Os custos foram calculados com base em cotações de João e Luiz e associados às quantidades necessárias dos recursos. Em projetos mais complexos, os custos estão relacionados ao que foi definido nas escolhas da forma de aquisição.

Competências na Gestão de Projetos
por Edmir Kuazaqui

Cripe e Mansfield (2005) enumeram quais são as competências humanas necessárias à gestão de projetos, sendo que parte delas se relaciona com o gestor de projetos. Como os projetos geralmente se relacionam a grupos de pessoas, as competências são divididas em competências ao lidar com pessoas, competências ao lidar com o negócio e competências em autogestão.

Muitas competências se inter-relacionam com as premissas do PMI, portanto este subcapítulo se concentrará nas principais competências, como estabelecer o foco, motivar e gerenciar o desempenho, consciência interpessoal, construir relacionamentos de comunicação, pensamento conceitual e estratégico, sob o ponto de vista do gestor e depois de seus colaboradores.

O conhecimento técnico é condição fundamental, tanto na área em que o projeto será utilizado, bem como em sua consecução.

Além disso, ele se relaciona com outras áreas do conhecimento, como a gestão estratégica e a gestão de pessoas.

O foco deriva das metas e dos objetivos empresariais que devem ser devidamente declarados e informados aos grupos de trabalho. Esse processo, mais que uma estratégia de convencimento do que deve ser executado, deve incutir a necessidade de envolvimento e comprometimento com as fases de execução e com os resultados a serem esperados ou mesmo superados.

A liderança, importante nesse caso, conforme Bowditch e Buono (1992, p. 118), consiste na influência do líder sobre a sua equipe, que é orientada para o estabelecimento, comprometimento e atendimento das metas corporativas dentro dos prazos efetivos. Da liderança pode derivar a motivação que, conforme Bergamini (1997, p. 31), mobiliza o indivíduo para que ele concretize a ação e o movimento estratégico. A motivação faz com que os colaboradores se movimentem para as ações e soluções que devem ser realizadas para que as coisas aconteçam e de forma correta. Por isso, é importante a empresa identificar os fatores que energizam seus colaboradores, valores e anseios, para suprir e movimentar as variáveis endógenas e exógenas de cada um. Em contrapartida, fatores motivacionais devem ser devidamente identificados antes que causem uma influência negativa nos resultados do grupo.

Com uma boa gestão de pessoas, é possível eliminar a procrastinação e garantir que a gestão de tempo e de tarefas ocorra de acordo com as expectativas da empresa.

A comunicação pessoal e interpessoal, no ambiente de negócios, tem grande papel. Conforme Hall (2004, p.155), "o poder é exercido, a liderança é imposta e as decisões são tomadas tendo por base as comunicações". A comunicação, além do sentido lato de expressão e transmissão de informações, deve conter elementos concretos e motivadores, que construam uma retórica capaz de persuadir e mobilizar os colaboradores que participam de projetos. Um ponto interessante e a capacidade de algumas pessoas em estabelecer uma comunicação objetiva e galgada na construção de pensamento lógico, conceitual e estratégico. Determinados verbos, por exemplo, interferem no poder de influência do que é solicitado, inclusive por indicar uma direção das ações. Por exemplo, o verbo "analisar" indica a necessidade de leitura, interpretação e de um texto que conclua a linha de pensamento.

Nessa seara e envolvendo também o cliente, Clements e Gido (2015, p. 59) ressaltam que "estabelecer e construir confiança é essencial para desenvolver relacionamentos eficazes e bem-sucedidos com clientes e parceiros". Em outras palavras, além da garantia de que o projeto seja concebido e executado de acordo com os padrões técnicos do PMI, ele deve estar bem contextualizado com as necessidades e os anseios de quem vai usufruir dos resultados do projeto. Por vezes, nem sempre o que é prometido ao cliente é realmente realizado, diminuindo a percepção de qualidade daqueles que o contrataram. Esses mesmos autores (2015, p. 367) enfatizam a necessidade de que um projeto vise solucionar um problema de forma disciplinada, criativa e eficiente. Dessa forma, devem ser estabelecidos compromissos éticos e morais, que fortaleçam e solidifiquem os relacionamentos estratégicos.

Em síntese, este subcapítulo procurou discutir de forma ampla as competências principais para a gestão e execução de projetos.

Gestão de Projetos e Sustentabilidade
por Marcus Nakagawa

A gestão de projetos tem uma forte sinergia com o tema da sustentabilidade quando se afirma que em qualquer projeto, seja empresarial, seja pessoal, devem ser inseridos os pensamentos do tripé sustentável, que se concentra na prosperidade econômica, na qualidade ambiental e – segundo Elkington (2012), um elemento ao qual as empresas preferiram fazer vistas grossas – na justiça social.

Pode parecer utópico, mas no projeto de construção de uma casa, deve-se pensar para onde irá o entulho? Se as pessoas que estão trabalhando estão em condições legais? Se estão sendo usados todos os equipamentos de segurança necessários? Se os materiais utilizados são os menos agressivos à natureza? Se a casa terá algum componente que diminui o seu impacto ambiental, como energia renovável, o que terá um impacto financeiro? Enfim, até mesmo um projeto de festa de aniversário pode conter a mentalidade ambiental e social, além da financeira.

O PMI tende a inserir esse tema no guia PMBOK e sugere, inclusive, um guia específico para a área de construção civil (VICENTE; CARLUCCI, 2010). Segundo esses autores, o guia para a construção civil teria mais quatro áreas de conhecimento: Gerenciamento da Segurança do Projeto, Gerenciamento Ambiental do Projeto, Gerenciamento Financeiro do Projeto e Gerenciamento das Reivindicações do Projeto, que somam 13 processos aos 44 já existentes no PMBOK[R].

Silvius e Schipper (2014) afirmam que a gestão sustentável de um projeto eleva o projeto a uma sociedade global e se preocupa com as próximas gerações. E ainda dizem que essa etapa é uma evolução da gestão moderna de projetos. Segundo os autores, falta no guia PMBOK uma referência aos típicos *stakeholders* de sustentabilidade, como as organizações protetoras do meio ambiente, os grupos que defendem os direitos humanos, ou as organizações não governamentais. A Figura 9.10 ilustra essa evolução.

Silvius (2012) afirma também que o gerenciamento sustentável de projetos deve ser orientado a curto e longo prazos, ao contrário do gerenciamento tradicional de curto prazo. O gerenciamento tradicional pensa somente nos *stakeholders*, mas o autor diz que é necessário incluir também os interesses das gerações atual e futura. Na gestão tradicional os projetos são orientados para entregas, mas na nova versão são orientados para o ciclo de vida. Além disso, o autor cita também que cada vez mais a complexidade é maior, o que não ocorre no modelo tradicional, que busca reduzi-la.

No entanto, essa mudança de comportamento e mentalidade é um processo em andamento. O próprio PMI (2011) afirma que, para

Figura 9.10

Gestão sustentável do projeto

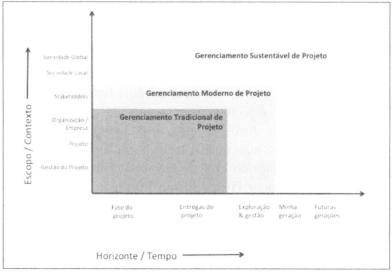

Fonte: traduzido de Silvius e Schipper (2014).

atingir os princípios e valores de sustentabilidade em gerenciamento de projetos, são necessárias mudanças de educação, cultura, controle e, principalmente, apoio dos superiores. Porém, confirma que essa atitude não deve ser única da empresa, mas também de todos os *stakeholders*, pois a qualidade de entrega de uma instituição é refletida na qualidade de seus fornecedores. Para ser mais sustentável, a empresa deve garantir a sustentabilidade por meio de toda sua cadeia de fornecedores e sua cadeia de valor.

Em síntese, a sustentabilidade e a gestão de projetos estão cada vez mais próximas, desafiando os gestores de projetos a iniciar um pensamento em um tripé com os temas ambientais e sociais somados ao financeiro, sem abandonar as outras áreas de conhecimento.

9.4. Considerações Finais

Este capítulo falou sobre a importância do gerenciamento de projetos, sejam sociais, empresariais, sejam pessoais. Foi apresentado também o ciclo de vida de um projeto, bem como os processos contendo as melhores práticas relacionadas pelo PMI e reunidas nas dez áreas de conhecimentos propostas pelo PMBOK.

Estudo de Caso
Dubai, Uma Cidade de Projetos

Dubai faz parte dos Emirados Árabes Unidos e localiza-se na Península Arábica, ao sul do Golfo Pérsico, conforme o Mapa 9.1. Desde 1833, o emirado de Dubai é uma monarquia absoluta dominada pela família Al Maktoum.

Mapa 9.1

Península Arábica

aqui: o Burj Al Arab, o Burj Khalifa, Palm Islands e The World.

A partir da década de 1990, com a expectativa de esgotamento do petróleo, os governantes decidiram transformar a cidade em um centro econômico e logístico, além de colocar Dubai nos principais destinos turísticos do mundo. Para alcançar esse objetivo, vários projetos grandiosos foram desenvolvidos entre a década de 1990 e o início deste século XXI.

O Burj Al Arab foi construído sobre uma ilha artificial, possui 321 metros de altura e foi finalizado para a virada do milênio (1999-2000). É um dos hotéis mais altos e luxuosos do mundo, na categoria sete estrelas. Esse projeto foi uma das primeiras megaconstruções realizadas e constitui um símbolo de Dubai, com o formato da vela de um barco.

A complexidade do projeto engloba tanto a construção de uma ilha artificial que pudesse sustentar a estrutura do hotel, passando pela logística de pessoas e transporte de estruturas metálicas, até os aspectos de acabamento e refrigeração internas, em uma cidade onde a temperatura chega a 50 °C em determinadas épocas do ano.

Figura 9.11

Burj Al Arab

O Burj Khalifa é a maior edificação do mundo, com 828 metros de altura. Foi inaugurado em 2010, após cinco anos de construção, a um custo de 1,5 bilhão de dólares.

Esse complexo contempla 30 mil residências, 9 hotéis, 19 torres residenciais, e cobre uma área de 334 mil metros quadrados. Para se locomover por ele, é utilizado um elevador que se move à velocidade de 18 metros por segundo. Segundo o National Geographic Channel, é possível visualizar o pôr do sol duas vezes: uma no térreo do Burj Khalifa, outra nos últimos andares.

Figura 9.12

Burj Khalifa

Palm Islands e The World são dois arquipélagos artificiais, um em formato de palmeiras, outro formando o desenho do mapa-múndi. Essas construções podem ser vistas do espaço.

O Palm Islands compreende três projetos de arquipélagos em formato de palmeiras. A complexidade envolve não somente a construção das ilhas, como também técnicas que permitam a circulação completa da água do mar entre os espaços, conforme pode mostra a Figura 9.3. Além de hotéis de luxo, foram construídas grandes residências, onde os proprietários têm o direito de atracar suas lanchas em frente de alguns pontos.

Figura 9.13

Palm Islands

Já o The World é um arquipélago artificial em formato de mapa-múndi, conforme Figura 9.14. Assim como em outros empreendimentos, residências, hotéis e, nesse caso, as ilhas são vendidas a milionários e investidores. Nesse empreendimento, os valores podem variar de 6,2 a 36,7 milhões de dólares.

Figura 9.14

The World

Como um esforço para mudar a importância do petróleo na economia desde o final do século XX, essa fonte energética representou no máximo 5% do Produto Interno Bruto (PIB), enquanto os setores de construção civil/imobiliário, comércio e serviços financeiros chegou a representar aproximadamente 65% da economia do país em 2014.

Questões

1. Qual a importância dos projetos para Dubai?
2. Compare a complexidade entre os projetos apresentados.
3. Relacione os projetos de Dubai com as dez áreas de conhecimento do PMBOK.

Questões para Reflexão

1. Qual é a importância do gerenciamento de projetos para o desenvolvimento da humanidade?
2. O que é e quando surgiu o PMI?
3. O que é e para que serve o PMBOK?
4. O que significa ciclo de vida de um projeto?
5. Quais são os macroprocessos que envolvem o ciclo de vida de um projeto?
6. Quantos processos envolvem o ciclo de vida de um projeto (PMBOK)?
7. Segundo o PMBOK, qual o macroprocesso que possui maior quantidade de processos?
8. O que significa Escopo e EAP (Estrutura Analítica do Projeto) de um projeto?
9. Qual é a importância do gerenciamento do escopo, tempo e custos de um projeto?
10. Quais são os principais benefícios (quando se detém conhecimentos) no gerenciamento de projetos?

Referências

BERGAMINI, C. W. *Motivação nas Organizações*, 4 ed. São Paulo: Atlas, 1997.

BOWDITCH, J.s L.; BUONO, A. F. *Elementos de Comportamento Organizacional*. São Paulo: Pioneira, 1992

CARVALHO, F. C. A. de. *Gestão de Projetos*. São Paulo: Pearson Education do Brasil, 2015.

CLEMENTS, J. P.; GIDO, J.. *Gestão de Projetos*. São Paulo: Cengage, 2015.

CORREA, H. L.; CAON, M. *Gestão de Serviços*. São Paulo: Atlas, 2002.

CRIPE, E. J.; MANSFIELD, R. *Profissionais Disputados:* As 31 Competências de Quem Agrega Valor nas Empresas. Rio de Janeiro: Campus, 2005.

ELKINGTON, J. *Sustentabilidade, Canibais com Garfo e Faca*. São Paulo: M. Books do Brasil Editora Ltda., 2012.

HALL, Richard H. *Organizações, processos e resultados*, 8 ed. São Paulo: Prentice--Hall, 2004.

National Geographic Channel. Dubai Palácio dos Sonhos – Burj Al Arab) - Obras Incríveis. Disponível em: <https://youtu.be/ZtHxVj8gaj8>. Acesso em: 11 mar. 2019.

National Geographic Channel. Obras Incríveis – Burj Khalifa. Disponível em: <https://youtu.be/34qPrGW2mWM>. Acesso em: 11 mar. 2019.

National Geographic Channel. Obras Incríveis – Ilhas Artificiais de Dubai. Disponível em: <https://youtu.be/bAjdoKVlDBI>. Acesso em: 11 mar. 2019.

NEWTON, R. *O Gestor de Projetos*. São Paulo: Pearson Prentice Hall, 2011.

PMI, PMBOK: Um Guia do Conhecimento em Gerenciamento de Projetos – 4 ed. Project Management Institute, 2008.

PMI, PMBOK: Um Guia Do Conhecimento Em Gerenciamento De Projetos – 5 ed. Project Management Institute, 2013.

PMI. The bottom line of sustainability. 2011. Disponível em: <http://www.pmi.org/-/media/pmi/documents/public/pdf/white-papers/the-bottom-line--on-sustanability.pdf>. Acesso em: 3 mar. 2016

SILVIUS, G. A. J et. Al., *Sustainability in Project Management*, Gower, 2012.

SILVIUS, A. J. G.; SCHIPPER, R. P. J. Sustainability in Project Management: A Literature Review and Impact Analysis. Social Business, 2014, v. 4, nr. 1, pp.63-96. Disponível em: <http://www.academia.edu/11324340/Sustainability_in_project_management_A_literature_review_and_impact_analysis>. Acesso em: 3 mar. 2017.

VICENTE, A. C. V.; CARLUCCI, B. V. Gerenciamento de Sustentabilidade do Projeto: Uma Nova Área De Conhecimento para o Construction Extension to the PMBOK® Guide por meio dessa metodologia com a norma LEED-NC. In ARBACHE, A. P. *Projetos SustentáveisEestudos e Práticas Brasileiras*. São Paulo: Editorama, 2010.

Capítulo 10
Finanças Corporativas:
A criação de valor

Oswaldo Pelaes Filho

"Uma formação discursiva será individualizada se se puder definir o sistema de formação das diferentes estratégias que nela se desenrolam; em outros termos, se se puder mostrar como todas derivam (malgrado sua diversidade por vezes extrema, malgrado sua dispersão no tempo) de um mesmo jogo de relações."

Michel Foucault

Objetivos:

Este capítulo tem como objetivos apresentar as principais metodologias utilizadas na aprendizagem no ensino de Finanças e discutir os principais modelos de avaliação de ativos e a sua importância na determinação do valor da empresa e da verificação da criação de valor para o acionista.

10.1. Introdução

O atual cenário mundial é resultado de várias e rápidas mudanças, como a globalização dos mercados, a formação de blocos econômicos em muitas regiões do planeta, a rapidez das inovações tecnológicas e o aumento na velocidade da circulação das informações, que ganhou impulso com o desenvolvimento das telecomunicações e o surgimento da internet. Nesse contexto, as empresas têm mostrado uma preocupação crescente com questões de criação de valor.

Desse modo, as empresas precisam estar aptas a responder rapidamente às ameaças de mercado, ser rentáveis e, portanto, reduzir custos, ser inovadoras, adotar procedimentos adequados de governança corporativa e, sobretudo, criar valor para seus acionistas.

Nesse ambiente, as instituições recorrem a reestruturações, recapitalizações e aquisições alavancadas, recompra de ações, fusões e outras estratégias que lhes permitam não apenas sobreviver, mas também aumentar a participação no mercado. Essa nova realidade impõe aos gestores a necessidade de administrar valor. Eles precisam se concentrar no valor que é criado pela estratégia corporativa e pelas estratégias das unidades de negócio.

Maximizar o valor para o acionista é ou deveria ser a missão fundamental de todas as empresas. As organizações vencedoras criam valor relativamente para todos os agentes envolvidos: clientes, mão de obra, governo (por meio de impostos recolhidos) e fornecedores.

No entanto, determinar o valor não é tarefa fácil, pois, apesar das diversas técnicas de avaliação, há fatores estratégicos e intangíveis que podem alterar o valor de um bem. Apesar disso, esse tema é atual e importante, uma vez que é uma ferramenta decisiva para a tomada de decisão nas movimentações estratégicas de aquisições e fusões, bem como para a medida da *performance* da empresa, auxiliando os acionistas na mensuração do retorno de seus investimentos.

A avaliação das finanças corporativas é relevante nas organizações e se aplica em muitas situações, como na avaliação da gestão de carteiras, na procura pela forma mais eficaz para a concessão de créditos para clientes, na análise da necessidade de capital de giro, na determinação do custo de capital próprio e de terceiros e na gestão da criação de valor para os acionistas.

Segundo Falcini (1995), avaliar significa determinar a valia ou o valor de algo. Para esse autor, uma avaliação econômica não é a fixação concreta de um preço ou valor específico para um bem, mas uma estimativa de base, uma tentativa de estabelecer, dentro de uma faixa, um valor referencial de tendência, em torno do qual atuarão as forças de mercado.

Nesse contexto o administrador financeiro deve estar atento às oportunidades internas e externas da empresa e estar apto a interpretar dados e informações e traçar estratégias para garantir a perpetuação dos negócios da empresa, criando valor para todos os *stakeholders*.

No entanto, os profissionais e professores da área têm enfrentado um desafio na determinação do valor de uma empresa, principalmente hoje, que os mercados estão cada vez mais acirrados e a tecnologia muda velozmente.

Os conteúdos básicos para estudos econômicos, financeiros, de mercado, de relações internacionais e suas tecnologias compreendem:

> [...] estudos de fenômenos econômicos, financeiros e de mercado por meio de suas inter-relações com a realidade nacional e internacional. O aluno deverá compreender a sociedade, sua formação e transformações em uma perspectiva histórica para que se possa compreender, contextualizar a utilidade, a aplicabilidade dos conteúdos relativos a esse campo de conhecimento em face das novas tecnologias. (ANDRADE, 2002, p. 27)

O objetivo deste capítulo é discutir a utilização das finanças na formação do administrador, apresentar as principais metodologias de aprendizagem utilizadas no ensino de finanças e as competências esperadas do administrador financeiro. Além disso, procura discutir as principais ferramentas de análise de projetos e apresentar os conteúdos mínimos de finanças acerca da análise de investimentos para o aluno egresso do curso de administração.

10.2. A Evolução das Atividades de Finanças

As atividades financeiras apresentaram uma evolução conceitual e técnica expressiva ao longo do tempo. O início do século XX pode ser considerado um período propulsor do estudo sistemático em finanças, o que, segundo Weston (1975), ocorreu em função do processo de consolidação das empresas e do crescimento do mercado interno dos Estados Unidos, resultantes da construção das grandes malhas ferroviárias no final da década de 1880.

Com relação ao estudo de finanças, Archer e D'Ambrosio (1971) apresentam três abordagens. A primeira, chamada de tradicional, priorizou acontecimentos da vida financeira das empresas, de acordo com o ambiente da época. Nessa abordagem, os assuntos externos à empresa recebiam grande atenção e destacavam-se problemas relacionados a práticas monopolistas, formas de financiamentos e capitalização. Essa abordagem focou aspectos que surgem ocasionalmente.

A segunda abordagem, chamada de administrativa, concentrava-se nas práticas rotineiras da empresa, assim os fatos episódicos ficavam em segundo plano. Nesse período, eram priorizados tópicos como o controle orçamentário, a previsão de vendas, o controle financeiro da produção, o controle das despesas e dos ativos e a coordenação da administração financeira.

A terceira abordagem destaca a importância da teoria econômica nas finanças das empresas. A Teoria Geral de Keynes estimulou o estudo de finanças por meio do conceito macroeconômico que defende que o investimento econômico agregado é função da taxa de retorno adicional prevista para o investimento e do custo adicional de capital.

Para Haugen (1999), a base das finanças antigas eram a contabilidade e o direito, e seu tema principal era a análise das demonstrações financeiras e da natureza dos títulos de crédito. Já as finanças modernas, segundo esse mesmo autor, surgiram em 1950 na Universidade de Chicago com o pensamento de um jovem chamado Harry Markowitz. As finanças modernas passaram a adotar uma avaliação com base no comportamento do homem como um ser econômico e racional que buscava a maximização de seu bem-estar individual. Os estudos de Markowitz (1952), Modigliani e Miller (1958) e Sharpe (1964) contribuíram para a evolução do estudo de finanças e são utilizados até hoje.

10.3. As Principais Metodologias de Aprendizagem no Ensino de Finanças

Atualmente a forte concorrência no mercado de trabalho faz com que os profissionais, cada vez mais, procurem se diferenciar em sua formação, forçando as instituições de ensino a aperfeiçoar seus processos didáticos. Portanto, há uma necessidade de estabelecer estratégias didáticas atrativas aos alunos, buscando o seu comprometimento, sem o qual não será possível alcançar os objetivos desejados, tanto em gestão financeira quanto em outra disciplina.

O ensino de finanças abrange não só os conhecimentos do mercado financeiro e conceitos de economia, mas também muitos outros conceitos matemáticos, necessários à estruturação e resolução dos problemas financeiros.

Para Schoenfeld (1989), a educação matemática deve centrar-se na compreensão de conceitos e métodos matemáticos, na descoberta de relações matemáticas, no raciocínio lógico e na aplicação de conceitos, métodos e relações matemáticas para resolver uma série de problemas não rotineiros.

Schoenfeld (1989) também propõe uma dicotomia entre problemas e exercícios. Para o autor existem algumas diferenças entre eles: a) o problema pressupõe um compromisso com sua resolução, o sujeito se envolve com ele; b) as tarefas não são problemas, depende daquilo que o sujeito sabe e do modo como as compreende; e c) enquanto os exercícios podem ser resolvidos mediante um procedimento, os problemas exigem algo mais e não podem representar um fim em si mesmos.

A resolução de problemas, principalmente na forma de estudo de casos, é a maneira ideal de abordar tópicos de gestão financeira, pois com ela o aluno pode estruturar o raciocínio para chegar aos resultados, fazer uma análise crítica desses resultados e propor ações para melhorá-los.

No entanto, fomentar o envolvimento dos alunos nas disciplinas de conhecimentos matemáticos, conforme Masetto (1992), é um desafio permanente no ensino da gestão financeira. Portanto, as estratégias pedagógicas devem ser variadas e colocar os alunos em diferentes situações, integrando-os, motivando-os e incentivando-os a participar ativamente durante a aula, dinamizando a situação pedagógica.

Tacca (2006) observa que somente a estratégia pedagógica se concentra no pensamento do aluno que se sustenta em suas emoções, criando zonas de possibilidades de novas aprendizagens. A palavra *estratégia*, segundo Petrucci e Batiston (2006) tem estreita ligação com o ensino. Para os autores ensinar requer arte por parte do docente, que precisa envolver o aluno e fazer com que ele se encante com o saber.

A estratégia pedagógica é o processo pelo qual o professor utiliza determinados procedimentos de ensino para proporcionar o entendimento da relação entre os assuntos estudados. Nas últimas décadas tem havido uma significativa mudança nas estratégias pedagógicas utilizadas, em virtude principalmente da utilização cada vez maior da tecnologia da informação em todos os processos das empresas, proporcionando maior produtividade e qualidade aos produtos e serviços oferecidos. As instituições de ensino não podem ignorar essa revolução tecnológica e devem fazer investimentos nessa área e utilizá-la como ferramenta de ensino, principalmente em meios que utilizam modelos matemáticos, econômicos e financeiros.

Segundo Tachizawa e Andrade (2003), as instituições estão tentando atender cada vez melhor às expectativas e necessidades de seus alunos, buscando a eficiência de sua gestão interna. Para tanto têm feito investimentos em laboratórios de informática com acesso à internet, *softwares* acadêmicos, sistemas de consulta *on-line* a bases de dados na biblioteca, *softwares* administrativos, educação a distância, entre outros.

De acordo com Masetto (2001), os recursos de TI facilitam a pesquisa, a construção do conhecimento em conjunto e a comunicação entre alunos e professores, além de apresentar novas formas de fazer projetos e simulações de resultados. A utilização de TI representa, em grande parte, a modernização das práticas pedagógicas, tornando-se uma constante nas instituições de ensino. A internet permite que professores, alunos e pesquisadores tenham acesso a outros centros de pesquisa dos mais diversos lugares do mundo, possibilitando o intercâmbio das informações e experiências adquiridas.

Outro aspecto que merece destaque no ensino da gestão financeira é o da aprendizagem ativa, que segundo Gudwin (2014):

> [...] é um termo técnico para um conjunto de práticas pedagógicas que abordam a questão da aprendizagem pelos alunos sob uma perspectiva diferente das técnicas clássicas de aprendizagem, tais como aulas discursivas, onde espera-se que o professor "ensine" e o aluno "aprenda". Na aprendizagem ativa, entende-se que o aluno não deve ser meramente um "recebedor" de informações, mas deve se engajar de maneira ativa na aquisição do conhecimento, focando seus objetivos e indo atrás do conhecimento de maneira proativa. (GUDWIN, 2014, p. 8)

Na aprendizagem ativa é necessária uma mudança filosófica na postura do professor em sala de aula. Em vez de pré-organizar temas e expô-los aos alunos, deve-se focar nos objetivos de aprendizagem que se deseja para eles. Os professores devem se perguntar quais itens de aprendizagem os alunos devem adquirir e concentrar-se na elaboração de perguntas, tarefas, exercícios, projetos ou desafios que os motivem a correr atrás do conhecimento necessário para atingir os objetivos.

Para uma aprendizagem ativa os alunos devem participar intensamente do processo de aquisição de conhecimentos, lendo, escrevendo, perguntando, discutindo, resolvendo problemas. Nesse contexto o professor torna-se um facilitador na aquisição de conhecimento e não a única fonte de saber.

Anastasiou (2007) propõe 20 estratégias de trabalho em aula para a aprendizagem ativa. São elas:

1. Aula expositiva dialogada – exposição do conteúdo com participação ativa dos estudantes.
2. Estudo de texto – exploração de ideias de um autor com estudo crítico do texto.
3. Portfólio – construção de registro, análise, seleção e reflexão das produções e identificação de dificuldades e formas de superá-las.
4. Tempestade cerebral – estímulo à geração de novas ideias espontâneas a partir da imaginação.
5. Mapa conceitual – construção de diagrama bidimensional com relação de conceitos e relações hierárquicas entre conceitos e o conteúdo estudado.
6. Estudo dirigido – estudo sob orientação e direção do professor para superar dificuldades específicas.
7. Lista de discussão informatizada – debate em grupo e a distância de tema já estudado.
8. Solução de problemas – enfrentamento de situação nova expressa em problemas.
9. Técnica de grupo Phillips 66 – análise e discussão grupal sobre temas/problemas do contexto dos estudantes.
10. Grupo de verbalização e de observação – análise de temas/problemas em dois grupos: grupo de verbalização e grupo de observação.
11. Dramatização – representação teatral a partir de um problema.
12. Seminário – estudo de um tema a partir de fontes diversas.
13. Estudo de caso – análise minuciosa e objetiva de uma situação real.
14. Júri simulado – simulação de um júri a partir de um problema com apresentação de argumentos de defesa e de acusação.
15. Simpósio – breves palestras com 2 a 5 pessoas sobre determinado tema.

16. Painel – discussão informal em grupos indicados pelo professor para apresentação de pontos de vista antagônicos.
17. Fórum – espaço para debate de tema ou problema determinado.
18. Oficina – reunião de pequeno número de pessoas com interesses comuns para estudar um tema sob orientação de especialista.
19. Estudo de meio – estudo direto do contexto natural e social sobre determinada problemática de forma interdisciplinar.
20. Ensino com pesquisa – utilização dos princípios de ensino associados à pesquisa.

Essas estratégias devem ser utilizadas para uma maior integração entre o aluno e o professor e entre o aluno e o conteúdo da disciplina. No ensino de finanças as metodologias ativas propiciam o desenvolvimento de competências, que, segundo Moretto (2007, p. 19), é a capacidade do sujeito de mobilizar recursos cognitivos para abordar uma situação complexa. O autor afirma ainda que para resolver uma situação complexa é preciso conhecer os conteúdos a ela relacionados

10.4. Os Modelos de Avaliação de Empresas

A seguir são apresentados os principais modelos de avaliação de empresas, os quais podem ser utilizados para operações de fusões, aquisições, compra e venda de empresas, bem como ferramentas de análise interna da gestão para acompanhar a criação de valor para os acionistas.

10.4.1. O Modelo Contábil

A contabilidade gerencial tem contribuído com muitos instrumentos de medição de desempenho e de avaliação de empresas, por isso mesmo existe farta literatura a respeito. No entanto, este não é um assunto esgotado, ainda há hoje estudos sobre novas metodologias e muitas críticas às medidas tradicionais.

Os administradores, assim como os investidores de empresas, influenciam e são influenciados por decisões sobre investimentos e seus financiamentos que, em última análise, determinarão o valor econômico da empresa que representa a medida de sua eficiência econômico-social. Segundo Falcini (1995), a disseminação de uma linguagem que una administradores e investidores tem sido prejudicada pois hoje se enfatiza muito os dados financeiros tradicionais de origem contábil e pouco se divulga os modernos modelos de estimativa de valor econômico.

Segundo Hendriksen (2010), há indícios de que informes contábeis tenham sido preparados há milhares de anos: "Sistemas contábeis sofisticados parecem ter existido na China já em 2000 a.C., e referências intrigantes denotam uma familiaridade com o sistema de partidas dobradas em Roma no início da era cristã".

No entanto, o frei franciscano Irmão Luca Pacioli foi o primeiro codificador da contabilidade, e seu livro *Summa de arithmetica, geometrica, proportioni et proportionalitá* apareceu em Veneza em 1494. Apesar de existir há bastante tempo, apenas recentemente a demanda por informações contábeis se tornou uma realidade. Os primeiros indicadores de contabilidade gerencial baseavam-se nos custos de transformação, tais como o custo horário ou custo por libra produzida de cada processo e de trabalhador. Eles pretendiam medir a eficiência do processo produtivo e servir de parâmetro para a fixação de metas para os trabalhadores.

Vários indicadores contábeis têm sido utilizados para a análise da *performance* de uma empresa.

Segundo Iudícibus (2009):

> O uso de quocientes tem como finalidade principal permitir ao analista extrair tendências e comparar os quocientes com padrões preestabelecidos. A finalidade da análise é, mais do que retratar o que aconteceu no passado, fornecer algumas bases para inferir o que poderá acontecer no futuro. (IUDÍCIBUS, 2009, p. 145)

Os principais indicadores contábeis para avaliar a *performance* de uma empresa são os índices de liquidez que medem a capacidade de pagamento de obrigações de uma empresa. Nesse grupo, destacam-se os seguintes indicadores:

Índice de Liquidez Corrente, que é a relação entre o Ativo Circulante e o Passivo Circulante e indica quanto a empresa tem em recursos de curto prazo com relação às suas dívidas de curto prazo.

Índice de Liquidez Seca, que é a relação entre o Ativo Circulante subtraído dos estoques e o Passivo Circulante e indica quanto a empresa tem de recursos de curto prazo, excluindo os estoques, com relação às suas dívidas de curto prazo. O valor dos estoques não é contado pois é o menos líquido dos ativos circulantes.

Índice de Liquidez Geral, que é a relação entre o Ativo Circulante mais o Ativo Realizável a Longo Prazo e o Passivo Circulante mais o Exigível a Longo Prazo, e é utilizado para analisar a saúde financeira de longo prazo da empresa, no que diz respeito à liquidez.

Índice de Margem Líquida, que é a relação entre o Lucro Líquido após o Imposto de Renda e as Vendas Líquidas e mede percentualmente quanto sobrou de cada unidade monetária sobrou após a dedução de todas as despesas e do imposto de renda.

Índice de Retorno sobre o Ativo – ROA (*Return on Assets*) é uma medida de desempenho que indica a lucratividade da empresa com os investimentos totais e é dado pela razão entre o Lucro Líquido e o Ativo Total.

Índice de Retorno sobre o Patrimônio Líquido – ROE (*Return on Equity*) mede o retorno obtido pelos sócios sobre o investimento que realizaram na empresa. É calculado pela relação entre o Lucro Líquido após o Imposto de Renda e o Patrimônio Líquido. Esse indicador fornece uma medida informativa e não deve ser utilizado para guiar as operações de uma empresa.

Lucro por ação – LPA mostra o lucro aferido por ação emitida pela empresa e procura avaliar os reflexos do desempenho da empresa sobre o valor que suas ações alcançam no mercado. É dado pela relação entre o Lucro Líquido após o Imposto de Renda e o número de ações emitidas. O LPA não representa, efetivamente, quanto cada acionista receberá em função de sua aplicação, mas a parcela do lucro líquido que pertence a cada ação, sendo que a distribuição desse lucro é definida pela política de dividendos da empresa.

Índice Preço/Lucro – PL indica quanto os investidores estão dispostos a pagar por unidade monetária de lucro líquido obtido pela empresa. Ele também é muito utilizado como um *payback*, ou seja, para indicar quanto tempo o investidor demorará para reaver o investimento realizado. É dado pela relação entre o preço de mercado da ação e pelo lucro por ação.

A avaliação de uma empresa geralmente começa com a análise de suas demonstrações contábeis e o cálculo dos indicadores contábeis tradicionais, alguns dos quais serão abordados neste capítulo.

O lucro contábil apresenta algumas limitações quando é utilizado para medir com confiança a mudança no valor presente da empresa. Segundo Rappaport (2001) o lucro contábil falha em medir as mudanças no valor econômico da empresa, devido a:

- métodos contábeis alternativos que podem ser empregados;
- necessidades de investimento que são excluídas;
- valor do dinheiro no tempo que é ignorado.

Alguns métodos contábeis alternativos são as abordagens PEPS (primeiro a entrar, primeiro a sair) e UEPS (último a entrar, último a sair) para o cálculo dos custos de vendas, os vários métodos de cálculo de depreciação do ativo imobilizado, ou ainda as diferenças de métodos de amortização de ágio nos casos de fusões ou aquisições. A adoção desses métodos pode afetar a apuração do lucro da empresa, porém não afetará seus fluxos de caixa e, por consequência, seu valor econômico.

Esse métodos também não incluem a necessidade de investimentos no capital de giro e ativos permanentes, essenciais para o funcionamento da empresa e ignorados no demonstrativo de resultados.

As empresas em expansão terão um crescimento tanto nas contas a receber quanto no investimento em estoques. O aumento nas contas a receber entre o início e o fim de um exercício acarretará um fluxo de caixa proveniente das vendas menor do que o refletido na demonstração de resultados, pois, segundo Rappaport (2001), na contabilidade a receita é reconhecida na época em que as vendas são realizadas, enquanto em termos de caixa apenas quando efetivamente recebida. O aumento em estoques envolverá desembolsos de caixa para materiais, mão de obra e despesas gerais de fabricação, porém a contabilidade considera o investimento em estoques adicionais um ativo no balanço e não um componente do custo das vendas, subestimando, dessa forma, a saída de caixa do período.

Outra crítica aos lucros contábeis é que não considera o valor do dinheiro no tempo, uma vez que o valor econômico de um investimento é dado pelos fluxos de caixa previstos descontados a uma taxa que reflita a compensação de se incorrer em riscos, bem como uma compensação pela inflação esperada.

Assim, o crescimento nos lucros não representa necessariamente criação de valor econômico para os acionistas, uma vez que o valor para eles só aumentará se a empresa receber uma taxa de retorno sobre os investimentos maior do que a taxa que os investidores poderiam obter se investissem em títulos de mesmo risco.

A utilização do lucro líquido como indicação da capacidade de dividendos da empresa é falha, segundo Hendriksen (2010):

> [...] a decisão de pagamento de dividendos precisa levar em conta muitos outros fatores, tais como a disponibilidade de numerário; oportunidades e objetivos da empresa em termos de crescimento e expansão; e as políticas da empresa em relação a financiamento externo, bem como a capacidade de obtenção de fundos externos [...]. (HENDRIKSEN, 2010, p. 177)

Portanto, sob esse aspecto a deficiência do lucro líquido publicado, quando utilizado para prever dividendos futuros, está na incapacidade de se vincular apropriadamente receitas e despesas, neste caso a utilização de fluxos de caixa seria mais conveniente.

A limitação dos quocientes de liquidez é desajuste que pode ocorrer entre os prazos dos vencimentos das contas a receber e das contas a pagar, mascarando uma capacidade de pagamento que pode não existir. Além do mais, a inclusão dos estoques no numerador, no caso da liquidez corrente, pode diminuir a validade do quociente como indicador de liquidez, uma vez que esses itens nem sempre são rapidamente conversíveis em caixa.

Já a limitação do índice de endividamento geral é que as dívidas são apresentadas no balanço apenas pelo saldo devedor, sem ajuste em função do nível corrente das taxas de juros, o que normalmente faz com que o valor contábil das dívidas seja diferente de seu valor de mercado.

O retorno sobre investimentos (ROI, na sigla em inglês), apesar de ser muito utilizado, tem sido criticado por alguns estudiosos, que concordam que as medidas de ROI não são boas para medir *performance*. Para Falcini (1995) entre as deficiências do ROI estão:

> [...] a falta de comparabilidade pela heterogeneidade dos critérios de formação e de valorização de suas bases contábeis, possibilidades de sua manipulação, incentivando, como medida de curto prazo, a maximização de resultados contábeis dentro de períodos arbitrários, em prejuízo de objetivos de sobrevivência e de maximização da riqueza, de maior prazo. (FALCINI, 1995, p. 31)

Esse indicador levou as empresas a demonstrar lucros contábeis dentro de períodos contábeis nem sempre compatíveis com os ciclos econômicos dos projetos. A obsessão de alguns administradores em utilizá-lo pode influenciá-los a optar pela redução de investimentos muitas vezes mandatórios para a sobrevivência das empresas e para a geração de riqueza a longo prazo.

O ROI fornece uma visão de curto prazo, ignorando ativos indispensáveis à sobrevivência de longo prazo da organização. Ele é um indicador de desempenho ineficiente quando se comparam duas empresas com ativos de diferentes idades, ainda que os lucros e as oportunidades futuras de negócios sejam iguais.

Empresas mais maduras que já depreciaram os seus ativos apresentam ROI mais elevado que empresas em crescimento cujo valor contábil dos ativos é maior.

Segundo Rappaport (2001), a premissa de que o ROI deve ser maior do que o custo de capital para que seja criado valor para o acionista é falha, pois o ROI é um retorno baseado no princípio de competência contábil e está sendo comparado a uma medida de custo de capital, que é um retorno econômico exigido pelos investidores.

A taxa de custo de capital leva em conta tanto os retornos exigidos pelos detentores de dívida, quanto pelos acionistas da empresa, sendo que, para Rappaport (2001), os pesos da dívida e do capital próprio não são calculados pelos valores que a empresa levantou no passado, nem no ano corrente, mas com base nas proporções de dívida e capital próprio que a empresa visa para sua estrutura de capital ao longo do período de planejamento de longo prazo. Esse cenário ocorre, pois o objetivo econômico de um investimento em perspectiva depende de custos futuros e não de custos passados ou já incorridos.

O ROI exclui oportunidades futuras, pois é a medida de um período. O lucro é calculado em relação a eventos que ocorrem durante o ano todo e então é dividido pelo valor médio dos ativos do mesmo ano, não refletindo eventos futuros, o que pode levar os administradores a temerem investimentos que apresentem retornos esperados no longo prazo.

Apesar da evolução das medidas de desempenho, não há uma metodologia que resolva os problemas descritos, principalmente aqueles de limitações contábeis. As medidas de desempenho tradicionais baseiam-se em dados históricos, enquanto a geração de riqueza para o acionista depende de oportunidades futuras.

10.4.2. O Modelo de Comparação por Múltiplos

Segundo Damodaran (2010), o modelo de comparação por múltiplos estima o valor de um ativo, com atenção à precificação de ativos comparáveis a uma variável comum, como lucros, fluxos de caixa, valor contábil ou vendas.

Para esse mesmo autor, a avaliação relativa é muito difundida, primeiro porque uma avaliação com base em múltiplos e em empresas comparáveis deve adotar uma quantidade menor de premissas e pode ser mais rápida do que a avaliação pelo fluxo de caixa descontado. Além disso, esse tipo de avaliação é mais simples e mais fácil de apresentar aos clientes. Finalmente, ela tem maior probabilidade de refletir o valor atual de mercado pois é uma tentativa de medir o valor relativo e não intrínseco.

Os índices mais utilizados na comparação por múltiplos são o índice preço de mercado/valor contábil, preço de mercado/vendas e valor empresarial/EBITDA, que estarão sendo analisados a seguir.

10.4.3. Índice Preço de Mercado/Valor Contábil

O índice preço de mercado/valor contábil sugere que empresas com preço de mercado inferior ao seu valor contábil estejam subavaliadas, enquanto empresas com valor de mercado superior ao seu valor contábil estejam superavaliadas.

Esse índice apresenta algumas vantagens, a saber:

- facilidade para obter o valor contábil, que é uma medida estável;

- normas contábeis praticamente constantes entre as empresas, o que torna possível utilizá-lo para determinar sub ou supervalorização diante de empresas similares;
- possibilidade de utilizá-lo em empresas com lucros negativos.

Já as limitações do índice preço de mercado/valor contábil são:

- valores contábeis podem ser afetados por decisões de depreciação;
- normas contábeis diferentes afetam a comparação;
- o valor contábil do patrimônio pode se tornar negativo caso a empresa apresente prejuízos por longos períodos.

10.4.4. Índice Preço de Mercado/Vendas

O índice preço de mercado/vendas é utilizado para fazer comparações entre a empresa que está sendo analisada e empresas de características semelhantes.

Esse índice apresenta algumas vantagens em relação aos índices analisados anteriormente:

- não pode se tornar negativo, mesmo para empresas problemáticas;
- não sofre influência da depreciação ou de práticas contábeis;
- não é volátil, o que o torna mais confiável.

No entanto, como a receita não contempla os custos da empresa, esse indicador pode levar a conclusões errôneas quando a empresa apresenta custos crescentes. Nesse caso, o lucro da empresa declinará e suas receitas ficarão constantes.

10.4.5. Valor Empresarial/EBITDA

Esse índice relaciona o valor total de mercado da empresa, líquido de caixa, aos lucros antes dos juros, impostos e depreciação da empresa (EBITDA), e é dado por:

$$VE / EBITDA$$

onde:

$$VE = \text{Valor de Mercado do Patrimônio} + \text{Valor de Mercado}$$
$$\text{da Dívida} - \text{Caixa.}$$

Segundo Damodaran (2010):

> [...] esse múltiplo vem ganhando muitos seguidores entre os analistas. Em primeiro lugar, há muito menos empresas com EBITDA negativo do que com lucro por ação negativo e, assim, um número menor de empresas é afastado da análise. Segundo, as diferenças entre os métodos de depreciação das empresas podem causar diferenças na receita operacional mas não afetam o EBITDA. Terceiro, esse múltiplo pode ser muito mais facilmente comparado entre empresas com diferentes alavancagens financeiras do que outros múltiplos de lucro. (DAMODARAN, 2010, p. 307)

Esse múltiplo é muito utilizado em empresas de setores que exigem grandes investimentos em infraestrutura, com longos períodos de maturação, como no setor de papel e celulose.

Há ainda outros índices que podem ser utilizados, tais como: preço/fluxo de caixa, preço/dividendos e valor de mercado/valor de reposição (Q de Tobin), os quais não serão abordados neste trabalho.

10.5. O Modelo de DCF

A criação de valor para o acionista está intimamente ligada à capacidade de geração futura de fluxo de caixa. Segundo Falcini (1995), o conceito de descontos de fluxo de fundos de caixa futuros na avaliação de investimentos apareceu após os anos 1950, e pode ser atribuído a Joel Dean com a publicação, em 1951, de seu livro *Capital budgeting*. Nesse livro, ele descreveu os procedimentos para descontar fluxo de lucros dos projetos, que após alguns anos foram substituídos por fluxo de fundos de caixa descontados.

Conforme Damodaran (2002) salienta que, para avaliar uma empresa, é preciso considerar os fluxos de caixa para todos os agentes nela interessados. Dessa forma, ele indica uma avaliação empresarial em que não são considerados apenas os fluxos de caixa para os investidores de patrimônio, mas os fluxos de caixa para todos os interessados na empresa, inclusive os credores.

No modelo do Fluxo de Caixa Descontado o valor de uma empresa é o seu valor operacional menos o valor de seu endividamento.

A avaliação por meio do DCF parte da determinação do Fluxo de Caixa Livre (FCL) futuro esperado da empresa. A seguir, encontra-se um modelo de Fluxo de Caixa Livre, proposto por Copeland (2002):

Lucro antes dos juros, impostos e amortização (EBITA)
(-) Impostos
Lucro líquido operacional menos impostos (NOPLAT)
(+) Depreciação
Fluxo de caixa bruto
(-) Mudanças de capital de giro (-) Investimentos no ativo fixo
Fluxo de caixa operacional livre (FCF)

O fluxo de caixa livre é dado pelos lucros operacionais após impostos mais depreciação, que é um encargo que não envolve desembolso de caixa, menos o investimento total, que é a soma dos investimentos em capital de giro operacional e investimentos em instalações e equipamentos. No fluxo de caixa livre não estão contemplados os fluxos de caixa financeiros, como despesas ou receitas de juros e pagamentos de dividendos.

Após a determinação do FCF, esses fluxos devem ser descontados a uma taxa que reflita o custo de oportunidade de todos os provedores de capital para a empresa. Essa taxa deve ser o Custo Médio Ponderado de Capital (CMPC), ou WACC, na sigla em inglês (*weighted average cost of capital*), que corresponde à média ponderada dos custos dos diversos componentes de financiamento, incluindo dívida, patrimônio líquido e títulos híbridos, utilizados para financiar as necessidades financeiras de uma empresa.

Para determinar o valor da empresa, é preciso descontar os fluxos de caixa livres (FCL) futuros por meio da taxa de desconto (CMPC). A somatória desses fluxos irá gerar o valor operacional da empresa. A Tabela 10.1 sintetiza esse procedimento:

Tabela 10.1

Valor Operacional da Empresa

Ano	Fluxo de caixa livre FCF	Fator de desconto d	Valor presente do FCF
X_1	FCF_1	$d_1 = 1/(1+CMPC)^1$	$FCF_1 \times d_1$
X_2	FCF_2	$d_2 = 1/(1+CMPC)^2$	$FCF_2 \times d_2$
X_3	FCF_3	$d_3 = 1/(1+CMPC)^3$	$FCF_3 \times d_3$
......	....	....	....
X_n	FCF_n	$d_4 = 1/(1+CMPC)^n$	$FCF_n \times d_n$
			Valor operacional da empresa

Elaborado pelo autor.

O valor operacional da empresa, somado ao valor do investimento não operacional, resultará no valor total da empresa. Se do valor total da empresa descontarmos o valor do endividamento, obteremos seu valor patrimonial.

A somatória dos valores presentes do FCF com o valor estimado dos fluxos de caixa após o período projetado (perpetuidade) dará o valor operacional da empresa:

Valor operacional = Soma dos FCF descontados + Perpetuidade

Valor da empresa = Valor operacional + Valor Invest. não operacional

Valor patrimonial = Valor da empresa – Valor do endividamento

Segundo Copeland (2002) não basta projetar o FCF e descontá-lo à taxa média ponderada do custo do capital, abordada no item 10.7. Segundo esse autor, a projeção de fluxo de caixa livre que serviu de base para a avaliação ainda não foi discutida e algumas perguntas importantes precisam ser respondidas para que isso ocorra. Copeland (2002) questiona como o desempenho projetado se compara ao desempenho passado, como ele se compara com outras empresas, quais os aspectos econômicos da empresa, se eles estão sendo expressos de maneira que possam ser compreendidos pelos administradores e por terceiros e, finalmente, quais os fatores que podem aumentar ou diminuir o valor da empresa.

Para tornar a avaliação mais abrangente e solucionar as questões apontadas, Copeland (2002) apresenta o que chama de vetores de valor subjacentes à empresa e que também são vetores do fluxo de caixa livre: a taxa de crescimento das receitas e o retorno sobre o capital investido em relação ao custo de capital.

A taxa de crescimento das receitas, lucros e bases de capital da empresa são fundamentais na análise do valor de uma empresa, uma vez que organizações com crescimentos maiores ou que crescem com mais rapidez, têm maior valor agregado do que empresas com crescimentos menores ou mais lentos, considerando que o retorno sobre o capital investido seja o mesmo.

10.6. Estimativa do CMPC

O Custo Médio Ponderado do Capital (CMPC) corresponde à média ponderada dos custos dos diversos componentes de financiamento, inclusive dívida e patrimônio líquido, utilizados para financiar as necessidades financeiras de uma empresa e é dado por:

$$CMPC = \frac{D. K_d. (1 - IR)}{CT} + \frac{E. CAPM}{CT}$$

Em que:

D = capital de terceiros;
CT = capital total = capital dos acionistas + capital de terceiros;
K_d = custo do capital de terceiros;
IR = alíquota de imposto de renda;
E = capital dos acionistas;
CAPM = custo do capital dos acionistas.

Assumindo que novos projetos de investimento deverão ter o mesmo risco dos investimentos correntes, o CMPC será a taxa mínima esperada ou requerida para os novos investimentos.

Quando a taxa de retorno (r) dos novos investimentos for maior que o CMPC, esses novos investimentos devem resultar em aumento no valor econômico da empresa, caso contrário haverá ele será reduzido. Portanto, a não ser que o investimento seja estratégico e necessário a qualquer custo, uma taxa de retorno maior que a taxa do CMPC é condição econômica básica para a aceitação desse investimento.

10.7. Custo do Capital Próprio

Para estimar o custo de oportunidade do capital acionário, recomenda-se o CAPM (*Capital Asset Pricing Model*), que mede o risco em termos de variância não diversificável e relaciona os retornos esperados a essa medida de risco. O risco não diversificável para qualquer ativo é medido pelo seu beta, que pode ser utilizado para gerar um retorno esperado.

Em última análise, o CAPM diz que o custo de oportunidade do capital é igual ao retorno dos títulos livres de risco mais o risco sistemático da empresa (beta), multiplicado pelo prêmio de risco de mercado. O custo do capital acionário (K_s) no CAPM é dado por:

$$K_s = r_f + [E(r_m) - r_f] \text{ (beta)},$$

onde:

r_f = taxa de retorno livre de risco;
$E(r_m)$ = taxa de retorno esperada sobre o portfólio geral de mercado;
$E(r_m) - r_f$ = prêmio de risco de mercado;
beta = risco sistemático da ação.

O beta pode ser determinado através de regressão em relação aos retornos de mercado. Caso a empresa seja de capital aberto, pode-se utilizar as estimativas de beta publicadas por empresas especializadas.

10.8. Custo do Capital de Terceiros

Segundo Damodaran (2002): "O custo da dívida mede o custo atual, para a empresa, da contratação de empréstimos para financiar seus projetos".

O custo da dívida é determinado pelo nível atual das taxas de juros, pelo risco de inadimplência da empresa e pela vantagem fiscal associada ao endividamento. Maiores taxas de juros e maior risco de inadimplência resultam em custos da dívida maiores, enquanto a vantagem fiscal é dada pelo pagamento de juros que reduz o custo da dívida após impostos, como ilustra a fórmula a seguir:

$$\text{Custo da dívida após impostos} = \text{custo da dívida}$$
$$\text{antes impostos} \times (1 - \text{alíquota fiscal}).$$

10.9. As Competências do Administrador Financeiro

A competência profissional pode ser considerada um conjunto das capacidades do profissional, ou seja, a soma de conhecimentos ou habilidades na prática profissional. A expectativa é de que o profissional dotado de competência encontre oportunidades no mercado de trabalho e desenvolva suas atividades com eficiência, correspondendo às expectativas de seu empregador.

O setor financeiro de uma organização está estruturado conforme sua responsabilidade de registro e controle das transações contábeis e financeiras ocorridas ao longo do tempo. Bodie e Merton (1999) consideram funções desse setor as decisões de consumo e economia, as decisões de investimentos e financiamentos e as decisões de administração do risco.

Para Ross (1995), a tarefa mais importante de um administrador financeiro é criar valor para os acionistas a partir das atividades de orçamento de capital, financiamento e liquidez da empresa. Para tanto os gestores financeiros devem procurar ativos que gerem mais dinheiro do que custam e vender obrigações, ações e outros instrumentos financeiros que gerem mais dinheiro do que custam.

Brealey, Myers e Allen (2008) destacam que o gestor financeiro se posiciona entre a atividade operacional da empresa e os mercados financeiros ou de capitais, nos quais os investidores adquirem os ativos financeiros emitidos pela empresa.

Entre as principais competências gerais do administrador financeiro estão a capacidade de decidir como devem ser obtidos os fundos para financiar seus investimentos, em quais ativos reais a empresa deve investir esses recursos e como remunerar os investidores dos títulos da empresa.

Em outras palavras, o administrador financeiro deve ter habilidades específicas para tomadas de decisões de financiamento, decisões de investimento e decisões de dividendos, sempre visando à criação de riqueza para a empresa e para seus acionistas.

Com relação às competências específicas, o administrador financeiro deve ter pensamento crítico para analisar, interpretar, avaliar e inferir dados financeiros e econômicos do mercado e da empresa, principalmente sobre a resolução de problemas. Ele ainda deve ter raciocínio ético, atuando de acordo com as normas contábeis, as exigências da Lei das Sociedades Anônimas e as normas previstas pela governança corporativa. O administrador financeiro deve ter espírito empreendedor para identificar oportunidades no mercado e estabelecer alternativas e escolher a solução mais apropriada por meio do cálculo da viabilidade econômica e financeira das opções disponíveis. Ele deve ainda enxergar no local o movimento global beneficiando-se de operações estruturadas nos mercado externos que tragam *hedge* para suas operações.

10.10. Finanças Corporativas, Criação de Valor e a Sustentabilidade

A criação de valor não é dada somente pela quantidade de lucro ou de resultado financeiro de uma empresa. A organização não pode a todo custo, sem regras, buscar o lucro pelo lucro. As análises de risco não são somente financeiras, elas abarcam também os riscos sociais e ambientais. Segundo pesquisa da Ernest & Young (2012), do total de diretores financeiros (CFOs) analisados, 65% estavam engajados com a sustentabilidade. Um em cada seis entrevistados estava muito envolvido enquanto um pouco mais que a metade (52%) estava envolvido "de alguma forma". Nessa pesquisa ainda, os diretores financeiros mencionaram redução de custos (74%) e gestão de risco (61%) como dois dos três principais motivadores da pauta de sustentabilidade na empresa, e ambos são fatores essenciais na gestão financeira.

Existem vários motivos para as finanças corporativas e a sustentabilidade, a responsabilidade e a ética caminharem inerentemente juntas, segundo Laasch e Conaway (2015). Primeiro a empresa só será capaz de se tornar responsável se a gestão financeira fornecer os recursos necessários para implementar atividades de gestão responsável. E a gestão financeira tradicional se torna cada vez mais dependente do desempenho ético, social e ambiental da empresa. Relatórios externos, controle financeiro e gestão de risco são amplamente afetados pelos negócios responsáveis, sobretudo nas relações com investidores. Outro motivo é que geralmente esta área tem sido apontada como culpada por muitas falhas dos sistemas econômicos, continuam os autores, como a existência de empresas em más condições e comportamentos motivados pelo lucro e pela preocupação com o curto prazo. A gestão financeira e a contabilidade têm sido culpadas pelos colapsos empresariais, segundo os autores, como Enron e Wordcom. E é por isso que houve um grande empenho para repensar muitos dos pressupostos mais básicos da gestão financeira a fim de criar finanças corporativas verdadeiramente sustentáveis, responsáveis e éticas. Laasch e Conaway (2015) destacam quatro fases para integrar as práticas de gestão responsável em todas as fases do processo de gestão financeira:

Fase 0 – Etapa de preparação na qual os gestores responsáveis devem entender as funções básicas de gestão financeira e os paradigmas de gestão financeira realmente responsável. Aqui é importante entender os mecanismos, as estruturas e os processos e questionar os paradigmas vigentes e que quebraram algumas empresas antiéticas.

Fase 1 – Etapa que visa examinar a parte financiadora da gestão financeira, procurando a integração de fontes de financiamento ao processo de finanças responsável. O negócio responsável fornece uma ampla variedade de mecanismos de financiamento, desde investimento socialmente responsável a índices de sustentabilidade e microfinanças. Existem ainda índices de bolsas de valores mais sustentáveis.

Fase 2 – Etapa que mostra de forma transparente como o retorno sobre o investimento social (ROI-S) pode ser usado para fazer o orçamento de capital em gestão responsável e decidir a que atividades alocarão o dinheiro.

Fase 3 – Essa etapa administra os resultados da gestão financeira. A pergunta principal aqui é: Para quem gerenciamos as finanças e como as gerimos de acordo com seus melhores interesses? Nessa fase também é importante mostrar a governança na gestão financeira.

Na área financeira, a transparência é fundamental, portanto, segundo Tachizawa e Bernardes (2012), além da *performance* econômico-financeira, as boas práticas de responsabilidade socioambiental exigem da empresa que o desempenho em projetos sociais e preservação do meio ambiente seja destacado e divulgado. O balanço social é a principal forma de evidenciar as ações empresariais para a comunidade ou os *stakeholders*.

Um dos modelos globais para relatar as atividades de sustentabilidade é o relatório do modelo da *Global Reporting Initiative* – GRI (2017), organização criada em 1997 a partir da reunião de ambientalistas, ativistas sociais e representantes de fundos socialmente responsáveis. Esse modelo de relatório é composto de diretrizes para elaboração de relatórios de sustentabilidade (as Diretrizes G3), suplementos setoriais, protocolos técnicos e de indicadores. O CEBDS (2017) afirma que, em um mundo onde os ativos intangíveis passaram a contribuir com 80% do valor de mercado corporativo, o relato das informações não financeiras tornou-se extremamente material. Além disso, declara que empresas líderes de mercado já estão adotando o relato integrado para comunicar a geração de valor financeira e extrafinanceira. O *framework* do Relato Integrado (IRRC) é um dos caminhos para buscar a integração dos indicadores socioambientais e financeiros, estimulando as empresas a informar seu modelo de negócio, suas oportunidades e, inclusive, os riscos.

A ética e a transparência são fundamentais nas finanças corporativas hoje, pois, com a velocidade das informações e a eficiência dos *softwares* e análise de dados, as empresas que não entenderem esse movimento não terão a perenidade de seus negócios.

Em resumo, a gestão social e ambientalmente responsável é fundamental também na área financeira. Cada vez mais os diretores financeiros estão envolvidos nas questões de sustentabilidade, seja para diminuição de custos, seja para gerar mais valor com produtos e serviços mais sustentáveis, seja para gerenciar os riscos éticos, ambientais e sociais. Adotar o pensamento sustentável principalmente na área financeira é um caminho sem volta.

10.11. Considerações Finais

O objetivo principal deste capítulo foi apresentar quais estratégias de aprendizagem o docente de finanças deve utilizar para que os alunos do curso de administração adquiram as competências necessárias para atuar no mercado de trabalho. Já os objetivos específicos do capítulo foram as principais ferramentas de análise de projetos e os conteúdos mínimos de finanças relacionados à análise de investimentos.

Foi apresentada ainda a evolução das finanças por meio da análise de três abordagens usadas no estudo dessa área, a tradicional, a administrativa e a da teoria econômica.

Ainda, foram abordadas as principais metodologias de aprendizagem utilizadas no ensino de finanças e as competências esperadas do administrador financeiro, com ênfase na aprendizagem ativa. Sobre este último tópico, destacou-se a necessidade de uma mudança filosófica na postura do professor em sala de aula, que, em vez de pré-organizar temas e expô-los aos alunos, deve se concentrar nos objetivos de aprendizagem que se deseja para eles.

Foram discutidas também as competências do administrador financeiro, as quais foram divididas entre gerais e específicas: da capacidade de o profissional decidir como devem ser obtidos os fundos para financiar seus investimentos à capacidade de enxergar no local o movimento global, beneficiando-se de operações estruturadas nos mercados externos que tragam *hedge* para suas operações.

Foram apresentados os principais modelos de avaliação de empresas, a saber:

Modelo Contábil, que contempla vários indicadores utilizados para a análise da *performance* de uma empresa;
Modelo de Comparação por Múltiplos, o qual precifica ativos comparáveis em relação a uma variável comum;
Modelo do Fluxo de Caixa Descontado, que tem como argumento que o valor de uma empresa é dado pela sua capacidade de geração de caixa.

O conteúdo deste capítulo é importante, pois as empresas que atuam em ambientes cada vez mais concorridos têm de saber, com muita precisão, qual o seu valor. A avaliação de uma empresa pode ser utilizada como uma ferramenta gerencial, bem como uma fonte de dados para dar suporte às decisões estratégicas da empresa. Deve-se ter em mente que, em mundo empresarial cada vez mais preocupado com a transparência e elevados níveis de *disclosure* e *compliance*, os mecanismos de avaliação se tornam condição *sine qua non* para resultados positivos em termos de criação de valor para todos os *stakeholders* envolvidos com as organizações.

Questões para Reflexão

1. Discorra sobre a evolução das abordagens relacionadas ao estudo de finanças.
2. Faça uma análise crítica das metodologias de aprendizagem utilizadas no ensino de finanças.
3. Quais as vantagens e limitações do modelo contábil para a avaliação de empresas?
4. O ROI tem sido criticado por alguns estudiosos de finanças. Qual é a maior deficiência desse indicador?
5. Qual a maior preocupação que o analista financeiro deve ter ao comparar os indicadores contábeis de uma empresa com outras empresas?
6. Qual é a lógica utilizada na avaliação de empresas por meio de múltiplos?
7. Qual índice é utilizado para verificar se uma empresa está com seu preço de mercado inferior ou superior ao seu valor contábil?
8. Por que a metodologia do Fluxo de Caixa Descontado é superior às demais metodologias de avaliação de empresas?
9. Quais as subjetividades da metodologia de Fluxo de Caixa Descontado?
10. Quais questionamentos adicionais Copeland propõe após o cálculo do DCF?

Estudo de Caso
Criação de Valor

Cada vez mais os gestores estão se concentrando na criação de valor e não somente no lucro (contábil) das empresas. Os gestores de uma companhia são cobrados pelo seu desempenho em termos de geração de valor para as empresas e seus acionistas, o que exige que a gestão seja focada na criação de valor fundamentada em objetivos claros, com parâmetros competitivos e instrumentos de gestão integrados.

Entre as várias metodologias de análise de criação de valor está a análise fundamentalista, também denominada Modelo Contábil. Ela é simples, pois utiliza as informações dos demonstrativos financeiros.

Este estudo de caso fornece a seguir o Balanço Patrimonial e a Demonstração de Resultado de uma empresa fictícia, a Alpha S/A. Com base nesses demonstrativos, calcule:

a) os indicadores de liquidez Corrente, Seca e Geral;
b) o Índice de Margem Líquida;
c) o Retorno sobre o Ativo (ROA);
d) o Retorno sobre o PL (ROE);
e) o Lucro por Ação (LPA);
f) o índice P/L.

Após o cálculos dos indicadores, faça um relatório sobre a evolução dos indicadores ao longo dos dois anos e emita um diagnóstico da criação ou não de valor da empresa Alpha S/A.

ALPHA S/A		
BALANÇO PATRIMONIAL	31/12/2015	31/12/2016
ATIVO		
Ativo Circulante	490.000	472.000
Disponibilidades	240.000	202.000
Duplicatas a receber	120.000	130.000
Estoques	130.000	140.000
Realizável a Longo Prazo	220.000	220.000
Ativo Permanente	800.000	890.000
Total do Ativo	1.510.000	1.582.000
PASSIVO		
Passivo Circulante	330.000	347.000
Fornecedores	150.000	155.000
Contas a pagar	180.000	192.000
Exigível a Longo Prazo	380.000	378.300
Financiamentos	305.000	285.000
Tributos	75.000	93.300
Patrimônio Líquido	800.000	856.700
Capital	580.000	580.000
Lucros Acumulados	220.000	276.700
Total do Passivo	1.510.000	1.582.000
D.R.E.	31/12/2015	31/12/2016
Receita Bruta	820.000	995.000
Impostos s/ vendas	164.000	199.00
Receita Líquida	656.000	796.000
C.P.V.	348.000	435.000
Lucro Bruto	308.000	361.000
Despesas Administrativas	110.000	120.000
Despesas Comerciais	60.000	70.000
Despesas Financeiras	65.000	60.000
Lucro Operacional	73.000	111.000
Rec (Desp) não operacionais	2.600	1.000
Lucro antes do I. R.	75.600	112.000
I. R.	18.900	33.600
Lucro Líquido do Exército	56.700	78.400
Dados Adicionais	31/12/2015	31/12/2016
Quantidade de ações	2.850	2.850
Preço de ação	30,00	28,00

Referências

Anastasiou, L. das G. C.; Alves, L. P. Processos de Ensinagem na Universidade: Pressupostos para as Estratégias de Trabalho em Aula. Joinville: Univille, 2007.

Anastasiou, L. das G. C. Ensinar, Aprender, Apreender E Processos De Ensinagem. Disponível em: <http://fipa.com.br/facfipa/ise/pdf/capitulo1.pdf>. Acesso em: 02 jul. 2014.

Andrade, R. O. B. de; Amboni, N. Projeto Pedagógico para Cursos De Administração. São Paulo: Makron Books, 2002.

Archer, S. H., D'Ambrosio, E. C. A. *Administração Financeira* (Teoria e Aplicação). São Paulo: Atlas, 1971.

Bodie, Z.; Merton, R. C. *Finanças*. Porto Alegre: Bookman, 1999.

Brealey, R. A.; Myers, S. C.; Allen, F. *Princípios de Finanças Corporativas*. São Paulo: McGraw-Hill, 2008.

Conselho Brasileiro de Desenvolvimento Sustentável (CEBDS). Disponível em: <www.cebeds.org.br>. Acesso em: 11 mar. 2019.

Copeland, T., Koller, T., Murrin, J. *Avaliação de Empresas, "Valuation"*: Calculando e Gerenciando o Valor das Empresas. 3 ed. São Paulo: Makron Books do Brasil Editora, 2002.

Cervo, A. L.; Bervian, P. A. *Metodologia Científica*. 6 ed. São Paulo: Makron Books, 2007.

Damodaran, A. Avaliação de Investimentos: Ferramentas e Técnicas para a Determinação do Valor de Qualquer Ativo. 2 ed. São Paulo: Qualitymark, 2010.

Damodaran, A. *A Face Oculta da Avaliação*: Avaliação de Empresas da Velha Tecnologia, da Nova Tecnologia e da Nova Economia. São Paulo: Makron Books, 2002.

Ernest & Young. Six Growing Trends In Corporate Sustainability, 2012.

Falcini, Primo. Avaliação Econômica de Empresas: Técnica e Prática. 2 ed. São Paulo: Atlas, 1995.

Foucault, M. *A Arqueologia do Saber*. 6 ed. Rio de Janeiro: Forense, 2002.

GRI. Global Reporting Initiative. Disponível em: <www.globalreporting.org>. Acesso em: 11 mar. 2019.

Gudwin, R. Aprendizagem Ativa. Disponível em: <http://faculty.dca.fee.unicamp.br/gudwin/activelearning>. Acesso em: 26 jun. 2014.

Haugen, R. A. *The New Finance*: The Case Against Efficient Markets. New Jersey: Prentice Hall, 1999.

HENDRIKSEN, E. S., BREDA, M. F. Van. *Teoria da Contabilidade*. São Paulo: Atlas, 2010.

IUDÍCIBUS, S. de. *Análise de Balanços*. 10 ed. São Paulo: Atlas, 2009.

JOHNSON, H. T., KAPLAN, R. S. Contabilidade Gerencial: A Restauração da Relevância da Contabilidade nas Empresas. Rio de Janeiro: Campus, 1993.

LAASCH, O. CONAWAY, R. *Fundamentos da Gestão Responsável*: Sustentabilidade, Responsabilidade e Ética. São Paulo: Cengage Learning, 2015.

MARKOWITZ, H. Portfolio Selection. *The Journal of Political Economy*, v. 7, pp. 77- 91, 1952.

MASETTO, M. T. Ensino e Aprendizagem no 3° grau. In: DÁNTOLA, A. (Org.). *A Prática Docente na Universidade*. São Paulo: EPU, 1992.

MASETTO, M. T. Atividades Pedagógicas no Cotidiano da Sala de Aula Universitária: Reflexões e Sugestões Práticas. In: CASTANHO, S.; CASTANHO, M. E. Temas e Textos em Metodologia do Ensino Superior. Campinas: Papirus, 2001.

MODIGLIANI, F.; MILLER, M. H. The Cost of Capital, Corporation Finance and the Theory of Investment. *The American Economic Review*, v. 48, nr. 3, pp. 261-297, jun., 1958.

MORETTO, V. P. Prova: Um Momento Privilegiado de Estudo, Não um Acerto de Contas. 7 ed. Rio de Janeiro: Lamparina, 2007.

PETRUCCI, V. B. CAVALCANTI; BATISTON, R. R. Estratégias de Ensino e Avaliação de Aprendizagem em Contabilidade. In: PELEIAS, Ivan Ricardo. (Org.) *Didática do Ensino da Contabilidade*. São Paulo: Saraiva, 2006.

RAPPAPORT, A. *Gerando Valor para o Acionista*: Um Guia para Administradores e Investidores. São Paulo: Atlas, 2001.

ROSS, S. A.; WESTERFIELD, R. W.; JAFFE, J. F. *Administração Financeira*. São Paulo: Atlas,1995.

SHARPE, N. F. Capital Asset Prices: A Theory of Market Equilibrium under Conditions of Risk. *The Journal of Finance*, v. 196, nr. 3, pp. 425-442, 1964.

SCHOENFELD, A. H. 1989. Teaching Mathematical Thinking Curriculum: Current Cognitive Research. *1989 ASDC Yearbook*. Association for Supervision and Curriculum Development. pp. 83-103.

TACCA, M. C. V. R. *Aprendizagem e Trabalho Pedagógico*. Campinas: Editora Alínea, 2006.

TACHIZAWA, T.; ANDRADE, R. O. B. *Gestão Socioambiental:* Estratégias na Nova Era da Sustentabilidade. Rio de Janeiro: Elsevier, 2012.

TACHIZAWA, T.; ANDRADE, R. O. B. de. *Tecnologias da Informação Aplicadas às Instituições de Ensino e às Universidades Corporativas*. São Paulo: Atlas, 2003.

WESTON, J. F. *Finanças de Empresas*. São Paulo: Atlas, 1975. Atlas, 1975.

Capítulo 11
Impacto dos Negócios Digitais no Resultado Financeiro

Claudio Oliveira

"Se você pode medir, então você possui algum controle sobre o que é medido."

Rhaticus, Astrônomo renascentista

Objetivos:
- Conceituar as contribuições da presença digital para o negócio.
- Delimitar quais variáveis da presença digital afetam os resultados financeiros das empresas.
- Definir o que é maturidade digital e como esse conceito pode ser usado para tornar as empresas mais competitivas.
- Elaborar um modelo de causa e efeito que relacione as variáveis de maturidade digital com os negócios gerados pela empresa.

11.1. Introdução

Uma máxima na área da Administração é que "o que pode ser medido pode ser controlado". A célebre frase costuma ser atribuída a Peter Drucker, papa da Administração, porém ele nunca disse isso (ZAE, 2013). Na verdade, o primeiro registro dessa frase é atribuído a Rhaticus, um astrônomo renascentista, o que já dá uma ideia do quão antiga é a ilusão de que os números podem gerar algum controle sobre os fatos. Peter Drucker tinha uma ideia muito mais elaborada de gestão, que abrangia, além da mensuração, o envolvimento das pessoas e a capacidade de planejar, buscar metas e implantar ações corretivas.

No primeiro plano, este capítulo aborda como a presença digital, conjunto das mídias da empresa na internet, se relaciona com os resultados financeiros. Estudos do MIT em parceria com a consultoria Capgemini apontam que as empresas que melhor gerenciam sua presença digital obtém lucros em média 26% superiores aos de seus pares na mesma indústria (WESTERMAN *et al.*, 2012). Esta é uma realidade que afeta todas as indústrias, em maior ou menor escala como será visto. Porém, o mais relevante para o administrador é saber como se apropriar dessa informação e construir um ambiente em que as áreas de negócios e de tecnologia mantenham o alinhamento e consigam produzir esses resultados. Por esse motivo, neste estudo será descrito um método para que os executivos possam tomar decisões mais assertivas com base nos indicadores da presença digital, o chamado Índice de Maturidade Digital (IMD).

11.2. A Importância dos Negócios Digitais para a Competitividade das Empresas

Michael Porter descreveu cinco forças capazes de moldar a competitividade, assim como a expectativa de lucro em uma determinada indústria ou um grupo estratégico. Para que uma empresa conquiste uma lucratividade maior que a média do setor, ela deve possuir vantagem competitiva. Essa vantagem se apoia em uma das três estratégias genéricas: liderança de custo (que consiste em um processo que entregue o mesmo produto que seus concorrentes, porém usando menos recursos), diferenciação (produção de um produto ou serviço diferenciado que permita uma oferta com preço maior) ou enfoque (que implica o uso dessas estratégias em um mercado específico) (PORTER, 1996). Porter também discutiu a dificuldade de se conduzir mais de uma estratégia genérica. Adotar mais de uma estratégia genérica implicaria no risco de ficar no meio do caminho e não ser bom em nada. Seria como um pato, que caminha, nada e voa, mas não realiza nenhuma dessas atividades direito. Apesar dessa visão estratégica tradicional, a tecnologia tem mudado alguns paradigmas. Alguns autores acreditam ser possível oferecer uma grande variedade de produtos segmentados em larga escala. Essa customização em massa desafia o conceito apresentado por Porter a respeito da priorização pelo uso de processos de produção flexíveis e inovadores.

Posteriormente, Porter (2001) reconheceu que a internet transforma a competitividade empresarial, pois é considerada a plataforma que melhor integra um sistema de valor. Além dessa contribuição, alguns autores argumentam que a internet desempenha um papel revolucionário, suportando uma NOVA ECONOMIA, fazendo com que os consumidores sejam também colaboradores no processo produtivo e permitindo que mercados cada vez mais segmentados sejam atingidos (TAPSCOTT & WILLIANS, 2001).

Anderson (2006) denomina essa segmentação como "cauda longa" e cita o exemplo de diversos mercados afetados, como, por exemplo, a indústria cinematográfica. Antes da disseminação de novas tecnologias como a internet, as produtoras desenvolviam poucos filmes que tinham uma enorme audiência. A média do público dos filmes é menor do que há décadas atrás. Em compensação, existe uma quantidade bem maior de filmes no mercado que possuem público cativo e, embora este público seja menor que o dos principais filmes, é o suficiente para que essas produções gerem retorno financeiro. Esse fenômeno pode ser observado na Figura 11.1, que representa a transformação na curva de demanda da Netflix nos Estados Unidos entre os anos 2000 e 2005.

Figura 11.1

A cauda longa

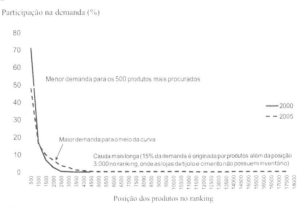

Fonte: Anderson, 2006.

Segundo Anderson (2006), três forças impulsionam o fenômeno da cauda longa: (1) democratização da produção: produtores e fabricantes de ferramentas (ex.: câmeras de vídeos digitais); (2) democratização da distribuição: agregadores de cauda longa (ex.: Netflix); (3) ligação de oferta e demanda: filtros de cauda longa (ex.: Google).

Nessa economia segmentada, ter um bom entendimento do consumidor é um diferencial de extrema importância. A interação com os consumidores, sobretudo os comentários em mídias sociais, permite que usuários demonstrem explicitamente suas opiniões. Esse conhecimento emergente tem encorajado diversas empresas a desenvolverem novas estratégias baseadas no próprio consumidor.

No início da internet comercial, na década de 1990, o *site* da empresa era sinônimo de presença digital, o número de usuários era restrito e as possibilidades de interação com a marca eram limitadas, as informações a respeito da empresa eram controladas exclusivamente pela própria empresa.

Hoje em dia, a presença digital se tornou mais complexa, ampliando as possibilidades de comunicação nos três diferentes tipos de mídias: paga, própria e conquistada (CORCORAN, 2009). A mídia própria, antes controlada pela empresa e limitada a *websites*, distribui-se agora em aplicativos móveis, páginas em *sites* de redes sociais, canais de vídeo e, até mesmo, em dispositivos que podem ser vestidos ou incorporados em objetos do cotidiano como geladeiras e carros. A mídia paga, que antes era limitada à mídia gráfica como *pop-ups* e *banners* veiculados em grandes portais, agora se distribui em *sites* que permitem alta segmentação como mecanismos de busca e *sites* de redes sociais.

Os usuários passaram a produzir conteúdo colaborativo em *wikis*, *blogs* e mídias sociais nas quais publicam livremente conteúdos sobre as empresas (O'REILLY, 2005), tornando-se de interesse destas administrar e se comunicar com essa interface, considerada mídia conquistada (CORCORAN, 2009). Outro componente dessa mídia é a tendência de procura da marca em mecanismos de busca como Google, pois representa a recordação espontânea da marca (KAUSHIK, 2012).

Essa transformação das mídias torna a gestão do relacionamento com o consumidor na internet cada vez mais crítica para o sucesso das empresas. Além disso, o número de pessoas com acesso à internet é cada vez maior. O alcance mundial da rede estimado em 2016 foi de 3,5 bilhões de pessoas

(International Telecommunication Union, 2016), sendo que no Brasil há 120 milhões de habitantes com acesso à internet (IBGE, 2015). Por essas razões, consideramos que um fator essencial para entendimento e sobrevivência em meio a tal transformação é a Maturidade Digital, que pretendemos abordar adiante.

11.3. Impacto da Presença Digital no Resultado Financeiro

As alterações que as mídias digitais provocam na cadeia de valor possibilitam que as empresas se tornem ainda mais eficientes, obtendo resultados mais previsíveis, e aproximem seu relacionamento dos consumidores. Nem todas aproveitam essas novas tecnologias, mas elas estão disponíveis e mais acessíveis do que nunca. Até mesmo pequenos negócios conseguem implantar uma campanha digital, controlar os resultados e administrar sua produção usando ferramentas gratuitas ou de baixíssimo custo.

Posto isso, talvez valha a pena perguntar como as empresas se apropriam das mídias digitais e como elas afetam o resultado financeiros das empresas. Estudo do MIT Digital Center em conjunto com a consultoria Capgemini separou as empresas em quatro grandes grupos de acordo com sua maturidade digital (WESTERMAN et al., 2012):

Iniciantes – Possuem poucas capacidades digitais, limitam-se a aplicações mais tradicionais. Obtêm lucro até 24% menor que a concorrência, mostrando que ficaram para trás na competição por subestimarem projetos mais arrojados de tecnologia.

Fashionistas – Experimentaram diversas aplicações digitais, algumas criaram valor, porém muitas não geraram resultados. Essa variabilidade impacta negativamente o lucro, gerando resultados até 11% abaixo da concorrência.

Conservadores – Privilegiam segurança em vez de inovação, realizam investimentos seletivos, mas consistentes, em tecnologia e mídia digital. Essas empresas obtêm lucro até 9% maior que concorrentes, mostrando que, apesar do conservadorismo, a coerência dos investimentos em digital com a estratégia são recompensados.

Digirati – Realizam investimentos agressivos em digital alinhados com visão estratégica e capacidade de execução. Conseguem lucro 26% maior que o dos concorrentes, utilizam as mídias digitais para gerar vantagem competitiva e realizam iniciativas que são alinhadas com a estratégia de negócios.

Esses estudos são bastante reveladores e servem de inspiração para tomada de decisões estratégicas. Porém, refletem a situação de empresas estrangeiras. O ESPM Media Lab (2015) procurou verificar essa relação entre presença digital e lucro em empresas brasileiras e analisou quatro indústrias: automotiva, bancária, telecomunicações e eletroeletrônicos. Verificou-se que em todas as indústrias as mídias digitais se relacionam com resultados financeiro, mas que, em algumas delas, a relação é mais intensa. No mercado automotivo, notou-se uma relação moderada entre vendas e visitas aos *sites* das montadoras. No mercado financeiro, nota-se uma forte relação das variáveis de visitas e buscas no Google com todos os indicadores financeiros: faturamento, crescimento, lucro e rentabilidade. Essas relações demonstram que a prestação de serviços via internet *banking* e a busca de produtos associada à marca dos bancos é relevante na competição digital. As indústrias de telecomunicações e de eletroeletrônicos apontam para relações mais complexas entre mídias digitais e resultados financeiros.

Na indústria de eletroeletrônicos, as variáveis de mídias sociais são destaque. Tanto os seguidores no Twitter, quanto o número de inscritos e *views* no YouTube estão relacionados aos resultados financeiros. O número de YouTubers e de Twitter *followers* possui correlação muito forte com o crescimento dessas empresas, talvez sinalizando a importância dessas mídias na aquisição de novos consumidores. Além disso, o número de visitas ao *site* se relaciona de forma moderada com o lucro dessas empresas.

No mercado de telecomunicações, as empresas que conseguem melhores resultados com a presença digital são aquelas que privilegiam a usabilidade de seus *sites*, pois, no portal dessas empresas, os usuários navegam por mais tempo e a maior parte dos usuários navega além da primeira página. Canais sofisticados no YouTube também são relevantes nessa indústria, pois o número de inscritos e de *views* está ligado ao lucro e à rentabilidade respectivamente. Assim como o volume de buscas no Google que se relaciona com o crescimento no faturamento, pois o fato da marca ser lembrada é importante na competitividade.

Porém, eventualmente, a aplicação prática dessas relações pode ser questionada, afinal: para que servem esses modelos sofisticados em plena crise? Uma das aplicações é fornecer um cenário comparativo da *performance* das empresas e permitir que se elaborem estratégias para se conseguir obter vantagem competitiva com essas mídias. Para tanto, foi criado o Índice de Presença Digital (IPD), baseado na *performance* das mídias digitais ponderada pela relação que cada uma dessas variáveis tem com o lucro das empresas (OLIVEIRA et al., 2015). Ele permite estabelecer um *ranking* das empresas de acordo com a presença digital e visualizar o detalhe da *performance* das empresas em cada variável, como pode ser visto na Figura 11.2 que registra o IPD das empresas de Telecom.

Uma outra aplicação do IPD é a empresa verificar quais são as mídias digitais que requerem melhoria, quais devem melhorar urgentemente e quais são as mídias que estão num padrão de *performance* aceitável. Essa

Figura 11.2

Ranking do Índice de Presença Digital das operadoras de Telecom

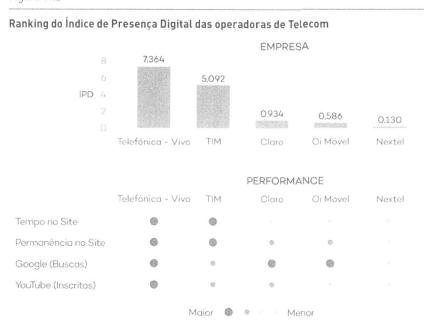

Fonte: ESPM Media Lab, 2015

análise é facilitada pela matriz de importância e desempenho, na qual a importância é proporcional à relação com o resultado financeiro e o desempenho é relativo à *performance* dos concorrentes. Ao incluir os dados de determinada empresa nessa matriz, nota-se com clareza as variáveis que devem ser priorizadas. Por exemplo, na figura 2, que representa a matriz da operadora TIM, as variáveis "permanência no *site*" e "tempo no *site*" possuem desempenho adequado, pois a operadora possui nível de *performance* além dos concorrentes. Já as variáveis "buscas no Google" e "inscritos no YouTube" merecem uma atenção maior, pois têm alta relação com o lucro e a empresa encontra-se em pior condição que seus concorrentes diretos.

Figura 11.3

Matriz de importância e desempenho da operadora TIM

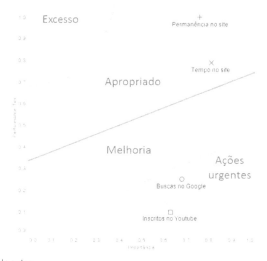

Fonte: Elaborada pelo autor.

Uma vez verificada a importância da presença digital para o resultado financeiro e para a competitividade, é importante que o administrador domine o estudo das variáveis digitais denominado *Digital Analytics* e saiba como tomar decisões considerando essas variáveis, temas dos próximos tópicos.

11.4. *Big Data* e *Digital Analytics*

A diminuição do custo de armazenagem de dados e o aumento das interações dos consumidores com a presença digital geraram um volume de dados digitais que dobra a cada ano, fenômeno conhecido como *big data*. Esse conceito envolve 5 Vs: trabalhar com grandes Volumes de dados, com Variedade, Velocidade de crescimento, análise do Valor e verificação da Veracidade (MCAFEE & BRYNJOLFSSON, 2012; DEMCHENKO et al. 2013). Existem diversas formas de se apropriar desses dados impulsionando o conhecimento sobre o consumidor (CHEN et. al. 2014), uma delas é o *digital analytics* que cuida das análises de dados digitais para melhorar a *performance* dos negócios (Digital Analytics Association, 2014).

Os componentes estudados por *digital analytics* compreendem todo o relacionamento digital do consumidor com as marcas, conforme pode ser visto na Figura 11.4. O primeiro componente é a própria navegação do usuário na internet (1); a audiência dos usuários é captada para as propriedades da empresa através da presença ativa (2); a navegação do usuário nas propriedades digitais da empresa, como *sites* e aplicativos, é a presença receptiva (3); essas interações são permeadas pelos comentários e conteúdos

Figura 11.4

Framework de Digital Analytics

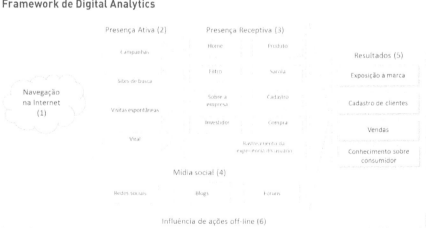

Fonte: Oliveira & Laurindo, 2011.

publicados pelos consumidores nas mídias digitais (4); e geram resultados para a empresa que vão desde vendas, quando isso for possível de se realizar pelo *site*, até o conhecimento gerado pelo consumidor (5). A forma como essas interações afetam as ações *on-line* da empresa, assim como os efeitos das ações *on-line* no ambiente digital também são analisados (6) (OLIVEIRA & LAURINDO, 2011).

Digital analytics amplia a capacidade analítica das empresas de diferentes formas:

- Inteligência competitiva – As informações de pesquisas de mercado sobre audiência dos internautas e a visitação aos *sites* concorrentes são relevantes para a inteligência competitiva, pois permitem que, num curto intervalo de tempo, atualize-se um *benchmark* sobre a empresa e seus concorrentes, sem a necessidade de pesquisas de campo dispendiosas (KAUSHIK, 2014).
- Geração de *insights* – O conhecimento gerado pelo consumidor nas mídias sociais, nos mecanismos de busca ou nas interações com a presença *on-line* da empresa pode gerar *insights* para desenvolvimento de novos produtos e serviços e até mesmo impulsionar a co-criação de tais produtos e serviços com os consumidores (FOX, 2010; GIBBERT et al., 2002; TAPSCOTT & WILLIAMS, 2007).
- Otimização de presença ativa – A internet permite que os indicadores de comunicação sejam mensurados e a eficiência da campanha seja melhorada em tempo real (FOX, 2010; SCOTT, 2011).
- Influência das mídias sociais – A análise de *posts* nas redes sociais é um termômetro para avaliar as percepções sobre as marcas, os sentimentos do consumidor e seus reflexos nas intenções de compra (STERN, 2010).
- Usabilidade – As análises referentes à usabilidade colocam o consumidor no centro do processo de melhoria contínua dos *sites* e aplicativos que visa, fundamentalmente, melhorar a conversão de visitas em negócios (KAUSHIK, 2009).
- Convergência – A integração entre dados de ações *on-line* e *off-line* executadas em diversos canais pode melhorar os resultados de empreendimentos corporativos como campanhas e novos produtos (SHANKAR & YADAV, 2010).

As possibilidades de *digital analytics* são numerosas; no entanto, para que essas análises façam sentido para empresa, é necessário que elas estejam alinhadas com a estratégia corporativa e que haja uma relação de causa e efeito entre elas e os seguintes objetivos de negócios: diminuir custos, aumentar o faturamento, ou melhorar o relacionamento com os clientes (Kaushik, 2010).

11.5. A Construção de um Índice de Maturidade Digital (IMD)

"Um modelo da maturidade é uma estrutura para caracterizar a evolução de um sistema, de um estado menos ordenado e menos efetivo, para um estado mais ordenado e altamente eficaz (Albino et al., 2008)". Um modelo de maturidade digital deve garantir que a presença digital esteja alinhada com a estratégia de negócios e que os resultados dessa presença contribuam para o estabelecimento de vantagem competitiva e geração de resultados financeiros para a empresa.

Para que os executivos consigam medir o grau de maturidade digital da empresa e consigam tomar decisões para melhorar a efetividade da presença digital foi criado o Índice de Maturidade Digital (IMD). O IMD foi criado após *workshops* e análises de estudos de casos com empresas de diversos mercados e é baseado num método descrito a seguir em quatro passos, que podem ser aplicados por empresas de diversos portes (Oliveira et al., 2016):

Passo 1 – Montagem do mapa estratégico da presença digital da empresa: definição dos objetivos estratégicos da empresa. Classificação dos objetivos por dimensões (Financeiro, Clientes, Processos Internos e Aprendizado/Crescimento), estabelecimento das relações de causa e efeito.

Passo 2 – Definição dos indicadores que fazem parte do IMD: definição dos indicadores para mensurar os objetivos estratégicos; estabelecimento de metas; coleta de dados desses indicadores.

Passo 3 – Cálculo do IMD considerando o peso e o desempenho das variáveis: priorização das variáveis através do método Delphi; estabelecimento de parâmetros de desempenho baseados em dados de pesquisa e série histórica. Cálculo do IMD por meio da média ponderada das notas de cada variável.

Passo 4 – Desenvolvimento de um painel de controle usando dados reais da presença digital da empresa: formulação de gráficos que ilustram o desempenho das variáveis do IMD; publicação do painel.

11.5.1. Passo 1 – Montagem do Mapa Estratégico da Presença Digital da Empresa

A fim de permitir uma organização das métricas para gerar o índice de maturidade digital, será utilizada uma ferramenta de planejamento estratégico conhecida como *Balanced Scorecard* (BSC), uma metodologia implantada nas empresas com melhores práticas de gestão. O BSC é um sistema de gerenciamento que permite que a visão e as estratégias da organização fiquem claras, bem como permite que estas se transformem em ação (KAPLAN & NORTON, 1997). O BSC fornece um *feedback* sobre os processos internos e sobre os resultados externos, a fim de buscar, continuamente, uma *performance* estratégica melhor e melhores resultados. Kaplan e Norton (1997) estabelecem quatro dimensões, ou questionamentos, que devem ser analisados pelas empresas para montarem suas estratégias:

Financeiro: Para sermos bem-sucedidos financeiramente, como deveríamos ser vistos pelos nossos acionistas ou donos da empresa?

Cliente: Para alcançarmos nossa visão, como deveríamos ser vistos pelos nossos clientes?

Processos internos: Para satisfazermos nossos acionistas e clientes, em que processos de negócios devemos alcançar a excelência?

Aprendizado e crescimento: Para alcançarmos nossa visão, como sustentaremos nossa capacidade de mudar e melhorar?

A partir desses questionamentos, são delineados os objetivos estratégicos da empresa que, depois, são relacionados em um mapa de causa e efeito (Figura 11.5). Para cada objetivo estratégico, são definidos indicadores. Esses indicadores possuem parâmetros de *performance* para que a empresa possa avaliar os indicadores e tomar ações corretivas se necessário.

Figura 11.5

Exemplo de mapa estratégico

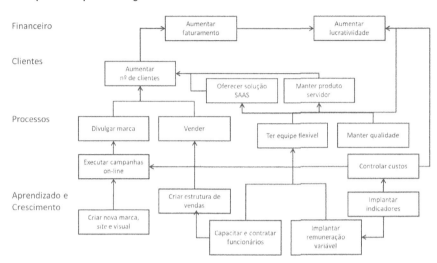

Fonte: Baseado em KAPLAN e NORTON, 1997.

11.5.2. Passo 2 – Definição dos Indicadores que Fazem Parte do IMD

Com o mapa estratégico são definidos indicadores que podem medir se esses objetivos serão atingidos; por exemplo, para o objetivo "aumentar o faturamento" pode ser definido o indicador "volume de vendas". Cada indicador requer uma prioridade e parâmetros de sucesso, a prioridade informa o quanto o indicador é importante para a estratégia de negócios da empresa, enquanto os parâmetros indicam o quanto a empresa está sendo eficaz nesse indicador.

O método Delphi (MORAES & LAURINDO, 2008) promove o balanceamento dos indicadores, pois, ao utilizá-lo, os executivos chegam a um consenso sobre a prioridade de cada variável através de um processo sucessivo de classificação das prioridades conforme Figura 11.6.

Os indicadores devem ser parametrizados e metas devem ser estabelecidas para que se possa avaliar seu desempenho de forma clara e objetiva. Para estabelecer os parâmetros, verifica-se o desempenho dos concorrentes em pesquisas de mercado sempre que isso for possível, ou definem-se

Figura 11.6

Ordenação e priorização do método Delphi

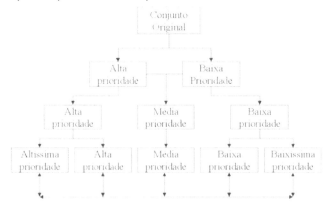

Fonte: Moraes & Laurindo, 2008.

os parâmetros por tendências a partir das séries históricas ou estimativas (TARAPANOFF, 2004; KAUSHIK, 2014). A Tabela 11.1 apresenta um exemplo completo dos indicadores com seus devidos parâmetros e prioridades.

11.5.3. Passo 3 – Cálculo do IMD Considerando o Peso e o Desempenho das Variáveis

Um dos problemas dos relatórios de *digital analytics* é que eles são prolixos e não permitem a tomada de decisões estratégicas (KAUSHIK, 2009). Para superar esse problema, o IMD resume a *performance* dos indicadores digitais num único índice que varia de 0 a 10. Isso ocorre porque, em entrevistas com executivos, percebeu-se que uma nota de 0 a 10 é facilmente compreendida, até mesmo por ser uma referência utilizada na vida escolar da maioria das pessoas, e com uma rápida visão é possível saber o estado da presença digital da empresa. Para tanto, é necessário estabelecer parâmetros de *performance* para que cada indicador possa ser avaliado dessa forma (Figura 11.7). O cálculo do IMD é feito tirando-se a média ponderada desses indicadores. Cada nota de indicadores é multiplicada pelo seu peso (um percentual de 0 a 100% proporcional a prioridade de cada indicador), o IMD é a soma de todos os fatores (nota × peso). Um exemplo de cálculo do IMD pode ser visto na Tabela 11.1.

11.5.4. Passo 4 – Desenvolvimento de um Painel de Controle

Diante do gerenciamento da maturidade digital, existe um grande desafio: analisar e usar estrategicamente os fatos relacionados a ele. Isso deve ser feito de maneira que as ferramentas e os dados disponíveis possibilitem ao executivo detectar tendências e tomar decisões eficientes em tempo hábil (SERRA, 2002). Os painéis de controle estratégicos de *digital analytics* são fundamentais para esse processo, Kaushik (2014) diferencia esses painéis dos repositórios de dados e dos painéis de controle tático:

> Repositórios de dados são telas que resumem dados provenientes de determinada fonte de dados, por exemplo o Google Analytics, que possui telas consolidando as métricas da ferramenta. No entanto, essas telas são utilizadas plenamente apenas por especialistas, uma vez que representam um conjunto de dados e não estão voltadas para o negócio.
>
> Painéis de controle tático abordam temas específicos como análise de resultado das campanhas, dados esses que podem vir de diversas fontes e servem para que alguns executivos tomem decisões específicas,
>
> Painéis de controle estratégico consolidam todos os dados relevantes para a estratégia da empresa, mas, diferentemente dos anteriores, trazem uma carga maior de explicação sobre os indicadores, pois normalmente os executivos que observam esses painéis são generalistas que precisam entender a relevância do indicador para o negócio.

11.6. Aplicação do IMD num Negócio

A fim de explicar o conceito do IMD de forma mais didática, será apresentado o caso de aplicação do IMD numa empresa. Por motivos de confidencialidade dos dados, a empresa não pode ser revelada e os dados serão distorcidos. A companhia atua no setor de serviços e gera negócios pela internet usando campanhas digitais para impulsionar as visitas ao *site*. Como a compra do serviço depende da assinatura do contrato, o cliente preenche um cadastro com a intenção de compra chamado *lead*.

A reputação dessa empresa nas mídias sociais é muito relevante na decisão de compra do cliente, pois ela trabalha com contratos que podem ser de longo prazo e qualquer problema em sua reputação pode afugentar clientes. A análise da empresa seguiu a metodologia de estudo de caso proposta por Yin (2009) e, por motivos de concisão, o caso será explicado de forma breve, privilegiando a didática. O estudo completo, incluindo nove estudos de caso, está disponível em artigo (OLIVEIRA et al., 2016). Uma etapa preliminar à implantação do IMD foi a realização de análises de *digital analytics* para avaliar os dados de audiência e das campanhas da empresa, assim como os dados disponíveis em pesquisas de mercado e nas mídias sociais. A análise diagnosticou que a empresa possui uma audiência aquém de seus concorrentes e uma baixa taxa de conversão entre visitas e geração de *leads*. No entanto, a reputação em mídias sociais é relevante, com alto volume de *posts* e a maioria dos comentários ressaltando aspectos positivos da empresa.

O primeiro passo para implantação do IMD foi organizar os objetivos estratégicos de acordo com as quatro dimensões do BSC: Financeira, Clientes, Processos Internos e Aprendizado e Crescimento (KAPLAN & NORTON, 1997).

Na dimensão financeira, verificamos que as principais contribuições da presença digital para atingir o resultado financeiro da instituição são:

- o volume de *leads* gerado pelas campanhas digitais;
- o custo por aquisição (CPA) das campanhas.

Na dimensão de clientes, notamos que as contribuições para o relacionamento do cliente são:

- o aumento da audiência do *site* e do aplicativo da empresa;
- as novas visitas geradas ao *site*
- a conversão das visitas ao *site* em *leads*;
- a reputação da marca nas mídias sociais medidos pelos sentimentos identificados nos *posts* que mencionam a marca;
- a lembrança da marca mensurada com base na pesquisa pelo nome da marca nos mecanismos de busca.

As principais contribuições identificadas na dimensão dos processos internos são:

- a gestão do desempenho das campanhas digitais;
- o controle de custos da campanha;
- a melhoria contínua do *site* para que a empresa mantenha excelência e seja competitiva.

Na dimensão de aprendizado e crescimento, identificamos a necessidade de duas iniciativas para mudar e melhorar os processos da escola:

A implantação de um funil de conversão no *site*, que é crítica para avaliar quais veículos efetivamente trouxeram mais inscritos. Hoje o número de *leads* é controlado pelo sistema de gestão da empresa e não chega a esse nível de detalhamento; com o funil de conversão, o Google Analytics mostraria a página de entrada do usuário, por onde ele passou e se efetivamente efetuou o *lead*, permitindo fazer filtros por campanha.

A otimização do processo de geração de *leads*, melhorando o fluxo página a página.

O resultado dessa discussão foi um mapa estratégico mostrando as relações de causa e efeito dos objetivos da presença digital identificadas com setas (Figura 11.7). Essa representação é importante para o entendimento do contexto, e executivos podem compreender melhor o mapa perguntando: O que precisa ser feito para se chegar a tal objetivo? Por exemplo, para aumentar o volume de inscritos, é necessário melhorar a experiência do usuário no *site*, ter boa reputação nas mídias sociais e melhorar a lembrança de marca. Para que o usuário tenha uma boa experiência no *site*, é necessário um processo de melhoria contínua da plataforma e assim por diante. O mapa também ajuda o técnico a entender a importância de seu trabalho para a instituição e, nesse caso, ele pode perguntar: por que eu devo chegar a esse objetivo? Por exemplo: por que melhorar o processo de geração de *lead* no *site*? Para aumentar a conversão de interessados nos cursos em inscritos, que, por sua vez, aumentará o volume de *leads* e o retorno sobre investimento das campanhas. Esse processo lógico melhora

Figura 11.7

Mapa estratégico da presença digital da empresa analisada

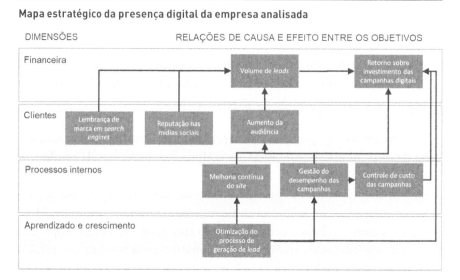

a comunicação entre os envolvidos e fortalece o alinhamento estratégico (KAPLAN & NORTON, 1997).

O segundo passo para a implantação do IMD foi definir quais são os indicadores necessários para se medir os objetivos, estabelecendo inclusive as fontes para obtenção dos dados conforme a Tabela 11.2.

Na sequência, o peso das variáveis foi definido e estabelecidos seus parâmetros de *performance*. O método Delphi, por meio do qual os executivos da equipe de Marketing chegam a um consenso sobre a prioridade de cada variável usando um processo sucessivo de classificação das prioridades, foi empregado para definir o peso das variáveis (MORAES & LAURINDO, 2008). As variáveis com altíssima prioridade tiveram peso 5 e as variáveis com baixíssima prioridade receberam peso 1 (Tabela 11.2).

Para estabelecer os parâmetros, foram verificados o desempenho dos concorrentes em pesquisas de mercado sempre que possível; quando não era viável, foram definidos através de tendências com base nas séries históricas. Foram estabelecidos valores entre 0 e 10 indicando a *performance* de cada variável (Tabela 11.2).

IMPACTO DOS NEGÓCIOS DIGITAIS

Os dados de cada variável digital foram coletados nas fontes de informação identificadas na coluna fontes de dados num período de 6 meses. As notas de cada variável foram atribuídas de acordo com seu valor e critério de *performance*. Por exemplo, para o volume de novos seguidores, os critérios de *performance* para um número entre 0 e 11.000 é ruim (nota entre 0 e 3,3); entre 11.000 e 22.000 é satisfatório (nota entre 3,3 e 6,6); e um valor entre 22.000 e 33.000 é muito bom (nota entre 6,6 e 10). De acordo com os critérios, foi atribuída a nota 7 para o valor de 22.760 para essa variável. O cálculo do IMD foi realizado pela média ponderada das notas *versus* o peso de cada variável definido no método Delphi (Tabela 11.2).

Tabela 11.1

Cálculo do IMD para a empresa analisada

Dimensoes	Contribuições da presença digital	Variaveis de Digital Analytics	Fontes de dados	Valor	0	3.3	6.6	10	Prioridade	Nota
Financeiro	Volume de *leads*	*Leads*	Sistema de gestão (ERP)	1.33	0	653	1.305	1.978	5	6.7
	Retorno sobre investimento em campanhas	CPA	Relatório de campanha	$280.00	$602	$251	$166	$0	6	5.6
Clientes	Lembrança de marca em *search engines*	Buscas no Google (relativo)	*Google Trends*	4	0	8	15	21	3	1.9
	Reputação nas mídias sociais	Menções à marca em mídias sociais	Ferramenta de monitoramento de mídias sociais	1500	0	850	1700	2.55	1	5.9
		Volume de novos seguidores		5378	0	11000	22000	33	2	1.8
		Sentimentos identificados nos posts		89%	33%	66%	100%		1	8.9
		Visitas ao site		450	0	250	500	750	3	6.0
	Aumento da audiência	Visitas ao catálogo de serviço		1.8	0	653	1.305	1.978	4	9.1
		Novos visitantes		52.25%	0%	20%	40%	60%	3	8.7
Processos internos	Melhoria continua do site	*Bounce rate*	*Google Analytics*	40.89%	67%	53%	39%	25.00%	2	8.2
	Gestão do desempenho das campanhas	Cliques nas peças da campanha		118.666	30	90	150	210	2	4.9
		Conversão dos *clicks* no catálogo em vendas		1.40%	0%	3%	6%	10%	4	1.4
		CTR	Relatório de campanha	0.61%	0.10%	0.30%	0.50%	0.70%	2	8.6
Aprendizado e crescimento	Otimização do processo de geração de *lead* no site	Melhorias implementadas para melhorar a conversão do site	*Google Analytics*	4	0	3	6	10	3	4.0
									IMD	**5.3**

Fonte: elaborada pelo autor.

Para que os executivos de Marketing possam acessar as informações atualizadas do IMD, foi desenvolvido um painel de controle com coleta automática da maioria dos dados. Esse painel é acessível através de uma senha na internet e utiliza tecnologia totalmente gratuita baseada na ferramenta Google Drive (Figura 11.8).

A coleta dos dados é realizada com suplementos disponíveis na ferramenta como o Google Analytics e o Supermetrics. Essas ferramentas permitem o agendamento periódico da importação dos dados, uma vez estabelecida a periodicidade diária para essa coleta. Aqueles dados que não possuem atualização automática são digitados, num primeiro momento, pela equipe de Marketing. Mesmo nesse caso, há benefícios, pois os dados são centralizados num único lugar e os indicadores são distribuídos automaticamente para toda a equipe, sendo desnecessário enviar planilhas por *e-mail* ou outros meios.

Figura 11.8

Painel de controle da empresa analisada

Fonte: elaborada pelo autor.

Quando os executivos observaram o painel de controle, foi possível obter um diagnóstico preciso da presença digital. A matriz de importância e desempenho apontou dois problemas relevantes: o alto custo por aquisição e a necessidade de otimização da campanha e melhoria da conversão para melhorar o custo por aquisição. Verificou-se que a maior parte das campanhas é disponibilizada em celulares e *tablets*, mas, quando o usuário clicava na campanha no celular, visualizava um *site* que não estava adaptado para esse formato. O *site* da empresa foi reformulado para ser adaptável a dispositivos móveis. No caso de *leads* por celular, o formulário foi simplificado para que o cliente colocasse apenas informações de contato para que o Marketing direto pudesse ligar para o cliente mais tarde. Isso melhorou a conversão e o número de *leads* gerados pela presença digital.

11.7. Competências Profissionais Relacionadas aos Negócios Digitais

Os negócios digitais possuem características específicas e um histórico recente. Começaram a ser praticados no final da década de 1990 e, a cada ano, surgem transformações relevantes nas tecnologias e na forma de fazer negócios. A cultura das empresas digitais é bastante diferente, com menos hierarquia e com ambientes de trabalho mais despojados. Esse contexto valoriza atributos como a criatividade e a inovação nessas empresas ou mesmo aquelas influenciadas pelo ambiente digital.

Se fosse possível resumir as competências para um administrador neste contexto, poderíamos apontar como as principais:

Tomar decisões rapidamente: em negócios digitais, o melhor é agir rapidamente, ainda que se aumente o número de erros, a tomar uma decisão muito demorada. As empresas disputam mercado e lançam produtos em alta velocidade, de modo que uma decisão demorada pode não surtir efeito. O ambiente digital oferece uma série de fer-ramentas que possibilitam a identificação, a mensuração e o desen-volvimento de oportunidades de negócios.

Ser empreendedor: independentemente de trabalhar numa *start-up* ou numa empresa de qualquer gênero, ser empreendedor é importante para fazer as coisas acontecerem. A criatividade e a habilidade para lidar com a falta de recursos são muito importantes nesse tipo de operação em qualquer tipo de cenário econômico.

Trabalhar em rede: será bastante comum trabalhar em um contexto virtual, com profissionais ao redor do mundo. A rede de contatos também será bastante usada, uma vez que nem sempre as soluções serão encontradas com os profissionais da mesma empresa.

Visão estratégica: é necessário ser rápido, porém sem perder a visão estratégica. Tomar decisões considerando as variáveis ambientais externas e internas será sempre relevante, com objetivos e metas bem traçados, com um horizonte a partir de uma visão de futuro e uma missão bem definidos.

Capacidade analítica: o *big data* e as novas formas de análise e visualização dos dados exigirão cada vez mais profundidade nas análises feitas pelos executivos. As empresas que conseguirem os melhores *insights* a partir de dados dos consumidores obterão posicionamento e vantagem competitiva mais sólidas.

Capacidade de gestão: ainda que os negócios digitais envolvam muita inovação, é necessário manter o controle dos custos e analisar os retornos sobre os investimentos.

11.8. Novas Tecnologias, Negócios Digitais e a Sustentabilidade

As novas tecnologias têm proporcionado algumas oportunidades para economia de recursos e minimização de impactos ambientais. Uma tendência importante é a economia compartilhada, por meio da qual é cada vez mais comum as pessoas emprestarem seus bens em troca de remuneração pelo uso temporário. Isso tem afetado mercados importantes, como a indústria automobilística. Aplicativos como Uber diminuem a necessidade das pessoas possuírem carro e mecanismos como a carona compartilhada diminuem a quantidade de viagens e, consequentemente, reduz o consumo de combustíveis fósseis e a emissão de CO_2. A troca de informações entre empresas pode fazer com que resíduos do processo produtivo sejam reciclados. Empresas como a B2Blue se especializaram em promover a compra e venda desse tipo de resíduo. A vigilância do consumidor nas mídias sociais também aumenta a pressão sobre as empresas; escândalos como o da Volkwagen, que adulterou dados de emissão de gases de seus veículos repercutem nas redes sociais, fazendo com que as empresas cuidem cada vez mais de seus processos para que sejam sustentáveis.

11.9. Considerações Finais

Neste capítulo, foi possível observar a importância estratégica da presença digital. Uma empresa que consiga alinhar a sua presença digital à sua estratégia de negócios, consegue vantagem competitiva e obtém mais lucro do que seus concorrentes. O Índice de Maturidade Digital ajuda as empresas a avaliarem sua presença digital utilizando variáveis de *digital analytics* e permite que seus executivos possam tomar melhores decisões para reforçar o posicionamento da empresa no ambiente digital.

É importante notar que a maturidade digital requer uma melhoria contínua e um aprendizado constante das pessoas da empresa, pois a inovação é um pilar dos negócios digitais e essa dinâmica de verificar os indicadores e envolver a empresa na melhoria dos resultados é o caminho para atingir a liderança no mercado.

Questões para Reflexão:

1. De que forma a internet pode afetar a competitividade das empresas? Contextualize com exemplos de negócios que foram afetados pela internet.
2. De acordo com pesquisadores do MIT e da Capgemini, há diversas formas de uma empresa conseguir resultado com a presença digital. O que diferencia a estratégia de um Digirati da estratégia de uma empresa conservadora?
3. O que é o fenômeno do big data e como ele tem afetado as empresas?
4. Quais são os componentes que formam o framework de digital analytics?
5. Como o uso de digital analytics pode aumentar a capacidade analítica das empresas?
6. O IMD auxilia empresas a avaliarem sua maturidade digital e a implementarem ações de correção. Quais são os passos para implantação do IMD?
7. Uma das etapas da implantação do IMD é a montagem do mapa estratégico da presença digital. Esse mapa é dividido em quatro

dimensões de acordo com a metodologia do BSC; quais são essas dimensões e qual é a relação delas com a presença digital das empresas?

8. Cite um método que pode ajudar as empresas a definir a prioridade de seus indicadores. Explique como esse método funcionaria.

9. Cite três exemplos de ferramentas que podem ser usadas no desenvolvimento de um painel de controle e na atualização automática de seus dados?

10. Supondo que você seja um executivo, quais são as três variáveis que consideraria prioritárias ao observar a matriz de importância e desempenho da Figura 11.8. Justifique sua resposta.

Exercícios:

1. Pesquisa a presença digital de uma empresa na internet e dê exemplos de sua mídia paga, própria e conquistada.

2. O *big data* é um fenômeno recente que tem feito as empresas conseguirem ser mais eficientes e vender mais analisando dados corporativos e de seus consumidores. Procure um caso de sucesso de uso de *big data* e cite quais foram os resultados para a empresa.

3. Uma das fontes de dados de *digital analytics* são as mídias sociais, escolha uma marca e procure menções à essa marca nos principais *sites* de mídias sociais.

4. Entreviste um executivo responsável pela presença digital de uma empresa e procure saber como a presença digital afeta os resultados financeiros da empresa.

5. Para essa mesma empresa, procure definir quais são os objetivos da presença digital dividindo entre as quatro dimensões do BSC.

Estudo de Caso

Suponha que está prestando consultoria para uma empresa que possui uma loja de *e-commerce*. Essa empresa tem tido um crescimento razoável nos últimos anos, mas seus acionistas acreditam que poderiam gerenciar

Impacto dos Negócios Digitais

melhor a empresa se dispusessem de informação correta em tempo hábil. Por esse motivo, a empresa solicitou a seu grupo que montasse um painel de controle corporativo.

Uma série de entrevistas foram realizadas com os executivos dessa empresa e, a seguir, serão apresentadas as atas de reuniões dessas entrevistas. Leia atentamente essas atas para responder s questões desse estudo de caso.

Ata da reunião com Diretoria Financeira
Presentes:
Cliente: Nestor Galarraga (Diretor Financeiro)
Consultoria: Fabiana Santos (Gerente de Projetos), Paula Abdul (Diretora de atendimento)

Quem são os principais clientes de sua área:
Sem dúvida os acionistas, presto contas ao CEO e também aos acionistas representados no conselho da empresa

Quais são os principais objetivos financeiros da empresa:
Por ser uma empresa que atua no mercado *on-line*, os acionistas possuem uma visão bem agressiva sobre o aumento do faturamento. Esse ano, eles esperam um aumento de 30%, que é a média do crescimento do *e-commerce* nesses últimos anos.

Diferentemente de outras operações de internet, nossa empresa dá lucro desde o primeiro ano de operação. Nossa lucratividade é de 20% e pretendemos aumentá-la, mesmo havendo necessidade de investimentos em campanhas.

Aliás, as campanhas são um tema que não tem me agradado muito. Elas representam 80% de nossos investimentos, mas sinto falta de controle, tenho a impressão de que os investimentos poderiam ser mais bem gerenciados. Algumas campanhas são um sucesso, mas outras não dão resultados. Entendo que todas as campanhas devam gerar ROI.

Quais suas expectativas sobre o painel de controle da empresa:
Participei de algumas reuniões e achei muito técnico, não é um tema que normalmente me envolva. Mas gostaria que ajudassem a controlar o ROI das campanhas, não sei se é escopo, mas é minha expectativa.

Ata da reunião com Presidência
Presentes:
Cliente: Paulo Gávea (CEO), Humberto Passos (Diretor de Marketing), João Amaral (Relações Públicas)
Agência: Fabiana Santos (Gerente de Projetos), Paula Abdul (Diretora de atendimento)

Quem são os principais *stakeholders* da operação:
Além dos acionistas, os clientes, que trazem nossos resultados.

Quais os principais objetivos da presidência:
Como CEO, estou bastante preocupado com questões relacionadas à sustentabilidade do negócio; entendo que além do resultado de curto prazo, a imagem da empresa não pode ser arranhada. Fiquei muito preocupado com a repercussão negativa da entrega atrasada de um produto, o consumidor postou no Reclame Aqui uma série de comentários negativos e a empresa não respondeu com agilidade. Fazemos 1.000 entregas por semana e 99% são pontuais, mas como dormimos no ponto a imagem ficou arranhada. Não gostaria que a empresa fosse lembrada por esse fato isolado.

Outro fator que me preocupa é a mão de obra, se crescermos 30% como planejado, não temos gente para tocar a operação. E nossos funcionários são assediados pela concorrência.

Quais são suas expectativas sobre o painel de controle da empresa:
Preciso saber em tempo real de qualquer problema que ocorra nas redes sociais, não posso ser surpreendido. Vocês farão esse serviço?

Intervenção de Paula: Ainda estamos planejando as métricas, mas entendemos que esse tipo de informação tem prioridade.

Sim, tem muita prioridade! Entendo que isso é fundamental, pois pode destruir a reputação de minha empresa.

Ata da reunião com Diretoria de Marketing Presentes:
Cliente: Heitor Mendes (Diretor de Marketing), Fábio Prando (Gerente de Internet). Agência: Fabiana Santos (Gerente de Projetos), Orlando Silva (Diretor de Atendimento)

Reunião começou apenas com Fábio, pois Heitor avisou que estava atrasado. Quem são os principais clientes de sua área:

Além de atendermos diretamente aos clientes externos, reportamos à presidência e provemos informações sobre as vendas e sobre o mercado para outras diretorias.

Quais são os principais objetivos da área de Marketing:
Falarei especificamente da área de internet, que é minha especialidade. Mais tarde, o Heitor poderá falar de toda a área.

Há uma grande pressão para que o *site* esteja otimizado e com audiência relevante. Precisamos ser líderes de mercado em audiência, mas não interessa gastar uma fortuna em campanha e isso não virar negócio, então métricas auxiliares como melhora da conversão das visitas em vendas e nas buscas orgânicas do Google para as principais palavras-chave são essenciais para aumentar a audiência do *site* a um custo barato.

Heitor chegou e foi informado do que havia acontecido na reunião, acrescentou os seguintes objetivos:

Então, desculpem o atraso, estava numa reunião de conciliação com um cliente que ficou megainsatisfeito com uma entrega atrasada. Além de tudo o que o Fábio já falou, entendo que há alguns objetivos que não são apenas da área de Marketing, mas que precisam ocorrer:

Manter a satisfação do cliente de maneira total – desde a venda até a entrega, não adianta vender direito e não conseguir entregar.

Também temos um desafio de mostrar as ofertas certas para cada tipo de cliente. Temos um projeto de personalização que deve entrar no ar no próximo ano.

Há uma insatisfação geral sobre a eficiência das campanhas e *links* patrocinados; atualmente metade das campanhas dão retorno e as outras não. Precisamos chegar numa taxa de 90%.

Recomendo que falem com o Lauro, consultor de qualidade que está fazendo um levantamento de todas as falhas da empresa e deve ajudá-los bastante.

Quais são suas expectativas sobre o painel de controle da empresa:
Heitor – Além das métricas que normalmente utilizamos como conversão de visitas em ações e vendas, gostaríamos de mais informações sobre os consumidores, *insights* que nos façam vender mais. Também precisamos aprender um pouco mais com a concorrência, pois se eles fazem algo melhor que a gente, temos que copiar a melhor prática.

Ata da reunião com consultoria de qualidade
Presentes:
Consultoria: Lauro Ramos (Consultor de Negócios)
Agência: Fabiana Santos (Gerente de Projetos)

Qual é o escopo da consultoria:
Levantar todos os processos da empresa, identificar falhas e propor melhorias

Fabiana mostrou a ata das entrevistas para Lauro e perguntou se há objetivos não captados nas entrevistas

Apesar de superficial, o levantamento identificou os principais objetivos da empresa, porém há alguns problemas relacionados aos processos internos que não apareceram, os principais deles são:

Melhorar a logística, os atrasos são um problema, pois a entrega é terceirizada. Hoje eles representam 18,3% das entregas, isso é gravíssimo.

No geral, a empresa possui um grande foco em vendas; atividades de BackOffice são bastante ineficientes. Já verifiquei *e-mails* que foram enviados ao Fale Conosco que simplesmente não tiveram respostas. Depois o cliente reclama, posta na internet e aí já viu...

Por último, tem que existir algum programa de remuneração variável para as equipes, pois hoje só o pessoal da área comercial é premiado. Os outros funcionários ficam desmotivados e abandonam a empresa.

Quais suas expectativas sobre os relatórios de *digital analytics*:
Gostaria que me copiassem nos *e-mails* com as apresentações, pois é um tema paralelo à minha consultoria.

Questões

1. Liste os objetivos estratégicos dessa empresa relacionados com sua presença digital.
2. Agrupe esses objetivos por dimensões: financeira, clientes, processos internos e aprendizado/conhecimento.
3. Monte um mapa estratégico indicando as relações de causa e efeito entre os objetivos.
4. Proponha indicadores para mensurar esses objetivos estratégicos.
5. Utilizando o método Delphi, procure dividir os indicadores por prioridade e atribua notas de um a cinco de acordo com essa prioridade.

Referências

ALBINO, J.; ORTI, P.; CAVENAGHI, V. *O Uso dos Modelos de Maturidade como Instrumento de Avaliação dos Indicadores de Desempenho do* Balanced Scorecard – Um Estudo Exploratório no Contexto da Educação Corporativa. In: SIMPEP, XV. São Paulo: Unesp, 10-12 dez., 2008.

ANDERSON, C. *The Long Tail*: Why the Future of Business is Selling Less of More. New York: Hyperion, 2006.

Apple. Disponível em: <www.apple.com>. Acesso em: 11 mar. 2019.

B2Blue. Disponível em: <www.b2blue.com>. Acesso em: 11 mar. 2019.

CHEN, H., CHIANG, R. H. L., STOREY, V. C. Business Intelligence and Analytics: From Big Data to Big Impact, *MIS Quarterly.* v. 36, nr.4, pp. 1165-1188, 2012.

CORCORAN, S. Defining Earned, Owned and Paid Media. *Forrester Blog*, 2009. Disponível em: <https://go.forrester.com/blogs/09-12-16-defining_earned_owned_and_paid_media/>. Acesso em: 11 mar. 2019.

DEMCHENKO, Y., *et al. Addressing Big Data Issues in Scientific Data Infrastructure.* In: First International Symposium on Big Data and Data Analytics in Collaboration (BDDAC), San Diego, USA: The 2013 International Conference on Collaboration Technologies and Systems (CTS), 2013.

Digital Analytics Association, What is Digital Analytics?, 2014. Disponível em <http://www.digitalanalyticsassociation.org/>. Acesso em: 16 mar. 2014.

ESPM Media Lab. Presença Digital e Lucratividade. Pesquisas Media Lab, 2015. Disponível em: <http://pesquisasmedialab.espm.br/digital-analytics/>. Acesso em: 11 mar. 2019.

Fox, V. *Marketing in the Age of Google*: Your Online Strategy is Your Business Strategy. New Jersey: John Wiley & Sons, 2010.

GIBBERT, M., LEIBOLD, M., PROBST, G. Five Styles of Customer Knowledge Management, and How Smart Companies Use Them To Create Value. *European Management Journal*, v. 20, nr. 5, pp. 459-469, 2002.

Google. Disponível em: <www.google.com.br>. Acesso em: 11 mar. 2019.

IBGE. Acesso à Internet e posse de celular, 2015. Disponível em: <ftp://ftp.ibge.gov.br/Acesso_a_internet_e_posse_celular/2014/Tabelas_de_Resultados/xlsx/02_Domicilios_Particulares_Permanentes/>. Acesso em: 12 out. 2016.

International Telecommunication Union. *2005-2016 ICT Data for the World by Geographic Regions and by Level of Development*, 2016. Disponível em: <www.itu.int/en/ITU-D/Statistics/Documents/statistics/2016/ITU_Key_2005-2016_ICT_data.xls>. Acesso em: 11 mar. 2019.

KAPLAN, R. S. e NORTON, D. P. A estratégia em ação. Rio de janeiro, Campus, 1997.

KAUSHIK, A. Excellent Analytics Tip #20: Measuring Digital "Brand Strength", 2012. *Occam's Razor*. Disponível em: <www.kaushik.net/avinash/analytics--measuring-digital-brand-strength/>. Acesso em: 11 mar. 2019.

KAUSHIK, A. Google Insights for Search: Competitive Intelligence Analysis, 2014. *Occam's Razor*. Disponível em: <www.kaushik.net/avinash/competitive-intelligence-analysis-google-insights-for-search/>. Acesso em: 11 mar. 2019.

KAUSHIK, A. *Web Analytics 2.0*. Indiana: Wiley, 2010.

KAUSHIK, A. *Web Analytics*: Uma Hora por Dia. Rio de Janeiro: Alta Books, 2 ed., 2009.

KOTLER, P.; KARTAJAYA, H.; SETIANWAN, I. *Marketing 3.0*. As Forças que Estão Definindo o Novo Marketing Centrado no Ser Humano. Rio de Janeiro: Elsevier, 2010.

MASSEY, D. B.; ALLEN, J. *Geograpy Matters!*. New York: University of Cambridge Press, 1984.

McAFEE, A.; BRYNJOLFSSON, E. *BigData*: The Management Revolution. Harvard Business Review, pp. 60-68, oct., 2012.

O'REILLY, T. *What Is Web 2.0*: Design Patterns and Business Models for the Next Generation of Software, 2005. *Oreilly.com*. Disponível em: <http://www.oreilly.com/pub/a/web2/archive/what-is-web-20.html>. Acesso em: 11 mar. 2019.

OLIVEIRA, C. L. C.; DUBEAUX, V. J.; PEREIRA, A. P. *The Impact of Digital Presence on Competitive Advantage* – A Study Applied on Brazilian Bank Industry. In: Proceedings of the 12th International Conference on e-Business, v. 1: ICE-B, pp. 80-87, 2015. Disponível em: <http://www.scitepress.org/DigitalLibrary/ PublicationsDetail.aspx?ID=yVGchbO9uRE= &t=1>. Acesso em: 12 out. 2016.

OLIVEIRA, C. L. C.; LAURINDO, F.J.B. *The potential of digital analytics to generate innovation*. In: International Conference on e-Business, 2011, Sevilha. Proceedings of the International Conference on e-business, 2011. p. 125-130.

OLIVEIRA, C.L.C.; ARAÚJO, L. H. S.; PEREIRA, A. P. Construção de um Índice de Maturidade Digital a partir de Variáveis de *Digital Analytics*. *Revista Espacios*, v. 37, nr. 5, p. 17, 2016. Disponível em: <http://www.revistaespacios.com/ a16v37n05/16370517.html>. Acesso em: 11 mar. 2019.

PORTER, M., What is strategy? *Harvard Business Review*, v. 74, nr. 6, pp. 61-78, 1996.

————. Strategy and the Internet. *Harvard Business Review*, v. 79, nr. 3, pp. 63-78, 2001.

SCOTT, D. M., *The New Rules of Marketing and PR*. New Jersey: John Wiley & Sons, 2011.

SERRA, L. *A Essência do Business Intelligence*. São Paulo: Berkeley Brasil, 2002.

SHANKAR, S.; YADAV, M. S. Emerging Perspectives on Marketing in a Multichannel and Multimedia Retailing Environment, *Journal of Interactive Marketing*, v. 24, n. 2, p. 55–57, 2010.

STERNE, J., Social Media Metrics: How to Measure and Optimize your Marketing Investment. New Jersey: John Wiley & Sons, 2010.

TAPSCOTT, D.; WILLIAMS, A. D. *Wikinomics*: How Mass Collaboration Changes Everything, New York: Penguin Group, 2007.

Uber. Disponível em: <www.uber.com>. Acesso em: 11 mar. 2019.

WESTERMAN, G., TANNOU, M., BONNET, D., FERRARIS, P., MCAFEE, A. The Digital Advantage: How Digital Leaders Outperform Their Peers in Every Industry. *Capgemini Consulting and The MIT Center for Digital Business*, pp. 1-24, 2012.

ZAE, P. Measurement Myopia. Drucker Institute. Disponível em <http://www. druckerinstitute.com/2013/07/measurement-myopia/>. Acesso em: 12 out. 2016.

Capítulo 12
A Governança Corporativa: Bússola Para o Crescimento Sustentável

Ricardo C. Cruz

"We shall not cease from exploration and the end of all our exploring will be to arrive where we started and know the place for the first time..."

T. S. Elliot

Objetivos:
- Discutindo a governança corporativa.
- Apresentar a formação e as raízes da governança.
- Apresentar o Código Brasileiro da Governança Corporativa criado em 2016.
- Que parâmetros utilizar na estruturação de um código aplicado específico.
- Utilizar-se de uma análise comparativa – Caso Eron – para sedimentar os conceitos.

12.1. A Governança Corporativa: Uma Forma de Aprimorar a Gestão

A governança corporativa pode ser definida de inúmeras formas, entretanto podemos identificar na maioria das conceituações sobre o tema a necessidade de expressar princípios de atuação que levem a práticas e recomendações que alinhem interesses entre proprietários, gestores, empregados e acionistas.

A definição do IBGC – 2004 é uma das mais completas e contempla na governança corporativa o sistema pelo qual as organizações são dirigidas, monitoradas e incentivadas a traduzir os relacionamentos da empresa, do meio ambiente e dos colaboradores em princípios que auxiliem a otimização e preservação do patrimônio, gerando valor à organização.

É por meio das boas práticas de governança que proprietários, Conselho de Administração, Diretoria, fornecedores, clientes e acionistas tornam-se elementos interessados na participação das decisões corporativas, pois serão estabelecidos regras e procedimentos, baseados na ética aplicada à gestão de negócios como forma de monitorar, controlar e conduzir a empresa.

Os gestores de uma empresa sempre são colocados diante de situações que podem exigir a escolha entre diferentes opções de decisões, influenciadas por fatores exógenos e endógenos à empresa, e é nesse momento que os princípios de governança corporativa serão utilizados para nortear o comportamento das decisões.

No Brasil, o sistema de governança apresenta naturalmente a influência de uma economia historicamente baseada na propriedade concentrada, com forte presença do Estado abrigando um modelo predominantemente anglo-saxão.

No entanto, o desenvolvimento constante do mercado de capitais traz consigo o fortalecimento da presença dos investidores institucionais, e cria indiretamente condições de fortalecimento do modelo.

Conforme definição do IBGC, as características básicas do sistema de governança anglo-saxão (Estados Unidos e Reino Unido) apresentam as predominâncias transcritas como segue:

- acionistas pulverizados e tipicamente fora do comando diário das operações;
- estrutura de propriedade dispersa nas grandes empresas;
- papel importante do mercado de ações no crescimento e financiamento das empresas;
- ativismo e grande porte dos investidores institucionais;
- mercado com possibilidade real de aquisições hostis do controle;
- foco na maximização do retorno para os acionistas (orientado para o acionista).

12.2. O Surgimento da Governança Corporativa

No contexto empresarial, visualizamos as decisões tomadas pelos gestores apenas em seus efeitos consolidados, pois elas se materializam em alterações nos relatórios contábeis, demonstrativos financeiros, relatos integrados e formulários de referência. São os veículos oficiais utilizados no mercado aberto – aquele permeado pelas sociedades anônimas.

Para a análise das empresas de capital fechado, os *stakeholders* aceitam compulsoriamente que tais empresas estejam em conformidade com a regulamentação e legislação vigente, porém não há *disclosure* que confirme ou rejeite os fundamentos utilizados para as decisões nesse âmbito.

No início do século xx, experimentamos o surgimento das grandes corporações que traziam consigo uma forte influência do modelo proprietário-gestor que, num momento seguinte, com a consolidação do mercado de capitais, trouxe o início da pulverização do capital. O desenvolvimento do poder de controle advindo dessa fase revela os chamados conflitos de agência e um desalinhamento entre interesses de *shareholders* e *stakeholders*, estimulando a aceitação da governança corporativa, em especial razão com o surgimento dos investidores institucionais que exigem da Administração *performance* e transparência.

Em função da existência da governança corporativa, o controle e monitoramento da empresa facilitam a busca de condições de *performances* positivas e facilitadoras com a consequente geração de valor à empresa e seus acionistas. Trata-se de criar as condições necessárias para se aumentar a credibilidade e a sustentabilidade da companhia no mercado.

Foram as grandes desordens no controle de empresas como a Tyco (2002), Eron (2001) e WorldCom (2002) que provocaram uma reação dos reguladores, modificando e aperfeiçoando a legislação vigente no mercado de capitais até então, determinando uma reforma nos dispositivos legais vigentes até a década de 1930.

Com a edição da Lei norte-americana Sarbanes-Oxley Act (SOX) ou Public Law 107204 (30/07/2002), o ambiente empresarial começou a cumprir uma série de exigências em relação ao controle de suas auditorias e abriu espaço para as punições de fraudes que tivessem sido praticadas por seus administradores (Figura 12.1).

Figura 12.1

Forças precursoras da SOX

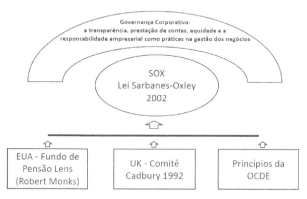

Fonte: Elaborada pelo autor.

Destaque-se aqui três aspectos principais em relação ao controle das atividades de auditoria: a criação da comissão "Public Company Accounting Oversight Board", sob a supervisão da Security and Exchange Commission (SEC), e com representantes do setor privado que fiscaliza e regulamenta as atividades das auditorias; delimita a área de atuação dos auditores independentes evitando conflito de interesses ou que empresas de auditoria prestem serviços em entidades cujos membros tenham sido empregados da auditoria dentro de um prazo inferior a um ano.

À medida que ocorre uma melhoria na divulgação dos fatos relevantes das empresas, originada por processos de governança mais eficientes e por processos mais precisos de decisão ou de apoio à decisão, abre-se um espaço para minimizar publicações errôneas e inexatas sobre as atividades e os resultados obtidos pelas empresas, facilitando as análises e a monitoração pelos *stakeholders* e outros públicos envolvidos no cotidiano da empresa.

Em relação a operações ou atividades que possam gerar sanções no escopo desta Lei, a SOX exige que os principais executivos analisem e confiram os relatórios periódicos legais exigidos – evitando, assim, omissões ou informações inadequadas; regula a oferta e manutenção de empréstimos entre empresa e conselheiros ou diretores. Prevê punição no caso de republicação dos relatórios por inobservância dos procedimentos de prestação de contas, regula os planos de benefícios da alta administração, bem como exige altos padrões de responsabilidade e ética no comportamento dos administradores.

12.3. As Forças de Controle no Mundo Corporativo

Na pauta da evolução econômica, o mundo corporativo atual se caracteriza pela dispersão do capital de controle, uma vez que os acionistas determinam a outorgação de poderes a gestores não fundadores, nem proprietários. Tal dinâmica proporciona uma assimetria natural de poderes e direitos, gerando o estabelecimento de forças externas e internas de controle que propiciarão o aparecimento de conflitos observados na estrutura e nos processos de tomada de decisão empresarial.

Segundo Rosseti e Andrade (2015), podemos enunciar as forças externas como os mecanismos regulatórios existentes, o controle oriundo do mercado de capitais, a atuação dos investidores institucionais, acionistas e fundos de *private equity*, incluindo os padrões contábeis plenamente aceitos e exigidos pela legislação nacional.

As forças internas, oriundas da assimetria da estrutura organizacional e da derivação das ações dos *shareholders* na empresa implicam concentração acionária, estruturas multidivisionais operativas, modelos de remuneração e de monitoramento dos administradores e o estabelecimento dos Conselhos de Administração como forças de proteção da estrutura orgânica.

Alguns autores como Andrade e Rossetti (2004) argumentam que os modelos de governança são originários do ambiente histórico, econômico e cultural onde estão inseridos, e que dentro dessa medida das forças de controle nos levam a considerar que para um sistema de governança ser considerado eficaz deve estar construído sob mecanismos e instrumentos que, em conjunto com as práticas naturais esperadas da governança, apresentem planos de ação capazes de administrar os conflitos emanados dos fatores exógenos e endógenos dos sistemas societários, que acarretam diferentes desenhos das relações propriedade–gestão–participação.

Ao discutir-se as questões das forças de controle, percebe-se que alguns modelos de governança possuem maior ou menor amplitude de atendimento aos interesses; porém, na maioria, a diferenciação reside no atendimento entre *shareholder* e *stakeholders*. A tabela a seguir mostra o diferencial entre os dois tipos de governança que representam com propriedade a discussão do tema:

Tabela 12.1

Raiz da governança

Shareholder
Origem anglo-saxônica.
Foco nos interesses dos acionistas em relação a valor agregado.
Foco nos interesses dos gestores em relação a valor agregado.
Indicadores de desempenho patrimoniais e financeiros.
Foco em riscos e retornos corporativos.

Stakeholder
Origem nipo-germânica.
Ampliação de interesses em relação a geração de valor.
Foco na estratégia corporativa.
Vários indicadores de desempenho.
Foco na sustentabilidade além do patrimônio.
Geração de balanço social e ambiental.

Fonte: Andrade e Rosseti (2004, p. 45)

12.4. A Identidade da Governança Corporativa no Ambiente Empresarial

O ambiente corporativo regido por práticas de governança geralmente apresenta com nitidez os chamados 8 Ps da governança corporativa, ou seja: Propriedade, Princípios, Poder, Propósitos, Papéis, Práticas, Pessoas e a Perenidade da empresa. São conceitos que indicam as pedras fundamentais advindas de um processo de reorganização que leva as empresas a se relacionarem de forma transparente com todos os envolvidos: *shareholders* e *stakeholders*, na medida em que demonstram com vigor a evolução dos 8 Ps como forma de eficiência da gestão adotada e das práticas dos gestores envolvidos.

A propriedade não poderia deixar de ser o atributo principal, pois é onde tudo começa e deve indicar o grau de necessidade e profundidade com que a governança deve ser aplicada. Refere-se ao fator diferencial das empresas, se são abertas ou fechadas, se os proprietários representam uma família, se é uma estatal. O capital presente investido está concentrado ou pulverizado, indicando, portanto, maior ou menor profissionalização do capital. É na tipologia da propriedade que se pode visualizar o esforço da governança em função da sua implantação ou de seu regimento, pois é por meio da dispersão da propriedade que conhecemos a atuação das empresas no mercado.

Some-se à estrutura realizável de projetos os princípios da empresa, mola propulsora emanada originalmente da propriedade e lapidada pelos propósitos, e tem-se aqui os credos e valores das empresas que serão os facilitadores da missão desde que compartilhados internamente.

Para suportar a propriedade e seus princípios, surgem os propósitos da empresa que direcionam sua atividade a médio e longo prazo, alinhando-a com as expectativas da propriedade, tratam-se das atividades de longo alcance que condizem diretamente com a visão e a missão dos executivos, conselheiros e proprietários – é a estratégia maximizadora dos retornos dos investimentos dos *shareholders* e a harmonização com os demais interesses das empresas: *stakeholders*.

O poder é a manifestação natural da constituição estrutural da empresa e seus propósitos, que como sabemos é uma prerrogativa dos *shareholders*. A estruturação de forma a definir as funções e responsabilidades, determinam decisões de impacto que devem ser consideradas, uma vez que os conselhos corporativos e a direção executiva da empresa têm o planejamento e as diretrizes necessárias para construir órgãos de governança devidamente capacitados para auxiliar na administração empresarial.

A partir daqui, os papéis se tornam extremamente importantes, pois neles serão materializadas as funções, responsabilidades, os próprios objetivos da empresa, direta ou indiretamente. Deve-se instituir a clareza dos papéis desde o início dos processos de criação da governança, e assim obter a separação entre família, sociedade e empresa – acionistas, conselheiros e gestores. O Conselho de Administração e a Diretoria Executiva que devem ser atuantes, comunicantes e ativos nos processos de decisão que deverão ocorrer na empresa.

A contribuição do aparelho regulatório e governamental ocorre por meio da imposição das práticas a serem adotadas pelas empresas para a obtenção de um sistema de governança adequado e eficiente. Tal fato advém de uma sistematização do direcionamento da estratégia ao monitoramento de resultados. Para se obter um sistema de governança eficiente as práticas atribuíveis ao Conselho de Administração deverão incorporar estratégias de negócios e de gestão, além do empoderamento dos órgãos de governança e construção de fluxos de comunicação, internos e externos. Em relação as práticas atribuíveis à Diretoria Executiva, espera-se, no mínimo, um alinhamento aos valores corporativos e o foco na geração de resultados desde que estejam alinhados ao cumprimento do plano orçamentário determinado no planejamento estratégico da empresa.

Por último, os fatores nomeados como perenidade e pessoas. Esses fatores estão amplamente ligados. Verifica-se que uma gestão eficaz é fundamental para a perenidade da empresa e, por conseguinte, está diretamente relacionada com o desenvolvimento de lideranças e harmonização dos

Figura 12.2

A relação dos protagonistas em governança

Fonte: Adaptado de Andrade e Rossetti (2011).

propósitos em todos os níveis, que somente serão alcançados por meio da criação de valor e, principalmente, das condutas de competências no processo de gestão interna e externa.

É importante ressaltar que não se verifica uma convergência plena mundialmente sobre a aplicação das práticas de governança corporativa. A adoção de modelos e processos podem divergir quanto a estilo, enfoque e até mesmo quanto a estruturas orgânicas a serem adotadas.

Devido à ampla adoção que vem ocorrendo em relação à governança, o que se pode notar é que os fatores-chave desse processo vêm sendo continuamente adaptados pelos códigos de governança corporativa locais. Esses códigos têm buscado contemplar as diferenças de sistema e de sociedade existentes, compatibilizando e aproximando as divergências culturais e históricas presentes nos processos, aumentando assim os padrões de governança já existentes no mercado.

A figura dos 8 Ps (Figura 12.2) ilustra a questão da formação dos processos e os fatores chave que se pode identificar.

12.5. A Abordagem IBGC – Instituto Brasileiro de Governança Corporativa

De forma geral, o Instituto Brasileiro de Governança Corporativa (IBGC) separa e reconhece dois grandes modelos de sistemas de governança:

Outsider System:
Representado por uma estrutura acionária dispersa ou pulverizada na qual os acionistas não participam diretamente do comando da empresa ou de suas operações diárias, estruturas típicas do sistema de governança, denominado de anglo-saxão (EUA e Reino Unido).

Características presentes neste modelo:

- Estrutura orientada para a maximização do retorno do acionista.
- Presença ativa de investidores institucionais.
- Grande porte dos investidores institucionais.
- O mercado de capitais tem papel relevante nesse tipo de estrutura.

Insider System:

Sistema representativo dos grandes acionistas que direta ou indiretamente participam das operações da empresa.

Características:

- Estruturas concentradas e presença de conglomerados.
- Menor porte dos investidores institucionais.
- Presença ativa de outros *stakeholders*, não financeiros.

12.6. A Governança Corporativa e o Mercado Hoje

A governança corporativa nas empresas brasileiras vem atingindo uma permeabilidade cada vez maior no mercado, isto é, a introdução de boas práticas baseadas na ética, transparência e produtividade vem crescendo gradativamente. O empresariado, em geral, já tem a noção de que a condução de seus negócios deve ser pautada pela responsabilidade social evitando, assim, distorções que levem a empresa a arcar com perdas decorrentes de ausência de controle dos riscos, processos ineficientes e abusivos interna e externamente.

Casos como o da fabricante brasileira de aeronaves Embraer, que reconheceu irregularidades em acordos para manter as transações realizadas entre Brasil e EUA, com uma expectativa de desembolso maior que $200 milhões para encerrar as acusações (Carta Capital, 2016).

Há uma gama enorme de casos que demonstram que a ausência de Governança Corporativa nas empresas pode levar a fraudes, corrupção interna e externa, descontrole financeiro e outras distorções que implicam em grandes prejuízos para as companhias que precisam ainda lidar com o risco de imagem, inexoravelmente associado a esses problemas. Cabe ainda salientar que em muitos casos algumas ocorrências podem prejudicar a capacidade da empresa de se relacionar com os *stakeholders*, pois em determinadas situações são processos de investigação que podem se arrastar por muito tempo.

Com certeza há vários casos que nos servirão de alerta e de aprendizado especialmente nos últimos 5 anos. Porém, na sua maioria muitos ainda transitam em tribunais e, daqui a alguns anos, o acervo de situações

A Governança Corporativa

concretas advindas da ausência de governança corporativa e devidamente esclarecidas irão compor um capítulo à parte e devidamente recheado para análise e aprendizado.

12.7. O Código Brasileiro de Governança Corporativa das Companhias Abertas

Atualmente, a adoção das boas práticas de governança corporativa pode ser considerada como um dos fatores críticos no momento de uma decisão de investimento, tornando-se dessa forma um canal de atração para os capitais em busca de empresas tecnicamente preparadas para enfrentar o mundo globalizado. Contrapõe a este argumento que à escolha de companhias cujo sistema de governança corporativa seja fraco serão atribuídos custos mais elevados de capital para manutenção e crescimento devido a um baixo nível de proteção dos acionistas e às demais relações da empresa com os *stakeholders*.

Fica evidente que uma maior qualidade nos processos administrativos e seus mecanismos de governanças são capazes de atrair os recursos necessários para o mercado de capitais de um país e facilitar assim o desenvolvimento do mercado de capitais desde que o mesmo apresente mecanismos de *enforcement* adequados.

Especialmente no Brasil, estudos dessa última década sugeriam que outros mercados evidenciavam grandes evoluções no mesmo período em que a crise econômica nacional indicava a necessidade de um esforço para responder aos agentes de mercado. Evidenciava que a evolução do mercado de capitais brasileiro mantinha sua atratividade apesar do momento, e no âmbito jurídico, garantia que a atratividade dos investimentos estava ainda presente no país.

Em meados de março de 2013 surgiu no Brasil o chamado Grupo de Trabalho Interagentes (GT) que reuniu representantes de, pelo menos, 11 entidades do mercado de capitais para dar início a uma contribuição sinérgica inédita, um trabalho de estudos e análise da governança identificada até então nos mercados de capitais no mundo, o que resultou na criação do Código Brasileiro de Governança.

Em 2014 o GT Interagentes criou um subgrupo cujo objetivo inicial foi propor um conjunto de regras e de princípios de governança que fossem considerados fundamentais pra o desenvolvimento e crescimento do mercado de capitais no Brasil. Porém, após um levantamento nos mercados de capitais e cerca de dois anos de trabalho, identificou-se que 56 mercados haviam adotado códigos nacionais próprios e com as observâncias de suas características típicas regulatórias. Observou-se também que em 45 destes mercados o modelo utilizado para a formatação de seus regramentos era o "aplique ou explique", já em uso nas últimas décadas.

As regulações de práticas de governança têm observado em seus últimos anos uma abordagem nomeada de "aplique ou explique" ("*if not, why not*", "*apply or explain*", "*comply or explain*",) ou ainda "pratique ou explique" que trata de adequar as práticas de governança corporativas a seus ambientes de forma a permitir uma interação total com as regulações nacionais e internacionais, uma vez que o Brasil é signatário do chamado G20/OCDE e precisa se manter num patamar mínimo de regramento para atender aos investimento em geral, sejam globais, sejam nacionais.

O Código Brasileiro de Governança Corporativa – Companhias Abertas representa para o mercado de capitais uma convergência positiva e construtiva. Para a estrutura foi utilizado como modelo "aplique ou explique" o regimento presente no *Código da ABRASC*. Para servir de base ao conteúdo utilizou-se o *Código das Melhores Práticas de Governança Corporativa* do IBGC devido ao reconhecimento pelo mercado da atualização e do alto grau de adequação dos critérios envolvidos. Para completar os trabalhos foram realizadas pesquisas em 18 mercados afins ao Brasil pela relevância, tamanho e competição na atratividade de seus mercados de capitais: o código do G20/OCDE – imprescindível pela sua posição nos seguintes países: Alemanha, África do Sul, Argentina, Austrália, Chile, Colômbia, Espanha, França, Hong Kong, Japão, Malásia, México, Peru, Reino Unido, Rússia, Suécia, Cingapura e Tailândia.

Coordenação Geral:
IBGC: Emilio Carazzai (março/2016 – presente); Sandra Guerra (março/2013 – março/2016).

Entidades-Membros
ABRAPP: Adriana de Carvalho Vieira e José Ribeiro Pena Neto
ABRASCA: Antônio Castro e Eduardo Lucano

ABVCAP: Marco Pisani

AMEC: Mauro Rodrigues da Cunha e Renato da Silva Vetere

ANBIMA: José Carlos Doherty, Robert J. Van Dijk e Valéria Arêas Coelho APIMEC: Reginaldo Alexandre e Ricardo Martins

BM&FBOVESPA: Edemir Pinto e Cristiana Pereira BRAiN: Luiz Roberto Calado

IBGC: Emilio Carazzai e Heloisa Bedicks

IBRI: Edmar Prado Lopes, Rodrigo Lopes da Luz, Edina Biava e Emerson Drigo Instituto IBMEC: Thomás Tosta de Sá

Entidades observadoras

BNDES: Bruno Aranha e Eliane Lustosa

CVM: Leonardo Porciúncula Gomes Pereira e Wang Horng

Integrantes do GT Interagentes − Subgrupo de estudo

Coordenação do Subgrupo IBGC

Marta Viegas

Equipe Técnica

IBGC: Danilo Gregório e Tamara Furman Membros do subgrupo

ABRAPP: Adriana de Carvalho Vieira, Milton Luis de Araújo Leobons e Nilton Akira Yamamoto

ABRASCA: Elizabeth Machado, Henrique Lang e Luiz Spinola AMEC: Fabio Moser e Renato da Silva Vetere

ANBIMA: Valéria Arêas Coelho

APIMEC: Reginaldo Alexandre e Ricardo Martins

BM&FBOVESPA: Cristiana Pereira, Maiara Madureira, Patrícia Pellini e Tiago Curi Isaac

BRAiN: Danilo Vivan e Luiz Roberto Calado

IBGC: Danilo Gregório, Gustavo Moraes Stolagli, Marta Viegas e Tamara Furman

IBRI: Edina Biava e Emerson Drigo

Observadores

BNDES: Álvaro Braga Lourenço, André Estelita, Leandro Ravache e Walter Bastos CVM: Diego Paixão, Rafael Hotz Arroyo e Wang Horng

12.8. Aplique ou Explique no Código Brasileiro

Os estudos e o trabalho desenvolvido pelo GT Interagentes trazem a oportunidade de discussões e ações para reforçar a competitividade do Brasil, utilizando como estímulo para a obtenção deste objetivo a melhoria contínua do ambiente regulatório trazido pelo código. A seguir um trecho revelador dos caminhos almejados nos moldes do "aplique ou explique" como forma de incentivo às discussões: "...Em linha com os principais códigos de governança corporativa no mundo, o modelo do Código segue a abordagem conhecida como "aplique ou explique".

O modelo "aplique ou explique" é amplamente aceito e reconhecido Internacionalmente como o que melhor se adequa a códigos de práticas de governança corporativa. Esse sistema reconhece que a prática da governança corporativa é uma jornada e não deve se traduzir em um modelo rígido de regramento aplicável igualmente a todas as companhias. Pelo contrário, ele é princípio lógico e flexível, dando às companhias a liberdade para explicar a eventual não adoção de determinada prática. O propósito do modelo "aplique ou explique" é permitir que o mercado decida se as práticas adotadas por determinada companhia são adequadas em vista dos padrões de governança do Código, do estágio de desenvolvimento da companhia e das explicações fornecidas..."

O mapa orgânico que impulsiona o Código se baseia na tríade: "Princípios", "Fundamentos" e Práticas Recomendadas", onde os fundamentos devem explicar os princípios, os quais devem traduzir os valores e as crenças para a governança – esperadas e descritas no código, e ambos vão convergir para as práticas que podem ser consideradas as regras de condutas esperadas.

As empresas deverão aplicar os Princípios e Práticas Recomendadas e informar ao mercado de que forma foram aplicadas. Caso não tenham aplicado qualquer Princípio ou Prática, deverão de forma acessível, transparente e precisa explicar ao mercado o porquê da decisão de não uso ou não aplicação da prática esperada, a fim de que todos os *stakeholders*, investidores e demais interessados possam avaliar a conduta empresarial e formar sua opinião sobre a organicidade da questão.

As formas das explicações, das descrições e as justificativas devem chegar ao mercado obedecendo às instruções da Comissão de Valores Mobiliários

(CVM) e devem ser específicas para os assuntos abordados. Entretanto, havendo quaisquer dúvidas sobre o tema ou assunto, o Código disponibiliza indicações exemplificativas do que se espera – de como devem ser a forma dos conteúdos das explicações aos mercados, as "Orientações" que podem servir de guias para as publicações.

De forma geral o que se espera da companhia ao descrever ou dar uma explicação a respeito de determinado Princípio ou Prática Recomendada é que sejam contemplados os seguintes aspectos do código:

- A consistência entre as Práticas Recomendada – Princípio e Fundamento.
- As circunstâncias e as razões para as práticas adotadas.
- As ações e salvaguardas adotadas para proteção em relação aos riscos inerentes.
- As análises efetuadas pelo Conselho de Administração em relação à matéria.
- A análise de uma possível aplicação no futuro e respectiva expectativa temporal.

12.9. Os Grandes Pilares do Código de Governança Corporativa das Companhias Abertas – 2016

A base que forma o alicerce da boa governança, norteando as práticas adequadas e reforçando a credibilidade nas relações entre os interessados na empresa:

Transparência: trata-se de disponibilizar a todos os interessados as informações que sejam de seu interesse, indo além das disposições de leis ou regulamentos, não se restringindo ao desempenho econômico-financeiro, inclusive fatores gerenciais que foram utilizados na maximização e preservação da empresa;

Equidade: é o tratamento isonômico de todos os sócios e demais *stakeholders*, considerando as necessidades, direitos, deveres, expectativas e demandas das partes interessadas, inclusive em relação à informação;

Accountability: é a prestação de contas das decisões operacionais de forma compreensível, tempestiva, precisa e inteligível a fim de indicar se houve ou não diligência e responsabilidade na esfera de atuação e poder dos papéis dos administradores;

Responsabilidade Corporativa: trata-se de zelar pelas atividades econômico- financeiras reduzindo os riscos das operacionalidades e negócios da empresa, obtendo assim *performance* de acordo com o regramento das boas práticas de governança corporativa em consonância com as políticas de trabalho humano, ambiental, social, reputacional – nos curto, médio e longo prazos.

Para auxiliar no cumprimento do Código de Governança, suas disposições recomendam a adoção de uma série de documentos, que ao longo do trabalho e pesquisa nos demais modelos de governança estudados foram emanados como documentos finais de grande valia para obtenção do *disclosure* necessário para formalizar as Práticas Recomendadas da empresa:

i. Código de Conduta
ii. Política para Contratação de Serviços Extra auditoria
iii. Política de Destinação de Resultados
iv. Política de Gerenciamento de Riscos
v. Política de Indicação e Preenchimento de Cargos de Conselho de ADM
vi. Política de Negociação de Valores Mobiliários
vii. Política de Remuneração
viii. Política de Transações com Partes Relacionadas
ix. Política sobre Contribuições e Doações
x. Plano de Sucessão do Diretor-Presidente
xi. Regimento Interno do Conselho de Administração
xii. Regimento Interno do Conselho Fiscal
xiii. Regimento Interno da Diretoria

Todos os documentos relacionados acima devem ser discutidos e aprovados pelo Conselho de Administração ou ainda pelo Conselho Fiscal desde que previsto no regimento natural da empresa, e deverão ser publicados nos sistemas de comunicação utilizados pela companhia. Devem também ficar à disposição nos relatórios que integram o *website*.

Entretanto, alguns cuidados devem ser observados, em especial com o documento que traz o Plano de sucessão do Diretor Presidente, bem como toda a documentação relacionada pode fazer parte de um relatório disposto em um único documento.

Trata-se, inclusive, de adotar uma Política Integrada de Governança, tendência esta que já vem sendo observada em muitas empresas nos mercados de capitais, verificando-se na atualidade a integração das informações que as companhias têm publicado como forma de informar as partes interessadas. Na figura a seguir, podemos verificar como ficou a estrutura da governança corporativa:

Figura 12.3

A regulamentação: fontes de trabalho

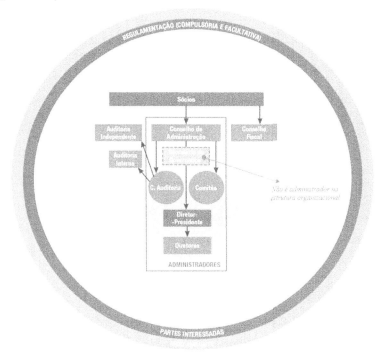

Fonte: Extraído e adaptado do Código Brasileiro de Governança Corporativa (2016)

12.10. Os Aspectos Mais Importantes da Tríade: Princípios, Fundamentos e Práticas

Seguem os comentários e a sinopse sobre as condições contidas no Código Brasileiro de Governança Corporativa – Companhias Abertas.

12.10.1. Os acionistas e o Código Brasileiro de Governança Corporativa das Cias. Abertas

ESTRUTURA ACIONÁRIA	
Princípio	Uma ação, um voto.
Fundamento	Estrutura que alinha os interesses entre todos os acionistas.
Prática Recomendada	Capital composto somente de ações ordinárias.

ACORDO DE ACIONISTAS	
Princípio	As decisões dos acionistas somente as de competência.
Fundamento	Não diluição dos fóruns de discussão adequados aos papéis.
Prática Recomendada	Os acordos não devem vincular competências de outros órgãos da empresa.

ASSEMBLEIA GERAL	
Princípio	Facilitar o acesso e entendimento das matérias.
Fundamento	Momento relevante do exercício de poder.
Prática Recomendada	Uso da assembleia como veículo formal de comunicação.

MEDIDAS DE DEFESA	
Princípio	Prevenção de aquisições oportunistas e hostis.
Fundamento	Manter capital votante mínimo para proteção no mercado.
Prática Recomendada	O Conselho de ADM deve estar atento às medidas de defesa.

MUDANÇA DE CONTROLE

Princípio	Tratamento justo e equitativo a todos os acionistas em alteração do controle da companhia.
Fundamento	Os administradores devem estar atentos e proteger o acionista.
Prática Recomendada	Devem estar definidas em estatuto as transações que configurem alienação direta ou indireta do controle acionário.

A ADMINISTRAÇÃO E AS OPAS

Princípio	O Conselho de ADM deve emanar instruções para orientar os acionistas nas OPAS propostas.
Fundamento	Visão privilegiada pelo Conselho de ADM.
Prática Recomendada	O estatuto social deve prever a atuação do Conselho de ADM na matéria.

POLÍTICAS DE RESULTADO

Princípio	Acompanhar a capacidade de geração de caixa, necessidade dos investimentos e as condições econômicas financeiras da companhia.
Fundamento	Estabelecimento de uma a política de destinação de recursos pelo Conselho de Administração.
Prática Recomendada	Elaboração e divulgação da política de destinação de recursos definida pelo Conselho de Administração.

EMPRESAS DE ECONOMIA MISTA

Princípio	Conciliar interesses públicos e demais acionistas.
Fundamento	Orientação das atividades pelo acionista controlador deve estar devidamente definida de forma clara e precisa.
Prática Recomendada	O Conselho de Administração deve acompanhar as atividades e políticas definidas no estatuto social.

12.10.2. O Conselho de Administração no Código Brasileiro de Governança

ATRIBUIÇÕES	
Princípio	Guardião dos princípios, sistema de governança, valores e objeto social compatibilizando tais atribuições com a sociedade e meio ambiente.
Fundamento	Órgão central do sistema de governança corporativa.
Prática Recomendada	Definir e avaliar estratégias e seus riscos, zelar pela transparência com todos os interessados, rever anualmente o sistema de governança utilizado na empresa.

COMPOSIÇÃO	
Princípio	Perfil diversificado e números suficientes que permitam debates efetivos sobre a condução da companhia.
Fundamento	A pluralidade beneficia a empresa na medida em que traz uma diversidade de argumentos e, consequentemente, tomada de decisões com maior qualidade e segurança.
Prática Recomendada	Composição por competência reconhecida, na sua maioria externos e com, pelo menos, 1/3 dos membros independentes.

PRESIDÊNCIA	
Princípio	Elo da cadeia com o Diretor Presidente e coordenar as atividades do Conselho de Administração.
Fundamento	O objetivo de atingir a máxima eficácia possível do órgão.
Prática Recomendada	O presidente do Conselho de Administração não deve acumular o cargo de Diretor Presidente.

AVALIAÇÃO DO CONSELHO	
Princípio	Construção de métricas para avaliação periódica de sua atuação e da governança adotada.
Fundamento	Aperfeiçoamento individual e coletivo do Conselho de Administração.
Prática Recomendada	Processo anual de avaliação do CA e seus comitês, e da secretaria de governança corporativa, se for o caso.

A Governança Corporativa

SUCESSÃO	
Princípio	Zelar pela sucessão no conselho sem que tal fato provoque alterações indesejáveis no desempenho da companhia.
Fundamento	Preservar o valor da companhia e assegurar transparência para o mercado, evitando especulações sobre o tema.
Prática Recomendada	Aprovar e manter atualizado um plano de sucessão.

NOVOS CONSELHEIROS	
Princípio	O conhecimento do negócio da companhia.
Fundamento	Programas de integração devem facilitar a familiarização dos novos em relação ao tema e aos processos adotados na companhia.
Prática Recomendada	A companhia deverá construir programas estruturados para atender aos requisitos necessários de integração.

REMUNERAÇÃO	
Princípio	Alinhada com os objetivos de longo prazo.
Fundamento	A remuneração adequada evita conflito de interesses.
Prática Recomendada	A remuneração deve estar alinhada com as responsabilidades, evitando remunerações baseadas em reuniões ou remuneração variável, e evitando também mensurações de curto prazo como base.

REGIMENTO INTERNO	
Princípio	A atuação deve estar prevista em documento próprio regulando forma de ação e estrutura.
Fundamento	O regramento dos processos de funcionamento permite alinhamento com o estatuto social e fortalece práticas em consonância com os administradores da companhia.
Prática Recomendada	Uso de um regimento interno que regule as responsabilidades e as atribuições.

REUNIÕES	
Princípio	Transparência e reuniões eficientes.
Fundamento	Facilitar as articulações entre conselheiros, criando um ambiente propício à discussão e tomadas de decisão.
Prática Recomendada	Adoção prévia de calendários ordinários, estabelecimento de, pelo menos, seis reuniões ordinárias e máximo de 12 reuniões anuais, além da convocação de reuniões extraordinárias.

12.10.3. A Diretoria no Código Brasileiro de Governança

ATRIBUIÇÕES	
Princípio	Gestão dos negócios da empresa com base nas diretrizes e limites de risco determinados.
Fundamento	Implementar a estratégia definida pelo CA, implementar os instrumentos e programas de governança definidos para a empresa.
Prática Recomendada	Criar mecanismos de monitoração para avaliar o desempenho e os impactos provocados pelas atividades da companhia.

INDICAÇÃO	
Princípio	Alinhamento com os valores éticos da empresa, e competências complementares às inerentes aos cargos.
Fundamento	Adotar processos adequados para preenchimento dos cargos.
Prática Recomendada	Não deve existir posições indicadas diretamente por acionistas.

AVALIAÇÃO	
Princípio	Metas de desempenho financeiras e não financeiras.
Fundamento	Processo estruturado e sistemático.
Prática Recomendada	Avaliação anual em processo formal devidamente transparente com metas estabelecidas pelo CA.

A Governança Corporativa

REMUNERAÇÃO	
Princípio	Conformidade com os objetivos estratégicos de longo prazo da companhia.
Fundamento	Deve ser estruturada de forma justa e atrativa sem interferir no planejamento estratégico da empresa.
Prática Recomendada	Definida pelo Conselho de Administração em política própria de remuneração, constituindo-se num processo formal e transparente.

12.10.4. Órgãos de Controle e Fiscalização no Código Brasileiro de Governança

COMITÊ DE AUDITORIA	
Princípio	A existência de um comitê independente e devidamente qualificado incluso no estatuto social.
Fundamento	Trata-se de um órgão de monitoramento e controle que deve dar apoio ao Conselho de Administração.
Prática Recomendada	Deve ser coordenado pelo Conselho de Administração e ter independência suficiente para o desenvolvimento do *compliance*.

CONSELHO FISCAL	
Princípio	Fiscalização independente dos atos e processos orgânicos.
Fundamento	Deve ser um dos canais de comunicação com os acionistas por meio de seus relatórios cujo objetivo é preservar o valor da empresa.
Prática Recomendada	Deve ser definido de forma estruturada com regimento próprio, porém deve acompanhar o regramento do tempo em relação aos demais eventos da companhia.

AUDITORIA INTERNA	
Princípio	Formada de acordo com a complexidade e os riscos do negócio, fica o CA responsável por assegurar que a auditoria tenha independência e a qualificação adequada.
Fundamento	Utilizar-se das normas emanadas pelo CA e dispositivos legais do negócio, monitorar, avaliar, e recomendar as matérias definidas.
Prática Recomendada	Deve estar vinculada ao CA e não possuir vínculo com qualquer empresa que presta serviços à companhia.

AUDITORIA EXTERNA	
Princípio	Compatibilidade entre demonstrações da companhia e as informações fornecidas em todos os aspectos administrativos, financeiros.
Fundamento	Uso correto das normas legais aplicáveis em relação a operações, processos e atividades da empresa.
Prática Recomendada	Reportar-se diretamente ao Conselho de Administração e possuir independência em relação à companhia como um todo.

COMPLIANCE	
Princípio	A empresa deve possuir um *compliance* adequado às complexidades das atividades desenvolvidas.
Fundamento	Adotar um processo de integridade e conformidade de forma a gerenciar os riscos do negócio.
Prática Recomendada	Adoção de uma política de gerenciamento dos riscos definindo limites de tolerância que sejam compatíveis com as atividades da empresa.

A Governança Corporativa

12.10.5. Ética e Conflito de Interesses no Código Brasileiro de Governança

CONDUTA E CANAL DE DENÚNCIAS	
Princípio	Código de conduta que defina os princípios éticos e os valores da organização.
Fundamento	Difundir e promover os valores e a ética na companhia.
Prática Recomendada	Estabelecer um comitê de conduta independente vinculado ao Conselho de Administração e à criação de um canal de denúncias devidamente estruturado e divulgado na empresa.
Princípio	Adoção de processos para lidar com situações de conflito de interesses.
Fundamento	Evitar influências pessoais em matérias decisórias.
Prática Recomendada	Devem estar definidas no sistema de governança as regras para evitar conflito de interesses. Devem também ser estabelecidas regras e atribuições definidas para as funções e papéis, determinando assim as devidas responsabilidades esperadas nos cargos..

PARTES RELACIONADAS	
Princípio	Qualquer transação de parte relacionada deve ser efetivada em benefício da companhia de forma transparente.
Fundamento	As negociações das partes relacionadas devem possuir regras e práticas devidamente estabelecidas pelo Conselho de Administração.
Prática Recomendada	As transações de partes relacionadas devem estar previstas no estatuto social.

VALORES MOBILIÁRIOS – TRADE	
Princípio	Uso de transparência, ética e equidade nas negociações de valores mobiliários por agentes que tenham quaisquer informações ou vínculo com a empresa.
Fundamento	Definição de políticas e diretrizes referentes à negociação de valores mobiliários.
Prática Recomendada	A política de negociação dos valores mobiliários deve atender às determinações do Conselho de Administração.

DAS CONTRIBUIÇÕES E DOAÇÕES	
Princípio	Definição com clareza às regras de contribuições e doações de quaisquer valores ou bens para atendimento de quaisquer naturezas ou atividades.
Fundamento	Transparência e controle devem ser adotados para quaisquer ocorrências.
Prática Recomendada	Definição de uma política que indique quais operações devem ser autorizadas expressamente pelo Conselho de Administração.

Competências
por Edmir Kuazaqui

Uma das competências mais controversas é a competência ética. Conforme Srour (2003; p. 276) "nas economias competitivas, os empresários ficam à mercê de um jogo de forças que os leva a distinções entre os vários stakeholders com os quais interagem", levando a uma hierarquização de escolhas a partir de um sistema de valores. De um lado, têm-se a necessidade de maior preferência ou influência naqueles que possibilitam maior valor ao negócio, como os consumidores, *stockholders* e público interno. Para estes públicos de interesse, têm-se uma gama de ações gerenciais que visam cativar e causar envolvimento, como estratégias de fidelização, Endomarketing e Marketing integrado, dependendo das linhas ideológicas e profissionais de cada gestor.

De outro lado, a empresa tem de lidar com outros públicos, como a comunidade em geral, sindicatos e mídia, entre outros que não participam diretamente dos negócios, mas influenciam suas práticas cotidianas em seu ambiente de negócios.

Considerando essa realidade, as empresas devem levar em consideração inicialmente as questões morais e éticas dos profissionais que trabalham para elas, sendo colaboradores internos ou terceirizados; deve conter um texto ou regimento interno que democratize quais as posturas e atitudes esperadas e que devem ser o sinalizador comportamental para o ambiente externo. Conforme Araújo (2016; p. 110):

"Assim como a lei se torna frágil quando a pessoa não entende seu papel de cidadão, as regras de compliance serão frágeis enquanto o funcionário não se entender como um cidadão corporativo".

A integração interna é primordial para que a empresa tenha comportamento e postura únicas de mercado, e que seja devidamente percebida pelo mercado. Essa percepção é consequência de um planejamento adequado de construção de competências. Então, como se constrói essa competência? Essa pergunta conduz à seguinte reflexão: Em quais valores seus fundadores acreditam e que posturas adotam frente a diferentes situações e dentro de seus objetivos pessoais e profissionais. Conforme Gomes (2006; p. 242) afirma: *"Nota-se uma profunda difusão entre o discurso e a prática".* Durante análise de suas pesquisas, constatou que parte significativa das empresas praticam atividades vinculadas à responsabilidade social, mas estão inadimplentes para com a seguridade nacional (INSS); por outro lado, o governo não desempenha plenamente a sua função fiscalizadora e punitiva, arrastando-se por anos a cobrança dos débitos devidos.

A empresa então deve elaborar programas de integração e interação, no sentido de acreditação dos valores internos da organização. Por outro lado, que práticas devem ser elaboradas junto aos fornecedores de serviços e concorrentes, bem como o relacionamento com outros tipos de público que podem interferir indiretamente na imagem e resultados de negócios da empresa. Essa conduta ética preconiza que a empresa deve indicar quais valores devem ser perseguidos e de que forma será o controle e desenvolvimento de ações.

Casos da realidade brasileira, como da Petrobras e da Odebrecht, acentuam a necessidade das empresas monitorarem seu ambiente interno e externo, de forma a garantir a sua posição competitiva no mercado. De nada adianta mudar de razão social, como anunciou a Odebrecht para driblar a crise que se estabeleceu após a série de denúncias que sofreu, se os prejuízos já foram feitos e a imagem já está comprometida. Essa questão de falta de ética vai muito além da razão social da empresa, e envolve todos os participantes do ambiente de negócios onde ela está inserida.

Graças à sua amplitude, grandes empresas podem optar pela decisão de incorporar aos seus ativos internos a presença de um executivo responsável pela moral e a ética internalizadas pela organização.

A Deontologia é uma ciência e ramificação filosófica contextualizada à moral contemporânea, relacionada ao dever e à obrigação de indivíduos. Nesse aspecto, a presença do deontólogo é importante para manter um certo nível de gerenciamento e controle no ambiente interno e externo à organização. Esse profissional deve levar em consideração que todas as decisões que envolvam certo grau de subjetividade no que diz respeito a direitos e obrigações devem estar devidamente formalizadas, de forma que o resultado seja justo para todas as partes envolvidas.

Considerando tais fatores, a complexidade do assunto torna-se evidente. Suponha-se que uma instituição financeira determine que não terá em seu quadro de colaboradores internos pessoas com grau de parentesco, o que pode ser controlado no ato da admissão – perguntando se o candidato tem grau de parentesco com algum funcionário da empresa; essa empresa pode monitorar se existirão casamentos entre funcionários, por exemplo; entretanto, dificilmente poderá monitorar relacionamentos íntimos e não declarados, que podem conduzir (ou não) à relacionamentos ocultos, que podem macular a imagem da empresa, bem como prejudicar seus processos.

Em síntese a este capítulo, a governança corporativa, em razão de sua importância cada vez mais evidente no ambiente corporativo de negócios, deve ser o princípio, meio e fim de todo negócio.

Sustentabilidade Empresarial e a Governança Corporativa
por Marcus Nakagawa

A ética e a transparência são a base para o desenvolvimento sustentável das empresas e das organizações. Conforme exposto anteriormente no capítulo, as práticas de governança corporativa são fundamentais para que a empresa apresente a sua forma de atuar dentro das principais hierarquias. Para a sustentabilidade da empresa, é fundamental que todo esse processo seja realmente colocado em prática no dia a dia e não faça simplesmente parte de um documento ou de um manual de procedimentos.

Laasch e Conaway (2015) afirmam que os tópicos de governança e gestão financeira estão totalmente ligados, pois conectam exatamente o relacionamento entre a empresa e os seus proprietários, os acionistas. Fazer com que os gestores conduzam a empresa de acordo com os interesses dos acionistas gera a transparência e a perenidade que estes buscam. Os autores ainda sustentam que uma governança consiste na minimização e prevenção de conflitos de interesses, sobretudo no que diz respeito à natureza e à prestação de contas de pessoas na empresa.

Nesse caso, os autores estão levando em consideração não somente a lucratividade puramente, mas também as questões ligadas ao meio ambiente e ao capital humano interno e externo à organização.

Nos Indicadores Ethos para Negócios Sustentáveis e Responsáveis (ETHOS, 2016) a questão da governança é um fator básico para todas as empresas, seja ela de capital aberto ou fechado. Dentro do tema governança organizacional encontram-se os tópicos: governança e conduta e prestação de contas.

Assim, no tópico Governança e Conduta está inserido o indicador número 4 que diz respeito ao código de conduta, para verificar se a empresa adota e aplica tais padrões para orientar o comportamento de seus empregados, passando por eficiência, procedimentos, sistema de gestão e protagonismo, a fim de que o código realmente faça parte do cotidiano da organização e não seja somente um documento que o funcionário recebe e assina no ato admissão.

Ainda no tópico Governança e Conduta há o indicador de Governança da Organização, com um questionário específico para empresas de capital aberto e outro para as de capital fechado. Nesse indicador são colocadas as questões legais da organização, bem como os controles internos e externos para uma real prestação de contas.

Há também o indicador número 6 que diz respeito aos compromissos voluntários e participação em iniciativas de Responsabilidade Social Empresarial e de Sustentabilidade, o que mostra que faz parte da estratégia da empresa tratar a temática na alta hierarquia e de acordo com o credo dos acionistas.

Outro indicador importante é o número 9 referente aos Relatos de Sustentabilidade e Relatos Integrados, que faz com que a transparência da empresa transcenda um relatório somente com números e resultados financeiros. Ele traz relatos de desenvolvimento comunitário, cuidados com os impactos ambientais, bons relacionamentos com todos os seus *stakeholders*, dentre outros pontos.

Além dos Indicadores Ethos, o GRI (2016), uma organização independente e internacional que ajuda os negócios, governo e outras organizações a entender e comunicar o impacto do seu negócios nos temas críticos da sustentabilidade tais como: mudanças climáticas, direitos humanos, corrupção, entre outros, também coloca como primordial o relato de como é a governança e os seus procedimentos nas organizações. Algumas carteiras de ações e bolsas de valores específicas que incorporam somente empresas que se colocam como mais sustentáveis, auditam e creditam estas com indicadores que levantam também as questões de governança, transparência, ética e responsabilidade, tais como o Índice de Sustentabilidade Empresarial (ISE) da Bovespa, o *Dow Jones Sustainability Index* (DJSI) de Nova York e o *FTSE4Good* da Bolsa de Londres. A *performance* dessas carteiras de empresas que possuem documentos, processos e controles de ações, atividades e procedimentos relacionados à governança corporativa e ao desenvolvimento sustentável tem sido maior do que as carteiras tradicionais, mostrando que a gestão da governança é um fator de competitividade e busca da perenidade de uma empresa.

Segundo Andrade e Tachizawa (2012), a governança corporativa tem ganhado espaço na literatura e na mídia nos últimos anos, principalmente por causa de movimentos dos sócios minoritários, ativistas da ética e da transparência e dos investidores institucionais.

A GOVERNANÇA CORPORATIVA

Os autores colocam ainda que a profissionalização da gestão é o grande avanço do modelo emergente em relação ao antigo modelo de administração familiar. O foco na transparência e na prestação de contas, associado à constante avaliação da gestão, possibilita uma melhor comunicação, mais resultados e maior criação de valor.

Em síntese, a governança corporativa e a sustentabilidade estão ligadas no seu cerne teórico por meio de documentos e planos; e devem ser realizadas, controladas e melhoradas na atuação transparente do dia a dia dentro de toda a hierarquia da empresa.

12.11. Considerações Finais

O presente capítulo teve como objetivo identificar os meios nos quais as organizações ao utilizarem-se de um sistema de governança corporativa podem prevenir fraudes e proporcionar uma maior transparência – adotamos as práticas publicadas em 2016.

Embora a função de maximizar o lucro sempre será uma premissa na gestão dos insumos, e a otimização das finanças traga no exercício fiscal caixa e lucro, consequentemente criando exercícios contábeis favoráveis a distribuições de bônus administrativos e distribuições imediatas de lucro, agregar valor à empresa pressupõe um crescimento contínuo numa visão de longo prazo, que demanda o estabelecimento de estratégias de investimento compatíveis com a evolução da economia nacional e internacional. É imprescindível que as empresas criem instrumentos de medição com a finalidade de aferir se a rota de crescimento é consistente.

O uso das melhores práticas de governança corporativa sugeridas pelo Grupo de Trabalho traz consigo o conceito de gerenciamento de risco, facilitando o desenho de um ambiente de controle definido, com uma estrutura de gestão e políticas organizacionais bem definidas.

Dessa forma, é possível considerar que as exigências contidas nos segmentos de listagem em Bolsa de Valores em consonância com os estudos, debates e recomendações do Grupo de Trabalho indicam que a adesão às melhores práticas de governança corporativa deve trazer transparência e mais confiança a todas as partes interessadas da companhia, facilitando a ampliação de negócios e consolidando o crescimento empresarial. "

No mundo globalizado as configurações relacionais existentes nas organizações já não obedecem aos espaços territoriais observados nas décadas de 1970 e 1980. Atualmente, a exigência de produtividade e a entrega pontual dos projetos exigem um novo critério de racionalidade organizacional que, se utilizando das capacidades e potencialidades inerentes a cada nova configuração gerada, venha a desenvolver um sistema de governança com práticas aplicáveis e eficientes.

Assim o objetivo da governança corporativa – é promover a competitividade com sustentabilidade nos territórios organizacionais e de negócios, não obstante sejam os riscos e incertezas presentes nas configurações adotadas pelas empresas.

12.11.1. A Permeabilidade da Governança Corporativa

Não se pode negar que a governança corporativa está repleta de elementos novos a serem compreendidos pelos gestores, proprietários e pessoal operativo. Instigar a criação de controles, reflexões, planejamentos e práticas condizentes com as expectativas de crescimento sustentável dos acionistas é um processo que guarda em seus princípios a perenidade da companhia.

No âmbito da tecnologia de informação, alinhar e integrar *frameworks* de forma sustentável, ética e monitorada, gera incertezas tanto em profissionais quanto em gestores. A função da governança corporativa é mostrar que o conjunto de práticas, guias, metodologias ou a instalação de comitês de acompanhamento têm a tarefa de gerar *disclosure*, transparência e segurança para a empresa.

Quando se analisa a questão da comunicação empresarial, entendimento contextual amplo que incorpora as relações públicas, nota-se uma evolução crescente nos dispositivos legais para as empresas de capital aberto no que tange à necessidade de estabelecer estrategicamente e operacionalmente canais que encurtem a distância entre *stakeholders*, *shareholders* e o público em geral, facilitando a compreensão dos processos e resultados advindos da administração da empresa – melhorias significativas neste ambiente.

Entretanto, é preciso que haja um esforço da sociedade civil, estado e sociedade empresarial para que ocorra uma extensão dos avanços obtidos pelas sociedades de capital aberto para os demais tipos de organizações societárias que gravitam como fornecedores e clientes das sociedades anônimas.

Estrategicamente e financeiramente são aspectos que demandam maior esforço no estabelecimento das práticas de Governança Corporativa. Embora as empresas com fins lucrativos busquem o lucro, a razão social deve nortear sua evolução nos negócios de forma ética e sustentável, evitando distorções desnecessárias que favoreçam o conflito administrador de curto prazo em busca de lucro. Devem estimular uma gestão econômica cujo objetivo seja a perenidade da companhia.

O comitê fiscal e o comitê de risco são duas grandes ferramentas que permeiam quaisquer fluxos de comunicação e quaisquer processos de gestão, pois facilitam o aparecimento das distorções que, por ocasião ou por disfunção estrutural estejam presentes na funcionalidade orgânica da empresa, auxiliam na criação e manutenção de instrumentos de mensuração da exposição da empresa em razão de suas fraquezas (disfunções), identificando, monitorando e mitigando os riscos das atividades internas e externas da companhia.

Por meio da Governança Corporativa, podemos equilibrar a relação organização e pessoas dando um tratamento adequado às relações de sucessão na empresa, a geração de capacitações suficientemente comprometidas com a filosofia de perenidade desejada pelos proprietários, sejam eles acionistas ou cotistas de quaisquer natureza.

Questões para Reflexão

1. Considerando a importância dos negócios digitais para o crescimento das organizações, como a governança corporativa pode contribuir num ambiente de volatilidade tão grande em relação aos processos e sistemas que se multiplicam rapidamente?

2. Hoje já se fala em *big data*, ou seja, o comportamento do consumidor pode ser monitorado e suas potencialidades exploradas cada vez mais. A governança corporativa tem espaço neste contexto de

alterações sistemáticas? Em relação a forças de controle como analisar a adequação desses movimentos constantes e o interesse dos *stakeholders* e *shareholders*?

3. Faça um resumo em meia folha sobre o entendimento da governança corporativa nos dias de hoje?
4. Faça uma pesquisa que mostre como e onde *compliance* se encaixa na governança.
5. Utilize o conceito de "aplique ou explique" para analisar a relação entre produtividade e Governança. São processos convergentes ou divergentes? Por quê?
6. Qual é a tríade conceitual utilizada no novo Código de Governança Brasileiro – 2016?
7. Quais são os 8 Ps da governança corporativa?
8. A propriedade é um fator de convergência ou divergência no momento da elaboração de um sistema de governança empresarial?
9. O que é *insider system*?
10. Quais são as características presentes no *insider system*?

Estudo de Caso
Enron, Um Caso Emblemático (Lee Ann Obringer/ Fonte: Portal How Stuff Works)

"Fundada em 1985, a Enron se dedicava à exploração de gás natural e produção de energia de diversos tipos, mas ao longo dos anos também começou a diversificar a sua carteira de investimentos, incluindo áreas como frequência de internet, gerenciamento de risco e derivativo climático (um tipo de seguro climático para negócios sazonais). Seu crescimento chegou a ser tão assombroso que a empresa garantiu a posição de sétima maior companhia norte-americana.

No ano 2000, alcançou um valor de 68 bilhões de dólares. Seus acionistas celebraram os expressivos lucros, sem saber que pouco tempo depois a companhia viria a se tornar uma referência em fraude do colarinho branco.

Tal fraude acabou com a demissão de mais de 4.000 empregados, que ficaram também sem o seu fundo de pensão. Um dos procedimentos adotados foi a utilização do método *mark to market* proposto por Jeffrey Skilling, chefe de operações financeiras. Esta era uma técnica usada por empresas de corretagem e importação e exportação.

Com uma contabilidade dessa, o preço ou valor de um seguro é registrado em uma base diária para calcular lucros e perdas. O uso deste método permitiu a Enron contar ganhos projetados de contratos de energia a longo prazo como receita corrente. Esse era dinheiro que não deveria ser recolhido por muitos anos. Acredita-se que essa técnica foi usada para aumentar os números de rendimento, manipulando projeções para rendimentos futuros.

Ao reportar esses ingressos como capital na companhia, seus executivos inflaram os balanços para atrair novos investimentos e, por consequência, valorizar o preço de suas ações. Com ações mais valiosas, atraíram-se novos acionistas e assim seguiu. Vale mencionar ainda que como as entradas de capital não eram reais, a companhia pagava pouco em impostos, complicando ainda mais sua situação real contábil e jurídica. A Arthur Andersen, empresa de auditoria independente da Enron, desempenhou um papel fundamental para sustentar a ilusão do sucesso da Enron, pois também era responsável pela contabilidade da Empresa".

Questões

1. Pesquise sobre a Eron na internet. Busque possíveis vídeos existentes para completar o quadro de fatos e ocorrências extraídos.
2. Utilize os conceitos dos 8 Ps da governança para responder quais enquadramentos são possíveis reconhecer no caso em questão.
3. Em relação ao recente Código Brasileiro de Governança, o que se identifica de princípios que foram desrespeitados?
4. Que correções poderiam ser feitas para ajustar o Caso Eron?
5. Elabore uma resenha "crítica" de 25 linhas com uma sinopse utilizando-se do binômio Governança Gestão para o caso.

Referências

ANDRADE, A. *Governança Corporativa*: Fundamentos, Desenvolvimento e Tendências. São Paulo: Atlas, 2009.

ANDRADE, R. O. B. De; TACHIZAWA, T. *Gestão Socioambiental:* Estratégias na Nova Era da Sustentabilidade. Rio de Janeiro: Elsevier, 2012.

AKTOUF, O. *Pós-Globalização, Administração e Racionalidade Econômica*: A Síndrome do Avestruz. São Paulo: Atlas, 2004.

ARAÚJO, R. U. C. DE. A Fórmula para o Combate à Corrupção na Empresa, no Governo e na Sociedade. *Revista da ESPM*. Ano 22, ed. 103, nr. 3, maio/jun., 2016, pp. 107-111.

Grandes Fraudes Financeiras – Ron Avaliando a Queda de uma Gigante: http://behaviourbrasil.blogspot.com/2015/03/grandes-fraudes-financeiras-Enron.html – Acesso em maio de 2019.

BEBCHUK, L., COHEN, A., FERREL, A. *What Matters in Corporate Governance?*, 2004. Disponível em <http://papers.ssrn.com/abstract_id=593423>. Acesso em: 11 mar. 2019.

Carta Capital. *Embraer pagará 206 milhões de dólares para encerrar caso de corrupção*, 2016. Disponível em: <https://www.cartacapital.com.br/economia/embraer--pagara-206-milhoes-de-dolares-para-encerrar-caso-de-corrupcao>. Acesso em: 11 mar. 2019.

CARVALHO, W. E. *Falência da Enron*, 2004. Disponível em: <http://dvl.ccn.ufsc.br/congresso/anais/1CCF/20090727150634.pdf>. Acesso em: 11 mar. 2019.

CAVALCANTE, F. Da S.; MISUMI, J. Y. *Mercado de Capitais:* O que É, Como Funciona. 7 ed. Rio de Janeiro: Elsevier, 2009.

COHEN, D. Quem audita os auditores. *Revista Exame*, São Paulo. Ano 36, nr. 3, p.10 a 11, fev., 2002.

ETHOS. *Indicadores Ethos para Negócios Sustentáveis e Responsáveis*. Disponível em: <https://www3.ethos.org.br/conteudo/indicadores>. Acesso em: 11 mar. 2019.

GARDNER, H. *The Composition of "Four Quartets"*. New York: Oxford University Press, 1978.

GILSON, R. J. *Globalizing Corporate Governance*: Convergence of Form or Function, 2000. Disponível em: <http://ssrn.com/abstract=229517>. Acesso em: 11 mar. 2019.

GOMES, A. Responsabilidade Social. In: KUAZAQUI, E. (Org.). *Administração para Não-Administradores*. São Paulo: Saraiva, 2006.

GRI. *Global Reporting Initiative*. Disponível em: <www.globalreporting.org>. Acesso em: 11 mar. 2016.

Grupo de Trabalho Interagentes. Código Brasileiro de Governança Corporativa: Companhias Abertas; coordenação Instituto Brasileiro de Governança Corporativa. São Paulo: IBGC, 2016, 64 p.

KRAAKMAN, R., et al., *The Anatomy of Corporate Law* – A Comparative and Functional Approach. 2nd ed., New York: Oxford University Press, 2009.

LAASCH, O.; CONAWAY, R. N. *Fundamentos da Gestão Responsável:* Sustentabilidade, Reponsabilidade e Ética. São Paulo: Cengage Learning, 2015.

LODI, João Bosco. *Governança Corporativa*: O Governo da Empresa e o Conselho de Administração. 5 ed. Rio de Janeiro: Campus Elsevier, 2004.

MENDES, G. de M.; RODRIGUES, J. A.. *Governança Corporativa:* Estratégia para Geração de Valor. Rio de Janeiro: Qualitymark, 2004.

OLIVEIRA, D. DE P. R. DE. *Governança Corporativa na Prática:* Integrando Acionistas, Conselho de Administração e Diretoria Executiva na Geração de Resultados. São Paulo: Atlas, 2006.

PINTO JÚNIOR, M. E. *Empresa Estatal:* Função Econômica e Dilemas Societários, São Paulo: Atlas, 2011.

RODRIGUES, G. M. *Visões da Governança Corporativa:* A Realidade das Sociedades por Ações e a Sustentabilidade. São Paulo: Saraiva, 2010.

ROSSETI, J. P.; Andrade, A. *Governança Corporativa Fundamentos e Desenvolvimento e Tendências.* 7 ed. São Paulo: Atlas, 2014.

SANTOS, A. DE M. *A governança corporativa das empresas no Brasil*: uma abordagem jurídica inspirada na nova economia institucional e na teoria organizativa. 2009. Dissertação (Mestrado em Direito) – Faculdade de Direito da Universidade de São Paulo, São Paulo.

SANTOS, A. DE M. Reflexões sobre a governança corporativa no Brasil. *Revista de Direito Mercantil Industrial*, Econômico e Financeiro, nr. 130, 2003.

SILVA, E. C. DA. *Governança Corporativa nas Empresas.* 7 ed. São Paulo: Atlas 2016.

SROUR, R. H. *Ética Empresarial.* A Gestão da Reputação. Posturas Responsáveis nos Negócios, na Política e nas Relações pessoais. Rio de Janeiro: Campus, 2003.

STEINBERG, H. *Dimensão Humana da Governança Corporativa: Pessoas Criam As Melhores e As Piores Práticas.* 4 ed. São Paulo: Gente, 2003.

Sobre os Autores

Carlos Barbosa Correa Júnior

Doutor e Mestre em Administração pela Pontifícia Universidade Católica de São Paulo PUCSP, MBA com ênfase em Finanças pelo IBMEC/SP. Especialização em Administração Industrial pela Fundação Vanzolini/USP, Bacharel em Economia pela Fundação Armando Alvares Penteado. Professor de cursos de Finanças. Executivo de carreira em empresas privadas. Autor de livros e artigos.

Claudio Oliveira

Doutor, mestre e graduado pelo Departamento de Engenharia de Produção da Escola Politécnica da USP. Professor na ESPM, na Fundação Vanzolini-USP e na Pós-graduação da ECA-USP. Sócio da Cognitive consultoria. Trabalha desde 1996 com práticas de Big Data: Digital Analytics, Modelagem Estatística, Web Analytics, CRM e Business Intelligence.

Cláudio Sunao Saito

Graduado e Mestre em Administração pela Pontifícia Universidade Católica de São Paulo (PUC/SP) e Doutorando em Administração pela Escola Superior de Propaganda e Marketing (ESPM/SP). Professor de Marketing da ESPM/SP, iniciou carreira na área de Marketing/Vendas da Siemens, foi consultor do Sebrae/SP e sócio-diretor da empresa de consultoria Sher Marketing, atendendo a empresas de diversos portes e setores, entre eles: Telefonica, American Express, Sabesp, Siemens e Cietec/Ipem/Usp.

Cléber da Costa Figueiredo

Doutor em estatística pela USP (2009), bem como mestre em estatística pela mesma universidade (2004). Realizou sua formação básica, no âmbito de graduação, em matemática (2001), também no IME-USP. Sua primeira experiência docente ocorreu aos 16 anos de idade, quando trabalhou em um projeto da Obra Kolping do Brasil, alfabetizando adultos na periferia de Suzano. Foi estagiário do Centro de Computação Eletrônica da USP e da Fundação Instituto de Pesquisas Econômicas. Já no ensino superior, suas primeiras experiências docentes ocorreram no IME-USP, quando foi monitor de diversas disciplinas. A partir disso, foi professor do ensino público (FATEC – aprovado em concurso público) e privado (EESP-FGV – Metodista – UNIVEM), consolidando-se como professor extra-carreira na EAESP-FGV e, em Regime Integral na ESPM, onde atualmente é supervisor da área de métodos quantitativos do curso de administração de empresas, atuando, principalmente, em análise multivariada de dados, análise mercadológica, modelos de regressão e econométricos.

Edmir Kuazaqui

Doutor (linha de concentração: Marketing) e Mestre (linha de concentração: Comércio Exterior) pelo Mackenzie. Pós Graduado em Marketing pela Escola Superior de Propaganda e Marketing (ESPM) e graduado em Administração com habilitação em Comércio Exterior. Professor da Escola Superior de Propaganda e Marketing (ESPM) Coordenador e professor dos Programas de Pós-Graduação da Universidade Paulista (UNIP). Palestrante e pesquisador internacional. Consultor Presidente da Academia de Talentos (www.academiadetalentos.com.br). Coordenador do Grupo em Excelência em Relações Internacionais e Comércio Exterior do Conselho Regional de Administração de São Paulo (CRA/SP). Autor de vários livros, destacando Marketing Cinematográfico e de Games pela Cengage e Marketing Internacional pela M. Books.

Fabiano Rodrigues

Doutor em Administração pela FEA-USP (2010), Mestre (2004) e graduado (1996) em Engenharia de Produção pela POLI-USP. Pesquisador do

A GOVERNANÇA CORPORATIVA

Núcleo Decide da FEA-USP, grupo de pesquisa sobre Análise de Decisão. Membro da *Society for Decision Professionals* e da *Strategic Management Society*. Head do Centro de Gestão e Transformação de Negócios e Supervisor de Projetos Integrados na ESPM, onde atua no curso de Administração, no MBA em Big Data e como pesquisador no Mestrado Profissional em Jornalismo. Além disso, leciona na pós-graduação da FIA como professor convidado na disciplina *Decision Quality*.

Fábio Câmara Araújo de Carvalho

Formado em Engenheira Elétrica pela UFRN. Mestre em Engenharia de Produção pela UFSC. Doutor em Administração pela ESPM. É sócio da KM Business.net, onde promove negócios e consultoria em gestão estratégica do conhecimento, de processos e projetos, métodos quantitativos e balanced scorecard. É professor de gestão de operações, de projetos, logística, métodos quantitativos e inteligência competitiva da graduação e pós-graduação da Escola Superior de Propaganda e Marketing – ESPM. Autor e organizador de sete livros.

Luis Antonio Volpato

Pós-Doutor pela Universidade Católica Portuguesa (Cidade do Porto), Doutor em Educação (Currículo) linha de pesquisa em Novas Tecnologias em Educação e Mestre em Administração Financeira pela PUC-SP, Graduado em Administração e Ciências Contábeis. Possui ampla experiência nos segmentos: industrial, comercial e de serviços, adquirida por meio de vivência em cargos executivos ligados à Controladoria de empresas nacionais e multinacionais por mais de 30 anos. Atualmente é professor Doutor na PUC-SP e Professor Titular na ESPM-SP, ministra disciplinas de Administração Financeira, Contabilidade e Gestão de Projetos em Cursos de Graduação e Pós-Graduação.

Marcus Hyonai Nakagawa

Palestrante de sustentabilidade, empreendedorismo e estilo de vida. Idealizador, fundador, ex-diretor presidente e atual conselheiro voluntário da

Abraps – Associação Brasileira dos Profissionais pelo Desenvolvimento Sustentável. Professor da Graduação e MBA da ESPM, nas questões de ética, empreendedorismo, responsabilidade socioambiental, empreendedorismo social e terceiro setor. Coordenador do CEDS – Centro ESPM de Desenvolvimento Socioambiental. Doutorando em sustentabilidade pela USP EACH, mestre em Administração pela PUC-SP; graduado em Marketing e Publicidade pela ESPM-SP. Fundador e ex sócio da iSetor, empresa de gestão administrativa e financeira/projetos para empreendedores empresariais, culturais e sociais. Foi gerente de Sustentabilidade para Fornecedores da Philips para América Latina. Foi diretor na La Fabbrica do Brasil, agência italiana de projetos culturais e sociais; e já foi coordenador do Programa Social Nutrir, na Nestlé. Autor dos livros 101 Dias com Ações Mais Sustentáveis e Marketing para Ambientes Disruptivos.

Orlando Assunção Fernandes

Doutor em teoria econômica pelo Instituto de Economia da Universidade Estadual de Campinas (IE/UNICAMP). Economista e Mestre em economia política pela Pontifícia Universidade Católica de São Paulo (PUC-SP). Pesquisador nas áreas de gestão da dívida mobiliária pública, política monetária, desregulação de mercados e instituições financeiras, teve por muitos anos atuação profissional junto ao sistema financeiro nacional. No meio acadêmico já ministrou diferentes disciplinas para cursos de graduação e pós-graduação, tendo acumulado e exercido também diversas funções de gestão acadêmica, tais como as de membro do núcleo docente estruturante (NDE); chefe de departamento da área de economia; coordenador pedagógico do curso de graduação em ciências econômicas e membro do conselho superior de ensino, pesquisa e extensão universitária. Revisor, parecerista e colunista de macroeconomia, atualmente é professor adjunto II do departamento de economia da Escola Superior de Propaganda e Marketing (ESPM); professor titular da faculdade de economia e relações internacionais da Fundação Armando Álvares Penteado (FAAP) e professor

Oswaldo Pelaes

Possui Doutorado em Gestão Internacional pelo Escola Superior de Propaganda e Marketing –ESPM (em andamento), Mestrado em Administração pela Pontifícia Universidade Católica – PUC SP , pós-graduação em Administração Financeira e Contábil pela Fundação Armando Álvares Penteado - FAAP, especialização em Administração Financeira para Executivos pela Fundação Getúlio Vargas – FGVSP, graduação em Administração de Empresas pela Universidade Presbiteriana Mackenzie, e graduação em Engenharia Civil pela Faculdade de Engenharia São Paulo - FESP. Tem 30 anos de experiência como executivo das área de orçamentos e planejamento financeiro em empresas como Unibanco, Multitel Sistemas, Mangels Industrial, Oxiteno e da área de avaliação e prospecção de novos negócios do Banco Safra S/A. Tem experiência acadêmica como professor de Contabilidade Gerencial do curso de pós graduação em planejamento e controle da FAAP, professor de Finanças em cursos de especialização do GVPEC da FGV SP, professor de Mercado de Capitais, Contabilidade, Gestão de Investimentos e *Valuation* do curso de Administração da ESPM e coordenador do eixo de Finanças da ESPM.

Pedro de Santi

Psicanalista. professor: Graduação e Mestrado profissional em Comportamento do Consumidor (MPCC) da ESPM; Especialização em Teoria Psicanalítica, COGEAE, PUC-SP; Especialização em Cultura Material e Consumo, ECA, USP. Líder do Grupo de Pesquisa (CNPq) Eu e o outro na cidade. Pos-doutorado (em curso) em Comportamento do Consumidor, na ESPM. Doutor em Psicologia Clínica pela PUC-SP. Mestre em Filosofia pela USP. Psicólogo pela PUC-SP. Autor de "Existir na cidade. Os contornos de si no (des)encontro com o outro" (org. São Paulo, Zagodoni, 2018); "Eu e o outro na cidade. Ensaios psicanalíticos" (São Paulo: Zagodoni, 2016); "Desejo e Adição nas relações de consumo" (São Paulo; Zagodoni, 2011); "A crítica ao eu na Modernidade. Em Montaigne e Freud" (São Paulo; Casa do Psicólogo, 2003); "A construção do eu na Modernidade. Uma apresentação didática" (Ribeirão Preto, Holos, 1998) "Psicologia. Uma nova introdução", em co-autoria com Luis Cláudio Figueiredo (São Paulo: EDUC, 1997. E outros livros e artigos na área de psicanálise, consumo e subjetividade contemporânea.

Reinaldo Belickas Manzini

Doutor em Administração de Empresas pela EAESP-FGV e Mestre em Administração de Empresas, pela FEI. É especialista em Administração Industrial, pela Fundação Carlos Alberto Vanzolini do Departamento de Engenharia de Produção da USP. Engenheiro Mecânico formado pela Escola de Engenharia da Universidade Mackenzie. É Professor associado da Fundação Dom Cabral (FDC) nos cursos *in-company*, *Master in Business Administration* (MBA) e Mestrado Profissional em Administração (MPA) e da Escola Superior de Propaganda e Marketing (ESPM) nos cursos de Administração de Empresas e Relações Internacionais. Pesquisador no Núcleo de Estratégia e Negócios Internacionais da FDC e do Núcleo de Inovação do Centro de Gestão e Transformação de Negócios da ESPM--SP. Membro da Strategic Management Society (SMS). Possui mais de 30 anos de experiência profissional desenvolvidos junto a importantes grupos empresariais nacionais e latino americanos tendo atuado nas áreas de tecnologia, cadeia de suprimentos e gestão de operações. Atua em diversos setores, especialmente em: workshops de facilitação de visão de futuro e base comum (missão e valores); planejamento estratégico e gestão da estratégia; otimização de processos inter-funcionais; desenvolvimento de lideranças baseado em princípios, visão compartilhada de estratégia e mudanças no comportamento humano.

Ricardo Cruz

Mestre pela ESPM – SP em comportamento do consumidor financeiro, graduado em Administração de Empresas pela Fundação Getúlio Vargas (1989). Especialista em Teoria e Prática da Educação Superior pela Escola Superior de Propaganda e Marketing; Especialista em Intermediação Financeira, Professor Assistente do Departamento de Finanças da ESPM, responsável pelas disciplinas de Gestão de Carteiras e Fundos e Governança Corporativa Risco e Compliance, Mercado de Capitais, Finanças Internacionais, Avaliação Fusão e Gestão de Derivativos e Risco do Curso de Administração da ESPM. Tem mais de 40 anos de experiência nas áreas de Finanças e Marketing, com ênfase em Administração Financeira - Tesouraria, Engenharia Financeira.

Roberto Camanho

Mestre em Administração (FEI/SP), Especialização em Robótica na ENSAM (França),engenheiro mecânico (FEI/SBC). Na academia, foi vice-diretor da FEI/SBC e professor na FGV/SP. Atualmente é professor de Análise das Decisões na ESPM/SP e é pesquisador no Núcleo Decide- FEA/USP. Se especializou em processos decisórios multicritério com Dr. Thomas Saaty criador da metodologia AHP- Processo de análise Hierárquica. Já conduziu mais de cem projetos de decisões estratégicas com o método AHP, que envolveram orçamentos de mais de trezentos bilhões de reais, como nos planejamentos de governos estaduais. Em P&D e Inovação estruturou processos de seleção de projetos da Petrobras (CENPES), Centro de Excelência Ambiental da Petrobras na Amazônia, Grupo Energisa e na Suzano Papel e Celulose. Conduziu decisões estratégicas na Embraer, Vale, Whirpool, Rede Globo, Sabesp, Petrobras, CEMIG, Suzano Papel e Celulose, Bradesco, Boticário, entre outros. Colaborador e articulista da Revista da ESPM, Você S.A., Exame e Isto é Dinheiro.